Karl Neumeyer – Leben und Werk (1869-1941)

Rechtshistorische Reihe

Band 438

Peter Lang
Frankfurt am Main · Berlin · Bern · Bruxelles · New York · Oxford · Wien

Henriette von Breitenbuch

Karl Neumeyer – Leben und Werk (1869-1941)

Peter Lang
Internationaler Verlag der Wissenschaften

Bibliografische Information der Deutschen Nationalbibliothek
Die Deutsche Nationalbibliothek verzeichnet diese Publikation in der Deutschen Nationalbibliografie; detaillierte bibliografische Daten sind im Internet über http://dnb.d-nb.de abrufbar.

Zugl.: München, Univ., Diss., 2012

Die vorliegende Arbeit wurde von
Prof. Dr. Hermann Nehlsen zur Aufnahme
in die Reihe empfohlen.

Umschlagabbildung:
Justitia. Allegorie der Gerechtigkeit.
Druck aus dem 17. Jahrhundert.

D 19
ISSN 0344-290X
ISBN 978-3-631-63494-3

Internationaler Verlag der Wissenschaften
Frankfurt am Main 2013

www.peterlang.de

Karl Neumeyer
(Privatbesitz Peter F. Neumeyer)

Meiner Familie

Danksagung

Mit diesen Zeilen endet die Zeit der Promotion. Dass es eine sehr gute und bereichernde Zeit war, habe ich zwei Umständen zu verdanken: dem Thema selbst und den Menschen, die mich unterstützt und begleitet haben.

Das mir sehr lieb gewordene Thema habe ich meinem Doktorvater, Herrn Prof. Hermann Nehlsen zu verdanken, der Anregung zu dieser Arbeit gab. Es freut mich sehr, dass er mir diesen Stoff anvertraute, lag ihm selbst doch sehr am Herzen, dass eine Arbeit über Karl Neumeyer den Verdiensten dieses großen Wissenschaftlers, aber auch seiner bewundernswerten Persönlichkeit gerecht wird. Er betreute die Arbeit mit besonderem Einsatz. Ihm gebührt daher mein erster Dank. Daneben bin ich aber auch meinem Zweitberichterstatter, Herrn Prof. Hans-Georg Hermann äußerst dankbar für die schnelle und überaus gewinnbringende Begutachtung.

Von all denen, die mich bei meinen Recherchen sehr unterstützt haben, möchte ich besonders Herrn Peter F. Neumeyer, Karl Neumeyers Enkel, danken. Seine Hilfe bei der Ermittlung originaler Briefe, fast mehr aber noch seine Anteilnahme an meiner Arbeit, sind mir sehr wertvoll. Neben ihm leistete auch Frau Nieuwesteeg-Gutzwiller einen großen Beitrag, das Bild der Persönlichkeit Karl Neumeyers verfeinern zu können, indem sie mir persönliche Briefe Karl und Anna Neumeyers an ihren Vater überließ.

Durch alle Höhen und Tiefen der täglichen Arbeit trugen mich meine guten Freunde. Insbesondere Dr. Stephanie Braedel und Iris Janina Weber sind hier zu nennen. Die ungezählten Stunden in der Bibliothek gingen neben ihnen so fröhlich vonstatten, wie man es sich nur wünschen kann.

Der größte Dank aber gilt meiner Familie. Meine Großmutter Elisabeth Ostermeier nahm nicht nur von Herzen Anteil am Fortschritt der Arbeit. Ihre Hilfe bei der Entzifferung der handgeschriebenen Briefe von Karl und Anna Neumeyer war für mich unersetzlich. Meine Geschwister Marie-Elisabeth Hemingway und Wolf von Breitenbuch boten Obdach für Recherchen und notwendige Auszeiten, lasen Korrektur und waren wie immer meine engsten Vertrauten. Und schließlich meine Eltern, Ingrid und Börries von Breitenbuch – völlig ohne Eitelkeit, dass eins der Kinder promovieren könnte, verstanden und unterstützen sie dennoch von Anfang an mein Vorhaben, als sie sahen, was für ein Herzensanliegen mir das Thema war. Als es zur Mitte meiner Promotionszeit persönlich schwierig für mich wurde, schufen sie mir zu Hause einen Raum der geistigen Freiheit, der maßgeblich zum Gelingen der Arbeit beigetragen hat. Auch in der Endphase bewiesen sie die größte Geduld und unterstützen mich, wo sie nur konnten. Ihre Freiheit im Geist, ihre innere Haltung, ihre Neugier auf die Menschen und ihre nie müde werdende Liebe zu uns Kindern sind mein inneres Leitbild. Ihrer beider große Freude über das gute Gelingen der Arbeit sind mir unermesslich viel wert.

Henriette von Breitenbuch

Inhaltsverzeichnis

A. Karl Neumeyers Leben

I. Einleitung

Die vorliegende Arbeit soll zum einen Einblick geben in das Leben des 1869 geborenen und 1941 durch Freitod gestorbenen jüdischen Rechtswissenschaftlers Herrn Prof. Karl Neumeyer (im Folgenden Karl Neumeyer). Zum anderen wird sein juristisches Werk dargestellt und insbesondere seine wegweisende Arbeit zum internationalen Verwaltungsrecht gewürdigt.

Eine Arbeit über das Leben dieses großen jüdischen Gelehrten zu schreiben, erschien überfällig. Zu seinem Leben und seiner Person wurde bislang außer einigen Nachrufen und den Erinnerungen seines Bruders und seines Sohnes, in welchen er jeweils Erwähnung findet, nichts veröffentlicht. Es gibt weder Festschriften noch sonstige Beiträge, die seiner Bedeutung als Forscher, insbesondere aber auch seinem Schicksal unter den Nationalsozialisten gerecht werden.

Karl Neumeyer war zum Zeitpunkt der Machtübernahme durch die Nationalsozialisten ein national wie international äußerst renommierter Wissenschaftler auf dem Gebiet des internationalen Rechts. Er war bei Studenten, Freunden und Familie gleichermaßen beliebt und hoch geschätzt. Der nationalsozialistische Terror kostete ihn nicht nur seine Stelle an der Münchener juristischen Fakultät, an der er zuvor über 30 Jahre ununterbrochen gelehrt und geforscht hatte, er trieb auch seine Söhne, seinen Bruder und die meisten Freunde ins Exil. Karl Neumeyer selbst entschied sich zu bleiben und ertrug mit unfassbarer Duldsamkeit sämtliche Schikanen des nationalsozialistischen Regimes, ohne sich von seiner Berufung, einen großen Beitrag zur Rechtsfortbildung zu leisten, abbringen zu lassen. Als ihm und seiner Frau schließlich 1941 ein menschenwürdiges Leben in Deutschland nicht mehr möglich schien, entschlossen sie sich gemeinsam, aus dem Leben zu scheiden. Ein Schwerpunkt der Arbeit liegt daher auf der Zeitspanne zwischen 1933 und seinem Tod im Jahr 1941. Dabei sind die Fragen, wie er selbst zum jüdischen Glauben stand, was ihm und anderen jüdischen Gelehrten an der Münchener Ludwig-Maximilians-Universität in der Zeit der national-sozialistischen Diktatur auch von Seiten der Universität widerfuhr und wie Freunde und Kollegen hierauf reagierten, Gegenstand der Untersuchung.

Für die nationalsozialistischen Gewaltherrschaft und die Verfolgung und Vernichtung der Juden in Deutschland gilt wie für alles Vergangene: Es gibt kein Zurück. Das schreiende Unrecht, welches an Menschen wie dem jüdischen Hochschullehrer Karl Neumeyer begangen wurde, kann auch diese Arbeit über sein Leben und Werk nicht im Mindesten wieder gut machen. Der Geschichte von Karl Neumeyer nachzugehen und sein Werk zu würdigen, welches er unter den denkbar schwierigsten Bedingungen und gegen alle Widerstände vollendete, ist der Versuch, die Erinnerung an diesen großen Gelehrten und sein Werk aufrecht zu erhalten. Beschäftigung mit unserer Geschichte bedeutet gerade in diesem Fall kein Rückwärtswenden, sondern baut die notwendige Brücke in die Zukunft. Soll aus der schrecklichen Zeit des Nationalsozialismus wenigstens etwas Gutes entstehen, ist dies die Hoffnung, durch die Beschäftigung mit den Schicksalen und Geschehnissen jener Zeit die Wiederholung des unerträglichen Unrechts ein Stück weit weniger wahrscheinlich zu machen.

In der Arbeit wurde neben den beiden oben erwähnten Erinnerungen insbesondere Archivmaterial der Universität München und des Bayerischen Hauptstaatsarchivs ausgewertet. Daneben konnten Briefe herangezogen werden, die Karl Neumeyer zwischen 1926 und 1941 insbesondere an seine emigrierten Kinder, an seinen Bruder und an seinen guten Freund und Kollegen Prof. Max Gutzwiller schrieb. Karl Neumeyers Söhne sind lange verstorben. Der einzige Enkel, der den Großvater kannte, sah ihn im Alter von 6 Jahren zum letzten Mal. Auch sonst konnten keine Zeitzeugen mehr ausfindig gemacht werden. Die Briefe stellen daher eine wichtige und wohl die einzige erhaltene Quelle aus erster Hand dar, die unmittelbaren Einblick in den Charakter und das Privatleben dieses großen Forschers gibt.

Im biographischen ersten Teil der Arbeit folgt sie einem chronologischen Aufbau. Im zweiten Teil, in dem sein Werk gewürdigt ist, sind in den einzelnen Kapiteln seine wichtigsten Forschungsfelder, namentlich die Geschichte des Internationalen Privatrechts sowie das internationale Recht, insbesondere das Internationale Verwaltungsrecht, dargestellt und gewürdigt. Am Ende des zweiten Teils finden sich Ausführungen zum heutigen Stand der Rechtsentwicklung auf Karl Neumeyers Hauptforschungsgebiet, dem Internationalen Verwaltungsrecht.

Der Titel „Leben und Werk" könnte im Falle Neumeyers auch „Leben für sein Werk" heißen. Auch Klaus Vogel schrieb über Karl Neumeyer:

„Einheit von Leben und Werk", wenn man das je vom Leben eines Wissenschaftlers so sagen kann, dann gewiß von dem Karl Neumeyers. Wenige haben den Typ des klassischen Gelehrten so vollkommen verkörpert wie er. Karl Neumeyer lebte ausgerichtet auf sein wissenschaftliches Werk, er lebte aus seinem Werk, und in seinem Werk lebt er fort."[1]

II. Kindheit und Jugend

1. Herkunft und Familie

a) Vater Leopold Neumeyer

Karl Alexander Neumeyer kam am 19. September 1869 als zweiter Sohn des Kaufmanns Leopold Neumeyer in München zur Welt.[2] Leopold Neumeyer war 1828 in Oberdorf geboren, das im Nördlinger Ries in Schwaben gelegen ist.[3] Über die Familiengeschichte von Leopold Neumeyer schrieb Karls Sohn Alfred:

„Hinter dem Großvater, dem Vater meines Vaters, beginnt die Anonymität. Sie ist das Resultat der Geschichtslosigkeit. Meine Ahnen waren Landwirte und Viehhändler, in Pflaumloch bei Nördlingen zu Hause, Hunderte von Jahren, ein Jahrtausend wer weiß wie lang?"[4]

Nach einer kaufmännischen Lehre in Oettingen begründete Leopold Neumeyer eine Manufakturwarenhandlung bei Augsburg, die bald darauf nach München verlegt wurde und sich ab 1870 in den zusammenhängenden Häusern Prannerstraße 24 und Salvatorstraße 11 in unmittelbarer Nähe zum damaligen bayerischen Landtagsgebäude befand.[5] Als der Deutsch-Französische Krieg ausbrach, hatte sich Leopold Neumeyer in kluger Voraussicht mit Stoffen eingedeckt und sie bei wachsender Knappheit mit Gewinn verkauft. Daraus ergab sich der

---

1 *Vogel, Klaus:* Karl Neumeyer (1869 – 1941). Ein Lebenswerk: das „Internationale Verwaltungsrecht". in: Helmut Heinrichs – Harald Franzki/Klaus Schmalz/Michael Stolleis (Hrsg.), Deutsche Juristen jüdischer Herkunft, München 1993, S. 531 – 541, hier S. 531.

2 Geburtsdatum und Geburtsort vermerkt auf der Kopie der Sterbeurkunde vom 16. Juni 1955, Kopie verwahrt im Archiv des Jüdischen Museum München, Akte Karl Neumeyer (künftig: AJMM, Akte KN).

3 *Neumeyer, Alfred* (der Ältere): Erinnerungen, in: Wir wollen den Fluch in Segen verwanden. Drei Generationen der jüdischen Familie Neumeyer: eine autobiographische Trilogie. Berlin 2007, S. 20.

4 *Neumeyer, Alfred* (der Jüngere): Lichter und Schatten, Eine Jugend in Deutschland, München 1967, S. 40.

5 *Neumeyer, Alfred* (der Ältere): Wir wollen den Fluch in Segen verwandeln, S. 21.

Grundstock zum eigenen Geschäft, welches später zu den großen Firmen im Tuchhandel gehörte.[6]

Leopold Neumeyers „bayrisch, das heißt wittelsbachisches Deutschtum" war bezeichnend für ihn und prägte seine Weltanschauung.[7] Er war in seiner Zuneigung für den Prinzregenten Luitpold von Bayern ein echter Royalist.[8]

b) Mutter Fanny Neumeyer, geb. Müller

Karl Neumeyers Mutter Fanny wurde 1843 in Buttwiesen als Fanny Müller geboren. Ihr Vater Emanuel Müller war Handelsmann und ihr Bruder Hermann der Handelspartner von Leopold Neumeyer und Leiter der Israelitischen Kultusgemeinde München.[9] Er nahm nicht nur auf die Erziehung von Fanny, sondern später auch auf die der Neffen Karl und Alfred großen Einfluss.[10] Fanny selbst hatte nach Angaben des Sohnes Alfred die körperlich schwache Konstitution ihrer Mutter geerbt und war herzleidend.[11] Sie hat dennoch mit „Energie, Voraussicht, Takt und unendlicher Liebe, aber auch mit Stolz auf ihre ‚Buben',"[12] die Erziehung der Söhne Alfred und Karl vorangetrieben. Karls Bruder Alfred beschrieb die Mutter als „schlichten, natürlichen Menschen, gewinnend durch ihre Liebenswürdigkeit und Güte".[13] Weiter heißt es:

„Ohne erhebliche Schulbildung, selfmade im besten Sinn und mit großer Menschenkenntnis ausgestattet, gewann sie aus dem Verkehr mit Menschen und Dingen den Sinn für die geistigen und gesellschaftlichen Werte. Mit der ihr angeborenen Energie und schöpferischen Art verpflanzte sie diese Werte auf ihre Söhne – gestützt auf den geistig zwar bedeutenderen, doch an praktischer Einsicht ihr keineswegs überlegenen Bruder und mit Billigung unseres Vaters, die mehr auf intuitiver Einsicht beruhte. Sie brachte uns die besten Lehrer, mit der größten Zurückhaltung leitete sie den Verkehr mit den Freunden, die sich so wohl in unserem Hause fühlten, sie gab die geistige Anregung außerhalb der

6 *Neumeyer, Alfred* (der Jüngere): Lichter und Schatten, S. 41.
7 Ebd., S. 46.
8 Ebd., S. 46.
9 *Neumeyer, Alfred* (der Ältere): Wir wollen den Fluch in Segen verwandeln, S. 22 und 28.
10 Ebd., S. 22.
11 Ebd., S. 22.
12 Ebd., S. 22.
13 Ebd., S. 51.

Schule durch Reisen, Theater und Konzerte und war auch auf unsere körperliche Abhärtung bedacht."[14]

So kamen Karl und sein Bruder zwar keineswegs aus einem Haushalt des Bildungsbürgertums, hatten aber dennoch aufgrund der Aufgeschlossenheit der Mutter alle Chancen auf eine höhere Bildung.

c) Bruder Alfred

Am 17. Februar 1867 war vor Karl Neumeyer der erstgeborene Sohn Alfred zur Welt gekommen.[15] Alfred und Karl standen sich ihr Leben lang sehr nahe und Karl richtete sich in seinem Lebensentwurf was Schule und Studienfachwahl anging zunächst ganz an seinem älteren Bruder aus. Erst im Beruflichen schlugen sie unterschiedliche Wege ein. Während Karl die wissenschaftliche Laufbahn wählte, trat der Bruder in den Staatsdienst ein und wurde zunächst Staatsanwalt. Sie blieben einander aber tief verbunden und zeit ihres Lebens die besten Freunde.[16] Das sehr enge Verhältnis ist in den Lebenserinnerungen Alfreds, die unter dem Titel „Wir wollen den Fluch in Segen verwandeln" erschienen sind, eindrücklich beschrieben.

Alfred wurde später Oberlandesgerichtsrat am Oberlandesgericht in München.[17] Er bekleidete ab dem 1. November 1929 das Amt eines Rats beim Obersten Landgericht in München und war damit einer der höchsten Richter Bayerns.[18] Ab 1903 war er außerdem Mitglied der Israelitischen Kultusgemeinde München.[19] Er bemühte sich sehr, die gesetzliche Lage der jüdischen Gemeinden in Bayern zu verbessern und engagierte sich für deren Zusammenschluss unter einem Dachverband.[20] Als 1921 tatsächlich der Verband Bayerischer Israelitischer Gemeinden gegründet wurde, wurde Alfred Neumeyer deren Vorsitzender und blieb es bis zu seiner Emigration im Jahr 1941.[21] Gleichzeitig leitete er die Münchener Israelitische Gemeinde.[22] Er hat sich damit um das Wohl und um die Integration der Juden in die deutsche Gesellschaft überaus verdient gemacht.

---

14 Ebd., S. 51.
15 Ebd., S. 20.
16 Ebd., S. 30.
17 Ebd., S. 105.
18 Ebd., S. 156.
19 Ebd., S. 81.
20 *Neumeyer, Alexander Karl*: Von einer Generation zur andren: Lebenserinnerungen, erzählt für meine Enkel, in: Wir wollen den Fluch in Segen verwanden, S. 268.
21 Ebd., S. 269.
22 Ebd., S. 269.

2. Aufwachsen im Elternhaus

Karl und Alfred wuchsen in einer Wohnung oberhalb des Geschäftshauses des Vaters in der Prannerstraße in München auf. Im zweiten Stock des Hauses und damit oberhalb der Geschäftsräume lagen drei Wohnungen.[23] Zur Prannerstraße hin gelegen wohnten die Brüder mit ihren Eltern, in der Wohnung nebenan Onkel und Tante – der Bruder von Karls Mutter Fanny mit seiner Frau – und nach hinten zur Salvatorstraße lebten Karl Neumeyers Großeltern Müller, die Eltern seiner Mutter.[24] Das Elternhaus Karl Neumeyers lag in einer sehr guten Gegend Münchens. Die Prannerstraße war damals vornehmlich von adeligen Familien bewohnt.[25] Das Haus der Familie Neumeyer war geschmückt mit einem Relief Schwanthalers, Vater des Schöpfers der Münchener Bavaria Statue auf dem Festgelände im Münchener Westen.[26] Es war für den jungen Karl, seinen Bruder und die Freunde eine „Quelle unerschöpflichen Vergnügens", da sich im regen Geschäftsbetrieb allerlei Gelegenheiten für Entdeckungen und Spiele ergaben.[27]

3. Schulausbildung

Die beiden Brüder erhielten von klein auf eine möglichst gute Ausbildung. Vor allem die Mutter Fanny bemühte sich sehr darum, den Söhnen eine gute schulische Erziehung mit auf den Weg zu geben. Schon auf die richtige Wahl der Volksschule legte sie Wert. Alfred und Karl besuchten die Simultanschule im Rosental am Viktualienmarkt, damals eine der wenigen konfessionell gemischten Schulen.[28] Diese war zwar weiter vom Elternhaus entfernt als die nächste Konfessionsschule, war aber nach Wissen der Eltern mit besonders guten Lehrkräften ausgestattet.[29] Daneben erhielten Karl und sein Bruder Privatunterricht, im Grundschulalter vor allem in der jüdischen Religion und im Klavierspiel, später in Französisch, Englisch und Italienisch, im Schwimmen, Rudern, Schlittschuhlaufen sowie im Reiten und Fechten.[30]

---

23 *Neumeyer, Alfred* (der Ältere): Wir wollen den Fluch in Segen verwandeln, S. 24.
24 Ebd., S. 24.
25 Ebd., S. 22.
26 Ebd., S. 22 f.
27 Ebd., S. 25.
28 Ebd., S. 26.
29 Ebd., S. 26.
30 Ebd., S. 26 ff.

Mit den Eltern unternahmen die Brüder auch Ferienreisen, wenn auch – der Zeit entsprechend – keine allzu weiten. Die bayerischen Berge und Seen, aber auch Karlsbad, der Bodensee und die Schweiz waren Urlaubsziele.[31]

Beide Brüder bestanden nach der Volksschule die damals vorgeschriebene Aufnahmeprüfung auf das renommierte humanistische Maximiliansgymnasium in München. Die Gymnasiastenjahre der Brüder beschrieb Karls Bruder Alfred wie folgt:

„Mit dem Eintritt ins Gymnasium begann für uns Brüder die in der Hauptsache auf uns selbst beruhende Zeit der höheren geistigen Entwicklung, eine der glücklichsten Zeiten unseres Lebens. Wir waren in der Familie wohl geborgen. Die Eltern ließen uns, als sie das gute Fortschreiten erkannten, frei gewähren. Die Mutter gab nur unmerkbare Hilfe bei der Wahl der außerhalb der Schule liegenden Lehrgegenstände und Beschäftigungen und verstand es, die Freunde an das Haus zu fesseln, ohne selbst in den Vordergrund zu treten. Die humanistischen Studien aber, die sich uns nun darboten, Latein und Griechisch, Deutsch und Geschichte, durch Mathematik wirksam ergänzt, von vortrefflichen Männern gelehrt, wurden von uns mit Begeisterung und gründlichem Fleiß aufgenommen und bildeten für alle Zeit eine der Grundlagen unserer geistigen Haltung. Mein Bruder und ich waren darin ein Herz und eine Seele. Es entsprachen dem auch die äußeren Erfolge, wir waren stets die Ersten unserer Klasse. Mein Bruder und ich hatten im Abgangszeugnis zur Universität in allen Fächern die 1. Note."[32]

4. Humanismus als Bildungsideal

Vom Humanismus als Bildungsideal waren beide Brüder ganz beseelt. Auf dem gemeinsamen Schreibtisch der Schüler standen neben einer Büste von Lessing eine weitere von Homer sowie die Venus von Milo.[33] Karls Bruder Alfred schrieb, dass ihm und Karl die humanistische Bildung auch schultechnisch als in hohem Maße geeignet schien, „den jugendlichen Geist zu entwickeln, zu veredeln und für die Aufgaben des Lebens tüchtig zu gestalten."[34] Alfred Neumeyer übersah dabei nicht, dass die an der humanistischen Schule gelehrten Fächer wie Latein und insbesondere Altgriechisch in der späteren Berufspraxis nicht un-

31 Ebd., S. 28 f.

32 Ebd., S. 27.

33 Ebd., S. 27.

34 Ebd., S. 33 f.

mittelbar zur Anwendung kommen. Er meinte jedoch – und sprach hierbei auch für seinen Bruder – :

„Wenn diese Bildung auch keine unmittelbaren praktischen Kenntnisse für den Beruf vermittelte, so gaben doch die auf ihr beruhende Ausgeglichenheit des Geistes und das von ihr ausgehende Streben nach dem Vollkommenen und für die menschliche Gesellschaft Nützlichen die Fähigkeit, jeden Beruf richtig anzupacken und seine Probleme fern jeder Einseitigkeit tief zu erfassen. Die humanistische Bildung gewährte so den idealen Rückhalt gegen allzu prosaische und handwerksmäßige Gestaltung der geistigen Berufe.“[35]

5. Freundschaften während der Schulzeit

Karl Neumeyer hatte in der Schulzeit trotz der Bemühungen der Mutter und des Bruders Alfred nicht viele Freunde.[36] Die wenigen aber waren später sämtlich hochgestellte Persönlichkeiten: der Bankier August Weidert, der Direktor der Bayerischen Hypotheken- und Wechselbank Eugen Zeitlmann, sowie der General, Japanforscher, Universitätsprofessor und Vertreter der Geopolitik Karl Hausdorfer.[37] Enge Freunde fand er nach Aussage seines Bruders dank seiner geistigen und charakterlichen Eigenschaften später im Beruf.[38]

6. Abitur

Trotz der durchweg guten schulischen Leistungen musste Karl in der letzten Klasse des Gymnasiums im Jahr 1887 die Schule verlassen. Die Eltern hatten erlaubt, dass Klassenkameraden sich im Elternhaus zu einer „Kneipe“ zusammenfanden, wobei „Farben“, vermutlich Bänder oder Mützen nach dem Vorbild der Studentenverbindungen, getragen wurden.[39] Zu jener Zeit waren aber Schülerverbindungen generell und damit auch das für Verbindungen typische Farbentragen laut eines Schreibens des Staatsministeriums für Kirchen und Schulangelegenheiten aus dem Jahr 1873 verboten. Nachdem von Seiten der Schule festgestellt worden war, wer an der Zusammenkunft teilgenommen hatte und dass die

35 Ebd., S. 34.
36 Ebd., S. 30.
37 Ebd., S. 30.
38 Ebd., S. 30.
39 Ebd., S. 31.

„Kneipe" im Hause Neumeyer vonstatten gegangen war, wurde Karl Neumeyer, der nie zuvor eine schulische Strafe auferlegt bekommen hatte, strafweise aus dem Maximiliansgymnasium entlassen.[40]

In einem Preußen- und judenfeindlichen Volksblatt, dem „Vaterland", erschien 1887 sogar eine Zeitungsnotiz bezüglich des Schulverweises.[41] Es wurde berichtet, dass der Primus der Oberklasse des Maximiliansgymnasiums, „ein junger Jud'", entlassen worden war.[42] Es darf vermutet werden, dass ein Schulverweis eines Nichtjuden keine Erwähnung in einer Zeitung gefunden hätte. Der Antisemitismus war damals durchaus verbreitet.

Karl Neumeyer kam für das letzte Schuljahr am Passauer Gymnasium unter, an dem Herr Sprengel, sein ehemaliger Klassenlehrer, Rektor geworden war.[43] Er erhielt auch dort im Abschlusszeugnis in allen Fächern die 1. Note.[44]

III. Jüdischer Glaube in der Familie und bei Karl selbst

Da Karl Neumeyer unter den Nationalsozialisten wegen seiner jüdischen Glaubenszugehörigkeit seine berufliche Stellung und sein Hab und Gut verlor, seine Kinder sich gezwungen sahen, ins Exil zu gehen und er selbst schließlich um Leib und Leben Sorge haben musste, soll untersucht werden, welche Rolle der jüdische Glaube in Karl Neumeyers Familie und für ihn selbst gespielt hat.

1. Jüdischer Glaube in der Familie

Karl Neumeyers Vater Leopold war ein tief gläubiger Jude. Das Judentum bedeutete ihm „Gottesnähe, Sittengesetz und gesellschaftliche Zuordnung".[45] Karls Sohn Alfred beschrieb eindrücklich die tiefe Verwurzelung von Karls Vater im jüdischen Glauben:

„Wenn mein Großvater im allgemeinen das Bild eines simplen, hübsch anzusehenden und ehrenwerten Mannes bot, [...], so gab es doch eine Situation, in der das so einfach Gegebene und als selbstverständlich Angenommene über sich

40 Ebd., S. 31.
41 Ebd., S. 31.
42 Ebd., S. 31.
43 Ebd., S. 31.
44 Ebd., S. 31.
45 *Neumeyer, Alfred* (der Jüngere): Lichter und Schatten, S. 46.

selbst hinauswuchs. Dies waren die hohen jüdischen Festtage. Mein Großvater gehörte dem liberalen Zweig der jüdischen Gemeinde an, aber sein Leben war tief von seiner Religion bestimmt. Wenn wir uns zum festlichen Familienmahl am Sederabend oder am Neujahr um den lang ausgezogenen Tisch versammelten, nachdem der Großvater den ganzen Tag fastend und stehend in der nahe gelegenen Synagoge zugebracht hatte, dann schien von seinen regelmäßigen, aber eher groben Zügen eine solche geistliche Freude auszugehen, dass das Wort vom ‚Patriarchen' hier zur Wirklichkeit wurde. Ich habe später das Leuchten des Herrn beim Mahl zu Emmaus oft mit dem Anblick meines Großvaters verbunden."[46]

Auch Karls Bruder Alfred bezeichnete seinen Vater als „echt religiösen Mann von einer tiefen schlichten Frömmigkeit".[47] Er schrieb:

„Auf die Form legte er aber keinen großen Wert. Die religiöse Besinnung und der gerade Lebenswandel, das Bedürfnis, den Menschen zu helfen und sich selbst mit dem Einfachsten zu bescheiden, waren bei ihm zu einem untrennbaren Ganzen vereint. [...] Obwohl eine repräsentative Tätigkeit ihm nicht lag, ließ er sich doch überreden, die Stelle des Obmanns im Münchener *Comité* der *Alliance Israélite Universelle* zu übernehmen – einer Gesellschaft für die Wohlfahrt und den Schulbetrieb der Juden im Ausland, insbesondere in Palästina."[48]

Karls Mutter Fanny war dagegen religiös indifferent. Sie hielt sich aber an die „hergebrachte Weise"[49], blieb also im jüdischen Glauben samt seinen Traditionen.

Der Onkel Hermann Müller, Fannys Bruder, der wie oben erwähnt Leiter der Israelitischen Kultusgemeinde Münchens und gleichzeitig in vielen Fragen prägend für die Erziehung von Karl und Alfred war, war religiös liberal und ein Gegner der Orthodoxie.[50]

Der elterliche Haushalt Karl Neumeyers wurde nicht als koscherer Haushalt geführt.[51] Diese Abweichung von den förmlichen Vorgaben der jüdischen Lebensart duldete Leopold Neumeyer. Dem Großvater Müller, Fannys Vater da-

46 Ebd., S. 42.
47 *Neumeyer, Alfred* (der Ältere): Wir wollen den Fluch in Segen verwandeln, S. 31.
48 Ebd., S. 31 f.
49 Ebd., S. 32.
50 Ebd., S. 32.
51 Ebd., S. 32.

gegen, missfielen diese und andere Abweichungen von den jüdischen Alltagsgepflogenheiten.[52] Bei ihm versammelte sich jeweils am Freitag zum ersten Sabbatsmahl die engere Familie, darunter Karl mit Alfred und den Eltern sowie Onkel und Tante Müller. Nach dem Essen stießen Familienmitglieder aus dem weiteren Kreis dazu.[53] Der Großvater bemühte sich auch, Karl und dem Bruder mehr jüdische Kenntnisse zu vermitteln.

Daneben hatten die Brüder in der Volksschule und in den unteren Klassen des Gymnasiums Religionsunterricht bei einem Oberlehrer Baum und daneben – vermutlich privat – bei dem Rabbiner Dr. Perles.[54] Die den Brüdern vermittelten Kenntnisse der jüdischen Religion waren aber nach Aussage Alfreds nicht groß. Seiner Ansicht nach stand die sich in jener Zeit immer stärker auswirkende Emanzipation der Juden dagegen.[55]

a) Exkurs: Emanzipation der Juden in Bayern

Die Juden waren jahrhundertelang in allen deutschen Ländern immer wieder Opfer von Verfolgungen und Judenhass geworden. Erst im 19. Jahrhundert besserte sich ihre rechtliche Stellung hierzulande langsam.

In Bayern war am 10. Juni 1813 das „Edikt über die Verhältnisse der jüdischen Glaubensgenossen im Königreiche Baiern" erlassen worden.[56] In § 1 ist zwar von bürgerlichen Rechten und Vorzügen für die jüdischen Einwohner die Rede.[57] Diese wurden aber von der Eintragung in die sogenannte „Judenmatrikel" abhängig gemacht.[58] Die dazu erlassenen Sonderbestimmungen sahen wiederum schwerste Beschränkungen in der Berufsausübung, der Familiengründung, und der Freizügigkeit vor.[59] Das Edikt war für die Juden in Bayern daher enttäuschend, da es weit hinter der während der französischen Revolution gefor-

52 Ebd., S. 32.
53 Ebd., S. 32.
54 Ebd., S. 32.
55 Ebd., S. 26.
56 Königlich-Baierisches Regierungsblatt 1813, Sp. 921 – 932.
57 *Toury, Jakob*: Soziale und politische Geschichte der Juden in Deutschland 1847 – 1871. Zwischen Revolution, Reaktion und Emanzipation (Schriftenreihe des Instituts für deutsche Geschichte Universität Tel Aviv, Band 2) Düsseldorf 1977, S. 183.
58 Ebd., S. 183.
59 Ebd., S. 183.

derten vollständigen Gleichberechtigung der Juden zurückblieb.[60] Vielmehr war keine echte Gleichberechtigung, sondern nur die „bürgerliche Verbesserung“ der Juden zum Nutzen des Staates das Ziel des Edikts.[61] Nach § 11 war jede Einwanderung und Niederlassung fremder Juden im Königreich Bayern verboten.[62] Dort, wo jüdische Familien bereits ansässig waren, durfte ihre Zahl „in der Regel“ nicht vermehrt werden, sondern sollte, wenn sie „zu groß“ war, vielmehr nach und nach vermindert werden.[63] Immerhin durften Juden aber fortan Grundbesitz erwerben[64] und ihnen war der Zugang zu allen Universitäten des Landes eröffnet[65].

In den folgenden Jahren kam insbesondere in Bayern der weitere Prozess der Gleichberechtigung der Juden nur stockend voran.[66] Immer wieder flammte hier der Judenhass offen auf und es kam zu Ausschreitungen gegen die Juden.[67] Erst in der zweiten Hälfte des 19. Jahrhunderts verbesserte sich zumindest die rechtliche Lage merklich. Die Juden erhielten ab 1848 das aktive und passive Wahlrecht für die Landesvertretung.[68] Der Eintritt in den Staatsdienst und damit auch in den Justizdienst war ihnen aber noch ebenso verwehrt wie die Universitätslaufbahn, was in Bayern in dem Edikt von 1813 nicht einmal festgehalten war, sondern als selbstverständliches, ungeschriebenes Recht galt.[69] Ab 1848 waren jüdische Juristen immerhin zur Rechtsanwaltschaft zugelassen.[70]

Erst als mit der Reichsgründung im Jahr 1871 das „Gesetz betreffend die Gleichberechtigung der Konfessionen in bürgerlicher und staatsbürgerlicher Beziehung“ des Norddeutschen Bundes vom 3. Juli 1869 für das ganze deutsche Reich übernommen wurde, wurden die Unterschiede zwischen Juden und Christen auch in Bayern weitestgehend beseitigt. Das Gesetz bestimmte, dass alle noch bestehenden, aus der Verschiedenheit des religiösen Bekenntnisses resultie-

---

60 *Ludyga, Hannes*: Die Rechtsstellung der Juden in Bayern von 1819 bis 1918, Studie im Spiegel der Verhandlungen der Kammer der Abgeordneten des bayerischen Landtags, Berlin 2007, S. 39 ff.

61 Ebd., S. 40.

62 Ebd., S. 40.

63 Ebd., S. 40.

64 § 16 des Edikts, Königlich-Baierisches Regierungsblatt 1813, Sp. 921 – 932.

65 § 34 des Edikts, Königlich-Baierisches Regierungsblatt 1813, Sp. 921 – 932.

66 Siehe dazu im Einzelnen *Ludyga, Hannes*: Die Rechtsstellung der Juden in Bayern von 1819 bis 1918, S. 38 ff.

67 Ebd., S. 105 ff.

68 Artikel 8 des „Gesetzes, die Wahl der Landtags-Abgeordneten betreffend“ vom 4. Juni 1848, Bayerisches Gesetzblatt 1848, S. 77 ff.

69 *Rürup, Reinhard*: Die Emanzipation der Juden und die verzögerte Öffnung der juristischen Berufe, in: Deutsche Juristen jüdischer Herkunft, S. 15.

70 Ebd., S. 24.

renden Beschränkungen der bürgerlichen und staatsbürgerlichen Rechte mit dem Gesetz aufgehoben wurden.[71] Damit waren seit der Reichsgründung die Juden im deutschen Reich zumindest theoretisch den Christen nahezu gleichberechtigt. Und erst ab diesem Zeitpunkt standen ihnen damit auch Staatsämter und eine universitäre Laufbahn offen.

Wenn Alfred Neumeyer über den Prozess der Judenemanzipation schrieb, dass wegen der Emanzipation die Zeit der Vermittlung von Kenntnissen des jüdischen Glaubens nicht günstig gewesen sei, so liegt das an Folgendem: Ziel der Emanzipationspolitik war nicht, den Juden „so wie sie waren", gleiche Rechte zu verschaffen. Die angestrebte gesellschaftliche Integration war vielmehr für die treibenden aufgeklärten Beamten und liberalen Politiker nur im Wege der Assimilation denkbar.[72] Man nahm an, dass sich im Zuge der Emanzipation die „soziale Identität" der Juden „auflösen" würde.[73] „Man verlangte von ihnen nicht gerade, daß sie Christen würden, aber man rechnete doch darauf, daß sie aufhören würden, Juden zu sein."[74] Schon in den Anfängen der Emanzipation während der Französischen Revolution wurde deutlich gemacht, dass „man zwar die Juden als Individuen emanzipieren wolle, nicht aber das Judentum als religiös-soziale Gruppe".[75] Gerade in der wirtschaftlichen und kulturellen Oberschicht der Juden gab es während des Emanzipationsprozesses eine bemerkenswert hohe Anzahl von Übertritten zum Christentum.[76] Es verwundert nicht, dass diejenigen, die in ihrer Assimilation nicht so weit gehen wollten, ihren Glauben aufzugeben, diesen eher im Häuslichen pflegten und zudem versuchten, sich in anderen Lebensbereichen so gut wie möglich zu integrieren, um die neu erworbenen Rechte und Stellungen nicht durch erneut aufflammenden Judenhass zu gefährden. In der Elterngeneration von Karl Neumeyer und in seiner eignen Kindheit waren den Juden Rechte eingeräumt worden, die sie in Bayern und Deutschland teilweise über Jahrhunderte nicht gehabt hatten. Zudem rückte das Religiöse wohl mit sich mehrendem Wohlstand mehr in den Hintergrund, wohingegen die Identifikation mit dem „eigenen Land" zu dem man sich seit der Wahlberechtigung erstmals wirklich zugehörig fühlen konnte, zunahm. Karl Neumeyers Sohn Alfred schrieb denn auch über die religiöse Haltung seiner Großeltern:

---

71 *Ludyga, Hannes*: Die Rechtsstellung der Juden in Bayern von 1819 bis 1918, S. 337.

72 *Rürup, Reinhard*: Emanzipation und Antisemitismus. Studien zur „Judenfrage" der bürgerlichen Gesellschaft, (Kritische Studien zur Geschichtswissenschaft; Band 15) Göttingen 1975, S. 85.

73 Ebd., S. 85.

74 Ebd., S. 85.

75 Ebd., S. 85.

76 Ebd., S. 85, insbesondere Anmerkung 29, S. 171.

„Unbegrenzte und fraglose Loyalität identifizierte sich mit den Wittelsbachern und Zähringern, und Deutscher zu sein, war zwar kein Verdienst, aber ein Privileg. Aus ihrem landschaftlichen Kreise stiegen sie mit ihrer Generation in das von Preußen bestimmte kleindeutsche Reich Bismarcks als loyal begeisterte Bürger auf. Soweit ihnen das Judentum etwas bedeutete, wie das nur bei meinem väterlichen Großvater der Fall war, fügte es zu den Idealen deutscher Rechtlichkeit und Pflichterfüllung die unergründliche Tiefe von Gottes Präsenz hinzu. Was aber am deutschen und jüdischen Bürger im Rückblick ungenügend erscheint, das gehört dem Allgemeinen der sorglosen Unbekümmertheit eines mehr und mehr materialistisch bestimmten Zeitalters an, in dem der ökonomische Fortschritt keine neue Form höheren Lebens entwickelte."[77]

2. Jüdischer Glaube bei Karl Neumeyer selbst

Karl Neumeyer wurde also im jüdischen Glauben erzogen und blieb Zeit seines Lebens Angehöriger der jüdischen Glaubensgemeinde. Die Religion spielte aber in seinem Leben keine große Rolle. Karls Sohn Alfred berichtete, er habe zwar mehrmals im Jahr zu den hohen Festtagen mit Karl Neumeyer die liberale Synagoge besucht.[78] Weiter erinnerte er sich aber auch, dass der Vater dem Judentum bis zur Hitlerzeit distanziert gegenüber gestanden habe.[79] Karls Bruder Alfred beschrieb ihn als „im Grunde religiös uninteressiert". Weiter heißt es:

„Bei seiner ungewöhnlichen Veranlagung in Sprachen, Geschichte und Literatur, in Mathematik, Recht und Wirtschaft und manchen praktischen Dingen des Lebens fehlte ihm doch das besondere Verhältnis zu Religion und Philosophie."[80]

Karl ist in späteren Jahren offensichtlich seine Arbeit quasi zum „religiösen Ersatz" geworden, nach Aussage des Bruders Alfred hatte Karls „heilige Liebe zur Wissenschaft ein geradezu religiöses Moment".[81]

Auch Karls Frau Anna gab in einem Brief an ihre Freundin Marianne Weber einen Hinweis darauf, dass der Glaube im Leben Karl Neumeyers keine große Bedeutung hatte. Sie schrieb:

---

77 *Neumeyer, Alfred* (der Jüngere): Lichter und Schatten, S. 54.

78 Ebd., S. 64.

79 Ebd., S. 143.

80 *Neumeyer, Alfred* (der Ältere): Wir wollen den Fluch in Segen verwandeln, S. 33.

81 Ebd., S. 33.

„Mein so weit überlegener Lebenskamerad stammt aus einer Generation, die im Rationalismus schwelgte: die philosophischen Probleme sind für sie gelöst, anstelle der religiösen Bewegtheit mit ihrem beständigen Auf und Nieder weiß sie sich im Besitz ethischer Gewissheiten. Dies alles hat Stil, eine Geschlossenheit ohne Enge, die ich hochachte.“[82]

Nach Karl Neumeyers Tod schrieb der Vorstand der Israelitischen Kultusgemeinde München dem Sohn Alfred einen Beileidsbrief. Hierin ist davon die Rede, dass das Ehepaar Neumeyer in den letzten Monaten seit der Ausreise des Bruders Alfred die Kultusgemeinde häufiger besuchte.[83] Nach allem, was bekannt ist, bedeutete dies aber wohl nicht, dass sich Karl Neumeyer an seinem Lebensende stärker dem jüdischen Glauben zuwandte. Vielmehr ist wahrscheinlich, dass er und seine Frau Trost und Zerstreuung bei einer der letzten Gemeinschaften suchten, die zu besuchen ihnen zu jener Zeit noch nicht untersagt war.

IV. Studium

1879 begann Karl wie schon zuvor sein Bruder Alfred mit dem Studium der Rechtswissenschaften. Zum Einjährig-Freiwilligen Militärdienst musste er aus gesundheitlichen Gründen nicht antreten,[84] wobei nicht überliefert ist, welcher Art seine gesundheitlichen Schwierigkeiten waren.

Eine Übernahme des erfolgreichen Geschäfts des Vaters hatten beide Brüder zwar in Erwägung gezogen, wohl auch, da das Geschäft zu jener Zeit als „die erste einschlägige Firma in Süddeutschland“ gelten konnte[85], schließlich aber beide abgelehnt, da sie nach umfassender humanistischer Bildung in Schule und Elternhaus gern studieren wollten[86]. Daneben war aber auch die wirtschaftliche Zukunft im Manufakturwarenhandel unsicher geworden.[87]

Ein anderes Fach als die Rechtswissenschaft war von beiden Brüdern nicht in Erwägung gezogen worden.[88] Die Erklärung hierfür sah Alfred in einem allge-

---

82 *Weber, Marianne*: Lebenserinnerungen, Bremen 1948, S. 436.

83 Kopie des Briefs des Vorstands der Israelitischen Kultusgemeinde an Alfred Neumeyer (den Jüngeren) vom 27. Juli 1941, AJMM, Akte KN.

84 *Vogel, Klaus*: Karl Neumeyer, in: Deutsche Juristen jüdischer Herkunft, S. 532 f.

85 *Neumeyer, Alfred* (der Ältere): Wir wollen den Fluch in Segen verwandeln, S. 34.

86 Ebd., S. 34.

87 Ebd., S. 34.

88 Ebd., S. 34.

meinen Interesse am Staats- und Rechtsleben, welches ihrer humanistischen Bildung entsprach.[89] Zum anderen gingen die Brüder davon aus, dass ihnen der Beruf des Rechtsanwalts „gesellschaftlich sicheren Rückhalt“ geben würde.[90]

Karl begann sein Studium wie schon sein Bruder an der Universität München. Zur Erweiterung der wissenschaftlichen und allgemeinen Bildung wurde aber auch ein Studium in Berlin und im Ausland damals für wichtig erachtet.[91] Daher wechselte er nach vier Semestern an die Universität von Berlin, wo er ein Semester studierte, bevor er im Jahr 1890 das Sommersemester in Genf verbrachte.[92] Anschließend kehrte er für seine letzten beiden Semester nach München zurück.

Im Jahr 1890 hatte ihm der Bruder Alfred eine juristische Preisaufgabe der Münchner Universität mit dem Thema „Historische und dogmatische Darstellung des strafrechtlichen Bankerotts“ nach Genf gesandt.[93] Den Studenten eine Preisaufgabe zu stellen war damals eine Gewohnheit der Juristischen Fakultät der Universität München.[94] Karl reichte seine Ausarbeitung im Sommer 1890 ein.[95] Im Sommer 1891 wurde anlässlich des Stiftungsfests der Universität München die Lösung der Preisaufgabe bekannt gegeben.[96] Sein Bruder begleitete Karl in die dicht gefüllte Aula. Den Moment, als schließlich bekannt gegeben wurde, dass Karl Neumeyer den ersten Preis erhalten hatte, bezeichnete der Bruder als einen der glücklichsten Augenblicke im Leben der beiden.[97] Damit war besiegelt, dass Karl Neumeyer die wissenschaftliche Laufbahn einschlagen würde. Er beschloss, offensichtlich ganz entsprechend seinen Neigungen, sich der Wissenschaft und dem Lehramt zu widmen.[98]

Die Konzentration auf die wissenschaftliche Laufbahn bedeutete aber nicht, dass Karl Neumeyer an der juristischen Praxis desinteressiert war. Alfred schrieb hierzu:

---

89 Ebd., S. 34.

90 Ebd., S. 34.

91 Ebd., S. 36 f.

92 Ebd., S. 37.

93 Ebd., S. 50.

94 *Vogel, Klaus:* „Karl Neumeyer: In den Tod getrieben,“ in: Große jüdische Gelehrte an der Münchener juristischen Fakultät, Peter Landau – Hermann Nehlsen (Hrsg.), Abhandlungen zur rechtswissenschaftlichen Grundlagenforschung, Bd. 84, Ebelsbach a. Main 2001, S. 97.

95 *Neumeyer, Alfred* (der Ältere): Wir wollen den Fluch in Segen verwandeln, S. 52.

96 Ebd., S. 54.

97 Ebd., S. 54.

98 Ebd., S. 54.

„Karl hat zeitlebens auch der Rechtsprechung, der gerichtlichen Praxis das größte Verständnis entgegengebracht. Die Erkenntnisse der obersten Gerichtshöfe haben ihm ja wesentlich das Material für seine wissenschaftlichen Arbeiten geliefert, [...].“[99]

Die Arbeit für die Preisaufgabe wurde ohne weiteres als schriftliche Doktorarbeit angenommen.[100] Als Datum der Promotion ist der 19. Dezember 1891 angegeben.[101] Karl Neumeyer hatte zu diesem Zeitpunkt die erste Staatsprüfung noch nicht abgelegt und musste sich daher sowohl auf das Universitätsprüfungsexamen wie auch auf die mündliche Prüfung für die Doktorarbeit vorbereiten. Beide Prüfungen bestand er aber mit vollem Erfolg.[102]

V. Rechtsreferendariat

Nach Bestehen der ersten Staatsprüfung legte Karl Neumeyer laut seinem Bruder Alfred auf die zweite staatliche Prüfung keinen allzu großen Wert mehr, sondern widmete sich schon nach dem ersten Examen hauptsächlich den wissenschaftlichen Studien.[103] Schon in diesem frühen Stadium seiner wissenschaftlichen Karriere entwickelte er ein besonderes Interesse für das internationale Recht, zunächst insbesondere für das Internationale Privatrecht.[104] Er las während seiner Tätigkeit am Bezirksamt Miesbach die Schriften von Ludwig von Bar, eines Mitbegründers des damals noch recht jungen Rechtszweiges „Internationales Privatrecht“, und wurde hierdurch zum vertieften Studium der Materie angeregt,[105] woraus sich sein lebenslanges Interesse an diesem Forschungsgebiet entwickelte. Schon in seiner Referendarzeit fiel ihm auf, dass der Bereich des Internationalen Verwaltungsrechts im Sinne eines verwaltungsrechtlichen Spiegelbildes zum Internationalen Privatrecht noch weitgehend unbearbeitet war. Er

---

99 Ebd., S. 55.

100 *Neumeyer, Karl:* Historische und dogmatische Darstellung des strafbaren Bankerotts unter besonders eingehender Untersuchung der Schuldfrage, München 1891.

101 Personalliste Universität München, Personalakte Karl Neumeyer, Universitätsarchiv München E II 2576 (künftig: PA KN, UAM E II 2576).

102 *Neumeyer, Alfred* (der Ältere): Wir wollen den Fluch in Segen verwandeln, S. 55.

103 Ebd., S. 55.

104 Ebd., S. 55.

105 *Wehberg, Hans*: Karl Neumeyer zum Gedächtnis, in: Die Friedenswarte, Blätter für internationale Verständigung und zwischenstaatliche Organisation, XLI. Jahrgang, Zürich 1941, S. 256.

skizzierte schon 1893, also in seinem vierundzwanzigsten Lebensjahr, erste Gedanken hierzu.[106] Später schrieb er hierzu folgendes:

„Es war im Sommer 1893. Ich war Rechtspraktikant am Bezirksamt Miesbach, einer Verwaltungsbehörde an der Landesgrenze, und las in freien Stunden Bars Theorie und Praxis des Internationalen Privatrechts. Damals ist mir der Gedanke gekommen, es müsse gleichartige Fragen wie im Internationalen Privatrecht auch für das Verwaltungsrecht geben, wurden die ersten Notizen zu Papier gebracht.“[107]

Für einen jungen Forscher ist es erstaunlich, dass er sich so früh an eine so umfangreiche, schwierige und kaum bearbeitete Rechtsmaterie wagte.

Neben seinen wissenschaftlichen Arbeiten leistete er das Rechtsreferendariat ab. Dies begann am 31. Oktober 1891 und endete am 19. Dezember 1894.[108] Er war unter anderem bei den Amtsgerichten München II und Reichenhall, bei dem Landgericht München II und dem Bezirksamt Miesbach beschäftigt.[109] In Miesbach erhielt er nach Aussage seines Bruders Alfred dienstlich und persönlich die größte Förderung.[110] Er bestand die zweite juristischen Staatsprüfung im Jahr 1894. Besondere Noten wurden zu jener Zeit nicht vergeben.[111]

VI. Habilitation

Nachdem er die Zweite Juristische Staatsprüfung abgelegt hatte, widmete Karl Neumeyer sich ganz den Vorarbeiten für seine Habilitation.[112] Sie hatte ein rechtshistorisches Thema, nämlich die frühe Entwicklung des Internationalen Privatrechts in Italien vor dem zwölften Jahrhundert, genauer die gemeinrechtliche Entwicklung des Internationalen Privat- und Strafrechts bis Bartolus de

---

106 *Gutzwiller, Max*: Karl Neumeyers Persönlichkeit und Werk, in: Rabels Zeitschrift für ausländisches und internationales Privatrecht, Band 27, 1962/63, S. 405.

107 *Neumeyer, Karl*: Internationales Verwaltungsrecht, Band 4, Zürich und Leipzig 1936, S. III.

108 Vorbemerkungsbogen, Personalakte Karl Neumeyer des Bayerischen Kultusministeriums, Hauptstaatsarchiv München MK 17878 (künftig: PA KN BayKuMi, BayHStA MK 17878).

109 Lebenslauf Karl Neumeyer, PA KN, UAM E II 2576.

110 *Neumeyer, Alfred* (der Ältere): Wir wollen den Fluch in Segen verwandeln, S. 50.

111 Ebd., S.46.

112 *Vogel, Klaus:* Karl Neumeyer: In den Tod getrieben, in: Große jüdische Gelehrte an der Münchener juristischen Fakultät, S. 98.

Saxoferrato (geboren 1314) zum Gegenstand.[113] Bartolus de Saxoferrato (kurz: Bartolus) galt damals noch als „Vater“ des Internationalen Privatrechts.[114] Karl Neumeyer wollte zunächst nur die dem Bartolus seit dem zwölften Jahrhundert vorangegangene Entwicklung erforschen.[115] Als er feststellte, dass er zeitlich noch weiter zurückgreifen musste, um die Entwicklung des Internationalen Privat- und Strafrechts erschöpfend darstellen zu können, reichte er als Habilitationsschrift zunächst nur seine Untersuchung zu den Verhältnissen vor der eigentlichen, klaren Herausbildung des Rechtszweigs Internationales Privatrecht ein, als in Italien noch unterschiedliche Stammesrechte galten.[116] Er hatte erforscht, wie im italienischen Hochmittelalter vor Verbreitung der Lehren des Bartolus die Kollision von Landesrechten – es galten in Italien je nach Region langobardische, römische, normannische und fränkische Landesrechte – mit persönlichen Rechten gelöst wurde. Gemeint sind Fälle, in denen einerseits das jeweilige Landesrecht Geltung für die Entscheidung einer Rechtsfrage beanspruchte, andererseits aber auch die sogenannten „persönlichen Rechte“, die aus einer bestimmten Stammeszugehörigkeit einer der an der Rechtsfrage beteiligten Parteien erwuchsen, die selbe Rechtsfrage unter ihr Rechtsregime stellen wollten.

Auch anlässlich der Erstellung seiner Habilitationsschrift beschäftigte er sich mit dem Internationalen Verwaltungsrecht. Er schrieb in dem Vorwort des vierten Bandes seines Internationalen Verwaltungsrechts, dass sich bereits unter den Thesen, die er für seine Habilitationsschrift habe aufstellen müssen, der Satz befunden habe, dass das Internationale Verwaltungsrecht ein neu zu begründender Zweig des Internationalen Privatrechts sei.[117]

Die Bearbeitung des zweiten Teils seiner rechtshistorischen Studie, die die gemeinrechtliche Entwicklung bis zur Mitte des 13. Jahrhunderts umfasste, verschob er auf später.

Am 4. Mai 1901 wurde Karl Neumeyer aufgrund seiner Habilitationsschrift sowie einer Probevorlesung mit anschließender Disputation von der Juristischen Fakultät der Universität München habilitiert.[118]

---

113 *Neumeyer, Karl:* Die gemeinrechtliche Entwicklung des internationalen Privat- und Strafrechts bis Bartolus. Erstes Stück: Die Geltung der Stammesrechte in Italien, München 1901; *Vogel, Klaus:* Karl Neumeyer, in: Deutsche Juristen jüdischer Herkunft, S. 534.

114 *Vogel, Klaus*: Karl Neumeyer, in: Deutsche Juristen jüdischer Herkunft, S. 532 f.

115 Ebd., S. 533.

116 Ebd., S. 533.

117 *Neumeyer, Karl*: IVR, Band 4, S. III.

118 *Vogel, Klaus*: Karl Neumeyer, in: Deutsche Juristen jüdischer Herkunft, S. 533; Datum der Probevorlesung in Personalliste der Universität München, PA KN UAM E II 2576.

VII. Privatdozent

Mit der Habilitation erteilte die Juristische Fakultät der Universität München Karl Neumeyer am 7. Mai 1901 die *venia legendi* für die Fächer „Internationales Privat-, Straf-, Prozeß- und Verwaltungsrecht".[119] Er lehrte zunächst als Privatdozent an der juristischen Fakultät der Universität München. Im Jahr 1903 wurde seine Lehrbefugnis aufgrund einer Schrift über „Die verbotenen Handlungen im internationalen Strafrecht"[120] auf das Strafrecht erweitert.[121]

VIII. Hochzeit mit Anna Hirschhorn

Am 1. April 1900 heiratete Karl Neumeyer Anna Luise Hirschhorn. Das Hochzeitsfest war ein gesellschaftliches Ereignis, wohl wegen der Stellung von Annas Eltern.[122] Ihre Familie stammte aus Mannheim, wohin Vorfahren um 1800 von Frankfurt aus zugezogen und als Tabakfabrikanten zu Wohlstand gekommen waren.[123] Annas Vater war Mitinhaber einer Tabakgroßhandlung, Stadtrat und in der national-liberalen Partei tätig.[124] Ihre Mutter wird als besonders originelle und rührige Frau beschrieben, von der Anna die „Kunst des Fabulierens" übernommen habe.[125] Die Familie Annas beschrieb der Sohn Alfred folgendermaßen:

„Im Unterschied zu dem puritanischen Charakter der väterlichen Familie war hier alles heiter und sinnlich, ja ein wenig sybaritisch. Religion spielte keinerlei Rolle, dagegen deutsche Politik im national-liberalen Sinn. Der Großvater, Stadtrat in Mannheim, hatte einst den Ausspruch getan: ‚Jetzt haben wir genug Geld verdient, nun wollen wir wie die Medici aus Mannheim ein Florenz machen.' [...] In seiner Generation wurden Wasserturm und Rosengarten gebaut und der wohlhabenden, industriegenährten alten Residenzstadt ein neues, fortschrittlich

---

119 *Vogel, Klaus:* Karl Neumeyer: In den Tod getrieben, in: Große jüdische Gelehrte an der Münchener juristischen Fakultät, S. 98; Schreiben der juristischen Fakultät an den akademischen Senat vom 7. Mai 1901, Universitätsarchiv München E II 2576.

120 *Neumeyer, Karl*: Die verbotene Handlung im internationalen Strafrecht, in: Zeitschrift für die gesamte Strafrechtswissenschaft, Band 23, Berlin 1903, S. 436 ff.

121 *Vogel, Klaus:* Karl Neumeyer: In den Tod getrieben, in: Große jüdische Gelehrte an der Münchener juristischen Fakultät, S. 98; Schreiben des Staatsministerium des Innern für Kirchen- und Schulangelegenheiten vom 16. Mai 1903, PA KN UAM E II 2576.

122 *Neumeyer, Alfred* (der Ältere): Wir wollen den Fluch in Segen verwandeln, S. 77.

123 *Neumeyer, Alfred* (der Jüngere): Lichter und Schatten, S. 47.

124 *Neumeyer, Alfred* (der Ältere): Wir wollen den Fluch in Segen verwandeln, S. 77.

125 Ebd., S. 77.

angelegtes städtebauliches Zentrum verliehen. [...] Ist man heute geneigt, Schönheit aus der richtig erfüllten Funktion abzuleiten, so war Schönheit im Haus der Großeltern ein Kind des Überflusses und des Überflüssigen."[126]

Anna Neumeyer fühlte sich aber in diesem Umfeld nicht recht wohl. Nach Aussage ihres Sohnes hatte sie „einen angeborenen Drang nach höheren Dingen" und strebte daher „mit Macht aus diesem Milieu fort"[127]. Karl war denn auch nicht zu Besuchen in Mannheim oder Nürnberg zu bewegen, sondern vermied den näheren Umgang mit der Verwandtschaft seiner Frau, die ihm als dem geistig-ästhetischen wohl zu prosaisch war.[128]

Die Ehe Karl Neumeyers scheint glücklich gewesen zu sein. Die Ehegatten waren zwar sehr unterschiedlich in Charaktereigenschaften und Interessen. Anna war kontaktfreudig, den neuen Richtungen in Kunst und Kultur gegenüber aufgeschlossen und hatte auch sonst nicht das ersthafte Naturell ihres Mannes. Ihr Sohn beschrieb sie als „leidenschaftliche, phantasievolle, zur Zerfahrenheit neigende Mutter".[129] Sie habe aber dennoch die „dem Vater von Natur gegebene Ordnung" auf sich genommen, sich „zu ihrem Gestalter" gemacht und „das Leben einer Familie darauf gegründet".[130] Auch Karls Bruder Alfred beschrieb Anna als von heiterer und beweglicher, für alle geistigen Werte empfänglicher Art.[131] An der Laufbahn ihres Mannes und an seinen Arbeiten habe sie das lebhafteste Interesse gehabt, habe die Geselligkeit gepflegt und stets ein offenes Haus für junge Leute unterhalten, die sich bei ihr wohlfühlten.[132]

Der Sohn Alfred kommentierte die Tatsache, dass die Mutter auf Pfennigbeträge genau das Haushaltsbuch führte, wie folgt:

„Dies ist mir wegen der Mutter im Gedächtnis geblieben, die ich doch sonst meist mit ihrer weit ausgebreiteten Korrespondenz beschäftigt sah oder Gedichte schreibend, lesend und im Gespräch mit der nie abreißenden Kette freundschaftlicher Besucher. Diese gewissenhafte Erfüllung ihrer Haushaltspflichten war etwas, was die Mutter, von Hause aus sorglos und unordentlich, sich als Pflicht auferlegte, wie überhaupt ethische Exerzitien für sie typisch waren."[133]

---

126 *Neumeyer, Alfred* (der Jüngere): Lichter und Schatten, S. 47 ff.
127 Ebd., S. 53.
128 Ebd., S. 53.
129 Ebd., S. 10.
130 Ebd., S. 10.
131 *Neumeyer, Alfred* (der Ältere): Wir wollen den Fluch in Segen verwandeln, S. 77.
132 Ebd., S. 77 f.
133 *Neumeyer, Alfred* (der Jüngere): Lichter und Schatten, S. 121.

Sich den Zielen ihres Mannes und seiner Ordnung unterzuordnen hat Anna nach Aussage ihres Sohnes mit „heißem Bemühen getan und ist durch das auf sich genommene väterliche Maß zur höchsten Entfaltung ihrer selbst gekommen".[134]

Das persönlichste Bild von Anna Neumeyer findet sich in den Lebenserinnerungen von Marianne Weber. Sie war die Ehefrau des großen Soziologen Max Weber und selbst als deutsche Frauenrechtlerin und Rechtshistorikerin tätig. Marianne Weber und Anna Neumeyer verband eine sehr enge Freundschaft. Marianne Weber widmete ihr ein eigenes Kapitel in ihren Erinnerungen.[135] Sie schrieb über Anna Neumeyer:

„Sie war die ausstrahlende Kraft des Hauses. In allem, was sie tat, waltete Inbrunst und Begeisterung. Ihrer zierlichen Person entströmte außerordentliche geistige Bewegtheit. Sie hatte viel zu geben. Sie war nicht schön, aber sehr anmutig – liebend und geliebt. Sie lebte unruhig, aber sie verzehrte sich nicht. Auch der Alltag kam zu seinem Recht."[136]

Ein interessantes Detail über die Ehe der Neumeyers ist das Folgende: Anna Neumeyer fühlte sich laut ihrer Freundin ab und zu zu anderen Männern als ihrem Ehemann hingezogen. Karl Neumeyer scheint dies gewusst, es aber geduldet zu haben. Marianne Weber erwähnte:

„Sie geriet ab und an in den Bann einer Verzauberung, die ihr weiser Mann ihr nicht verkümmerte, auch wenn er darunter litt. Er wußte, sie würde ihren Ehebund heilig halten."[137]

Anna Neumeyer selbst scheint unter ihren „Verliebtheiten" gelitten zu haben, denn „ihr Ethos war so stark wie ihre erotische Bezauberung."[138] In mehreren Briefen drückte sie Marianne Weber gegenüber ihr Unbehagen darüber aus, dass sie ihre Gefühle nicht im Griff hatte.[139] Sie führte dann auch mindestens eine außereheliche Beziehung, die mindestens anderthalb Jahre dauerte.[140] Ob Karl Neumeyer um diese längere Beziehung wusste, ist nicht überliefert. So oder so

134 Ebd., S. 10.

135 *Weber, Marianne*: Lebenserinnerungen, S. 409 ff.

136 Ebd., S. 409.

137 Ebd., S. 409.

138 Ebd., S. 410.

139 Ebd., S. 410 ff.

140 Ergibt sich aus Brief an Marianne Weber, der in *Weber, Marianne*: Lebenserinnerungen, S. 412 wiedergegeben wird.

ist die Langmut gegenüber den Verliebtheiten seiner Frau, insbesondere für die damalige Zeit, bemerkenswert.

Ihre geistigen Gaben nutze Anna Neumeyer insbesondere für die Dichtung. Laut Marianne Weber hat sie tausende Verse verfasst, die bislang unveröffentlicht geblieben sind. Sie schrieb auch Erzählungen. Mit all ihrer literarischen Schöpfung blieb sie aber selbst unzufrieden und war der Meinung, es mangele ihr an Formtalent.[141]

Neben der Dichtung beschäftigte sie sich auch mit vielerlei anderen geistigen Gegenständen. Sie las wissenschaftliche Werke über Geschichte, Philosophie, Religionsgeschichte und Politik.[142]

In Anna Neumeyer hatte Karl damit eine Frau gefunden, die ihn einerseits in seiner wissenschaftlichen Arbeit unterstützte, indem sie den Alltag organisierte und mit Interesse sein Fortkommen verfolgte. Gleichzeitig hat sie aber mit ihrer lebendigen und kontaktfreudigen Art und mit ihrem Interesse für Politik und die Demokratie das Leben Karl Neumeyers mit Sicherheit sehr bereichert.

IX. Das Haus Karl Neumeyer

1. Karl Neumeyers Söhne und Familienleben

Karl und Anna bekamen zwei Söhne. Der erstgeborene, nach dem geliebten Bruder Alfred genannt, kam am 7. Januar 1901 zur Welt.[143] Am 23. Februar 1905 folgte Fritz (Friedrich).[144] Alfred schrieb später unter dem Titel „Lichter und Schatten, Eine Jugend in Deutschland" seine Erinnerungen an die Kindheit und Jugend in München vor der Machtübernahme durch die Nationalsozialisten.[145]

Insgesamt muss das Neumeyersche Familienleben bis zur Erstarkung des Nationalsozialismus gesellig, fröhlich und in sehr geregelten Bahnen verlaufen sein.

141 Ebd., S. 409.

142 Ebd., S. 410.

143 Vordruck zur Vervollständigung des Personalbogens über den Familienstand, PA KN BayKuMi, BayHStA MK 17878.

144 Vordruck zur Vervollständigung des Personalbogens über den Familienstand, PA KN BayKuMi, BayHStA MK 17878.

145 *Neumeyer, Alfred* (der Jüngere): Lichter und Schatten.

Sein Elternhaus beschrieb der Sohn Alfred in seinen Kindheitserinnerungen folgendermaßen:

„Was ‚einzigartig' angeht, so gehörte das Elternhaus in Wirklichkeit dem ‚Stil' des gehobenen Mittelstandes der Stadt München an. Es war eine Prägeform des humanistisch erzogenen, monarchisch regierten und finanziell gesicherten Beamtentums bayrischer Art, das sich in meinem Elternhaus ausgeformt hatte wie in unzähligen anderen Elternhäusern dieser Jahre. Einfacher Wohlstand und gesittete Ordnung haben es bestimmt."[146]

Die erste Wohnung der Familie lag in der Heßstraße, gegenüber der Neuen Pinakothek. Damals herrschte in München bei den fortschrittlichen Kreisen, zu denen das Ehepaar wohl insbesondere durch Annas recht freie und liberale Gesinnung gehörte, der „Jugendstil", wobei Jugendstil hier nicht nur den kunstgewerblichen meint. „Er verband sich mit Frauenemanzipation, sozialem Gewissen, Bejahung des körperlichen Lebens."[147]

So war nicht nur die Wohnung entsprechend der neuen Form eingerichtet, sondern die liberalen Ideen spiegelten sich auch im gesellschaftlichen Umgang der Neumeyers wider. Der Sohn Alfred empfand die Stimmung im Elternhaus als „maßvolle Geistesatmosphäre".[148] Der liberale Geist seines Elternhauses und ihrer Freunde waren prägend für ihn.[149] Die gute Beziehung der Eltern führte zu einer „natürlichen Harmonie des Elternhauses"[150] und zu einer „glücklichen Klarheit zu Hause"[151].

Das Neumeyersche Haus war „behaglich, geräumig und geschmackvoll"[152], und Alfred schrieb weiter:

„Mein Elternhaus mit ein paar Biedermeier Ahnenbildern und etlichen impressionistischen Bildern der Münchner Schule, mit seinen Jugendstilmöbeln war da noch das Fortgeschrittenste, was ich kannte."[153]

Später bewohnten Neumeyers eine Wohnung in der Türkenstraße.[154]

---

146 Ebd., S. 8.
147 Ebd., S. 10 f.
148 Ebd., S. 112.
149 Ebd., S. 167.
150 Ebd., S. 123.
151 Ebd., S. 124.
152 Ebd., S. 178.
153 Ebd., S.182.
154 Ebd., S. 14.

Wohl im Jahr 1913 zog die Familie schließlich in ihr eigenes Haus in der Königinstraße.[155] Hier lebten Karl und Anna bis zu ihrem Tod im Jahr 1941. Eine Tafel auf der Rückseite des Hauses erinnert heute an das Ehepaar und ihr Schicksal.

Karl Neumeyer lebte hauptsächlich für seine Wissenschaft. Aber auch Anna Neumeyer vertrat die Ansicht, dass man nicht nur Mutter sein dürfe, sondern daneben Anderes leisten müsse:

„Unser Dasein allein auf die Sorge für die Jüngeren, die eigenen Kinder, zu lenken – das wäre ein gefährliches Experiment, eine beglückende, aber ungemein ermüdende Aufgabe, diese Hingabe unter Voraussetzung völliger Einseitigkeit. Natürlich wird uns – wenn nicht schon Gegenanteilnahme, so doch aufmunternde Wirkung sicherlich gewährt. Aber es würde unser Selbstbewusstsein drücken, wenn diese Gegengaben allzu sehr für uns in Betracht kämen. Ich teile ganz ihre Ansicht, daß wir nicht nur vor der Forderung, sondern vor der Nötigung stehen, Objektives zu leisten."[156]

Das Familienleben drehte sich damit im Haus Neumeyer also nicht ausschließlich um die Kinder, sondern neben der wissenschaftlichen Arbeit des Vaters auch um die geistigen Interessen der Mutter.

2. Finanzielle Situation im Haus Neumeyer

Die finanzielle Situation im Hause Neumeyer entsprach ganz der des gehobenen Bürgertums. Es wurde nicht geprasst, aber es musste auch nicht scharf gerechnet werden. Nach Aussage des Sohns Alfred gab es in diesem Haus keine Geldsorgen, vielmehr wurde von Geld und Preisen nie gesprochen.[157] Die bescheidene Art des Vaters beschrieb der Sohn wie folgt:

„Daß aber andererseits teure Kunstwerke, teure Hotels, teure Theaterbilletts sorgfältig aus Gründen der Sparsamkeit und des guten Geschmacks vermieden

155 Ebd., S. 110; Alfred Neumeyer gibt hier an, dass der Umzug erfolgt sei, als er zwölf Jahre alt war, somit entweder im Jahr 1913 oder im Jahr 1914.

156 *Weber, Marianne*: Lebenserinnerungen, S. 415.

157 *Neumeyer, Alfred* (der Jüngere): Lichter und Schatten, S. 8.

wurden, weil sich das eben nicht paßte. Für wen paßte es sich nicht? Für einen geistigen Menschen, für einen bayrischen Hochschullehrer."[158]

Das Ehepaar Neumeyer richtete seine Lebensweise stets nach ihrem „bescheidenen Wohlstand" aus und gab dem täglichen Leben eine feste Ordnung. Der Sohn Alfred sah das Ziel dieser einfachen und geregelten Lebensform in der Schaffung einer Umgebung, in der jedes einzelne Familienmitglied im maximalen Umfang seine Leistung entfalten konnte:

„Dieser Ausdruck einfacher Lebensform gehört aber bereits dem zweiten und ebenso wichtigen Element der Ordnung an. Jedes Ding hat seinen Platz, jede Handlung ihre Zeit. Diese Sicherung der Existenz im Koordinatennetz von Raum und Zeit wich zwar nach bürgerlicher Art dem Katastrophencharakter des Lebens aus, diente aber letzten Endes nicht dem Behagen, sondern der Leistung. Indem Dinge und Handlungen ihre feste Stelle einnahmen, gaben sie Eltern und Kindern die Möglichkeit, ihren Berufen, Berufungen und Aufgaben mit einem Minimum an Zeitverschwendung nachzugehen."[159]

3. Reisen mit der Familie

Die bescheidene Lebensweise bedeutete auch, dass keine großen Reisen unternommen wurden. Insbesondere die „Sommerfrische" konnte sich dafür aber über Wochen hinziehen. Urlaube verbrachte die Familie meist im näheren Umkreis Münchens. Sie gingen gemeinsam wandern und Karl Neumeyer erklärte den Kindern einiges über die Natur.[160]

Den Monat August verbrachte die Familie über mehrere Jahre hinweg im Örtchen Einsiedel am Walchensee. Dort gab es nur ein am Waldrand gelegenes Forsthaus und ein Hotel.[161] Dass die Familie die Ferienmonate eher abgeschieden verbrachte, bedeutete aber nicht, dass sie nicht gern Gesellschaft und Anregung hatten. So berichtet Alfred beispielsweise davon, dass seine Eltern im Sommer 1913 einen amerikanischen Studenten seines Vaters einluden, eine Ferienwoche mit ihnen zu verbringen.[162]

---

158 Ebd., S. 8 f.
159 Ebd., S. 9.
160 Ebd., S. 124 f.
161 Ebd., S. 127.
162 Ebd., S. 127.

4. Das intellektuelle Leben im Haus

Karl Neumeyers geistiger Natur entsprechend gab es im Hause ein reges intellektuelles Leben. Bücher waren ein ständiger Begleiter. Der Sohn Alfred berichtete:

„Wie konnte man nicht an Büchern interessiert sein in einem Haus, in dem täglich von Büchern gesprochen wurde, in dem ständig neue Bücher auftauchten und in dem der Vater zwei Räume des Dachgeschosses – das Arbeitszimmer und die Bibliothek – ringsum mit einer bedeutenden juristischen Fachbibliothek gefüllt hatte?“[163]

Selbst vor Karl Neumeyers Schlafzimmer machte die Flut der Bücher nicht Halt, wie der Kollege und Freund Gutzwiller berichtet.[164] Die Fachbibliothek muss in der Tat sehr wertvoll und umfangreich gewesen sein. Sie sollte es Karl Neumeyer in späten Jahren ermöglichen, weiter an seinen bedeutenden rechtshistorischen und internationalen Werken zu arbeiten, als ihm der Besuch aller öffentlichen Bibliotheken untersagt war.

Karls Bruder Alfred berichtete in seinen Erinnerungen daneben davon, dass Karl und Anna einen geistig und wissenschaftlich angeregten Kreis von Herren und Damen begründet hätten, in dem der jeweilige Berichterstatter in verständlicher Weise über die wichtigsten Ergebnisse seines jeweiligen Wissenszweiges sprach.[165] Karl war demnach auch in späteren Jahren nicht ausschließlich auf seine juristischen Studien fixiert, sondern blieb dem humanistischen Bildungsideal treu, indem er den Geist wo es ging erweiterte.

5. Jüdische Religion in der Familie

Die jüdische Religion spielte in Karl und Anna Neumeyers Haus keine große Rolle. Ihre beiden Söhne wurden zwar ebenfalls nach außen hin im jüdischen Glauben belassen, die jüdische Religion war aber kaum Teil der häuslichen Kindererziehung. Karl Neumeyers Sohn Alfred berichtete:

---

163 Ebd., S. 132.
164 *Gutzwiller, Max*: Karl Neumeyers Persönlichkeit und Werk, in: RabelsZ, S. 404.
165 *Neumeyer, Alfred* (der Ältere): Wir wollen den Fluch in Segen verwandeln, S. 167.

„Wäre es nicht für den Großvater gewesen, ich hätte meine jüdische Religion gehaßt, [...].“[166]

Weiter schrieb er über seine Barmizwah-Feier:

„Dies ist das einzige Mal, dass mich meine Religion mit etwas wie stolzer Freude erfüllte. Ja, es hätte auch öfter so sein dürfen, denn ist es nicht etwas Großes um die Tatsache, einer Religion anzugehören, die den Monotheismus in seiner reinsten Form allen Verfolgungen zum Trotz seit Jahrtausenden aufrechterhält? Dass ich dies nicht erlebt habe, lag an der größeren Vitalität, die mein deutsch-bayerisch-christliches Milieu in und um mich entwickelt hatte, vor allem im Elternhaus. Meine Brücke zum Judentum war der Großvater, den ich in der Synagoge als die Verkörperung meines Glaubens in seiner Bankreihe aufsuchte, wo er schon viele Stunden stehend voraus geweilt hatte, bei dem ich die jüdischen Festtage an der langen Familientafel feierte, [...], der Großvater, der mit freundlicher Würde die Ahnenkette des Glaubens verkörperte und dem zuliebe – wie mir meine zum Christentum inklinierende Mutter erklärte – wir Juden waren, weil er sonst ‚an gebrochenem Herzen sterben würde‘. Nein, das wollten wir ihm gewiss nicht antun.“[167]

Anna Neumeyer nahm in späteren Jahren ihren Enkel Peter Florian des öfteren mit in die katholische Theatinerkirche. Sie gab ihm eine Münze, die er in ein Kästchen stecken konnte, aus dem dann das Jesuskind erschien, um ihn zu segnen.[168] Auch dies zeigt, wie nahe sie dem katholischen Glauben stand.

Der Sohn Alfred ist später zum Katholizismus konvertiert, wie Bemerkungen in seinen Kindheitserinnerungen und in den Lebenserinnerungen Marianne Webers zeigen.[169]

In religiösen Fragen scheint insbesondere Karl Neumeyer also indifferent gewesen zu sein und Anna Neumeyer neigte sogar stark zum katholischen Glauben. Die jüdische Religion und die jüdischen Traditionen, wegen derer sie später verfolgt und in den Tod getrieben werden sollten, hatten für sie persönlich also nur geringe Bedeutung.

---

166 *Neumeyer, Alfred* (der Jüngere): Lichter und Schatten, S. 63.

167 Ebd., S. 64 f.

168 Aus einem Redemanuskript von Peter F. Neumeyer (Enkelsohn Karl Neumeyers); die Rede sollte anlässlich der Benennung des Karl-Neumeyer-Hauses am 17. September 2008 stattfinden, wurde letztlich aber nicht gehalten; Manuskript der Verfasserin überlassen von Prof. Hermann Nehlsen (künftig: Redemanuskript Peter F. Neumeyer), S. 5.

169 *Neumeyer, Alfred* (der Jüngere): Lichter und Schatten, S. 278; *Weber, Marianne*: Lebenserinnerungen, S. 436.

6. Politische Gesinnung des Ehepaars Neumeyer

a) Anna Neumeyers politische Aktivitäten

Anna Neumeyer stand nach dem Scheitern der Monarchie in Bayern der Demokratie positiv gegenüber. Sie war fortschrittlich und liberal, wenn auch vielleicht auf eine etwas naive Art. Dies ergibt sich aus der folgenden Bemerkung des Sohnes Alfred, der über Karl Rothenbücher, der Universitätsprofessor für Staats- und Kirchenrecht und enger Freund des Ehepaars Neumeyer war, berichtet:

„Seine fortschrittliche, liberale und individualistische Denkweise lieferte mir allein durch ihre Existenz eine Kritik an den Idealen der bündischen Jugend und bestätigte in geklärter Form die Anschauungen meiner Mutter.“[170]

Anna Neumeyer war schon 1901 in den „Verein für Fraueninteressen“ eingetreten.[171] 1917 wurde sie in den Vorstand gewählt.[172] Laut ihrem Enkel Peter Florian Neumeyer entwarf sie 1919 eine Broschüre für den Verein mit dem Titel „Über Parteiprogramme: ein Wegweiser für die Wahlen“.[173] Außerdem leitete sie bis 1928 die Frauengruppe der Deutschen Demokratischen Partei in München.[174]

b) Karl Neumeyers politische Gesinnung

Karl Neumeyer scheint dagegen seit seinen Jugendtagen konservativer gewesen zu sein und war politisch nicht aktiv.[175] In seinem Elternhaus hielt man den „alten Nationalliberalismus“ und den daraus hervorgegangenen Freisinn für die

---

170 *Neumeyer, Alfred* (der Jüngere): Lichter und Schatten, S. 134.

171 *Vogel, Klaus:* Karl Neumeyer: In den Tod getrieben, in: Große jüdische Gelehrte an der Münchener juristischen Fakultät, S. 100; Dokument „Geschichte der Frauen in Bayern. Von der Völkerwanderung bis heute“ (Bayerische Landesausstellung 1998) im Internet unter URL (Stand 11.07.2012) http://www.hdbg.de/frauen/fbdiheft.pdf, S. 23.

172 *Vogel, Klaus:* Karl Neumeyer: In den Tod getrieben, in: Große jüdische Gelehrte an der Münchener juristischen Fakultät, S. 100; Dokument „Geschichte der Frauen in Bayern. Von der Völkerwanderung bis heute“ (Bayerische Landesausstellung 1998) im Internet unter URL (Stand 11.07.2012) http://www.hdbg.de/frauen/fbdiheft.pdf, S. 24.

173 Redemanuskript Peter F. Neumeyer, S. 5.

174 *Vogel, Klaus:* Karl Neumeyer: In den Tod getrieben, in: Große jüdische Gelehrte an der Münchener juristischen Fakultät, S. 100.

175 Aus Fragebogen als Beilage zur Entschließung des bayerischen Kultusministeriums vom 24. Mai 1933, PA KN, UAM E II 2576 ergibt sich, dass Karl Neumeyer nie Mitglied einer Partei gewesen ist.

richtige politische Richtung.[176] Sein Vater war patriarchalisch und konservativ,[177] und Karl scheint diese politische Richtung übernommen zu haben. Der Sohn Alfred schrieb:

„Denn wenn ich auch politisch mich schon seit einem Jahrzehnt zu einem klaren Ja zu den Aufgaben der Demokratie – nicht zuletzt unter dem Einfluß meiner Mutter und ihrer Freunde – durchgerungen hatte, instinktiv neigte ich wie mein Vater zum Konservativen.“[178]

c) Karl Neumeyers Sicht auf die Rolle Deutschlands im ersten Weltkrieg

Über Karl Neumeyers Sicht auf den ersten Weltkrieg ist wenig bekannt. Er hat sich schriftlich hierzu nur am Rande geäußert.

Sein Sohn Alfred erwähnte in seinen Erinnerungen:

„Tirpitz' radikaler U-Bootkrieg mit dem darauffolgenden Eintritt Amerikas in den Krieg wurde im patriotischen Elternhaus schon mit einigen Zweifeln aufgenommen, und die Gründung der ‚Vaterlandspartei‘ mit ihren annexionistischen Kriegszielen in den vorher so liberalen ‚Süddeutschen Monatsheften‘, von Professor Cossmann propagiert und von zahlreichen Kollegen meines Vaters unterstützt, wurde von den Eltern als Wahnsinn angesehen.“[179]

Hieraus darf man allerdings nicht schließen, Karl Neumeyer wäre insgesamt gegen den Kriegseintritt Deutschlands in den Ersten Weltkrieg gewesen. Hans Wehberg, der wie Karl Neumeyer Mitglied des *Institut de droit international* war und Karl Neumeyer und seine politische Einstellung gut kannte, schrieb mit Hinblick auf den Ersten Weltkrieg, dass Karl Neumeyer „kein Pazifist“ gewesen sei.[180]

i) Beitrag im American Journal of International Law

Weiterer Aufschluss über Karl Neumeyers Sicht auf Deutschlands Rolle im Ersten Weltkrieg ergibt sich aus Folgendem: Am 26. Januar 1915 hatte Karl

176 *Neumeyer, Alfred* (der Ältere): Wir wollen den Fluch in Segen verwandeln, S. 40.
177 Ebd., S. 40.
178 *Neumeyer, Alfred* (der Jüngere): Lichter und Schatten, S. 289.
179 Ebd., S. 162.
180 *Wehberg, Hans*: Karl Neumeyer zum Gedächtnis, in: Die Friedenswarte, S. 260.

Neumeyer an das „American Journal of International Law“ einen Brief geschrieben und Bezug genommen auf einen Beitrag der Herausgeber der Zeitschrift, der 1914 erschienen war.[181] Der erste Teil dieses Beitrags trug den Titel „*The War in Europe*“, übersetzt „Der Krieg in Europa“, der zweite Teil hieß „*Germany and the Neutrality of Belgium*“, übersetzt „Deutschland und die Neutralität Belgiens“.[182] In dem ersten Teil wurden die Gründe nachvollzogen, aus denen die europäischen kriegsbeteiligten Staaten in den Krieg eingetreten waren. Dabei wurde berichtet, dass Großbritannien nur in den Krieg eingetreten sei, um die Neutralität Belgiens zu verteidigen, die Deutschland durch seinen Durchmarsch verletzt habe.[183] In dem zweiten Beitrag der Herausgeber ging es darum, dass Deutschland die Neutralität Belgiens, die zu achten es verpflichtet gewesen wäre, verletzt hatte.[184] Hierzu schrieb Karl Neumeyer an die Herausgeber der Zeitschrift in einem offenen Brief, dass er die Neutralität zu schätzen wisse, die sie bei der Frage, wer den Ersten Weltkrieg verursacht habe, zu wahren suchten.[185] Er widersprach nicht der Tatsache, dass Deutschland die Neutralität Belgiens verletzt habe.[186] Er wollte aber klarstellen, dass nach deutscher Überzeugung Großbritannien nur aus wirtschaftlichen Gründen in den Krieg eingetreten war, und nicht, wie dies in der Zeitschrift dargestellt worden war, wegen Deutschlands Weigerung, die Neutralität Belgiens zu achten.[187] Diese Klarstellung war ihm offenbar wichtig, um Deutschland nicht als den Hauptschuldigen am Ausbruch des Ersten Weltkrieges dastehen zu lassen.

Noch deutlicher äußerte er sich im Vorwort zu seinem 1916 erschienen zweiten Teil über die gemeinrechtliche Entwicklung des Internationalen Privat- und Strafrechts bis Bartolus:

„In steigendem Maße komme ich zu dem Glauben, daß der Zusammenbruch, den wir erleben mußten – und nicht von deutscher Seite her erleben mußten, um

181 Brief veröffentlicht und zur Diskussion gestellt in The American Journal Of International Law, Volume 9, 1915, S. 707 ff.

182 The War in Europe, Editorial Comment, in:The American Journal Of International Law, Volume 8, 1914, S. 853 ff. und The neutrality of Belgium, Editorial Comment, in: The American Journal Of International Law, Volume 8, 1914, S. 877 ff.

183 The War in Europe, Editorial Comment, in: The American Journal Of International Law, Volume 8, 1914, S. 855.

184 The neutrality of Belgium, Editorial Comment, in: The American Journal Of International Law, Volume 8, 1914, S. 878 ff.

185 The neutrality of Belgium, Editorial Comment, in: The American Journal Of International Law, Volume 9, 1915, S. 708.

186 Ebd., S. 708.

187 Ebd., S. 708.

mich frei von Zweifeln auszudrücken – nur zu einem Geringen auf dem Verschulden der Regierenden beruht."[188]

ii) Vorwort zum zweiten Band des Internationalen Verwaltungsrechts

Ob er diese Sicht auf die „Unschuld" Deutschlands am Ausbruch des ersten Weltkrieges zu einem späteren Zeitpunkt revidiert hat, ist nicht überliefert. Jedenfalls klingt im Vorwort zum zweiten Band seines Internationalen Verwaltungsrechts, erschienen 1921, doch ein etwas anderer Ton an, wo es heißt:

„Die aber dafür[189] Verantwortung tragen, wenn sie Männer der Wissenschaft sind, dann schulden sie zuvorderst eines: das ist der Wille zur Wahrheit. Ihm ist noch nicht genügt, wenn sie Märchen gläubig wiederholen, die ihre Staatsmänner, den Krieg zu fördern, bewußt ersonnen haben. Und wenn sie das nicht vermögen – so werden sie hinter ihrem Gitter verbleiben. Auch dies Buch tut Arbeit, die annoch in ihrem Reich allein ist."[190]

Hier scheint es, als habe Karl Neumeyer in den Jahren nach dem ersten Weltkrieg eine kritischere Rolle auf die Kriegsverursachung erlangt. Zum einen klammert er deutsche Regierende aus dem Kreis der „Staatsmänner" nicht aus, die „Märchen bewußt ersonnen haben, um den Krieg zu fördern"[191]. Und zum anderen springt gerade diese Formulierung der durch Staatsmänner erdachten Märchen, die den Krieg förderten, ins Auge, da er ja 1916 geäußert hatte, er glaube nur an eine „geringe Schuld der Regierenden"[192] an dem Zusammenbruch.

d) Karl Neumeyers Sicht auf die Position Deutschlands unter dem Vertrag von Versailles, Aufsatz „Der Fall Mumm"

Zu der Frage, was Karl Neumeyer von den Regelungen des Versailler Friedensvertrages hielt, die Deutschland hart trafen, ist kaum etwas überliefert. Er hat

188 *Neumeyer, Karl:* Die gemeinrechtliche Entwicklung des internationalen Privat- und Strafrechts bis Bartolus. Zweites Stück: Die gemeinrechtliche Entwicklung bis zur Mitte des 13. Jahrhunderts, München u. a. 1916, IV.

189 „dafür" bezieht sich auf das wissenschaftliche Commercium, wie sich aus dem vorstehenden Satz ergibt, siehe *Neumeyer, Karl*: Internationales Verwaltungsrecht, Innere Verwaltung, Band 2, München und Berlin 1922, Vorwort.

190 Ebd., Vorwort.

191 Ebd., Vorwort.

192 Ebd., Vorwort.

aber wohl die Ansicht der meisten Deutschen geteilt, dass Deutschland durch den Vertrag über die Maßen belastet und in Anspruch genommen wurde.[193] Jedenfalls setzte er sich dafür ein, dass die ohnehin sehr harten Reparations- und sonstigen Regelungen nicht noch durch extensive Auslegung der vertraglichen Bestimmungen überzogen wurden. Im Vorwort zu seinem Aufsatz „Der Fall Mumm vor dem Gemischten deutsch-französischen Schiedsgericht"[194] hat er für deutsche Interessen das Wort ergriffen und angemahnt, dass gerade von einem neutralen Schiedsgericht keine Entscheidungen ergehen dürften, die die Deutschen über die Vereinbarungen aus den Friedensverträgen von Versailles hinaus entrechten würden.[195]

Bei dem Fall Mumm ging es um den Sekthersteller Mumm, der ehemals unter der Firma G.H. Mumm und Co. in Reims in Frankreich firmierte.[196] Der Friedensvertrag von Versailles hatte über deutsches Vermögen in „Feindesland", damit auch in Frankreich, die „Liquidation" deutschen Vermögens verhängt. Deutsches Vermögen wurde daher in Frankreich zwangsenteignet und der Erlös zugunsten des französischen Staates eingezogen. Dies geschah auf Grundlage von Artikel 297 b des Vertrages, der lautete:

„Soweit der gegenwärtige Vertrag nicht ein anderes bestimmt, behalten sich die alliierten oder assoziierten Mächte das Recht vor, alle den deutschen Reichsangehörigen oder den von ihnen abhängigen Gesellschaften bei Inkrafttreten des gegenwärtigen Vertrags gehörenden Güter, Rechte und Interessen innerhalb ihrer Gebiete, Kolonien, Besitzungen und Protektoratsländer, einschließlich der Ge-

193 Dies ergibt sich z. B. aus einem Bericht Karl Neumeyers über seine Teilnahme an der Haager Académie de droit international im Jahr 1923 an das Auswärtige Amt in Berlin. Er berichtet hier, es sei ihm vergönnt gewesen sei, bei der Tagung gegenüber anderen Vortragenden „rückhaltlos für deutsche Interessen einzutreten", siehe Bericht Karl Neumeyers an das Auswärtige Amt in Berlin vom 4. September 1923, PA KN BayKuMi, BayHStA MK 17878; In einem Zeitungsartikel über die Tagung schrieb er zudem, dass ihn das ernstliche Bestreben der Amerikaner, „dem deutschen Standpunkt Gerechtigkeit widerfahren zu lassen", tief bewegt habe, siehe Zeitungsartikel (Zeitung unbekannt), PA KN BayKuMi, BayHStA MK 17878; aus beiden Bemerkungen lässt sich schließen, dass Karl Neumeyer Deutschland nach dem Ersten Weltkrieg gegenüber den Siegermächten für übermäßig benachteiligt hielt.

194 *Neumeyer, Karl*: Der Fall Mumm vor dem Gemischten deutsch-französischen Schiedsgericht, in: Sonderabdruck aus der Rheinischen Zeitschrift für Zivil- und Prozessrecht, Mannheim und andere 1922, S. 5 ff.

195 Ebd., S. 5 ff.

196 Firmengeschichte einsehbar im Internet unter URL (Stand 11.07.2012) http://www.mumm-sekt.de.

biete, die ihnen durch den gegenwärtigen Vertrag abgetreten werden, zurückzubehalten und zu liquidieren."[197]

Die Liquidation vollzog sich mittels Enteignung. Diese erfolgte mit dem Zuschlag bei der Zwangsversteigerung bzw. dem Selbsteintritt des Staates, wobei der Erlös der Versteigerung dem französischen Staat zustand.[198]

Diejenige Firma, die die Sektkellerei Mumm in der Zwangsversteigerung ersteigert hatte, machte Rechte nicht nur an den französischen Marken sondern auch an den Auslandsmarken geltend.[199] Da sich die Familie Mumm hiergegen wehrte, hatte ein gemischt-deutsch-französisches Schiedsgericht zu entscheiden. Es gab der Erwerberin recht,[200] was Karl Neumeyer in seiner Abhandlung kritisierte. Seine Kritik wandte sich insbesondere gegen den „Strafcharakter" der Entscheidung gegen die deutsche Familie Mumm. Das Gericht hatte argumentiert, dass es den Vereinbarungen des Versailler Vertrages zuwiderliefe, wenn nicht sichergestellt würde, dass die Erwerberin auch die Auslandsmarken nutzen könne.[201] Außerdem verhängte es ein in allen Ländern (wörtlich „*en touts pays*") gültiges Abwehrverbot gegen die Beklagten, falls die Erwerberin in einem beliebigen Ausland die ihr zugesprochenen Marken eintragen lassen wolle.[202] Auf deutsches Vermögen müsse nach dem Vertrag von Versailles an jedem Ort (wörtlich „*en quelque lieu*") zugegriffen werden können.[203] Dies ging nach Karl Neumeyers Meinung eindeutig zu weit, da damit neben „feindlichen" Staaten auch mit Deutschland verbündete sowie neutrale Staaten erfasst gewesen wären.[204] Das Abwehrverbot empfand er als „schmerzlich".[205] Das Schiedsgericht habe es über sich gebracht, aus einer Bestimmung des Versailler Vertrages, welche (lediglich!) deutsche Ersatzansprüche aus Kriegshandlungen abschneiden wolle, ein allgemeines Verteidigungsverbot für Deutsche zu machen.[206] Er schrieb:

197 RGBl. 1919, S. 1127.
198 *Neumeyer, Karl*: Der Fall Mumm, S. 5.
199 Ebd., S. 5.
200 Ebd., S. 5.
201 Ebd., S. 5.
202 Ebd., S. 5.
203 Ebd., S. 5.
204 Ebd., S. 5.
205 Ebd., S. 6.
206 Ebd., S. 6.

„Mit gebundenen Händen sollen sie nach dieser Auslegung jeder Willkürmaßregel, die noch jetzt im Frieden an die Kriegsmaßnahmen sich anschließt, ausgeantwortet sein.“[207]

Seine Kritik an diesem Fehlurteil des aufgrund des Friedensvertrages eingesetzten Gerichts ist zwar klar herauszulesen, er brachte sie dennoch in der vornehmsten Form vor:

„Es ist ein neutrales Schiedsgericht, das diese Sätze ausgesprochen hat. Es hat eine schwere Verantwortung auf sich genommen. In den schmalen Grenzen, in denen eine Schiedsgerichtsbarkeit wirkliche Förderung verspricht, durfte dieser Einrichtung eine kräftige Entwicklung gewünscht und in Aussicht gestellt werden. Wenn bisher ohne Sorgen auf sie verwiesen werden konnte, in Zukunft wird die harte Frage sich aufdrängen: verdient die Einrichtung das Vertrauen, das es den Staaten möglich macht, ihre Interessen einer solchen Stelle in die Hand zu geben?“[208]

Aus diesen Zeilen spricht die Meinung, dass gegen Deutschland in keiner Art und Weise willkürlich vorgegangen werden dürfe. Die falsche extensive Auslegung der Regelungen des Versailler Vertrags war für Karl Neumeyer inakzeptabel. Doch auch in diesem Fall äußerte er seine Bedenken und Kritik nur im Vorwort, um sich in der näheren Besprechung des Falles ausschließlich in wissenschaftlich-neutraler Weise den rechtlichen Problemen zu widmen. Am Ende des Vorworts heißt es:

„Das mußte vorher gesagt sein. Nicht leicht wäre diesen Seiten sonst die Gelassenheit verblieben, die allein der wissenschaftlichen Aussprache bekömmlich ist.“[209]

e) Karl Neumeyers Sicht auf die Weimarer Republik

Darüber, was Karl Neumeyer von der Demokratie und der Weimarer Republik hielt, ist wenig bekannt. In einem Text aus seiner eigenen Hand klingt an, dass er mit dem monarchischen System vor Ausbruch des Ersten Weltkrieges durchaus zufrieden gewesen war und sich mit den neuen politischenVerhältnissen zumin-

207 Ebd., S. 6.
208 Ebd., S. 6.
209 Ebd., S. 6.

dest in den Anfängen der jungen Republik nicht recht anfreunden konnte. Er schrieb 1921:

„Tief hat sich das Antlitz der Zeit im Inneren des Staates gewandelt, und hier kann nie mehr wachen, was – trotz allem – gut und glücklich gewesen ist.“[210]

Es scheint, als habe er sich mit der staatsrechtlichen Organisation vor dem Ersten Weltkrieg wohler gefühlt als mit der jungen Demokratie der Weimarer Republik, auch wenn er, wie aus seinem „trotz allem“ spricht, nicht mit allen Aspekten im Deutschen Reich vor dem Ersten Weltkrieg einverstanden war.

Das Zitat stammt von 1921, einer Zeit also, als die junge Weimarer Republik bereits von mehreren Krisen geschüttelt worden war. Mit dem Putschversuch gegen die Regierung unter Gustav Bauer durch Walther Freiherr von Lüttwitz und Wolfgang Kapp vom 13. März 1920, dem sogenannten „Kapp-Putsch“, hatte ein weiterer ernsthafter Angriff mit zunächst ungewissem Ausgang auf die Republik stattgefunden.[211] In die selbe Zeit fielen verschiedene kommunistische Aufstände im Land.[212] Aus diesen Ereignissen heraus ist es zu verstehen, wenn Karl Neumeyer der Rechtswissenschaft in dieser frühen Phase der Weimarer Republik ein düsteres Zeugnis ausstellte:

„Die neue Zeit hat auch dem rechtsgelehrten Richter den Kampf angesagt, und wenn der Vorstoß gelingt, dann braucht es allerdings keine Rechtswissenschaft mehr, ist auch die Bemühung um ein internationales Verwaltungsrecht unnötig geworden.“[213]

Was er genau mit der „neuen Zeit“ und welchen „Vorstoß“ er meinte, der alle Rechtswissenschaft und vor allem das Bemühen um das internationale Recht obsolet machen würde, wird nicht ganz klar. Nur dass er die zeitgeschichtliche Entwicklung und die Folgen für die Rechtswissenschaft für seine Verhältnisse äußerst scharf verurteilte, wird deutlich:

„Aber die Billigkeit, der hier nachgestrebt wird, ist Willkür.“[214]

---

210 *Neumeyer, Karl*: IVR, Band 2, Vorwort.

211 Siehe dazu im einzelnen: *Scheel, Günther*: Ursachen und Folgen, Vom deutschen Zusammenbruch 1918 und 1945 bis zur staatlichen Neuordnung Deutschlands in der Gegenwart, Band 4: Die Weimarer Republik, Vertragserfüllung und innere Bedrohung 1919/1922, Herbert Michaelis – Ernst Schraepler (Hrsg.), Berlin 1960, S. 77 ff.

212 Ebd., S. 77 ff.

213 *Neumeyer, Karl*: IVR, Band 2, Vorwort.

214 Ebd., Vorwort.

Er bezog seine Kritik auf eine gewisse Art von Gleichschaltung aller Menschen, denn es heißt weiter:

„Und wenn nicht eine Einfalt der Lebensführung erreicht wird, in Schuttbächen, die alle Sonderung unter ihrem Schlamm begraben, dann wird die Differenziertheit des Lebens immer den Reichtum von Normen fordern, den nur eine Zusammenordnung und Entfaltung ihres Inhalts, den nur Wissenschaft nutzbar machen kann.“[215]

Sowohl rechte wie linke extreme Strömungen könnten hier seine Sorge angefacht haben, die Bemühungen um ein Internationales Verwaltungsrecht seien hinfällig, da ein geordnetes Miteinander der Völker im Falle der Machtergreifung sowohl extrem linker wie extrem rechter Gruppen gefährdet gewesen wäre. Und doch lag in seinen Aussagen auch die Hoffnung, dass sich alles zum Guten wenden könnte, da dann „die Differenziertheit des Lebens“ auch seiner Forschung bedürfe. So schrieb er:

„Und damit wird auch eine Bemühung um das Internationale Verwaltungsrecht einstweilen noch nicht müßiges Gedankenspiel sein.“[216]

Aus heutiger Sicht erscheinen die Worte fast hellseherisch, brach für das internationale Recht doch mit der Machtübernahme durch die Nationalsozialisten tatsächlich ein Kapitel der Geschichte an, in dem Bemühungen um ein konstruktives Miteinander der Völker völlig vergebens waren.

Obwohl sich Karl Neumeyer offensichtlich in der Anfangsphase und mit Sicherheit in der Endphase der Weimarer Republik mit berechtigten Sorgen um deren Stabilität und damit auch um die Rechtswissenschaft an sich trug, blieb er stark in seinem Einsatz für die Entwicklung des Rechts auch und gerade in Deutschland. Innerhalb des *Institut de droit international*, einer überaus renommierten Einrichtung zur Fortentwicklung des internationalen Rechts, der er angehörte, machte er sich noch zu Beginn der 30er Jahre dafür stark, dass das *Institut* wieder einmal in Deutschland, zwingend dabei in Berlin, tagen solle, obwohl sich hiergegen – wohl wegen der sich politisch verschärfenden Umstände in Deutschland – innerhalb des *Instituts* Widerstand regte.[217] Er hätte die Einladung in eine andere deutsche Stadt als Berlin als freiwillige „*Capitis deminutio*“, als freiwilli-

215 Ebd., Vorwort.
216 Ebd., Vorwort.
217 *Wehberg, Hans*: Karl Neumeyer zum Gedächtnis, in: Die Friedenswarte, S. 259.

ge Verminderung der Rechtsfähigkeit angesehen.[218] Vermutlich wollte er damit zum Ausdruck bringen, dass man den stärker werdenden politischen Strömungen in Deutschland, die sich in Berlin als der Reichshauptstadt konzentrierten, ein Zeichen entgegensetzen sollte, statt den neuen Kräften auszuweichen.

X. Karl Neumeyers Charakter und Eigenschaften

Karl Neumeyer hatte sich ganz der Wissenschaft verschrieben. In ihm scheinen sich nicht nur der für einen großen Wissenschaftler erforderliche Genius, sondern auch alle förderlichen Charaktereigenschaften verbunden zu haben. Er war außerordentlich diszipliniert und arbeitete überaus präzise.

In der Schilderung des Sohnes Alfred über die Arbeit Karl Neumeyers wird klar, was Karls Bruder mit der oben erwähnten heiligen Liebe zur Wissenschaft gemeint hat:

„Tag für Tag, Jahr für Jahr, Jahrzehnt um Jahrzehnt begann die Arbeit am Schreibtisch hinter ledernen Doppeltüren und umgeben von zwei großen Räumen, auf drei Seiten von Büchern umschlossen, um 9 Uhr und endete mit Unterbrechungen um 8 Uhr abends.“[219]

Er schrieb weiter, dass das Arbeitsjahr des Vaters, – mit Ausnahme der Ferien – mit der Regelmäßigkeit eines Uhrwerks abgelaufen sei und durch die genutzte Zeit und die gesetzte Ordnung der Dinge ein umfängliches und bedeutendes Werk zeitigte.[220]

Dies vermittelte allerdings zumindest dem Sohn das „Gefühl eremitischer Abschließung“.[221] Auch Max Gutzwiller bestätigte, dass Karl Neumeyer während seiner Arbeitszeiten ungern gestört wurde.[222]

Die Stetigkeit und Selbstdisziplin, aber auch der Familiensinn Karl Neumeyers spiegelten sich auch in der Routine, mit der er jeden Tag seinen Vater Leopold besuchte. Der Sohn Alfred berichtete:

---

218 Ebd., S. 259.

219 *Vogel, Klaus:* Karl Neumeyer, in: Deutsche Juristen jüdischer Herkunft, S. 534, zitiert nach einer Rede, die Alfred Neumeyer (der Jüngere) anlässlich des 100jährigen Geburtstags seines Vaters im Institut für Rechtsvergleichung der Universität München hielt; das Manuskript der Rede, aus dem zitiert wird, ist nicht erhalten.

220 *Neumeyer, Alfred* (der Jüngere): Lichter und Schatten, S. 9.

221 Ebd., S. 143.

222 *Gutzwiller, Max*: Karl Neumeyers Persönlichkeit und Werk, in: RabelsZ, S. 404.

„Jeden Tag zwischen zwölf und ein Uhr besuchte mein Vater Großvater Leopold für zwanzig Minuten, und oft habe ich ihn begleitet. Es war stets die gleiche Situation: [...]. Man besprach die ‚Neuesten Nachrichten', den letzten Spaziergang im Englischen Garten, die Begegnung mit dem Prinzregenten beim Entenfüttern, aber nur selten war von Menschen oder von der Familie die Rede. Weder meinem Vater noch meinem Großvater schienen Intimitäten zu liegen. Auch gab es keinerlei Zärtlichkeiten, statt dessen aber Sympathie, nüchternes Wohlwollen, pünktlichen Anstand. Um zwölf Uhr hatte mein Vater die Studierstube verlassen, zwanzig Minuten dauerte der Weg in die enge, mittelalterliche Salvatorstraße, zwanzig Minuten blieben wir beim Großvater, um zwölf Uhr vierzig wurde seine Wohnung verlassen, um ein Uhr stand die Suppe auf dem runden Eßtisch. Nie, außer in den Ferien, hat mein Vater eine Minute in seinem arbeitsreichen Tage zum Fenster hinausfliegen lassen und nie hat er die Routine des täglichen Besuchs beim Vater, mit dem er wenig gemeinsam hatte, unterbrochen."[223]

Zu dieser Akkuratesse in zeitlichen Dingen passt auch, dass sich Karl Neumeyer nach Aussage seines Sohnes Alfred bezüglich seiner Kleidung nie und bei keiner Gelegenheit eine Nachlässigkeit erlaubte.[224]

Und auch seine Sprache scheint ganz zu seiner feinen, durchgeistigten Art gepasst zu haben. Sein Sohn Alfred berichtete dem Enkel Peter Florian Neumeyer, dass Karl im Ausdruck geschliffen, von äußerster Klarheit und Genauigkeit gewesen sei.[225] Er vermied eine grammatikalisch sehr komplexe, umständliche Ausdrucksweise. Außerdem sprach er, obwohl er in München geboren und aufgewachsen war, hochdeutsch. Sein Sohn sagte dazu, er sprach das „reinste Hochdeutsch, und das wurde noch verstärkt durch das Abnehmen des Zwickers, verbunden mit dem Zusammenziehen der Stirnfalten, so, dass Nach-Innen-Schauen und Denken gleichsam sichtbar wurde."[226]

Das beste Bild von Charakter und Eigenschaften Karl Neumeyers aber gibt der folgende Absatz in den Jugenderinnerungen des Sohnes:

„Nie habe ich ihn krank gesehen, nie im Bett – wie unwahrscheinlich das klingt –, ja das scherzende Gerücht behauptete, er schliefe oben auf der Decke

223 *Neumeyer, Alfred* (der Jüngere): Lichter und Schatten, S. 41 f.

224 *Vogel, Klaus*: Karl Neumeyer, in: Deutsche Juristen jüdischer Herkunft, S. 534, zitiert nach einer Rede, die Alfred Neumeyer (der Jüngere) anlässlich des 100jährigen Geburtstags seines Vaters im Institut für Rechtsvergleichung der Universität München hielt; das Manuskript der Rede, aus dem zitiert wird, ist nicht erhalten.

225 Redemanuskript Peter F. Neumeyer, S. 3.

226 Ebd., S. 3.

und nicht in seinem Bett, da es am Morgen wie unberührt dalag; nie sah ich ihn weinen, selten laut lachen, selten zornig (wie schrecklich war es, dieses feine, zarte, blondbärtige Gesicht im Zorn sich röten zu sehen!), die Bewegungen gleichmäßig, die Stimme klar, der Blick freundlich und oft ein wenig abwesend. Noch heute sehe ich ihn, das Kletterseil dem Rucksack aufgeschnallt, den Eispickel über der Schulter, gleichmäßigen Schrittes, auf der Landstraße kleiner und kleiner werdend. Gleichmaß, wenn er das Boot beim Rudern wendet, ein Ruder ins Wasser tauchend, das andere hochgedrückt über dem Wasser, konzentrierte Aufmerksamkeit in den Zügen. Sein Beruf war zugleich seine Berufung, seine Frau seine Erwählung. Geldsorgen kannte er nicht bis in die Inflationszeit, Krankheiten erlitt er nicht, Passionen erduldete er nicht. Kummer ward ihm selten bereitet. Distanz suchte er aus Feingefühl und seiner Forscherarbeit zuliebe. So war dieser so unkörperliche Mann beschaffen, der für mich zuerst die Männerwelt vertrat. Weil er unkörperlich war, schloß er auch körperliche Berührung aus. Umarmungen, Gutenachtküsse schienen ausgeschlossen. Liebende Distanz war das Grundgesetz."[227]

Die vom Sohn beschriebene körperliche Distanz scheint Karl Neumeyer in seinen späteren Lebensjahren nicht mehr so wichtig gewesen zu sein oder aber die Freude über ein Wiedersehen mit dem in der Ferne studierenden Sohn überwog. Alfred schilderte an anderer Stelle:

„Als ich als Student oder junger Doktor von Berlin nach München zurückkehrte, stand mein Vater (Ränderloser Zwicker, grau melierter Spitzbart) hinter dem Perrongitter, und als ich dasselbe durchschritten hatte, umarmte mich dieser wartende Vater. Die Regel war durchbrochen, einmal durchbrochen, aber damit zugleich für immer auf neue Möglichkeiten angelegt."[228]

Karl Neumeyer ist also ein geistiger und feiner Mann gewesen.[229] Gefühle wurden nicht offen zur Schau getragen.[230] Er war aber auch sonst kein extrovertierter Charakter, hielt beispielsweise nicht gern Reden[231], was bei einem Universitätsprofessor überraschen mag. Und auch mit Anschauungen oder inneren Überzeugungen ging Karl Neumeyer wohl nicht hausieren. In einem Brief, den er seinem Sohn Alfred 1938 aus der Tiroler Sommerfrische nach Amerika schickte und in

---

227 *Neumeyer, Alfred* (der Jüngere): Lichter und Schatten, S. 171 f.

228 Ebd., S. 173.

229 Ebd., S. 173.

230 Ebd., S. 215.

231 Ebd., S. 215.

dem er sich mit dem jüngsten literarischen Werk des Sohnes auseinandersetzte, schrieb er, das Werk des Sohnes kommentierend:

„Doch das wesentliche sind ja die Probleme, in deren Dienst das alles gesagt ist, und ich habe es nachdenklich in mir weiter klingen lassen, was Du von Tod und Leben, von Existenz und seelischer Kausalität zu sagen hast, glaube es als letztes Problem gespürt zu haben, ob man Werte für sich bewahren dürfe oder verpflichtet sei, bei anderen für sie zu werben."[232]

Interessant ist dabei die Formulierung „ob man Werte für sich bewahren dürfe". Seinem Naturell entsprechend hätte er seine Werte nicht ungefragt mit anderen geteilt, stellte sich aber, vom Werk des Sohnes dazu angeregt, die Frage, ob es eine Pflicht gäbe, für seine Werte zu werben. Gerade für einen Universitätsprofessor der Rechte in Zeiten des erstarkenden Nationalsozialismus stellt sich die Frage, warum die Verteidigung der Rechtsordnung und der Werte wie Freiheit des Individuums und der Wissenschaft sowie Toleranz gegenüber den Mitmenschen nicht auch und gerade im akademischen Betrieb höchstes Ziel gewesen sind. Wie die meisten seiner Kollegen sah Karl Neumeyer aber die Aufgabe eines Universitätsprofessors in der Forschung und Lehre, nicht aber in der Vermittlung politischen Bewusstseins oder ethischer und moralischer Grundsätze.

Dass Karl Neumeyer zeit seines Lebens ein bescheidener Mann blieb, zeigt die Begebenheit, die sein Sohn aus den Tagen des Ersten Weltkrieges berichtet. Es dürfte im Jahr 1917 gewesen sein, Schlangestehen und Hunger gehörten ebenso wie Kohlenmangel in dieser Phase des Ersten Weltkriegs zum Alltag.[233] Da begegnete der Sohn eines Tages dem Vater, der einen Kohlenkarren vom entfernten Ostbahnhof zum Neumeyerschen Haus beförderte:

„Ich drückte dem Vater meine Peinlichkeitsgefühle über ein solches öffentliches Auftreten in dienender Position aus und erhielt die Antwort: „Nichts, was Dein Vater tut, ist zum Schämen." Im Falle eines so unschuldigen und rechtlichen Mannes, wie mein Vater es war, traf das wohl auch zu, jedenfalls habe ich den Satz nie mehr vergessen."[234]

232 Brief Karl Neumeyers an seinen Sohn Alfred, geschrieben am 27. Mai 1938 in Obladis, Tirol, Österreich, Abschrift des Briefes AJMM, Akte KN.

233 *Neumeyer, Alfred* (der Jüngere): Lichter und Schatten, S. 161.

234 Ebd., S. 161.

Seine Bescheidenheit hat Karl Neumeyer auch selbst zum Ausdruck gebracht:

„Ich bin mir der Grenzen meines Wesens und meiner Leistung auf das Schärfste bewußt.“[235]

Trotz aller Bescheidenheit scheint ihm aber der erst spät eintretende Erfolg für seine wissenschaftlichen Mühen zu schaffen gemacht zu haben. Es soll bei ihm das Gefühl zurückgeblieben sein, es schwer gehabt zu haben.[236] Er beklagte sich nie darüber, schrieb aber, nachdem er 1929 zum Ordinarius ernannt geworden war, an seinen Freund Gutzwiller über die Lektüre eines Buches:

„In der unterhaltend plätschernden Darstellung hat sich mir plötzlich ein Satz eingeschraubt: er habe zwanzig Jahre gebraucht, um dahin zu kommen, wo Andere den Ausgang genommen hätten“.[237]

Karl Neumeyer scheint sich hierin wiedergefunden zu haben.

Als Privatmann stand Karl Neumeyer dagegen stets in höchstem Ansehen. Gutzwiller berichtete:

„Überall, wo Neumeyer auftrat, wurden die Genauigkeit und Bestimmtheit seiner Aussage, seine menschliche Wärme und seine Hilfsbereitschaft wahrgenommen und hochgeachtet. Seine Freunde schätzten an ihm außerdem die ergreifende Keuschheit seiner Empfindung und die ungewöhnliche Stärke seines wissenschaftlichen Glaubens. Auch seine innerste Bescheidenheit.“[238]

In einem Schreiben von Freunden der Neumeyers nach deren Tod heißt es ganz ähnlich:

„Überhaupt waren äußerste Zurückhaltung und besondere Abneigung vor allem Lauten wesentliche Charakterzüge seiner Persönlichkeit. Nur in der Stille seiner Gelehrtenarbeit, die er mit fast unbegreiflicher Genauigkeit, Zeiteinteilung, Zähigkeit, Verbissenheit und Folgerichtigkeit verfolgte, konnte er leben.“[239]

---

235 *Gutzwiller, Max*: Karl Neumeyers Persönlichkeit und Werk, in: RabelsZ, S. 409.
236 *Wehberg, Hans*: Karl Neumeyer zum Gedächtnis, in: Die Friedenswarte, S. 258.
237 *Gutzwiller, Max*: Karl Neumeyers Persönlichkeit und Werk, in: RabelsZ, S. 406.
238 Ebd., S. 409.
239 *Neumeyer, Alfred* (der Ältere): Wir wollen den Fluch in Segen verwandeln, S. 214.

Hans Wehberg schrieb, dass er immer Karl Neumeyers tiefes Streben nach Erforschung der Wahrheit, seine grosse Sachlichkeit und sein sich über alle Teile der Rechtswissenschaft erstreckendes Wissen bewundert habe.[240]

Nun mag all dies klingen, als sei die Wissenschaft das Einzige gewesen, wofür Karl Neumeyer sich habe begeistern können. Er war aber der äußeren Welt ebenfalls sehr zugetan. Zum einen reiste er sehr viel und in die unterschiedlichsten Länder. Schon seine Recherchen zu ausländischen Rechtssystemen machten dies notwendig. Daneben brachte seine Vortrags- und Lehrtätigkeit eine rege Reisetätigkeit mit sich. Wirkliche Freizeit verbrachte er wohl am liebsten in den Bergen. Er kletterte leidenschaftlich gern, wobei sein Enkel betont, dass dies im Sinne des anspruchsvollen „technischen" Kletterns, nicht des Wanderns, zu verstehen sei.[241]

Seinem Enkel erzählte er auf gemeinsamen Wanderungen Geschichten, unter anderem aus Homers Odyssee – aus dem Gedächtnis, versteht sich.[242]

Und zumindest im Kreis seiner Familie äußerte er sich in späteren Jahren auch liebevoll und spaßig. So schrieb er an seinen Sohn Alfred anlässlich dessen Verlobung:

„Lieber Fredi!

Also gibt es doch noch Naturwunder! Töchter kommen fertig auf die Welt mit 20 und einigen Jahren! Nun, mir mag ein so wunderliches Erlebnis lieb sein. [...] Es freut mich, daß Dein Mädchen mir nicht völlig eine Unbekannte ist. Doch wichtiger, sie ist die Frau Deiner Wahl, und Sie hat überdies das Herz deiner seelenkundigen Mutter gewonnen. Mit solchen Geleitern steht sie bei mir vor breit geöffneter Türe. Drum sag Deiner Freundin, daß ich kein kinderfressender Rübezahl bin, und daß es ihr nicht schwer sein soll, den Weg zu mir zu finden. Ich wills ihr danken, wenn sie ihn sucht. Und nun – was sonst zu sagen wäre, versteht sich von selbst – nun seid vergnügt!

Papa"[243]

240 *Wehberg, Hans*: Karl Neumeyer zum Gedächtnis, in: Die Friedenswarte, S. 260.

241 Redemanuskript Peter F. Neumeyer, S. 4.

242 Ebd., S. 4.

243 Brief Karl Neumeyers an seinen Sohn Alfred vom 3. Mai 1926 anlässlich dessen Verlobung, Kopie des Originals und Abschrift AJMM, Akte KN.

XI. Freundschaften Karl Neumeyers

Das Ehepaar Neumeyer hatte einige enge Freunde. Der oben erwähnte Karl Rothenbücher war einer davon. Er war etwa gleichaltrig mit Anna Neumeyer und lehrte ebenso wie Karl Neumeyer an der Münchener Universität. Unter den Juristen war er der unbedingteste Vorkämpfer individueller Freiheit gegen den Eingriff von Staat und Kirche.[244] Anders als sein in diesen Dingen nach außen zurückhaltender Freund Karl Neumeyer war Rothenbücher an der Vermittlung politischen Bewusstseins und Verantwortungsgefühls sehr gelegen, womit er unter den Universitätskollegen die absolute Ausnahme blieb. Alfred Neumeyer beschrieb in seinen Erinnerungen, dass die Jugend sich in der Zeit der Weimarer Republik nur wenige Gestalten wie ihn oder den Soziologen und Juristen Max Weber – mit dem das Ehepaar ebenfalls befreundet war – zum Vorbild nehmen konnte, um sich an ihnen über das eigentliche Unterrichtsfach hinaus zu bilden.[245] Er war damit innerhalb seines Berufsstandes in den Zeiten der Weimarer Republik ein „Phänomen" und nicht die Regel.[246] Rothenbücher hatte nach Erinnerung Alfred Neumeyers gar den – quasi prophetischen – Ausspruch getan, dass „am Universitätslehrer Deutschlands politischer Bankrott evident werden würde".[247]

Die Machtübernahme durch die Nationalsozialisten und die beginnende Judenverfolgung erlebte er nicht mehr. Er starb, bevor Hitler 1933 Reichskanzler wurde und damit die Installierung der nationalsozialistischen Diktatur begann.[248] Er hätte unter den Nationalsozialisten auch keinen leichten Stand gehabt, da er in seiner Broschüre „Der Fall Kahr" aus dem Jahr 1924 die Beteiligten am Hitlerputsch als Hochverräter bezeichnet hatte. Solcher Natur waren die Freunde der Neumeyers.

Daneben blieb Karl Neumeyer der Bruder Alfred zeit seines Lebens einer der engsten Vertrauten. Die Brüder sahen sich regelmäßig und hatten es sich zur Gewohnheit gemacht, jeden Sonntag im Englischen Garten spazieren zu gehen.[249] Sie gingen jeweils bis zum nördlichen Ende des Parkes, wo dann in dem Ausflugslokal Aumeister für 25 Pfennig eine Tasse Kaffee und für 10 Pfennig ein Kipferl verzehrt wurde.[250] Die besonders enge und herzliche Beziehung zwi-

---

244 *Neumeyer, Alfred* (der Jüngere): Lichter und Schatten, S. 133.

245 Ebd., S. 134 f.

246 Ebd., S. 135.

247 Ebd., S. 133.

248 Ebd., S. 134.

249 *Neumeyer, Alfred* (der Ältere): Wir wollen den Fluch in Segen verwandeln, S. 167.

250 *Gutzwiller, Max*: Karl Neumeyers Persönlichkeit und Werk, in: RabelsZ, S. 404.

schen den Brüdern gab beiden die geistigen und seelischen Kräfte, die kommenden schweren Zeiten unter den Nationalsozialisten zu tragen.[251]

Eine enge Freundschaft verband Karl Neumeyer schließlich auch mit Gutzwiller, obwohl dieser zwanzig Jahre jünger war als er. Die beiden fanden über ihr gemeinsames Forschungsgebiet, das internationale Recht, zueinander. Die Freundschaft begann etwa in der Zeit des ersten Weltkrieges. Gutzwiller schrieb:

„Damals fingen unsere Beziehungen an. Denn wir waren die einzigen, die sich in Deutschland ernstlich mit dem Internationalprivatrecht befaßten: Zitelmann und Neubecker starben 1923, und Niemeyer hatte sich ganz dem Völkerrecht zugewandt."[252]

In einem Brief des Sohnes Fritz Neumeyer, den dieser nach dem Tod der Eltern an Gutzwiller schrieb, wird besonders deutlich, was diese Freundschaft Karl Neumeyer bedeutete:

„Ich erinnere mich noch so wohl an den Tag, da mein Vater zu Tisch kam und ein ungewöhnlicher Glanz in seinen Augen lag. Meine Mutter frug ihn, ob er etwas besonderes erlebt habe und er sagte: Ja. Es stellte sich heraus, dass er Ihren ersten Brief bekommen hatte (ohne Sie damals persönlich zu kennen) und in seiner ruhigen, beherrschten Art sagte er, dass ihm ein Kollege geschrieben habe, wie keiner vorher. Die Korrespondenz, die sich dann zwischen Ihnen entspann, blieb zu einer Herzenssache für meinen Vater und es war auch für mich ein Erlebnis zu sehen wie mein Vater – der so zurückhaltend und nach innen lebte – in reifen Tagen ein jüngerer temperamentvoller Freund erwuchs. Wie sie uns dann alle persönlich kennenlernten und der wissenschaftliche Austausch der Juristen sich bald auf viele andere menschliche Gebiete ausweitete, daran brauche ich Sie nicht zu erinnern."[253]

Gutzwiller besuchte das Ehepaar ab 1925 regelmäßig in München.[254] Außerdem pflegten sie einen regen Briefwechsel. Etwa 150 Briefe schrieb das Ehepaar Neumeyer in den Jahren 1921 bis 1941 an den Freund.[255] Gutzwiller stand offensichtlich mit beiden Eheleuten Neumeyer sehr gut. Er berichtete, dass Anna

251 *Neumeyer, Alfred* (der Ältere): Wir wollen den Fluch in Segen verwandeln, S. 167.
252 *Gutzwiller, Max*: Karl Neumeyers Persönlichkeit und Werk, in: RabelsZ, S. 403.
253 Brief Friedrich Neumeyers an Gutzwiller, geschrieben am 14. Dezember 1941 in Stockholm, Kopie des Briefes im Privatbesitz der Verfasserin.
254 *Gutzwiller, Max*: Karl Neumeyers Persönlichkeit und Werk, in: RabelsZ, S. 403.
255 Ebd., S. 403.

Neumeyer öfters zu Karl Neumeyers Berichten eine „freundschaftliche Anrempelung, eine Lesefrucht oder ein eigenes Gedicht“[256] anfügte. Sie schrieb ihm aber auch eigene Briefe, zu denen Karl Neumeyer dann manchmal eine „kurze Information“[257] beisteuerte. Fachlich hat Gutzwiller selbst Karl Neumeyer als seinen Mentor beschrieben.[258]

XII. Professor

Nachdem Karl Neumeyer seit 1901 als Privatdozent gelehrt und geforscht hatte, wurden ihm am 1. Januar 1908 Titel und Rang eines außerordentlichen Professors verliehen.[259] Mit Wirkung zum 1. Mai 1909 erhielt er aufgrund des Todes des ordentlichen Professors von Seuffert und der dadurch frei gewordenen Professur eine haushaltsmäßige Stelle, weiterhin aber nur als außerordentlicher Professor.[260] Die außerordentlichen Professoren, auch genannt „Extraordinarien“, standen im Rang unter den ordentlichen Professoren, den „Ordinarien“, da sich nur aus den letzteren das kollektive Entscheidungsgremium der Fakultät zusammensetzte.[261] Immerhin wurde Karl Neumeyer aber durch die haushaltsmäßige Stelle vom unbesoldeten Privatgelehrten zum beamteten bayerischen Hochschullehrer.[262]

Er hatte nun Vorlesungen zum Internationalen Privat-, Straf- und Verwaltungsrecht, zur Rechtsvergleichung, zur allgemeinen Rechtslehre und zum Kolonialrecht einschließlich des Eingeborenenrechts zu halten.[263]

---

256 Ebd., S. 403.

257 Ebd., S. 403.

258 Ebd., S. 403.

259 Personalliste der Universität München, PA KN, UAM E II 2576.

260 Königliche Verfügung („allerhöchste Entschließung“) vom 2. Mai 1909, PA KN, UAM E II 2576.

261 *Vogel, Klaus:* Karl Neumeyer: In den Tod getrieben, in: Große jüdische Gelehrte an der Münchener juristischen Fakultät, S. 101.

262 Ebd., S. 98.

263 Königliche Verfügung („allerhöchste Entschließung“) vom 2. Mai 1909, PA KN, UAM E II 2576.

1. Wissenschaftliche Arbeit

Der Schwerpunkt seiner wissenschaftlichen Arbeit lag auch nach seiner Ernennung zum Privatdozenten auf dem internationalen Recht, insbesondere dem Verwaltungsrecht. Er erklärte den Inhalt seines Hauptforschungsgebiets, des Internationalen Verwaltungsrechts später so:

„Der Verfasser dieser Zeilen nimmt an, es gebe ein internationales Verwaltungsrecht als besonderen Zweig der staatlichen Rechtsordnungen. Nicht im Sinne eines Rechts, welches für die verwaltende Tätigkeit der internationalen Gemeinschaft gälte; noch weniger eines Sammelsuriums, das die Sätze zusammenträgt, in welchen das einzelstaatliche Verwaltungsrecht von Ausland und Ausländern spricht. Sondern als ein genaues Gegenstück zum internationalen Zivilrecht, gleich diesem bestimmt, die Grenzen staatlicher Tätigkeit gegenüber der gleichartigen Tätigkeit anderer Staaten zu ziehen, dort in privaten, hier in öffentlichen Angelegenheiten – Zuständigkeitslehre, die in Ermangelung ausdrücklicher gesetzlicher Normierung ihre positive Geltung aus der Eigenart des geordneten Verhältnisses und seiner dadurch bedingten Festlegung im Raum ableitet.“[264]

Nach gründlichen Vorarbeiten begann Karl Neumeyer mit der Ausarbeitung seines umfassenden Werks zum Internationalen Verwaltungsrecht. Er ging dabei nach Meinung seines Bruders mit weit blickender schöpferischer Intuition sowie mit sorgfältiger und gewissenhafter Behandlung aller Einzelheiten vor.[265] Dass er dabei Ausdauer, Geduld und Fleiß ohnegleichen bewies,[266] zeigt auch der Umfang des Werks. Im Jahr 1910 veröffentlichte er den ersten von insgesamt vier Bänden zum Internationalen Verwaltungsrecht, 1936 den letzen. Die drei ersten Bände enthielten den Besonderen Teil. Auf etwa 2000 Seiten behandelt dieser Besondere Teil folgende verwaltungsrechtliche Gebiete: Bevölkerung, Gesundheit und Sicherheit, Vereine und Stiftungen, Presse, Bildung und Erziehung, Staat und Sitten, Staat und Kirche, Naturkräfte und Naturerzeugnisse, Erwerb und Beruf, Versicherung und verwandte Einrichtungen, Arbeiterversicherung, Verkehrswege und ihre Benutzung, Verkehrseinrichtungen und das Gebiet der Währung. Karl Neumeyer war damit der erste Rechtswissenschaftler, der auf dem Gebiet des Verwaltungsrechts den Versuch unternahm, das System eines

264 *Neumeyer, Karl:* Studien aus dem internationalen Verwaltungsrecht, I: Die religiöse Kindererziehung, in: Niemeyers Zeitschrift für internationales Privat- und öffentliches Recht, Band 17, 1907, S. 50.

265 *Neumeyer, Alfred* (der Ältere): Wir wollen den Fluch in Segen verwandeln, S. 106.

266 Ebd., S. 106.

alle Gebiete des besonderen Verwaltungsrechts umfassenden verwaltungsrechtlichen Kollisionsrechts zu skizzieren.[267] Der Umfang des für die Bearbeitung gesichteten und behandelten Materials zeigt die immense Arbeitsleistung. Auf Vorarbeiten konnte er kaum zurückgreifen und ihm standen auch keine wissenschaftlichen Assistenten zur Verfügung, die Teile der Arbeit hätten übernehmen können.[268] Klaus Vogel, der sich später ebenfalls auf diesem Forschungsfeld äußerst verdient gemacht hat, sagte hierzu:

„Wenn Wissenschaft, wie Max Weber gesagt hat, im „Bohren von dicken Brettern" besteht, so hatte Karl Neumeyer sich eines der dicksten unter ihnen ausgesucht. Auch wer im systematischen Ansatzpunkt anderer Meinung ist als er, wird die Gestaltungskraft bewundern, mit der die Fülle des Materials erhoben, gebändigt und durchsichtig dargestellt ist."[269]

Karl Neumeyer gilt daher angesichts seiner Verdienste um das Internationale Verwaltungsrecht manchen als der vornehmste Vertreter dieses Rechtszweiges nicht nur in Deutschland, sondern in der gelehrten Welt überhaupt.[270]

2. Lehrtätigkeit

Neben der Forschung hatte Karl Neumeyer sich pflichtgemäß auch der Lehre zu widmen. Die Beurteilungen über die Qualität seiner Vorlesungen gehen auseinander. Sein Bruder Alfred schrieb, dass die Teilnahme an seinen Vorlesungen zwar dem freien Belieben der Studenten überlassen war, da der vermittelte Stoff nicht zum Prüfungsstoff gehörte, und daher nur eine verhältnismäßig geringe Zahl von Studenten den Vorlesungen folgte, dass Karl Neumeyer aber eine vorzügliche Lehrgabe gehabt habe und im Kreis seiner Schüler hoch beliebt und geehrt gewesen sei.[271]

Dass seine Vorlesungen nicht von sehr vielen Studenten gehört wurden, ergibt sich auch aus den Vorlesungslisten der Jahre 1901 bis 1919.[272] Seine Vorlesungen über das Internationale Strafrecht und über das Kolonialrecht waren teil-

---

267 *Vogel, Klaus*: Karl Neumeyer, in: Deutsche Juristen jüdischer Herkunft, S. 536.

268 *Vogel, Klaus:* Karl Neumeyer: In den Tod getrieben, in: Große jüdische Gelehrte an der Münchener juristischen Fakultät, S. 99.

269 Ebd., S. 99.

270 *Neumeyer, Alfred* (der Ältere): Wir wollen den Fluch in Segen verwandeln, S. 106.

271 Ebd., S. 108.

272 Verzeichnisse über die Frequenz der Vorlesungen und die Anzahl der Hörer, PA KN, UAM L IX 52.

weise recht gut besucht, nach einigen Jahren meist auch diejenigen über das Internationale Privatrecht.[273] Dagegen hatten Vorlesungen wie die über das „Eherecht der Staaten Europas" (gehalten 1910, 1916 und 1918) nur zwischen 8 und 14 Hörer.[274] Dies könnte allerdings mehr der Besonderheit des Faches als der Qualität der Vorlesung geschuldet gewesen sein.

Nach Karl Neumeyers Tod schrieb Hans Morgenthau im „*American Journal of international law*", dass der Verstorbene ein großartiger Lehrer gewesen sei.[275] Sein Seminar zum internationalen Recht sei einzigartig gewesen in seiner Schwerpunktsetzung, die mehr auf Qualität als auf Quantität des behandelten Stoffs ausgelegt gewesen sei.[276] Er habe ein gesamtes Semester darauf verwendet, die Trugschlüsse zu diskutieren, die sich auf 50 Seiten einer beliebten Einführung in das internationale Recht fänden.[277] Hans Morgenthau war der Ansicht, dass wer immer durch Karl Neumeyers Schule gegangen sei, immun gegen die falschen Auffassungen vom internationalen Recht war, die in der Wissenschaft nach dem ersten Weltkrieg verbreitet waren.[278]

Diese Lehrmethode scheint allerdings polarisiert zu haben. Max Gutzwiller schreibt, Karl Neumeyer habe nicht gerade ungern gelehrt.[279] Seine Vorlesungen hätten aber doch seinen Lebensstil widergespiegelt.[280] Im einzelnen heißt es:

„Es waren auch da ungemischte Forschungsresultate, die er verabreichte; er versachlichte sie noch dadurch, daß er sie einfach als solche hinstellte, ohne die Aufnahmebereitschaft seiner Zuhörer in Betracht zu ziehen: von denen er damit wie durch eine gläserne Wand geschieden war."[281]

Jedenfalls war Karl Neumeyer im akademischen Lehrbetrieb nicht allzu sehr in Anspruch genommen, wodurch sich sein nahezu unglaubliches Schaffen in der Forschung erklärt.[282] Für den interessierten akademischen Nachwuchs engagierte er sich aber durchaus. Viele seiner Studenten haben bei ihm promoviert und

273 Verzeichnisse über die Frequenz der Vorlesungen und die Anzahl der Hörer, PA KN, UAM L IX 52.

274 Verzeichnisse über die Frequenz der Vorlesungen und die Anzahl der Hörer, PA KN, UAM L IX 52.

275 *Morgenthau, Hans J.*: Professor Karl Neumeyer, Current Notes, in: The American Journal Of International Law, Volume 35, 1941, S. 672.

276 Ebd., S. 672.

277 Ebd., S. 672.

278 Ebd., S. 672.

279 *Gutzwiller, Max*: Karl Neumeyers Persönlichkeit und Werk, in: RabelsZ, S. 405.

280 Ebd., S. 406.

281 Ebd., S. 406.

282 Ebd., S. 405 f.

erhielten auf seine Empfehlung hin Dozenturen auf deutschen und ausländischen Hochschulen.[283]

3. Der Ruf an die Universität Zürich

1913 erhielt Karl Neumeyer einen Ruf auf ein Ordinariat für internationales Recht und Völkerrecht an der Universität Zürich. Um ihn zu überzeugen, diesen Ruf anzunehmen, waren eigens ein Professor der Züricher Universität sowie ein schweizerischer Staatsbeamter nach München gereist.[284] Sie hatten eine seiner Vorlesungen gehört und ihm dann den Ruf überbracht.[285] Da aber mit der Professur die Pflicht zur Mitarbeit an verschiedenen internationalen Instituten verbunden gewesen wäre, woran ihm nicht sehr gelegen war, und weil er seinen alten Vater nicht verlassen wollte, lehnte er den Ruf nach Zürich ab.[286] Er wollte sich lieber ganz seinem Lehrberuf und seinem Werk, dem Internationalen Verwaltungsrecht, widmen.[287] Dieses Verhalten war höchst ungewöhnlich und stieß bei den Kollegen an der Universität München auf Unverständnis,[288] nach Aussage des Bruders Alfred verübelten ihm die Kollegen der Münchener Fakultät die Absage sogar sehr, da der Ruf für viele sehr begehrenswert gewesen wäre und die Annahme des Rufs damals der Übung unter den Hochschulen entsprochen hätte.[289] Zudem hätte sie die Beförderung zum Ordinarius bedeutet. Nach Aussage seines Bruders hatte Karl Neumeyer daher nicht nur im persönlichen Verkehr mit den Professorenkollegen, sondern auch bei seinem weiteren Fortkommen an der Universität München unter der Absage zu leiden.[290]

4. Die Reaktion des Kultusministeriums und der Universität München auf den Ruf aus Zürich

Karl Neumeyer selbst versuchte offensichtlich, die Universität München mit der Nachricht von dem Ruf aus Zürich dazu zu bewegen, ihn zum ordentlichen Pro-

283 *Neumeyer, Alfred* (der Ältere): Wir wollen den Fluch in Segen verwandeln, S. 108.
284 Ebd., S. 78.
285 Ebd., S. 78.
286 Ebd., S. 78.
287 Ebd., S. 78.
288 Redemanuskript Peter F. Neumeyer, S. 1.
289 *Neumeyer, Alfred* (der Ältere): Wir wollen den Fluch in Segen verwandeln, S. 78.
290 Ebd., S. 78.

fessor zu ernennen, indem er auch das bayerische Kultusministerium einschaltete. In einem Schreiben des bayerischen Kultusministeriums an den Senat der Universität vom 13. März 1913 heißt es, Karl Neumeyer hätte dem Ministerium den Ruf angezeigt.[291] Auch den Dekan der juristischen Fakultät hatte er selbst über den Ruf informiert[292] und in einigen Briefen detailliert dargelegt, wie die Professur in Zürich ausgestattet werden sollte. Unter anderem machte er Angaben zum dort in Aussicht gestellten Gehalt und schrieb, dass eigens ein Institut für Internationales Privatrecht eingerichtet werden sollte.[293] Das Ministerium war offensichtlich geneigt, Karl Neumeyer zu befördern, denn es schrieb daraufhin an den Senat, dieser möge sich dazu äußern, ob „eine Erhaltung des Professors Neumeyer für die Universität München wünschenswert“ erscheine. Weiter heißt es:

„Eine solche wäre voraussichtlich dann möglich, wenn Professor Neumeyer zum ordentlichen Professor für die von ihm vertretenen Lehrfächer an der Universität München ernannt würde.“[294]

In dem Schreiben wurde der Senat des Weiteren darauf hingewiesen, dass Karl Neumeyer aus dem Etat der ehemaligen Professur von Seufferts bezahlt werde und bei der Ernennung Karl Neumeyers zum außerordentlichen Professor im Jahr 1909 die Erhaltung dieser Professur entsprechend den Anträgen der Fakultät und des Senats im Etat weiter als ordentliche Professur geführt wurde.[295] Den damaligen Anträgen von Senat und Fakultät, Karl Neumeyer aus dem Etat der Professur von Seuffert vorerst als außerordentlichen Professor zu bezahlen, die Professur im Etat aber weiter als ordentliche zu führen, liefe es nicht zuwider, wenn nunmehr nach Ablauf von vier Jahren Professor Neumeyer zum ordentlichen Professor ernannt würde. Das Ministerium schrieb, dass der Ernennung auch keine etatrechtlichen Bedenken entgegenstünden.[296]

---

291 Schreiben des bayerischen Staatsministeriums des Innern an den Senat der Universität München vom 13. März 1913, PA KN, UAM E II 2576.

292 Schreiben Karl Neumeyers an den Dekan der juristischen Fakultät vom 22. Februar 1913, PA KN, UAM L IX 52.

293 Schreiben Karl Neumeyers vermutlich an den Dekan der juristischen Fakultät (kein Empfänger angegeben), PA KN, UAM L IX 52.

294 Schreiben des bayerischen Staatsministeriums des Innern an den Senat der Universität München vom 13. März 1913, PA KN, UAM E II 2576.

295 Schreiben des bayerischen Staatsministeriums des Innern an den Senat der Universität München vom 13. März 1913, PA KN, UAM E II 2576.

296 Schreiben des bayerischen Staatsministeriums des Innern an den Senat der Universität München vom 13. März 1913, PA KN, UAM E II 2576.

Die Fakultät beriet daraufhin über die Ernennung Karl Neumeyers zum ordentlichen Professor, entschied sich aber dagegen.[297] Begründet wurde die Entscheidung damit, dass an keiner deutschen Universität ein Ordinariat für die Fächer Internationales Privatrecht, Strafrecht, Prozess- und Verwaltungsrecht, Vergleichung der modernen Rechte, allgemeine Rechtslehre und deutsches Kolonialrecht mit Eingeborenenrecht bestünde.[298] Die Fakultät hatte hierzu eigens ein Verzeichnis der Vorlesungen über derartige Fächer an allen anderen deutschen Universitäten erstellen lassen.[299] Die Fakultät äußerte weiter die Ansicht, dass es „höchst unzweckmässig wäre, durch Schaffung eines Ordinariats die Studierenden zum Besuche dieser Vorlesungen zu nötigen und das Examen auf diese Fächer auszudehnen".[300] Das Examen würde durch eine solche Ausdehnung bedeutend erschwert, was nach Ansicht der Fakultät sehr bedenklich gewesen wäre.[301] Nicht nur die Ausdehnung des Examensstoffs, sondern schon die „bloße Tatsache, dass diese Fächer von einem Ordinarius vertreten werden" hätte nach Ansicht der Fakultät eine „Überbürdung" der Studierenden zur Folge gehabt.[302] Es wurde weiter angeführt, dass Karl Neumeyer über zwei der Fächer, die zu seinem offiziellen Lehrauftrag gehörten, nämlich zu der Vergleichung der modernen Rechte sowie zu der allgemeinen Rechtslehre noch gar keine Vorlesungen gehalten hatte. Der Besuch seiner übrigen Vorlesungen sei „verhältnismäßig gering" gewesen.[303]

Die Fakultät konnte zum Zeitpunkt der Abstimmung noch nicht sicher sein, ob sie durch ihre Ablehnung der Beförderung Karl Neumeyer nicht an die Universität Zürich verlieren würde. Aus dem Schreiben ergibt sich, dass die Abstimmung stattfand, bevor Karl Neumeyer dem Dekan mitteilte, dass er dem Ruf nach Zürich keine Folge leisten wolle.[304] Die Fakultät hatte daher auch erwogen,

---

297 *Vogel, Klaus:* Karl Neumeyer: In den Tod getrieben, in: Große jüdische Gelehrte an der Münchener juristischen Fakultät, S. 102; Schreiben der juristischen Fakultät der Universität München an den akademischen Senat der Universität München vom 15. März 1913, PA KN, UAM E II 2576.

298 Schreiben der juristischen Fakultät der Universität München an den akademischen Senat der Universität München vom 15. März 1913, PA KN, UAM E II 2576.

299 Verzeichnis in PA KN, UAM E II 2576.

300 Schreiben der juristischen Fakultät der Universität München an den akademischen Senat der Universität München vom 15. März 1913, PA KN, UAM E II 2576.

301 Schreiben der juristischen Fakultät der Universität München an den akademischen Senat der Universität München vom 15. März 1913, PA KN, UAM E II 2576.

302 Schreiben der juristischen Fakultät der Universität München an den akademischen Senat der Universität München vom 15. März 1913, PA KN, UAM E II 2576.

303 Schreiben der juristischen Fakultät der Universität München an den akademischen Senat der Universität München vom 15. März 1913, PA KN, UAM E II 2576.

304 Schreiben der juristischen Fakultät der Universität München an den akademischen Senat der Universität München vom 15. März 1913, PA KN, UAM E II 2576.

ob sie beantragen könnte, dass Karl Neumeyer „persönlich“ wegen seiner Berufung als Ordinarius an die Universität Zürich zum Ordinarius der Fakultät München befördert werden solle. Dies wurde mit Stimmgleichheit verneint.[305] Zwar seien die literarischen Arbeiten Karl Neumeyers gut.[306] Die Fakultät hatte aber grundsätzliche Bedenken gegen eine Beförderung zum „Personalordinarius“.[307] Es wurde für sehr bedenklich gehalten, wenn die Fakultät sich überhaupt – und sei der in Frage kommende Mann auch noch so tüchtig – damit einverstanden erklären würde, auf die Berufung ausserordentlicher Professoren mit der Beförderung dieser Professoren zum Münchener Personalordinariat zu reagieren.[308]

Auch der akademische Senat teilte die Ansicht der Fakultät, dass kein Grund vorliege, Karl Neumeyer zum ordentlichen Professor zu ernennen.[309]

Das Ministerium gab sich mit diesen Begründungen nicht zufrieden und kam in der Angelegenheit noch einmal darauf zurück, dass die von von Seuffert übernommene Professur antragsgemäß etatmäßig als ordentliche geführt würde und dass unter diesem Gesichtspunkt erneut überdacht werden sollte, ob Karl Neumeyer nicht zum ordentlichen Professor ernannt werden sollte.[310] Die Fakultät lehnte dies daraufhin erneut ab und berief sich nun verstärkt darauf, dass Karl Neumeyer die Fächer „Rechtsvergleichung“ und „Allgemeine Rechtslehre“ überhaupt nicht gelesen und die Völkerrechtsvorlesungen im Vergleich zu seinem Vorgänger reduziert habe.[311] Karl Neumeyer hätte damit und mit der Ausschlagung des Rufs nach Zürich (von der man an der Fakultät inzwischen wusste), wo er ebenfalls Völkerrecht hätte lesen sollen, gezeigt, dass ihm das Völkerrecht „nicht zugemutet werden“ könne und auch nicht dazu dienen könne, das Ordinariat auszufüllen, welches mit den übrigen von ihm gelehrten Fächern zu „geringhaltig“ sei.[312]

---

305 Schreiben der juristischen Fakultät der Universität München an den akademischen Senat der Universität München vom 15. März 1913, PA KN, UAM E II 2576.

306 Schreiben der juristischen Fakultät der Universität München an den akademischen Senat der Universität München vom 15. März 1913, PA KN, UAM E II 2576.

307 Schreiben der juristischen Fakultät der Universität München an den akademischen Senat der Universität München vom 15. März 1913, PA KN, UAM E II 2576.

308 Schreiben der juristischen Fakultät der Universität München an den akademischen Senat der Universität München vom 15. März 1913, PA KN, UAM E II 2576.

309 Schreiben des akademischen Senats der Universität München an das bayerische Staatsministerium des Innern für Kirchen- und Schulangelegenheiten vom 8. Mai 1913, PA KN, UAM E II 2576.

310 Schreiben des bayerischen Staatsministeriums des Innern für Kirchen und Schulangelegenheiten an den Senat der Universität München vom 24. Juni 1913, PA KN, UAM E II 2576.

311 Schreiben der juristischen Fakultät der Universität München an das Rektorat der Universität München vom 19. Juli 1913, PA KN, UAM E II 2576.

312 Schreiben der juristischen Fakultät der Universität München an das Rektorat der Universität München vom 19. Juli 1913, PA KN, UAM E II 2576.

Der gesamte Vorgang zeigt deutlich, dass die von Karl Neumeyer gelehrten Fächer und seine Fokussierung auf das internationale Recht für damalige Zeiten noch ausgesprochen ungewöhnlich waren und an der Universität München wenig Förderung erfuhren. Gleichzeitig ist bemerkenswert, wie nachdrücklich das Ministerium zu diesem frühen Zeitpunkt die Ernennung Karl Neumeyers zum ordentlichen Professor befürwortete.

5. Wachsende Anerkennung

Karl Neumeyer lehrte in München weiterhin als Extraordinarius. Vogel vermutete den Grund, warum Karl Neumeyer letztlich erst mit 59 Jahren zum ordentlichen Professor ernannt wurde, auch darin, dass

„den Kollegen Karl Neumeyers, von denen jeder in seiner eigenen wissenschaftlichen Arbeit gefangen war, der Rang und die wissenschaftliche Originalität der Forschungen Neumeyers gar nicht bewusst waren. Wenn ein Gelehrter sich aufmacht, ein völlig neues wissenschaftliches Arbeitsgebiet zu erschließen, er gewissermaßen eine ganz neue Wissenschaft begründet, ist es weder überraschend noch ungewöhnlich, wenn er damit andere eher befremdet, sie die Bedeutung seiner Arbeiten zunächst nicht erkennen."[313]

Darüber, ob auch die Tatsache, dass Karl Neumeyer Jude war, mit ursächlich für seine späte Berufung zum ordentlichen Professor gewesen ist, lässt sich nur spekulieren.[314] Zwar ist auch von anderen Gelehrten jüdischen Glaubens jener Zeit bekannt, dass sie später als andere zum ordentlichen Professor berufen wurden.[315] Und verwundern würde es nicht, wenn auch anti-jüdische Ressentiments den einen oder anderen Kollegen bei der Entscheidung über die Berufung auf ein Ordinariat zumindest mit beeinflusst hätten. Dass jüdischen Juristen überhaupt die Möglichkeit einer akademischen Laufbahn offenstand, war zeitgeschichtlich noch eine solche Neuheit, dass die pauschale Ablehnung jüdischer Kollegen noch nicht aus dem Bewusstsein aller verschwunden gewesen sein dürfte. Die Ausschlagung des Rufs aus Zürich mag aber im Fall von Karl Neumeyers eher entscheidend gewesen sein.[316]

313 *Vogel, Klaus:* Karl Neumeyer: In den Tod getrieben, in: Große jüdische Gelehrte an der Münchener juristischen Fakultät, S. 102.

314 Ebd., S. 101.

315 Ebd., S. 101.

316 Ebd., S. 101 f.

Immer mehr Anerkennung erhielt Karl Neumeyer dagegen im Ausland. Bereits 1918 wurde er eingeladen, auf der zweiten Tagung der „Deutschen Gesellschaft für Völkerrecht“ über das Thema der Staatsangehörigkeit von Juristischen Personen vorzutragen.[317] 1923 hielt er als einer der ersten an der in diesem Jahr eröffneten „Haager *Académie de Droit International*“ Vorlesungen.[318] Über die erste Tagung des Instituts berichtete er selbst in einem Zeitungsartikel:

„Am 30. August ist die erste Tagung zu Ende gegangen, und es mag den deutschen Leser interessieren, von dieser Veranstaltung ganz großen Stils, an der auch Deutsche in ausgesetzter Stellung teilgenommen haben, zu erfahren. Der Ort: die fürstlichen Räume des Friedenspalastes im Haag. Er beherbergt den Internationalen Justizhof, das Welttribunal für die Streitigkeiten der Völker, und ein Flügel des wuchtigen Gebäudes ist von vornherein für die Bedürfnisse der Akademie gebaut worden. Hörsaal, Seminar, kleinere Räume, alles zweckmäßig und reich, mit einer Fachbibliothek ausgestattet, die zugleich dem Gerichtshof und der Akademie dient und längst die erste ihrer Art geworden ist. Die große Schönheit des Gebäudes ist sein Park, weite Rasenflächen in jenem unvergleichlichen blaugrünen Schimmer, wie ihn nur Klima und Gartenkunst Hollands und Englands zustande bringen, eingesprengt Blumenbeete mit buntem Gewimmel, zur Seite die bewegte Architektur von Teichen und Brücken und Söllern, bis stille Parkwege den Gast aufnehmen, ihm ungestörte Arbeit gestatten, ihm des Tages Mühen verklingen lassen.

Die Hörerschaft, die ist seltsam genug für einen deutschen Universitätslehrer. Aus 31 Staaten waren sie gekommen, Chinesen, Japaner, Malaien, die Mehrzahl natürlich aus Europa und hier wieder begreiflicherweise das holländische Element stark vertreten, meistens Juristen mit abgeschlossener Vorbildung, in erheblicher Zahl jüngere Diplomaten und Konsuln, dazwischen wohl auch der und jener minder berufene Zuhörer. Zum ersten Mal war der Ruf hinausgegangen, sich eine vertiefte Bildung im Völkerrecht zu erwerben, und man war etwas unsicher gewesen, wie er aufgenommen würde. Die Genugtuung war groß, als eine Gesamtzahl von etwa 350 Einschreibungen festgestellt werden konnte. Ich habe in meinen Vorlesungen ungefähr 60 Zuhörer gehabt. Ein seltsames Gefühl, in dieses völlig unbekannte Auditorium hinauszusprechen. Daheim kann man sich auf Art und Vorbildung seiner Hörer sicher einstellen. Dort eine Wirkung ins Weite, man weiß nicht, fällt ein Körnlein auf fruchtbaren Grund, ahnt nicht, von wem es mag aufgefangen werden. Und doch haben nachträgliche Gespräche mit Hörern gezeigt, daß man nicht umsonst gearbeitet hat, und es war mir ver-

317 Ebd., S. 103.
318 Ebd., S. 103.

gönnt, in diesem Kreis – er umschloß auch führende Männer einstens gegnerischer Staaten, die den Vorlesungen beiwohnten – für wesentliche deutsche Interessen rückhaltlos einzutreten.

Die wertvollsten Erinnerungen, die ich nach Hause gebracht habe, sind aber doch die an die Kollegen der Akademie. Sie gehörten fast ausnahmslos den vormals feindlichen Staaten an, manche von ihnen in einflußreicher politischer Stellung, und es hat sich der gegenseitige Verkehr mit der Leichtigkeit und Verbindlichkeit abgewickelt, wie es bis 1914 guter diplomatischer Brauch war. Unvergeßlich die kleinen Symposien in dem alten Adelspalast, den Räumen des vornehmen Klubs, der uns Gastfreundschaft gewährte, der runde Tisch auf weichen Teppichen, um den wir zu fünfen oder sechsen im zwanglosen Gespräch saßen. Es ist trotz allem ein Zeichen für die beginnende Befriedung der Welt, daß der Deutsche – und selbstverständlich zu völlig gleichem Recht – mit dem Franzosen, dem Engländer, dem kaiserlichen Russen sich wiederum zu vertraulicher Unterhaltung zusammenfindet, und was ich eines Abends im Gespräch mit Amerikanern erleben durfte, den Wunsch, unter die Vergangenheit einen Strich zu machen, das ernstliche Bestreben, dem deutschen Standpunkt Gerechtigkeit widerfahren zu lassen, das hat mich tief bewegt. Die holländischen Wirte haben ihr Land würdig vertreten, und sie sind gerade dem deutschen Gast mit besonderer Loyalität entgegengekommen. Der treffliche Ministerialdirektor, der uns sozusagen als persönlicher Adjutant beigegeben war, der Minister, der uns in gemütlicher Vertraulichkeit die Ehren erwies. Und eins hat der deutsche Gast mit Neid festgestellt, das war, in dem ganzen Kreise, in dem man sich bewegte, die völlige Abwesenheit jedes Besserseinwollens, die selbstverständliche Bereitschaft, den andern als gleichwertig gelten zu lassen; und das bot ja allerdings erst die Unterlage für jene Leichtigkeit der persönlichen Beziehungen, die für die Veranstaltung so bezeichnend war. Soll ich noch beifügen, daß sich das alles in dem Rahmen behaglichen Lebensgenusses abgespielt hat, in dem die Holländer Meister sind?"[319]

Von den Vorlesungen hat er auch dem Auswärtigen Amt in Berlin auf dessen Wunsch hin Bericht erstattet.[320] Er hatte sich offensichtlich vor Annahme der Einladung nach Den Haag mit dem Auswärtigen Amt darüber beraten, ob er die Einladung annehmen sollte.[321] An das Amt schrieb er, dass die Veranstaltung im

319 *Neumeyer, Karl* in Zeitungsartikel, Zeitung unbekannt, PA KN BayKuMi, BayHStA MK 17878.

320 Bericht Karl Neumeyers an das Auswärtige Amt in Berlin vom 4. September 1923, PA KN BayKuMi, BayHStA MK 17878.

321 Bericht Karl Neumeyers an das Auswärtige Amt in Berlin vom 4. September 1923, PA KN BayKuMi, BayHStA MK 17878.

Ganzen genommen ein Erfolg gewesen sei, dass es aber doch misslich sei, dass die Vorträge auf französisch gehalten werden müssten.[322] Dies bedeute einen Kampf mit ungleichen Waffen zwischen den Vortragenden aus französischem und nichtfranzösischem Sprachgebiet.[323] Er selbst sei sich trotz der Komplimente, die er für seine französischen Sprachkenntnisse erhalten habe, der mangelnden Bewegungsfreiheit und der dadurch bedingten Minderung der Leistung scharf bewusst gewesen.[324] Im Übrigen aber denke er als Deutscher mit restloser Genugtuung an diese Tage.[325] Es sei ihm vergönnt gewesen, rückhaltlos für deutsche Interessen einzutreten „(zumal hinsichtlich des Nachkriegs im Bereich der Wissenschaft)".[326] Er sei überall (auch bei Franzosen von einflussreicher politischer Stellung) vollendeter Courtoisie begegnet, und es seien ihm besonders Gespräche mit Amerikanern wertvoll gewesen.[327] J.B. Scott, der Rechtsberater der Vereinigten Staaten während des Kriegs, der sozusagen der Vater der Akademie sei, (er öffne das Portemonaie der Carnegiestiftung für die Akademie) trage zwar das Band der französischen Ehrenlegion im Knopfloch; aber er habe sich warm seiner früheren Beziehungen zur deutschen Kultur erinnert, er arbeite auf kulturellem Gebiet bewusst für eine Wiederannäherung und fordere, dass unter die Vergangenheit ein Strich gemacht werde.[328] Als nächster Versammlungsort sei Wien und ein Österreicher als Präsident gewählt worden, mit der ausgesprochenen Absicht, den Mittelmächten damit entgegenzukommen.[329]

Der Bericht wurde vom Auswärtigen Amt dem Reichsministerium des Innern, dem Preußischen Ministerium für Wissenschaft, Kunst und Volksbildung und allen übrigen Kultusministerien der Länder übersandt.[330]

322 Bericht Karl Neumeyers an das Auswärtige Amt in Berlin vom 4. September 1923, PA KN BayKuMi, BayHStA MK 17878.

323 Bericht Karl Neumeyers an das Auswärtige Amt in Berlin vom 4. September 1923, PA KN BayKuMi, BayHStA MK 17878.

324 Bericht Karl Neumeyers an das Auswärtige Amt in Berlin vom 4. September 1923, PA KN BayKuMi, BayHStA MK 17878.

325 Bericht Karl Neumeyers an das Auswärtige Amt in Berlin vom 4. September 1923, PA KN BayKuMi, BayHStA MK 17878.

326 Bericht Karl Neumeyers an das Auswärtige Amt in Berlin vom 4. September 1923, PA KN BayKuMi, BayHStA MK 17878.

327 Bericht Karl Neumeyers an das Auswärtige Amt in Berlin vom 4. September 1923, PA KN BayKuMi, BayHStA MK 17878.

328 Bericht Karl Neumeyers an das Auswärtige Amt in Berlin vom 4. September 1923, PA KN BayKuMi, BayHStA MK 17878.

329 Bericht Karl Neumeyers an das Auswärtige Amt in Berlin vom 4. September 1923, PA KN BayKuMi, BayHStA MK 17878.

330 Vermerk auf Bericht Karl Neumeyers an das Auswärtige Amt in Berlin vom 4. September 1923, PA KN BayKuMi, BayHStA MK 17878.

Sowohl der Zeitungsartikel als auch der Bericht an das Auswärtige Amt zeigen deutlich, wie voller Hoffnung Karl Neumeyer damals war, dass Deutschland nach der Niederlage im Ersten Weltkrieg schon bald nicht mehr nur als Kriegsverursacher stigmatisiert und von den Siegermächten ausgegrenzt sein würde, sondern auf friedlichem Wege einen guten Platz innerhalb der Völkergemeinschaft einnehmen könnte. Er hat sich, ganz seiner nationalen Gesinnung entsprechend, offensichtlich sehr um Verständnis für die Schwierigkeiten bemüht, in die Deutschland durch den Versailler Vertrag wie auch durch die drückenden Reparationsleistungen gebracht war. Daneben zeigen nicht nur seine Berufung seitens des Instituts, sondern auch das Einverständnis mit seiner Teilnahme seitens des Auswärtigen Amtes und die später erfolgte Weiterleitung seines Berichts an verschiedene Ministerien, wie geschätzt und hochgeachtet seine Arbeit und seine Einschätzungen zu jener Zeit gewesen sind.

Er sprach bei der Konferenz über „Internationale Unionen".[331] Die Vortragssprache Französisch beherrschte er offensichtlich trotz der Bemerkung an das Auswärtige Amt, dieser Umstand habe ihm die Teilnahme im Vergleich zu den französischsprachigen Kollegen erschwert, so gut, dass er problemlos die sehr umfangreichen Beiträge in dieser Sprache halten konnte. Der Vortrag wurde 1924 und 1925 in der *„Revue de Droit International de sciences diplomatiques, politiques et sociales"* gedruckt.[332]

Noch im Jahr 1923 wurde Karl Neumeyer zum Associé des *„Institut de Droit International"* gewählt,[333] welches sich aus Völkerrechtsgelehrten der verschiedensten Staatsangehörigkeit zusammensetzte.[334]

Auch anderenorts wuchs die Anerkennung seiner Arbeit. 1924 wurde er Mitglied eines gemischten deutsch-französischen Schiedsgerichts, das über Ersatzansprüche von Privatpersonen aus dem Ruhrkonflikt zu urteilen hatte.[335]

---

331 *Neumeyer, Alfred* (der Ältere): Wir wollen den Fluch in Segen verwandeln, S. 109.

332 *Neumeyer, Karl*: Les unions internationales, Conférence faite à l'Académie de Droit International de La Haye, Revue de Droit International de sciences diplomatiques, politiques et sociales, 1924: S. 18 ff., 139 ff., 343 ff., 1925: S. 20 ff., 102 ff.

333 *Gutzwiller, Max*: Karl Neumeyers Persönlichkeit und Werk, in: RabelsZ, S. 406.

334 *Wehberg, Hans*: Karl Neumeyer zum Gedächtnis, in: Die Friedenswarte, S. 259.

335 *Vogel, Klaus:* Karl Neumeyer: In den Tod getrieben, in: Große jüdische Gelehrte an der Münchener juristischen Fakultät, S. 103.

6. Ernennung zum Ordinarius im Jahr 1926

In das Jahr 1926 fiel schließlich seine Ernennung zum persönlichen Ordinarius an der Münchener Fakultät.[336] Dem war ein umfangreicher Schriftwechsel zwischen dem bayerischen Kultusministerium und der Universität vorausgegangen. Anders als noch im Jahr 1913, als die Frage im Raum gestanden hatte, ob Karl Neumeyer zum ordentlichen Professor ernannt werden sollte und die Universität dies unter anderem deswegen verneinte, da sein Engagement um das Völkerrecht nicht ausgeprägt genug gewesen sei, beschloss die juristische Fakultät bei ihrer Sitzung vom 13. Februar 1926, dass der Lehrauftrag Karl Neumeyers auf das Völkerrecht erweitert werden und ihm hierfür eine angemessene Erhöhung der Dienstbezüge gewährt werden sollte.[337] Daneben wurde beantragt, Karl Neumeyer Titel und Rang eines ordentlichen Professors zu verleihen. Zur Begründung wurde angeführt, dass das Völkerrecht in Wissenschaft und Praxis an Bedeutung gewonnen habe.[338] Die Beantragung der Steigerung der Dienstbezüge wurde damit begründet, dass Karl Neumeyer dadurch, dass er den Ruf an die Universität Zürich ausgeschlagen hatte, finanzielle Opfer auf sich genommen habe.[339] Ein Ausgleich dieses Opfers „erschiene der Fakultät nur angemessen". Dies erstaunt, war Karl Neumeyer die Ausschlagung des Rufs nach Zürich im Jahr 1913 gerade seitens der Fakultät eher negativ ausgelegt worden. Die Fakultät berief sich nun auch darauf, dass die Bezüge Karl Neumeyers nach wie vor aus der ordentlichen Professur von Seufferts bezahlt würden, so dass die Erhöhung auch aus diesem Grund gerechtfertigt erscheine.[340] Die persönliche Ehrung durch die beantragte Verleihung von Titel und Rang eines ordentlichen Professors rechtfertigte die Fakultät mit dem hohen wissenschaftlichen Ansehen, welches Karl Neumeyer im In- und Ausland genieße. Es wurde weiter ausgeführt:

„Auch hat er seit vielen Jahren eine erspriessliche Lehrtätigkeit an unserer Hochschule ausgeübt. Die Fakultät legt deshalb Wert darauf, dem Professor Neumeyer eine persönliche Auszeichnung bei der Staatsregierung zu erwirken."

336 Ernennungsurkunde, ausgestellt vom bayerischen Kultusministerium am 21. Juli 1926, PA KN, UAM E II 2576.

337 Schreiben der juristischen Fakultät der Universität München an das bayerische Kultusministerium vom 17. Februar 1926, PA KN, UAM E II 2576.

338 Schreiben der juristischen Fakultät der Universität München an das bayerische Kultusministerium vom 17. Februar 1926, PA KN, UAM E II 2576.

339 Schreiben der juristischen Fakultät der Universität München an das bayerische Kultusministerium vom 17. Februar 1926, PA KN, UAM E II 2576.

340 Schreiben der juristischen Fakultät der Universität München an das bayerische Kultusministerium vom 17. Februar 1926, PA KN, UAM E II 2576.

Auch dies erstaunt, wenn man sich die Vorbehalte in Erinnerung ruft, die Inhalt und Umfang seiner Vorlesungen noch 1913 bei den Fakultätsmitgliedern hervorgerufen hatten.

Das bayerische Kultusministerium antwortete hierauf mit Schreiben vom 31. März 1926, dass sowohl gegen die Erweiterung der Lehraufgabe wie auch gegen die Verleihung des Titels und Ranges eines ordentlichen Professors keine Bedenken bestünden.[341] Der Antrag der Erhöhung der Dienstbezüge im Rahmen der außerordentlichen Professur (es sollten ihm auf Wunsch der Fakultät vorerst nur Titel und Rang eines ordentlichen Professors, nicht aber die haushaltsmäßige Stelle eingeräumt werden) stieß dagegen auf Widerstand.[342] Das Ministerium schlug allerdings noch einmal vor, Karl Neumeyer auch etatmäßig zum ordentlichen Professor zu ernennen.[343] Die entsprechende Stelle sei seit dem Ableben von Seufferts und der Ernennung Karl Neumeyers zum außerordentlichen Professor weiterhin frei.[344] Die Fakultät bat daraufhin, Karl Neumeyer für die Erweiterung des Lehrauftrags aus den Mitteln der Professur von Seuffert eine angemessene Vergütung z. B. in Form eines besoldeten Lehrauftrags zukommen zu lassen.[345] Die ordentliche Professur sollte aufrecht erhalten werden, ohne dass hier weiter auf die vom Ministerium angeregte Ernennung Karl Neumeyers zum etatmäßigen ordentlichen Professor eingegangen wurde.[346]

7. Weitere Ehrungen

Ebenfalls im Jahr 1926 wurde er vom *Associé* zum Vollmitglied des „*Institut de Droit International*".[347] Nach der Einschätzung von Vogel war dies für Professo-

341 Schreiben des bayerischen Kultusministeriums an den Senat der Universität München vom 31. März 1926, PA KN, UAM E II 2576.

342 Schreiben des bayerischen Kultusministeriums an den Senat der Universität München vom 31. März 1926, PA KN, UAM E II 2576.

343 Schreiben des bayerischen Kultusministeriums an den Senat der Universität München vom 31. März 1926, PA KN, UAM E II 2576.

344 Schreiben des bayerischen Kultusministeriums an den Senat der Universität München vom 31. März 1926, PA KN, UAM E II 2576.

345 Schreiben der Fakultät der Universität München an das bayerische Kultusministerium vom 19. Mai 1926, PA KN, UAM E II 2576.

346 Schreiben der juristischen Fakultät der Universität München an das bayerische Kultusministerium vom 19. Mai 1926, PA KN, UAM E II 2576.

347 *Waldhoff, Christin:* „Neumeyer, Karl", in: Neue Deutsche Biographie 19 (1998), S. 172 f., im Internet unter URL (Stand 11.07.2012) http://www.deutsche-biographie.de/pnd116984074.html.

ren des Völkerrechts und des Internationalen Privatrechts so etwas wie ein „Adelsprädikat".[348]

Daneben wurde ihm – auch dies 1926 – die vorläufige Vorstandschaft des Instituts für Rechtsvergleichung übertragen.[349] Er wurde des Weiteren im Jahr 1927 als deutscher Delegierter auf die „Haager Konferenz für Internationales Privatrecht" entsandt, die sich mit dem Internationalen Kaufrecht beschäftigte.[350] Zu dieser Zeit störte es offensichtlich noch niemanden, dass Karl Neumeyer Jude war. Die Münchener Zeitung „AZ am Abend" brachte in ihrer Ausgabe vom 7./8. Januar 1928 unter der Überschrift „Ein Münchner als Deutschlands Vertreter" ein gezeichnetes Portrait Karl Neumeyers und darunter den Hinweis, dass Karl Neumeyer, der ordentliche Professor für internationales Recht an der Universität München, vom Reichsjustizminister zum Beauftragten bei der „Haager Konferenz für Internationales Privatrecht" ernannt worden sei.[351]

Der Reichsjustizminister schrieb Karl Neumeyer am 1. Februar 1928 einen Dankesbrief für sein Engagement an der Akademie.[352] Dort heißt es:

„Sehr geehrter Herr Professor,

Nachdem die Verhandlungen der 6. Session der Haager Konferenz über Internationales Privatrecht zum Abschlusse gelangt sind, ist es mir ein Bedürfnis, Ihnen, sehr geehrter Herr Professor, im Namen der Reichsregierung für Ihre hingebende und opferwillige Mitarbeit an den Aufgaben der deutschen Delegation herzlich zu danken. Wie mir berichtet worden ist, haben Ihr mit der Forschung und den Fortschritten auf dem Gebiete des internationalen Rechts seit langem verknüpfter Name, Ihr Ansehen als Vertreter der deutschen Wissenschaft und Ihr reiches Wissen zur Stärkung des Ansehens der deutschen Delegation wesentlich beigetragen. Sie haben insbesondere in der zweiten und vierten Kommission der Konferenz, in denen Sie als Wortführer der deutschen Delegation wirkten und auch

---

348 *Vogel, Klaus*: Karl Neumeyer: In den Tod getrieben, in: Große jüdische Gelehrte an der Münchener juristischen Fakultät, S. 103.

349 *Vogel, Klaus*: Karl Neumeyer, in: Deutsche Juristen jüdischer Herkunft, S. 535; Schreiben des bayerischen Kultusministeriums an den Senat der Universität München vom 27. Februar 1926, PA KN, UAM E II 2576; Schreiben des Dekans Kisch der juristischen Fakultät an Karl Neumeyer vom 16. Februar 1926, PA KN, UAM L IX 52; Bestellungsurkunde durch das bayerische Kultusministerium vom 17. Dezember 1926, PA KN BayKuMi, BayHStA MK 17878.

350 *Neumeyer, Alfred* (der Ältere): Wir wollen den Fluch in Segen verwandeln, S. 109.

351 Zeitungsartikel vom 7./8.1.1928 in der AZ am Abend, PA KN, UAM E II 2576.

352 Brief des „Reichsministers der Justiz" an Karl Neumeyer vom 1. Februar 1928, PA KN BayKuMi, BayHStA MK 17878.

an den Redaktionsausschüssen beteiligt waren, der deutschen Auffassung in vielen und wesentlichen Punkten zum Erfolge verholfen.

Bei den Vorbereitungsarbeiten zwischen den Konferenz- und Kommissionssitzungen haben Sie in verständnisvoller Zusammenarbeit mit den übrigen Mitgliedern der deutschen Delegation dieser wirksame Hilfe geleistet. Gern erkennt die Reichsregierung Verdienst und Wert der von Ihnen auf der Konferenz entfalteten Tätigkeit an.

Mit der Versicherung meiner ausgezeichneten Hochachtung“[353]

Auch dieses Schreiben zeigt eindrucksvoll, dass Karl Neumeyer auch bei den Autoritäten in Deutschland Ende der 20er Jahre in großem Ansehen stand und sein Einsatz nicht nur für die Fortentwicklung des Rechts, sondern auch für die Position Deutschlands durchaus geschätzt wurde.

Im Jahr 1928 wurde Karl Neumeyer in den Vorstand der „Deutschen Gesellschaft für Völkerrecht“ berufen und leitete dort die Kommission für Internationales Privatrecht.[354]

Die Auszeichnungen häuften sich. Ebenfalls im Jahr 1928 wurde er Sprecher der deutschen Delegation auf der 6. „Konferenz für Internationales Privatrecht“ und des Weiteren Vertreter Deutschlands in der „ständigen Kommission für Internationales Kaufrecht“.[355] Auch von Seiten der niederländischen Regierung wurde ihm Anerkennung zuteil, indem sie ihn – im Einvernehmen mit dem Auswärtigen Amt des deutschen Reiches – zum Mitglied einer Sachverständigenkommission ernannte, die die nächste Staatenkonferenz über Internationales Privatrecht vorzubereiten hatte.[356] Außerdem verlieh ihm die bayerische Regierung am 21. Dezember 1928 den Titel „geheimer Justizrat“.[357] Hierzu schrieb er seinem Freund Gutzwiller in einem Brief vom 30. April 1929:

„Äußeres: Zu Ende des Vorjahres kam der „Geheimrat“. Sie werden mir nicht zutrauen, daß ich einen Titel ernst nehme, und gar eine wurmstichige Verleihung

353 Brief des „Reichsministers der Justiz“ an Karl Neumeyer vom 1. Februar 1928, PA KN BayKuMi, BayHStA MK 17878.

354 *Gutzwiller, Max*: Karl Neumeyers Persönlichkeit und Werk, in: RabelsZ, S. 406.

355 *Vogel, Klaus:* Karl Neumeyer: In den Tod getrieben, in: Große jüdische Gelehrte an der Münchener juristischen Fakultät, S. 103.

356 Schreiben Karl Neumeyers an das bayerische Kultusministerium vom 24. Dezember 1928, PA KN BayKuMi, BayHStA MK 17878.

357 Verfügung des bayerischen Kultusministeriums an den Senat der Universität München vom 21. Dezember 1928, PA KN, UAM E II 2576.

von heute. Trotzdem war mir die Sache willkommen. Wenn man 20 Jahre lang zähneknirschend zu anderen so sagen mußte, von denen mancher schlechter ist als man selbst, dann ist der Wegfall des Zwangs eine Befreiung!"[358]

Titel und Ehrungen scheinen Karl Neumeyer demnach zwar an sich nicht viel bedeutet zu haben und die Einordnung als „wurmstichig" deutet darauf hin, dass er mit dem akademischen Betrieb in der Weimarer Zeit absolut nicht zufrieden war. Und dennoch scheint ihm die Verleihung eine gewisse Befriedigung verschafft zu haben, da sie den Unterschied, der zwischen ihm und zu früheren Zeiten anerkannten wissenschaftlichen Größen bestand, verringerte.

1929 beantragte schließlich die Universität bei dem bayerischen Kulturministerium, Karl Neumeyer auch etatmäßig zum ordentlichen Professor für internationales Recht, Völkerrecht und für Rechtsvergleichung zu ernennen, was mit seinen wissenschaftlichen Verdiensten und seinem demgemäß hohen Ansehen begründet wurde.[359] Darauf wurde am 28. Februar 1929 seitens des Ministeriums die etatmäßige Ernennung zum ordentlichen Professor verfügt.[360]

Auch dies berichtete er seinem Freund Gutzwiller in dem Brief vom 30. April 1930:

„Übrigens kam bald danach auch die Ernennung zum normalen Ordinarius. Es war wirklich nicht mehr anders gegangen! (Wobei aber der bayerische Staat wieder einmal mehr seinen Bankerott offenbart hat. Sie würden sich wundern, was man einem Münchener Ordinarius heute anbietet.)"[361]

Mit der letzten Bemerkung ist vermutlich auf die finanzielle Ausstattung des Ordinariats angespielt, mit der Karl Neumeyer offensichtlich nicht zufrieden war.

Karl Neumeyer war kein Mensch, der sich in dem akademischen Ruf sonnte, der ihm ohnehin erst so spät zu Teil wurde. Mit Lob und Anerkennung konnte er nur schlecht umgehen. An seinen Freund Gutzwiller schrieb er offensichtlich auf ein

358 Brief Karl Neumeyers an Gutzwiller vom 30. April 1930, Kopie des Briefes im Privatbesitz der Verfasserin.

359 Schreiben der juristischen Fakultät der Universität München an das bayerische Kultusministerium vom 21. Januar 1929, PA KN, UAM E II 2576.

360 Verfügung des bayerischen Kultusministeriums an den Senat der Universität München vom 26. Januar 1929, PA KN, UAM E II 2576.

361 Brief Karl Neumeyers an Gutzwiller vom 30. April 1930, Kopie des Briefes im Privatbesitz der Verfasserin.

vorangegangenes Lob seines Freundes und eine abwehrende Haltung seinerseits in einem Brief vom 22. März 1931 aus Bad Gastein:

„Ich glaube, ich habe Sie – ahnungslos – geärgert. Und das wäre sehr unrecht, da ich weiß, wie ehrlich Sie's meinen. Aber werden Sie mir glauben? Ich werde immer noch innerlich rot bei einem freundlichen Wort über meine Arbeiten, und mein erster Impuls ist Abwehr. Nicht aus falscher Bescheidenheit. Ich hoffe mich meiner Arbeiten nicht schämen zu brauchen. Aber das ist vertraute Glückseligkeit. Und mir ist, als hätte ich auf ein Mehr kein Recht."

Insbesondere der letzte Satz spricht Bände darüber, dass es Karl Neumeyer bei seiner Forschung zu allererst um die Fortbildung des Rechts zu tun war, und keineswegs um Lob und Ehren.

Aufgrund der gewachsenen Anerkennung nahm er schließlich auch innerhalb der Fakultät einen seinem Rang entsprechenden Platz ein. Seine akademische Karriere fand ihren Höhepunkt im Jahr 1931 mit der Wahl zum Dekan der juristischen Fakultät an der Universität München.[362] In den Jahren 1931, 1932 und 1933 gehörte er als gewählter Vertreter der Juristischen Fakultät dem Senat der Universität an.[363] Mit Verfügung vom 14. Februar 1933 des bayerischen Kultusministeriums wurde er zum Mitglied des Ausschusses für die juristische Schlussprüfung an der Universität München berufen, wogegen die Fakultät im Jahr 1913 noch schwerste Bedenken gehabt hatte.[364] Er stand also im In- und Ausland im höchstem Ansehen,[365] als die Nationalsozialisten die Macht übernahmen. An seinem Beispiel wird daher besonders deutlich, wie hart dieses Ereignis in das Schicksal der jüdischen Bevölkerung in Deutschland einschnitt. Wenn selbst Menschen, die eben noch zu den angesehensten Bürgern gehört hatten, mit der Machtübernahme der Nationalsozialisten quasi über Nacht für die Universität und die Professoren zur „*persona non grata*" werden konnten, ist leicht vorstellbar, dass „gewöhnlichere" jüdische Mitbürger fortan Schlimmeres zu gewärtigen hatten als „nur" die Beschädigung ihres Ansehens.

---

362 *Vogel, Klaus:* Karl Neumeyer: In den Tod getrieben, in: Große jüdische Gelehrte an der Münchener juristischen Fakultät, S. 103.

363 Mitteilung des Rektorats der Universität München an das bayerische Kultusministerium vom 20. Juli 1931, PA KN BayKuMi, BayHStA MK 17878.

364 Verfügung des bayerischen Kultusministeriums an den Senat der Universität München vom 14. Februar 1933, PA KN BayKuMi, BayHStA MK 17878.

365 *Vogel, Klaus*: Karl Neumeyer, in: Deutsche Juristen jüdischer Herkunft, S. 535.

XIII. Karl Neumeyers Sicht auf die Weimarer Republik

Die politische Entwicklung nach dem Ende des Ersten Weltkrieges scheint Karl Neumeyer einige Bedenken bereitet zu haben. So schrieb er anlässlich der Verlobung seines Sohnes Alfred an diesen:

„Doch ohne Scherz. Du weißt, daß ich der Zukunft nicht ohne Sorgen entgegensah. Ich sagte, was mir Pflicht war. Aber gestalten mußt Du Dein Schicksal selbst. Ich ehre Deinen Entschluß, und daß er mutig dem Leben gegenübertritt, ist schon ein Wert, den ich herzlich bejahe.“[366]

Offensichtlich hatte sich Karl Neumeyer um die Zukunft so große Sorgen gemacht, dass er sie mit seinem Sohn geteilt und diesem gegenüber auch hinsichtlich einer Familiengründung Bedenken geäußert hatte.

XIV. Nationalsozialistische Machtergreifung, Judengesetzgebung und Folgen für Neumeyer

1. Krisenjahre 1929 bis 1933

Die Freude über die großen beruflichen Erfolge Karl Neumeyers währte nicht lange. Ab 1929 hatte die Weltwirtschaftskrise, die nach dem New Yorker Börsenkrach von Ende Oktober 1929 ihren ersten Höhepunkt erreichte, gerade auch Deutschland sowohl ökonomisch wie auch hinsichtlich der psychologischen Auswirkungen schwer getroffen.[367] Der wirtschaftliche Wiederaufbau nach dem Ersten Weltkrieg basierte in Deutschland zu einem großen Teil auf kurzfristigen Auslandskrediten, die wegen der Krise nicht länger zu bekommen waren.[368] Die Folge dieser Entwicklung war beginnende Massenarbeitslosigkeit, wodurch sich die wirtschaftliche Lage weiter dramatisch verschlechterte, was wiederum die verheerendste psychologische Folgewirkung im Sinn einer allgemeinen Katastrophenstimmung hatte.[369] Das alles führte dazu, dass insbesondere die radikalen Parteien wie die „Nationalsozialistische Deutsche Arbeiterpartei“ (kurz:

---

366 Brief Karl Neumeyers an seinen Sohn Alfred vom 3. Mai 1926 anlässlich dessen Verlobung, Kopie des Originals und Abschrift AJMM, Akte KN.

367 *Kolb, Eberhard*: Die Weimarer Republik, Oldenbourg Grundriss der Geschichte, Bd. 16, 7. Auflage, München 2009, S. 124.

368 Ebd., S. 124.

369 Ebd., S. 124 f.

NSDAP) verstärkten Zulauf hatten.[370] Etwa zeitgleich mit der Weltwirtschaftskrise begann daher auch der Aufstieg der Nationalsozialisten.[371] Diese profitierten neben der Armut und den Existenzängsten der breiten Massen von einer andauernden Regierungskrise ab dem Jahr 1930.

Im März 1930 war die große Koalition unter Hermann Müller zerbrochen[372] und Heinrich Brüning zum Reichskanzler ernannt worden, der von Beginn an einen „antiparlamentarischen" Kurs verfolgte.[373] Im Juli sah sich Brüning zur Auflösung des Reichstags veranlasst, da dieser eine an den parlamentarischen Regeln vorbei in Kraft gesetzte erste „Notverordnung", beruhend auf Art. 48 der Reichsverfassung, nicht dulden wollte.[374] Bei den vorgezogenen Reichstagswahlen im September 1930 wurde die NSDAP mit einem Schlag zweitstärkste Partei im Reichstag.[375] Die Wahl führte dazu, dass im neu zusammengesetzten Reichstag keine positive Mehrheit mehr gebildet werden konnte, da die verschiedenen Kräfte alle nur den eigenen Machtanspruch verfolgten.[376] Gesetze wurden mehr und mehr in Form der „Notverordnungen", also unter Umgehung des parlamentarischen Gesetzgebungsverfahrens, erlassen.[377] Reichskanzler Brüning musste 1932 zurücktreten, nachdem er das Vertrauen des Reichspräsidenten Hindenburg verloren hatte.[378] Er machte Franz von Papen Platz.[379] Unter ihm wurde nicht nur das von Brüning durchgesetzte Verbot der nationalsozialistischen paramilitärischen Organisationen „Sturmabteilung" (kurz: SA) und „Schutzstaffel" (kurz: SS)[380] wieder aufgehoben[381], sondern mit der Verstaatlichung des Rundfunks eine gute Voraussetzungen für die ganz auf Propaganda ausgerichtete NSDAP, die unter anderem über dieses Medium ihren aggressiven Wahlkampf betrieb, geschaffen. Nachdem von Papen als Reaktion auf ein gegen ihn gerichtetes Misstrauensvotum die Auflösung des erst im Juli 1932 neugewählten Reichstags veranlasste, bei den Neuwahlen im November 1932 aber wieder keine regierungsfähige Mehrheit zustande gekommen war, wurde er von Reichspräsident

---

370 Ebd., S. 125.
371 Ebd., S. 125.
372 Ebd., S. 132.
373 Ebd., S. 132 f.
374 Ebd., S. 133.
375 Ebd., S. 127.
376 Ebd., S. 134.
377 Ebd., S. 135.
378 Ebd., S. 138 f.
379 Ebd., S. 143.
380 Ebd., S. 140: Das Verbot war per Notverordnung vom 13. April 1932 durchgesetzt worden, um gegen diese paramilitärischen Organisationen der NSDAP vorzugehen, die die staatliche Autorität untergruben.
381 Ebd., S. 143.

von Hindenburg entlassen.[382] Er wurde am 3. Dezember 1932 von Kurt von Schleicher abgelöst,[383] der mit seinem Vorhaben, mittels eines Notstandsplans einen Weg aus der ökonomischen und politischen Krise zu finden, allerdings am mangelnden Vertrauen seitens des Reichspräsidenten und einflussreicher politischer Gruppen scheiterte und am 28. Januar 1933 zurücktrat.[384]

Über Karl Neumeyers Haltung zu den politischen Veränderungen in diesen Krisenjahren der Weimarer Republik ist nichts Genaues bekannt. In den Lebenserinnerungen Marianne Webers ist aber die Haltung Anna Neumeyers zum erstarkenden Nationalsozialismus überliefert. Da sich die Eheleute so nahe standen, ist anzunehmen, dass sie in vielen Ansichten über die politische Entwicklung übereinstimmten, auch wenn Karl Neumeyer kein so glühender Anhänger der Demokratie gewesen sein mag, wie seine Frau es zweifellos war.

Anna Neumeyer hat früh eine Abneigung gegen die nationalsozialistische Bewegung entwickelt. Sie schrieb (vermutlich Ende des Jahres 1923 oder im Jahr 1924[385]) an Marianne Weber:

„Es ist schon grotesk, was man hier politisches Leben nennt. Der Staat wird einfach verhöhnt. Die Regierung hebt manchmal – im Sessel sitzen bleibend – ihren Finger und droht ‚Wartet Ihr bösen Buben!‘ Die Antwort ist meist eine lange Nase von seiten der Gescholtenen. Die Zeitungen berichten von einem gelungenen Scherz unserer humorvollen Rechtsputschisten. Manchmal kommt einem geradezu körperliche Übelkeit an.“[386]

Anna Neumeyer machten die Umtriebe der Nationalsozialisten offensichtlich schon zu einer Zeit schwer zu schaffen, als der Großteil der Bevölkerung, die sich nicht stark mit der Demokratie identifizierte und die Gefahren noch nicht erkannte, die in der nationalsozialistischen Bewegung lagen, sich kaum am Erstarken dieser „Rechtsputschisten“ störte.

---

382 Ebd., S. 144 f.

383 Ebd., S. 146.

384 Ebd., S. 147 ff.

385 Das Datum des Briefes ist in Marianne Webers Lebenserinnerungen nicht angegeben, aber der Brief, aus dem hier zitiert wird, ist unmittelbar vor anderen wiedergegeben, die aus dem Jahr 1923 stammen; die Bemerkung über die Rechtsputschisten zeigt, dass der Brief nach dem gescheiterten Hitlerputsch, der am 8./9. November 1923 stattfand, verfasst wurde.

386 *Weber, Marianne*: Lebenserinnerungen, S. 416 f.

Im Jahr 1923 schrieb Anna Neumeyer an Marianne Weber:

„Der Begabteste unter den hiesigen Hanswursten scheint Hitler zu sein. Wie der manchmal denen die ihn dulden oder gar unterstützen, Unbequemlichkeiten verursacht, und der darauf folgende Eiertanz – das ist auf dem dunklen Hintergrund wunderlich anzuschauen."[387]

Hitler als „Hanswurst" zu bezeichnen hätte sich wohl zehn Jahre später niemand mehr getraut. Es zeigt aber deutlich die tiefe Abneigung, die Anna Neumeyer für diesen lauten Agitator empfand.

Dabei machte sie sich ihr Urteil nicht leicht. Vielmehr setzte sie sich mit dem erstarkenden Nationalsozialismus gründlich auseinander. Sie las offensichtlich zumindest in Teilen Hitlers „Mein Kampf". Ihre Meinung über Hitler und sein Werk schrieb sie ihrer Freundin 1932:

„Hitlers Werk habe ich auch vorgehabt, Wort für Wort lesen kann es, glaube ich, keine lebendige Seele. So viel Quatsch, Schiefes und auch richtig Verlogenes, mittelmäßig kleiner, ressentimenthafter Handwerker, aber ein Pfundswille, auch eine österreichische Geschicklichkeit zur Einführung, wo er sich dazu herbeiläßt."[388]

In Hitlers Werk „Mein Kampf" tritt der Antisemitismus so offen zu Tage, dass es aus heutiger Sicht verwundert, dass die antisemitischen Äußerungen nicht als klares Anzeichen einer drohenden Verfolgung und Vernichtung der Juden gesehen wurden. So schreibt er unter anderem:

„(Der Jude ist) immer nur Parasit im Körper anderer Völker...er sucht immer neuen Nährboden für seine Rasse... Er ist und bleibt der typische Parasit, ein Schmarotzer, der wie ein schädlicher Bazillus sich immer mehr ausbreitet... wo er auftritt, stirbt das Wirtsvolk nach kürzerer oder längerer Zeit ab."[389]

Anna Neumeyer verurteilte die gesamte nationalsozialistische Strömung nicht einfach, sondern suchte nach Erklärungen für die reaktionäre Bewegung, die in Bayern vor sich ging und schrieb dazu sehr treffend, die deutsche Seele sei nach

387 Ebd., S. 417.

388 Ebd., S. 430.

389 Das Sonderrecht für die Juden im NS-Staat, J. Walk (Hrsg.), 2. Auflage, München u. a. 1996, S. 3, wiedergegebene Textpassage aus *Hitler, Adolf*: „Mein Kampf", 1925, zitiert nach 78. Auflage 1933, S. 334.

1918 „zerwühlt“ und „ermattet“ gewesen und erhebe sich nun wieder in „ratloser“ und „unberatener Ermannung“.[390]

Dass mit den Nationalsozialisten nicht nur die Demokratie, sondern alles in ihren Augen Gute im Menschen in Gefahr war, machte sie ungeheuer wütend:

„Der Teufel soll sie lotweise holen, die wider unser Bestes, wider die Freiheit und Menschlichkeit und den Geist angehen. Die Jüngeren werden ein Ziel haben, das Beste im Dasein wiederzuerobern. Sonst, da hast Du freilich recht, gehört ein ausgepichter Mut dazu, jetzt jung zu sein, ungeheuer viel Innerlichkeit vor allem.“[391]

Anna Neumeyer blieb auch in den Krisenjahren politisch nicht untätig, sondern engagierte sich im Frauenverein um Fortbildung anderer Mitglieder zu den ihr am Herzen liegenden Themen „Politik und Moral“.[392] Die Arbeit für die Partei empfand sie aber mit der Zeit als immer sinnloser. Sie berichtete ihrer Freundin:

„Meine Schlüsse von der mir diktierten Detailarbeit in der Partei können nicht anders als pessimistisch ausfallen. Ach, ich bin ein wenig ratlos, ein wenig verzweifelt. Nicht, daß die Menschen ‚so‘ sind, der Stand des Menschentums ist ihre, nicht meine Sache; aber diese Unsicherheit in mir, ob ich nicht doch, statt ihre Schwäche als Tatsache miteinzubeziehen und mit ihnen zu handeln, wenn ich etwas für die Sache erreichen will, öfters als Kritiker und Mahner wider sie auftreten soll? Dessen bin ich zum Glück sicher, daß ich nicht aus Feigheit schweige. Wie könnten mir meine Gegenspieler Angst machen! Aber wer das Vergebliche unternimmt – hier eine Besserung der kleinen Banausen – der verliert den Einfluß, dessen er für seine Sache bedarf. Wie weit vermag man überhaupt einzuwirken auf ein anderes Niveau [...].“[393]

Sie haderte also damit, ob ihre Arbeit der politischen Frauenbildung etwas nütze, oder ob sie sich nicht klarer als Gegnerin der politischen Strömungen positionieren müsse. Bemerkenswert ist aber, dass sie keine Furcht vor ihren „Gegnern“ gehabt zu haben scheint. Da sie diese als von niederem Niveau einschätzte, machten sie ihr keine Angst.

390 *Weber, Marianne*: Lebenserinnerungen, S. 419.

391 Ebd., S. 430.

392 Ebd., S. 420.

393 Ebd., S. 421 f.

Den Kampf um die demokratischen und liberalen Ideale mittels der Arbeit in dem Verein für Fraueninteressen gab sie offensichtlich später auf. Marianne Weber berichtete, dass sich Anna Neumeyer um das Jahr 1930 mehr aus dem öffentlichen Betrieb zurückgezogen habe.[394]

Die Veränderung im Lebensalltag, die mit dem Erstarken der Nationalsozialisten für das Ehepaar Neumeyer einherging, schilderte Anna Neumeyer in einem Brief von 1927:

„Hier vereinsiedelt man immer mehr. Am Ende ist Wohlwollen die erste Forderung, die menschliches Zusammensein erfüllen muß. Darauf kann man aber als Jude nicht rechnen. Ich leide nicht darunter. Aber ich sehe, was ist, und wenn es an meine Kinder gerät, werde ich wild. – Kann es etwas Widervernünftigeres geben, als was wir in Deutschland erleben? Eine Kaste, eine klar bestimmte Richtung hat ein wunderbares Volk verbraucht, verelendet, in Schande und Not gebracht. Die Dokumente dafür sind gedruckt. Jeder kann vom Niedergang und seinen Anführern Schritt um Schritt Bericht erhalten. Und heute herrschen die nämlichen Leute mit den gleichen verhängnisvollen Maßregeln und Zielen."[395]

Mit dieser „Kaste" meinte sie offensichtlich die reaktionären Kräfte, die zum ersten Weltkrieg und damit zum Niedergang des deutschen Reiches nach 1918 geführt hatten.

Mit zunehmender Schwierigkeit der Situation in München scheint sie sich zurückgezogen zu haben:

„Wenn Du wüßtest, wie leise ich auftrete, von Tag zu Tag hin auf einem schwankenden Boden, in Abenddämmerung, ganz fest greife ich nichts mehr an – greift mich so leicht nichts mehr an. Der gute Augenblick, das Schöne treffen unsereins ja, so lange man die fünf Sinne noch zusammen hat."[396]

Sie scheint sich zunehmend unsicherer gefühlt zu haben. Der Begriff der Abenddämmerung erscheint wie eine dunkle Vorahnung, dass die Welt, wie sie sie kannte, bald untergehen werde. Und doch erlebte sie gute Momente und blieb offen für Schönes.

394 Ebd., S. 427.
395 Ebd., S. 426.
396 Ebd., S. 430 f.

2. Die Ernennung Adolf Hitlers zum Reichskanzler am 30. Januar 1933

Am 30. Januar 1933 wurde Adolf Hitler vom Reichspräsidenten Paul von Hindenburg zum Reichskanzler ernannt.[397] Damit ging die Weimarer Republik, die schon seit dem Kabinett Brüning nicht mehr als echte parlamentarische Demokratie, sondern von sogenannten „Präsidialkabinetten" geführt worden war[398], zu Ende und es begann die Errichtung der nationalsozialistischen Diktatur.

3. Notverordnung vom 28. Februar 1933

Nur kurze Zeit nach Hitlers Ernennung zum Reichskanzler, am 28. Februar 1933, erließ der Reichspräsident Paul von Hindenburg die Notverordnung, die anstelle der Weimarer Verfassung zur Grundlage des nationalsozialistischen Terrors werden sollte. Die „Verordnung des Reichspräsidenten zum Schutz von Volk und Staat" vom 28. Februar 1933, die auch als „Reichstagsbrandverordnung" bezeichnet wird, setzte die Bürgerrechte der Weimarer Verfassung außer Kraft.[399] Aus diesem Grund wurde sie auch als „Grundgesetz des Dritten Reichs" bezeichnet.[400] Sie wurde als Notverordnung vom Reichspräsidenten Paul von Hindenburg nach Artikel 48 Abs. 2 der Weimarer Verfassung erlassen.[401] Er legte dabei rechtlich zugrunde, dass im Deutschen Reich die öffentliche Sicherheit und Ordnung erheblich gestört oder gefährdet war. Laut Eingangssatz sollte die Verordnung angeblich zur „Abwehr kommunistischer staatsgefährdender Gewaltakte" dienen. Sie wurde veröffentlicht im RGBl. I von 1933, S. 83 und regelte in ihrem § 1:

Die Artikel 114, 115, 117, 118, 123, 124 und 153 der Verfassung des Deutschen Reiches werden bis auf weiteres außer Kraft gesetzt. Es sind daher Beschränkungen der persönlichen Freiheit, des Rechts auf Meinungsäußerung, einschließlich der Pressefreiheit, des Vereins- und Versammlungsrechts, Eingriffe in das Brief-, Post-, Telegraphen- und Fernsprechgeheimnis, Anordnungen von Haus-

397 *Kolb, Eberhard*: Die Weimarer Republik, S. 150.

398 Ebd., S. 150.

399 *Scheel, Günter*: Ursachen und Folgen, Vom deutschen Zusammenbruch 1918 und 1945 bis zur staatlichen Neuordnung Deutschlands in der Gegenwart, Band 4, S. 45.

400 *Kellerhoff, Sven Felix*: Der Reichstagsbrand, Die Karriere eines Kriminalfalles, Berlin 2008, S. 54.

401 Einleitungssatz zur Verordnung des Reichspräsidenten zum Schutz von Volk und Staat vom 28. Februar 1933, RGBl. 1933 I, S. 83.

durchsuchungen und von Beschlagnahmen sowie Beschränkungen des Eigentums auch außerhalb der sonst hierfür bestimmten gesetzlichen Grenzen zulässig.[402]

Damit hatten sich die Nationalsozialisten das Instrument für die Verfolgung aller Regimegegner geschaffen. So war die Verordnung die Rechtsgrundlage für eine Welle von Verhaftungen gegnerischer Kandidaten vor der bevorstehenden Reichstagswahl und diente daneben für Eingriffe der in der Verordnung beschriebenen Art gegen alle Personen und Vereinigungen, deren Existenz oder Tätigkeit die beabsichtigte Umgestaltung Deutschlands im nationalsozialistischen Sinne wirklich oder angeblich verhinderte oder verhindern konnte.[403] Die Beschränkung auf kommunistische Regimegegner, die sich im Einleitungssatz findet, wird an keiner anderen Stelle der Verordnung wiederholt, weshalb durch diese Verordnung das gesamte deutsche Volk die oben genannten Grundrechte verlor.

4. Folgen der Notverordnung

a) Folgen für jüdische Juristen

Nach Erlass der Notverordnung nahm die gezielte Verfolgung und Drangsalierung von Juden, insbesondere auch von jüdischen Juristen, zu. Im Lauf des März kam es zu Übergriffen und Anschlägen auf jüdische Einrichtungen und Geschäfte.

Auch innerhalb der Justiz brach der Antisemitismus mit Macht in die bisherigen Strukturen ein. Teilweise wurden jüdische Richter und Anwälte Opfer der Gewalt.[404] Nach dem Willen des „Bundes Nationalsozialistischer Deutscher Juristen“, wie er auf einer Versammlung im März 1933 in Leipzig bekundet wurde, sollten Juden im Dritten Reich überhaupt nicht mehr als Richter, Notare oder Rechtsanwälte tätig sein dürfen.[405] Die Justiz sollte von Richtern und Beamten „fremder Rasse“ unverzüglich gesäubert werden und des Weiteren wurde der Ausschluss jüdischer Berufsträger aus sämtlichen juristischen Berufen – zumin-

402 RGBl. 1933 I, S. 83.

403 *Benz, Wolfgang*: Von der Entrechtung zur Verfolgung und Vernichtung. Jüdische Juristen unter dem nationalsozialistischen Regime, in: Deutsche Juristen jüdischer Herkunft, S. 833.

404 Siehe Beispiele ebd, S. 813 ff.

405 Ebd., S. 819 mit Nachweis in Fn. 11.

dest *peu a peu* – gefordert.[406] Dies Programm der nationalsozialistischen Juristen wurde ab dem 14. März 1933 im ganzen Deutschen Reich propagiert.[407]

b) Folgen für Karl Neumeyer

Der Erlass der Notverordnung hatte noch keine unmittelbare Auswirkung auf Karl Neumeyer. Was es aber für ihn als jüdischen Universitätsprofessor bedeutet haben mag, mit anzusehen, wie der Antisemitismus gerade auch unter den Juristen mit Heftigkeit ausbrach, kann man nur ahnen.

5. Das „Ermächtigungsgesetz" vom 24. März 1933

Die Notverordnung hatte die Bürger weitgehend ihrer Rechte beraubt. Noch stand der uneingeschränkten staatlichen Macht der Nationalsozialisten aber das legislative Prozedere im Weg, welches die Zustimmungspflicht zu Gesetzen durch den Reichstag und den Reichsrat, also die Ländervertretung, regelte. Deshalb brachten die Nationalsozialisten das „Gesetz zur Behebung der Not von Volk und Reich", das sogenannte „Ermächtigungsgesetz" in den Reichstag ein, mit dessen Annahme am 24. März 1933 die Selbstentmachtung des deutschen Parlaments erfolgte.[408] Damit war die parlamentarische Kontrolle der nationalsozialistischen Machthaber endgültig ausgeschaltet. Mit Annahme des Gesetzes räumte der Reichstag den nationalsozialistischen Machthabern gemeinsam mit dem Reichsrat die fast uneingeschränkte Gesetzgebungsbefugnis ein.[409] Die Regierung war nach Art. 1 des Gesetzes ermächtigt, Gesetze selbst, also ohne das in der Verfassung vorgesehene Verfahren der Beschlussfassung des Reichstags und des Reichsrats, zu erlassen.[410] Gesetze durften nach Art. 2 des Gesetzes sogar von der Reichsverfassung abweichen.[411] Damit war die Zerstörung der demokratischen Rechtsform und des Rechtsstaates an sich in Deutschland für die kommenden Jahre besiegelt.[412]

---

406 Ebd., S. 819.
407 Ebd., S. 819.
408 Ebd., S. 834.
409 *Göppinger, Horst*: Juristen jüdischer Abstammung, S. 65.
410 RGBl. 1933 I, S. 141.
411 RGBl. 1933 I, S. 141.
412 *Göppinger, Horst*: Juristen jüdischer Abstammung, S. 68.

6. Weitere Maßnahmen gegen Juristen jüdischer Abstammung

Der kommissarische Leiter der preußischen Justizverwaltung hatte schon mit Fernschreiben vom 31. März 1933 die Oberlandesgerichtspräsidenten, Generalstaatsanwälte und Präsidenten der Strafvollzugsbehörden Preußens angewiesen, allen amtierenden jüdischen Richtern nahezulegen, sofort ihr Urlaubsgesuch einzureichen und diesem sofort stattzugeben.[413] Ferner sollte jüdischen Assessoren umgehend die Zulassung entzogen werden.[414] Das Auftreten von jüdischen Anwälten vor Gericht sollte durch mit den Anwaltsvereinen zu treffenden Vereinbarungen auf eine geringe Zahl beschränkt werden.[415] In Bayern ging der kommissarische Justizminister Dr. Hans Frank sogar noch darüber hinaus, in dem er die Anweisung erließ, jüdischen Anwälten bis auf weiteres generell das Betreten von Gerichten zu verbieten.[416] Frank war als SA-Mann, der schon 1923 am Hitler-Putsch teilgenommen hatte, sowie in seiner Funktion als Leiter der Rechtsabteilung der NSDAP und Gründer des Bundes Nationalsozialistischer Deutscher Juristen eine für die jüdischen Juristen und die Juden im allgemeinen äußerst gefährliche Besetzung für den Posten des bayerischen Justizministers.[417] Begründet wurden die Anordnungen perfider Weise mit der angeblichen Sorge um die Autorität der Rechtspflege. Diese sei gefährdet, da das Volk über das anmaßende Auftreten amtierender jüdischer Rechtsanwälte und jüdischer Richter derart erregt sei, dass damit zu rechnen sei, dass ohne vorbeugende Maßnahmen sich der Volkszorn in Selbsthilfeaktionen des Volkes Luft machen würde.[418]

Die Anordnungen in Bayern wie auch anderenorts wurden erlassen, ohne dass sie durch eine entsprechende gesetzliche Grundlage gedeckt gewesen wären.[419] Die Anweisungen der Justizkommissare erfolgten aber offensichtlich im Einverständnis mit der Reichsführung.

---

413 *Benz, Wolfgang*: Von der Entrechtung zur Verfolgung und Vernichtung, in: Deutsche Juristen jüdischer Herkunft, S. 820 f.

414 Ebd., S. 820 f.

415 *Göppinger, Horst*: Juristen jüdischer Abstammung, S. 59.

416 Ebd., S. 60.

417 *Benz, Wolfgang*: Von der Entrechtung zur Verfolgung und Vernichtung, in: Deutsche Juristen jüdischer Herkunft, S. 819; Frank wurde im Zweiten Weltkrieg Statthalter Hitlers im besetzten Polen, mit fatalen Folgen für das Land und seine Bevölkerung, siehe wie vorstehend, S. 834 f.

418 *Benz, Wolfgang*: Von der Entrechtung zur Verfolgung und Vernichtung, in: Deutsche Juristen jüdischer Herkunft, S. 820 unter Bezugnahme auf das oben erwähnte Fernschreiben des preußischen Justizministers vom 31. März 1933.

419 *Göppinger, Horst*: Juristen jüdischer Abstammung, S. 69.

7. „Judenboykott“ am 1. April 1933

Eine Anordnung der Parteileitung der NSDAP vom 28. März 1933 hatte die Bevölkerung zum Boykott jüdischer Geschäfte, Waren, Ärzte und Rechtsanwälte am 1. April 1933 aufgerufen.[420] An diesem Tag erfolgte dann der sogenannte „Judenboykott“, bei dem SA-Wachen unter anderem vor jüdischen Geschäften und Kanzleien postiert waren[421], um auf Kunden und Mandanten eine abschreckende und einschüchternde Wirkung auszuüben. Es kam zu von den Nationalsozialisten organisierten Massenveranstaltungen, auf denen die quotenmäßige Beschränkung der Juden in bestimmten Berufen, insbesondere für Ärzte und Rechtsanwälte, gefordert wurde.[422]

8. Gesetz zur Wiederherstellung des Berufsbeamtentums vom 7. April 1933

Aufgrund des Ermächtigungsgesetzes war es den nationalsozialistischen Machthabern nun möglich, die bereits erfolgten Anordnungen und Maßnahmen gegen die jüdische Bevölkerung zu legalisieren. Am 7. April 1933 trat das „Gesetz zur Wiederherstellung des Berufsbeamtentums“ in Kraft.[423] Damit hatten sich die nationalsozialistischen Machthaber ein weiteres Instrument geschaffen, um insbesondere auf die staatlichen Belange Einfluss zu nehmen, indem sie mit Hilfe des Gesetzes bestimmte Personengruppen, insbesondere auch „Nichtarier“, aus dem öffentlichen Dienst entfernen konnten.

§ 3 Abs. 1 des Gesetzes regelte:

Beamte, die nicht arischer Abstammung sind, sind in den Ruhestand (§ 8 ff.) zu versetzen; soweit es sich um Ehrenbeamte handelt, sind die aus dem Amtsverhältnis zu entlassen.[424]

---

420 Wortlaut bei *Scheffler, Wolfgang*: Judenverfolgung im Dritten Reich, 1933 bis 1945, Frankfurt a. Main u. a. 1965, S. 66 ff.

421 *Benz, Wolfgang*: Von der Entrechtung zur Verfolgung und Vernichtung, in: Deutsche Juristen jüdischer Herkunft, S. 820.

422 Ebd., S. 820.

423 RGBl. 1933 I, S. 175 – 177.

424 RGBl. 1933 I, S. 175.

Als „nichtarisch“ galt, wer von „nicht-arischen“, insbesondere jüdischen Eltern oder Großeltern“ abstammte.[425] Dabei genügte es, wenn nur ein Eltern- oder Großelternteil „nichtarisch“ war, was angenommen wurde, wenn ein Eltern- oder Großelternteil der jüdischen Religion angehörte.[426]

a) Auswirkungen des Gesetzes auf Professoren an der juristischen Fakultät der Universität München

Deutschlandweit verloren etwa 700 jüdische Hochschullehrer aufgrund des Gesetzes zur Wiederherstellung des Berufsbeamtentums ihren Arbeitsplatz.[427] An den 23 juristischen Fakultäten im Deutschen Reich waren über 200 Hochschullehrer betroffen.[428] Allein an der juristischen Fakultät der Universität München waren neben Karl Neumeyer drei Professoren von dem Gesetz unmittelbar betroffen und wurden auf seiner Grundlage von der Hochschule vertrieben.

i) Prof. Dr. jur. Hans Nawiasky

Hans Nawiasky wurde am 24. August 1880 als Sohn eines jüdischen Vaters und einer nichtjüdischen Mutter in Graz geboren.[429] 1903 legte er die Erste Juristische Staatsprüfung ab und promovierte noch im selben Jahr an der Universität Wien über das Thema „Die Frauen im österreichischen Staatsdienst“.[430] 1906 trat er in den österreich-ungarischen Postdienst ein und verfasste während seiner dortigen Tätigkeit seine Habilitation, mit der er 1909 an der Universität Wien für das Staats- und Verwaltungsrecht habilitiert wurde.[431] Er wurde 1910 Privatdozent, ab 1914 war er außerordentlicher Professor an der Universität Wien.[432] Im selben Jahr wechselte er als Privatdozent an die Universität München, wo er

---

425 1. Verordnung zur Durchführung des Gesetzes vom 11. April 1933, Abschnitt 2 Abs. 1 S. 1, RGBl. 1933 I, S. 195.

426 1. Verordnung zur Durchführung des Gesetzes vom 11. April 1933, Abschnitt 2 Abs. 1 S. 2, RGBl. 1933 I, S. 195.

427 *Wolfgang Benz*: Von der Entrechtung zur Verfolgung und Vernichtung, in: Deutsche Juristen jüdischer Herkunft, S. 823.

428 Ebd., S. 828.

429 *Herrmann, Florian*: Hans Nawiasky, in: Hermann Nehlsen – Georg Brun (Hrsg.), Münchener rechtshistorische Studien zum Nationalsozialismus, Frankfurt a.M. u. a. 1996, S. 411 und 427.

430 Ebd., S. 411.

431 Ebd., S. 411 f.

432 Ebd., S. 412; *Behrendt, Michael*: Hans Nawiasky und die Münchner Studentenkrawalle von 1931, in: Elisabeth Kraus (Hrsg.): Die Universität München im Dritten Reich. Aufsätze. Teil 1, München 2006, S. 19.

1922 etatmäßiger außerordentlicher Professor für Staats-, Verwaltungs-, Finanz-, Arbeits- und Steuerrecht sowie für allgemeine Staatslehre wurde.[433] Seine Kolloquien und Seminare sollen schon in den frühen zwanziger und dreißiger Jahren ein geistiger Mittelpunkt der Universität gewesen sein, was auch damit begründet wird, dass sich bei ihm Intelligenz mit Sarkasmus, Nachdenklichkeit mit Güte traf.[434] Er kämpfte stets für die Freiheit des Geistes und die Demokratie, insbesondere aber für die Freiheit und Eigenständigkeit der Wissenschaft,[435] und musste damit den Nationalsozialisten ein Dorn im Auge sein, die die Wissenschaft nur als Mittel der Durchsetzung ihrer eigenen Ziele sahen.

Während seiner Lehrtätigkeit publizierte Nawiasky viel. Sein Werk „Bayerisches Verfassungsrecht" von 1923 etwa wurde schnell zum Standardwerk.[436]

Neben seiner Tätigkeit an der Universität war er in München als Studienleiter der Verwaltungsakademie tätig.[437] Er war außerdem Berater der bayerischen Staatsregierung in staatsrechtlichen Fragen und vertrat sie vor dem Staatsgerichtshof für das Deutsche Reich.[438] Auch er war also vor der Machtübernahme durch die Nationalsozialisten eine sehr angesehene und einflussreiche Persönlichkeit. 1928 beantragte die Juristische Fakultät, Nawiasky Titel und Rang eines ordentlichen Professors zu verleihen. Als Gründe wurden seine Rolle als Berater Bayerns und Leiter der Verwaltungsakademie, daneben seine wissenschaftlichen Verdienste um das Staatsrecht und schließlich der drohende Weggang nach Rostock angeführt, von wo er einen Ruf auf ein Ordinariat erhalten hatte.[439] Ähnlich wie im Fall Karl Neumeyers im Jahr 1919 hatte die Frage zu umfangreichen Auseinandersetzungen zwischen der Fakultät, die sich gegen die Ernennung wandte, dem Senat und dem Kultusministerium geführt.[440] Anders als im Fall Karl Neumeyers setzte sich allerdings das Kultusministerium durch, so dass Nawiasky 1928 Titel, Rang und akademische Rechte eines ordentlichen Professors verliehen wurden.[441] Dies geschah, damit die bayerische Regierung Nawiasky, der ihr als konsequenter Unterstützer des Föderalismus bei Verhandlungen zur Reform der Reichsverfassung ein wichtiger Berater war, in München halten konnte.[442]

---

433 *Herrmann, Florian*: Hans Nawiasky, S. 412, *Behrendt, Michael*: Hans Nawiasky und die Münchner Studentenkrawalle von 1931, S. 19.

434 *Herrmann, Florian*: Hans Nawiasky, S. 413.

435 Ebd., S. 429.

436 Ebd., S. 413 f.

437 Ebd., S. 415.

438 Ebd., S. 414 f.

439 Ebd., S. 415.

440 Ebd., S. 415 Fn. 24.

441 Ebd., S. 415 f.

442 Ebd., S. 416.

Die antisemitischen Angriffe auf Nawiasky begannen außergewöhnlich früh. Schon im Jahr 1925 war er im Propagandablatt der NSDAP, dem „Völkischen Beobachter", in einem Artikel mit dem Titel „Ein Ostjude als Apostel der Auslandsdeutschen" verunglimpft worden.[443] 1930 kam es während der Jahreshauptversammlung der Münchener Akademischen Ortsgruppe des „Vereins für das Deutschtum im Ausland", die er selbst gegründet hatte, zu schweren Auseinandersetzungen mit nationalsozialistischen Studenten, die behaupteten, Nawiasky vertrete Ansichten, die den Untergang und das Elend des Vaterlandes verschuldet hätten.[444] Im „Völkischen Beobachter" erschien in der Folge ein Artikel mit dem Titel „Weg mit Nawiasky!", in dem propagiert wurde, dass eine Persönlichkeit wie er, der „alle typischen Merkmale jüdischer Abstammung an sich trägt, in keiner Weise geeignet ist, sachliche, positive Arbeit für das schwer um seine völkisch-deutsche Existenz ringende Auslandsdeutschtum zu leisten."[445]

Auch im akademischen Lehrbetrieb musste Nawiasky ungewöhnlich früh antisemitische Aktionen gegen sich erdulden. Bereits am 26. Juni 1931 kam es zu einem schweren Tumult in der Münchener Universität.[446] Auslöser waren Äußerungen Nawiaskys während seiner Vorlesung über das Thema „Die Grenzen der Staatsgewalt in räumlicher Beziehung", die ihm die nationalsozialistischen Studenten – fälschlicherweise – so auslegten, als verteidige und billige er den Versailler Vertrag mit seinen Härten gegen Deutschland.[447] Ein randalierender und nationalsozialistische Parolen schreiender Mob war nach Erscheinen eines hetzerischen Artikels im „Völkischen Beobachter" in den Hörsaal eingedrungen und hatte massive Tumulte veranlasst, in deren Verlauf es auch zu einer Schlägerei kam.[448] Bei einem zweiten Krawall am 30. Juni 1931 versammelte sich erneut eine große Zahl von Studenten vor dem Hörsaal Nawiaskys, nachdem erneut ein Artikel im „Völkischen Beobachter" gegen ihn gehetzt hatte.[449] Auf den Gängen wurden nationalsozialistische Lieder gebrüllt und er selbst mit Rufen wie „Nawiasky raus"! Und „Juda verrecke!" angegriffen.[450] Daraufhin rief der Rektor die

443 Ebd., S. 417.

444 Ebd., S. 417 f., insbesondere Fn. 33.

445 Ebd., S. 418, insbesondere Fn. 36.

446 *Behrendt, Michael*: Hans Nawiasky und die Münchner Studentenkrawalle von 1931, S. 15; *Herrmann, Florian*: Hans Nawiasky, S. 420.

447 *Herrmann, Florian*: Hans Nawiasky, S. 418 f.

448 Ebd., S. 420.

449 Ebd., S. 421.

450 Ebd., S. 421.

Polizei, die das Gebäude räumte.[451] Die gesamte Universität blieb daraufhin bis zum 6. Juli 1931 vorübergehend geschlossen.[452]

Im Frühjahr 1933 drangen SA-Leute in seine Wohnung ein, während er sich gerade für einen Vortrag in Stuttgart aufhielt.[453] Er entschloss sich daraufhin zur sofortigen Emigration in die Schweiz.[454] Er wurde noch 1933 beurlaubt und aus dem bayerischen Staatsdienst entlassen.[455] In der Schweiz wurde er zunächst außerordentlicher, später ordentlicher Professor für öffentliches Recht an der Handelshochschule St. Gallen.[456]

Schon im Jahr 1945 kehrte er nach München zurück und war in der Folge wesentlich an der Ausarbeitung der Verfassung des Freistaates Bayern beteiligt.[457] 1946 erhielt er seinen Lehrstuhl an der Universität München zurück und wurde ordentlicher Professor für öffentliches Recht.[458] 1948 beriet er den „Herrenchiemseer Konvent“ bei den Vorbereitungen des Grundgesetztes zu den Grundrechten.[459] 1952 wurde er auf seine Bitte hin emeritiert.[460] 1961 verstarb er hochgeehrt in der Schweiz.[461] Nawiasky gelang also rechtzeitig die Flucht vor der antisemitischen Verfolgung. Er ist einer der wenigen großen jüdischen Professoren, den Deutschland nicht aufgrund der Geschehnisse ab 1933 für immer verloren hatte, sondern der zurückkehrte und am Wiederaufbau Deutschlands großen Anteil hatte.

ii) Honorarprofessor Dr. jur. Wilhelm Silberschmidt

Wilhelm Silberschmidt, geboren am 17. Juli 1862 in Würzburg, hatte von 1908 bis 1933 einen Lehrauftrag als Honorarprofessor an der Universität München.[462] Er lehrte unter anderem Arbeitsrecht, Versicherungsrecht, Bürgerliches Recht,

---

451 Ebd., S. 421.

452 *Göppinger, Horst*: Juristen jüdischer Abstammung, S. 191, *Herrmann, Florian*: Hans Nawiasky, S. 420 f.

453 *Herrmann, Florian*: Hans Nawiasky, S. 429.

454 Ebd., S. 429.

455 Deutsche Juristen-Zeitung, Band 38, 1933, S. 1179.

456 *Herrmann, Florian*: Hans Nawiasky, S. 429.

457 *Göppinger, Horst*: Juristen jüdischer Abstammung, S. 353.

458 *Herrmann, Florian*: Hans Nawiasky, S. 429.

459 Ebd., S. 431.

460 Ebd., S. 432.

461 Ebd., S. 433.

462 *Göppinger, Horst*: Juristen jüdischer Abstammung, S. 228 f.

Handelsrecht, Bergrecht und Sozialrecht.[463] Daneben war er bis zum Jahr 1929 als Richter am Bayerischen Obersten Landesgericht tätig.[464] Er hatte zugunsten des Bruders von Karl Neumeyer, Alfred Neumeyer, seine dortige Tätigkeit aufgegeben, um sich ganz der Lehre und Forschung zu widmen.[465] Aufgrund des „Gesetzes zur Wiederherstellung des Berufsbeamtentums" wurde er 1933 aus dem Amtsverhältnis entlassen.[466] Auch seine Tochter, die Studienrätin gewesen war, und sein Sohn, der als Amtsgerichtsrat ebenfalls im öffentlichen Dienst beschäftigt war, wurden aus dem Staatsdienst entlassen.[467] Einem weiteren Sohn wurde 1938 die Rechtsanwaltszulassung entzogen.[468] Nach der sogenannten „Reichskristallnacht" im Jahr 1938 wurden beide Söhne mehrere Wochen im KZ Dachau festgehalten.[469] Wilhelm Silberschmidt starb nach diesen schweren Schicksalsschlägen am 6. März 1939 an einer fortschreitenden Lähmungserkrankung.[470] Damit blieb ihm wenigstens das Schicksal erspart, das den Rest seiner Familie traf: Seine 71jährige Witwe wurde in das KZ Theresienstadt deportiert, wo sie verstarb. Die Tochter und ein Sohn wurden in ein Vernichtungslager nach Polen verbracht.[471]

iii) Privatdozent Dr. jur. Karl Loewenstein

Karl Loewenstein[472], geboren am 9. November 1891 in München, studierte ab 1910 Rechtswissenschaft in Paris, Heidelberg, Berlin und München.[473] In München promovierte er 1914, nahm 1914 bis 1917 am Ersten Weltkrieg teil und arbeitete bis 1919 für die bayerische Preiskontrollbehörde, anschließend bis 1933 als Rechtsanwalt in München.[474] Seit 1931 – nach seiner Habilitierung mit der

---

463 Vergleiche Vorlesungsverzeichnis der Universität München für das Wintersemester 1924/1925, im Internet unter URL (Stand 11.07.201211) http://epub.ub.uni-muenchen.de/9694/1/pvz_lmu_1924_25_wise.pdf.

464 *Göppinger, Horst*: Juristen jüdischer Abstammung, S. 228; *Neumeyer, Alfred* (der Ältere): Wir wollen den Fluch in Segen verwandeln, S. 157.

465 *Neumeyer, Alfred* (der Ältere): Wir wollen den Fluch in Segen verwandeln, S. 157.

466 Schreiben des Rektorats der Universität München vom 22. Juni 1933, PA KN, UAM L IX 52.

467 *Göppinger, Horst*: Juristen jüdischer Abstammung, S. 229.

468 Ebd., S. 229.

469 Ebd., S. 229.

470 Ebd., S. 229.

471 Ebd., S. 229.

472 Schreibweise uneinheitlich: Loewenstein oder Löwenstein.

473 *Schneider, Peter*: Karl Löwenstein, in: Neue Deutsche Biographie, Herausgegeben von der Historischen Kommission der Bayerischen Akademie der Wissenschaften, Band 15, Berlin 1986, S. 103.

474 Ebd., S. 103.

Schrift „Erscheinungsformen der Verfassungsänderung“ von 1931 ebendort[475] – war er Privatdozent für allgemeine Staatslehre, deutsches und ausländisches Staatsrecht und Völkerrecht an der Universität München.[476]

Nach dem Erlass des „Gesetzes zur Wiederherstellung des Berufsbeamtentums“ emigrierte er 1933 in die USA, wo er 1934 außerordentlicher Professor zunächst an der Yale University New Haven, 1936 dann am Amherst College in Massachusetts wurde.[477] 1942 bis 1944 war er als Berater für den amerikanischen Generalstaatsanwalt tätig.[478] Schon 1945 kehrte er für kurze Zeit nach Deutschland zurück, wo er als Berater der amerikanischen Militärregierung fungierte.[479]

1956 erhielt er als „Wiedergutmachung“ für seine Vertreibung aus Deutschland eine Professur an der Universität München.[480]

Loewensteins wahrscheinlich wichtigstes Werk war eine vergleichende Darstellung des Verfassungsrechts, in welcher er die Unterschiede zwischen autokratischen Staaten und konstitutionellen Demokratien herausarbeitete. Dieses Werk, das unter dem Titel „Verfassungslehre“ (im englischen Original *„Political Power and the Governmental Process“*) 1959 in Deutschland erschien, ist bis heute neben der Staatslehre auch für die Politikwissenschaft von großer Bedeutung.[481] Karl Loewenstein galt nicht zuletzt wegen dieser Arbeit als einer der profiliertesten Gelehrten des öffentlichen Rechts, der fächerübergreifend zugleich auch für die Politikwissenschaft großen Einfluss hatte.[482] Neben seiner „Verfassungslehre“ veröffentlichte er 1959 eine Darstellung des Verfassungsrechts und der

475 *Lerche, Peter*: Karl Loewenstein zum 80. Geburtstag, in: Archiv des öffentlichen Rechts 96, 1971, S. 574.

476 *Göppinger, Horst*: Juristen jüdischer Abstammung, S. 349; Vorlesungsverzeichnis der Universität München für das Wintersemester 1932/33, im Internet unter URL (Stand 11.07.2012) http://epub.ub.uni-muenchen.de/9710/1/pvz_lmu_1932_33_wise.pdf.

477 *Göppinger, Horst*: Juristen jüdischer Abstammung, S. 349; *Lerche, Peter*: Karl Loewenstein zum 80. Geburtstag, in: Archiv des öffentlichen Rechts 96, 1971, S. 575.

478 *Schneider, Peter*: Karl Löwenstein, in: Neue Deutsche Biographie, Herausgegeben von der Historischen Kommission der Bayerischen Akademie der Wissenschaften, Band 15, Berlin 1986, S. 103.

479 Ebd., S. 103.

480 Ebd., S. 103.

481 *Lerche, Peter*: Karl Loewenstein zum 80. Geburtstag, in: Archiv des öffentlichen Rechts 96, 1971, S. 574.

482 *Schneider, Peter*: Karl Löwenstein, in: Neue Deutsche Biographie, Herausgegeben von der Historischen Kommission der Bayerischen Akademie der Wissenschaften, Band 15, Berlin 1986, S. 103.

Verfassungspraxis der Vereinigten Staaten und 1967 eine Darstellung des Staatsrechts und der Staatspraxis Großbritanniens.[483]

Karl Loewenstein hielt nach seiner Emeritierung zahlreiche Gastvorlesungen in Berlin, Freiburg im Breisgau und in Basel und verstarb am 10. Juli 1973 in Heidelberg.[484]

Auch in ihm hatte Deutschland also nach dem Krieg einen großen Gelehrten wiedergewinnen können, den die Nationalsozialisten 1933 von seinem Lehrstuhl vertrieben und durch die Angst vor Verfolgung aus dem Land gejagt hatten.

iv) Professoren anderer Fakultäten

Insgesamt wurden aufgrund des Erlasses des „Gesetzes zur Wiederherstellung des Berufsbeamtentums" 31 weitere Dozenten anderer Fakultäten von der Universität München als „nichtarisch" eingestuft und nach und nach entlassen.[485]

---

483 *Lerche, Peter*: Karl Loewenstein zum 80. Geburtstag, in: Archiv des öffentlichen Rechts 96, 1971, S. 574.

484 *Göppinger, Horst*: Juristen jüdischer Abstammung, S. 349; *Lerche, Peter*: Karl Loewenstein zum 80. Geburtstag, in: Archiv des öffentlichen Rechts 96, 1971, S. 575.

485 Auflistung des bayerischen Kultusministeriums für den Senat der Universität München vom 18. Juli 1933, PA KN BayKuMi, BayHStA MK 17878 (am Ende der Akte); dies waren nach Namen und Lehrfach gemäß Vorlesungsverzeichnissen:
ordentlicher Prof. Dr. **Leo Graetz**, Physik, Privatdozent **Hans Albrecht Bethe**, Physik, ordentlicher Prof. Dr. **Kasimir Fajans**, physikalische Chemie, Privatdozentin Dr. **Eva Fiesel**, Sprachwissenschaften und Etruskologie, ordentlicher Prof. Dr. **August Gallinger**, Medizin und Philosophie, ordentlicher Prof. Dr. **Friedrich Hartogs**, Mathematik, außerordentlicher Prof. Dr. **Ernst Heilner**, interne Medizin, außerordentlicher Prof. Dr. **Dietrich von Hildebrand**, Philosophie und Theologie, außerordentlicher Prof. Dr. **Friedrich Hiller**, innere Medizin und Neurologie, ordentlicher Prof. Dr. **Richard Hönigswald**, Philosophie, Privatdozent **Fritz Kant**, Psychiatrie und Neurologie, außerordentlicher Prof. **Harry Marcus**, anatomische Entwicklungsgeschichte, Privatdozent Dr. **Ernst Michalski**, Kunstgeschichte, außerordentlicher Prof. Dr. **Otto Neubauer**, Medizin, Privatdozent Dr. **Karl Neubürger**, Medizin, Privatdozent Dr. **Georg Maria Schwab**, Chemie, Privatdozent Dr. **Ernst Strauss**, Kunstgeschichte, außerordentlicher Prof. Dr. **Karl Süssheim**, Geschichte und Isalmwissenschaft, außerordentlicher Prof. Dr. **Fritz Wassermann**, Medizin, außerordentlicher Prof. Dr. **Erwin Zweifel**, Medizin, außerordentlicher Prof. Dr. **Erich Benjamin**, Medizin (Kinder- und Jugendpsychiatrie), Honorarprofessor Dr. **Robert Emden**, Astrophysik, außerordentlicher Prof. Dr. **Max Isserlin**, psychiatrische Medizin, außerordentlicher Prof. Dr. **Leo Jordan**, romanische Philologie, außerordentlicher Prof. Dr. **Siegfried Oberndorfer**, Medizin (Pathologie), außerordentlicher Prof. **Dr. Felix Plaut**, Medizin (Psychiatrie), außerordentlicher Prof. Dr. **Oskar Polano**, Medizin (Gynäkologie), ordentlicher Prof. **Dr. Alfred Pringsheim**, Mathematik, ordentlicher Prof. Dr. **Lucian Scherman**, Sanskrit, Völkerkunde Indiens, und Buddhismus, außerordentlicher Prof. **Dr. Hans**

b) Auswirkungen des Gesetzes auf Karl Neumeyer

Karl Neumeyer unterlag eigentlich nicht dem Anwendungsbereich des „Gesetzes zur Wiederherstellung des Berufsbeamtentums". § 3 Abs. 2 lautete nämlich:

Abs. 1 gilt nicht für Beamte, die bereits seit dem 1. August 1914 Beamte gewesen sind oder die im Weltkrieg an der Front für das Deutsche Reich oder für seine Verbündeten gekämpft haben oder deren Väter oder Söhne im Weltkrieg gefallen sind. Weitere Ausnahmen können der Reichsminister des Inneren im Einvernehmen mit dem zuständigen Fachminister oder die obersten Landesbehörden für Beamte im Ausland zulassen.[486]

Karl Neumeyer hätte also nach der gesetzlichen Regelung seine Professur behalten dürfen. Die gesetzliche Anwendungsregelung wurde in seinem Fall aber klar missachtet. Ihm ging, wie allen Professoren an der Universität München, entsprechend einer Entschließung des bayerischen Kultusministeriums vom 24. Mai 1933 ein Fragebogen zu, in welchem das Vorliegen der Voraussetzungen des „Gesetztes zur Wiederherstellung des Berufsbeamtentums" abgefragt wurde und in dem er sich umfassend zu seiner Abstammung und seiner Konfession äußern sollte.[487] Das bayerische Kultusministerium schrieb am 24. Mai 1933 an den Rektor der Universität München, dass falls Karl Neumeyer nicht „arischer Abstammung" sei, er zu veranlassen sei, seine Vorlesungen und Übungen zu Beginn der Pfingstferien einzustellen.[488] Karl Neumeyer war zu diesem Zeitpunkt im Vorlesungsverzeichnis für das Sommersemester 1933 noch als ordentlicher öffentlicher Professor für internationales Recht, Völkerrecht und Rechtsvergleichung aufgeführt und hielt Montag bis Freitag, jeweils von 12 Uhr bis 13 Uhr die Vorlesung im Völkerrecht. Daneben gab er ein Seminar für Internationales Privatrecht, jeden zweiten Freitag von 6 Uhr bis 8 Uhr.[489] Er schrieb am 30. Mai

---

Saenger, Medizin (Gynäkologie und Geburtshilfe), ordentlicher Prof. Dr. **Karl Wesseley**, Medizin (Augenheilkunde)
Es liegt bislang keine wissenschaftliche Arbeit vor, die das Schicksal aller 35 als „nichtarisch" eingestuften Professoren der Münchener Universität untersucht. Verfasserin hat Liste mit „Kurzbiographien" erstellt, die bei Interesse weitergegeben wird.

486 RGBl. 1933 I, S. 175.

487 Fragebogen als Beilage zur Entschließung des bayerischen Kultusministeriums vom 24. Mai 1933, PA KN, UAM E II 2576.

488 Schreiben des bayerischen Kultusministeriums an das Rektorat der Universität München vom 24. Mai 1933, PA KN, UAM L IX 52.

489 Vorlesungsverzeichnis der Universität München für das Sommersemester 1933, im Internet unter URL (Stand 11.07.2012.2011) http://epub.ub.uni-muenchen.de/816/1/vvz_lmu_1933_sose.pdf.

1933 an den Dekan der juristischen Fakultät, wie das Schreiben des bayerischen Kultusministeriums zu verstehen sei.[490] Es sei ihm nicht klar, ob in der Erklärung des Ministeriums das dienstliche Verbot läge, seine Lehrtätigkeit fortzusetzen, oder ob er veranlasst werden solle, die Einstellung seiner Vorlesungen selbst vorzunehmen.[491] In einem ersten Brief an den Dekan hatte Karl Neumeyer sich dagegen noch weitergehend geäußert. Er schreibt hier, dass wenn das Schreiben des Ministeriums im letzteren Sinn, also als Veranlassung der freiwilligen Einstellung verstanden werden sollte, er diesem Wunsch zu seinem Bedauern nicht nachkommen könne.[492] Dies um so weniger, als ihm nach § 3 Abs. 2 des „Gesetzes zur Wiederherstellung des Berufsbeamtentums" vom 7. April 1933 ein Recht darauf zustünde, seine Lehrtätigkeit fortzusetzen und ihm ein anderer Grund, der der Fortsetzung seiner Lehrtätigkeit entgegenstehen könnte, nicht bekannt sei.[493] Diesen Brief Karl Neumeyers hat der Dekan offensichtlich „entschärft", um ihn in entschärfter Form an die Fakultät weiterleiten zu können. Denn in einem Begleitschreiben zu dem vom Dekan geänderten Brief, den der Dekan an Karl Neumeyer mit der Bitte zurückreichte, das geänderte Schreiben zu unterzeichnen, heißt es:

„Sehr verehrter Herr Kollege,

Darf ich Sie um Unterzeichnung des beiliegenden gekürzten Briefes an die Fakultät ergebenst bitten. Das von Ihnen zuerst eingesandte Schreiben reiche ich Ihnen anbei zurück."[494]

Offensichtlich herrschte bei dem Dekan die Sorge vor, Karl Neumeyer könnte sich und vielleicht auch die Fakultät mit zu deutlichen Worten in Schwierigkeiten bringen. Den gekürzten Brief leitete der Dekan dann mit der Bitte an das bayerische Kultusministerium weiter, den „darin aufgeworfenen Auslegungszweifel massgeblich klären zu wollen".[495]

---

490 Zweites Schreiben Karl Neumeyers an den Dekan der juristischen Fakultät vom 30. Mai 1933, PA KN, UAM L IX 52.

491 Zweites Schreiben Karl Neumeyers an den Dekan der juristischen Fakultät vom 30. Mai 1933, PA KN, UAM L IX 52.

492 Zweites Schreiben Karl Neumeyers an den Dekan der juristischen Fakultät vom 30. Mai 1933, PA KN, UAM L IX 52.

493 Erstes Schreiben Karl Neumeyers an den Dekan der juristischen Fakultät vom 30. Mai 1933, PA KN, UAM L IX 52.

494 Schreiben des Dekans der juristischen Fakultät an Karl Neumeyer vom 1. Juni 1933, PA KN, UAM L IX 52.

495 Schreiben des Dekans der juristischen Fakultät an das bayerische Kultusministerium vom 30. Mai 1933, PA KN, UAM L IX 52.

Die Fakultät, allen voran ihr Dekan Wilhelm Kisch, bemühte sich in der Folge darum, dass die Vorlesungen Karl Neumeyers weiterhin stattfinden konnten. Mit Schreiben vom 31. Mai 1933 vertrat Kisch gegenüber dem bayerischen Kultusministerium, dass es wegen der Eigenart und der Stoffverteilung von Vorlesungen eines Dozenten bei Übernahme der Vorlesung durch einen anderen Dozenten zu einer Störung der inhaltlichen Geschlossenheit einer Vorlesung kommen müsse.[496] Eine solche Aufteilung der Vorlesung könne den Studenten kaum zugemutet werden.[497] Außerdem käme im Fall Karl Neumeyer die Schwierigkeit hinzu, dass es hinsichtlich „einer Reihe der in Frage stehenden Vorlesungen und Übungen, teils wegen Fehlens geeigneter Fachvertreter, teils wegen der Belastung der übrigen Dozenten" nicht möglich sein würde, für eine entsprechende Fortsetzung Sorge zu tragen.[498] Insbesondere auf die Völkerrechtsvorlesung von Karl Neumeyer, die von 124 Studenten belegt worden sei, könne man nicht verzichten, da die Fakultät zur Zeit über keinen anderen Hochschullehrer verfüge, der den Lehrauftrag für Völkerrecht besäße.[499] Es hatten sich auch einige ausländische, namentlich schweizerische und amerikanische Studenten der Vorlesung Karl Neumeyers über die beabsichtigte Einstellung beschwert, die eigens für die Vorlesung nach München gekommen waren.[500]

Das Ministerium schrieb daraufhin am 2. Juni 1933 an das Rektorat, dass im Hinblick auf die Belange der zahlreichen Studierenden, die die Vorlesungen von Karl Neumeyer belegt hätten, keine „Erinnerung" dagegen bestünde, dass er in Abweichung von der Bestimmung der Ministerialen Entschließung vom 24. Mai 1933 die für das Sommersemester angekündigten Vorlesungen weiterhin abhalte.[501] Ausschlaggebend war also das Argument, dass es niemanden gebe, der die Vorlesung übernehmen könnte. Kurzzeitig wurde so erreicht, dass Karl Neumeyer seine Vorlesungen fortsetzen konnte. Dies geschah sehr zur Freude der

496 Schreiben des Dekans der juristischen Fakultät an das bayerische Kultusministerium vom 31. Mai 1933, PA KN, UAM L IX 52.

497 Schreiben des Dekans der juristischen Fakultät an das bayerische Kultusministerium vom 31. Mai 1933, PA KN, UAM L IX 52.

498 Schreiben des Dekans der juristischen Fakultät an das bayerische Kultusministerium vom 31. Mai 1933, PA KN, UAM L IX 52.

499 Schreiben des Dekans der juristischen Fakultät an das bayerische Kultusministerium vom 31. Mai 1933, PA KN, UAM L IX 52.

500 Ergibt sich aus Schreiben des Dekans der juristischen Fakultät an von Frank vom 26. Juni 1933, PA KN, UAM L IX 52.

501 Schreiben des bayerischen Kultusministeriums an das Rektorat der Universität München vom 2. Juni 1933, PA KN, UAM L IX 52.

Studenten, die laut einem Brief des Dekans Kisch vom 26. Juni 1933 die Wiederaufnahme „ganz besonders lebhaft begrüßt" hätten.[502]

Am 13. Juni 1933[503] stand aber zu Vorlesungsbeginn der Vorsitzende der Juristischen Fachschaft im Hörsaal auf und erklärte, dass den Hörern zum Teil nicht bekannt sein werde, dass Professor Neumeyer Jude sei.[504] Dabei befanden sich ca. 40 Leute in „Uniform" im Hörsaal.[505] Der Vorsitzende der juristischen Fachschaft erklärte, er erwarte im Namen der Studentenschaft, dass kein nationaler deutscher Student länger diese Vorlesung anhöre und dass auch in Zukunft keiner mehr diese Vorlesung besuche.[506] Der Fachschaftsvorsitzende forderte alle anwesenden Studenten auf, „in voller Ruhe und Disziplin" den Vorlesungssaal zu verlassen, was diese auch sofort taten.[507] Während der „Räumung" erschien aber der Dekan Kisch, und bat die Studenten, wieder in den Hörsaal zurückzukehren, was die Studenten befolgten.[508] Bei seinem Erscheinen im Hörsaal wurde der Dekan offensichtlich mit stürmischem Applaus empfangen.[509] Er führte daraufhin aus, dass die Vorlesung von Karl Neumeyer an diesem Tag ausfalle und noch nicht klar sei, wie dies in Zukunft sein werde, dass aber die Fakultät keine Schuld träfe, falls die Vorlesungen in Zukunft nicht mehr stattfinden würden.[510] Auch diese Mitteilung wurde angeblich mit Beifall aufgenommen. Anschließend

---

502 Ergibt sich aus Schreiben des Dekans der juristischen Fakultät an von Frank vom 26. Juni 1933, PA KN, UAM L IX 52.

503 Schreiben der Studentenschaft, Kreis Bayern, an Staatsminister für Unterricht und Kultus Schemm vom 13.6.1933, PA KN BayKuMi, BayHStA MK 17878.

504 Der Vorgang ist wiedergegeben in einem Schreiben des Dekans der juristischen Fakultät an das bayerische Kultusministerium vom 16. Juni 1933, PA KN, UAM L IX 53, außerdem belegt durch den Bericht der deutschen Studentenschaft an den Staatsminister für Unterricht und Kultus vom 13. Juni 1933, PA KN BayKuMi, BayHStA MK 17878.

505 Der Vorgang ist wiedergegeben in einem Schreiben des Dekans der juristischen Fakultät an das bayerische Kultusministerium vom 16. Juni 1933, PA KN, UAM L IX 52, außerdem belegt durch den Bericht der deutschen Studentenschaft an den Staatsminister für Unterricht und Kultus vom 13. Juni 1933, PA KN BayKuMi, BayHStA MK 17878.

506 Der Vorgang ist wiedergegeben in einem Schreiben des Dekans der juristischen Fakultät an das bayerische Kultusministerium vom 16. Juni 1933, PA KN, UAM L IX 52, außerdem belegt durch den Bericht der deutschen Studentenschaft an den Staatsminister für Unterricht und Kultus vom 13. Juni 1933, PA KN BayKuMi, BayHStA MK 17878.

507 Bericht der deutschen Studentenschaft an den Staatsminister für Unterricht und Kultus vom 13. Juni 1933, PA KN BayKuMi, BayHStA MK 17878.

508 Bericht der deutschen Studentenschaft an den Staatsminister für Unterricht und Kultus vom 13. Juni 1933, PA KN BayKuMi, BayHStA MK 17878.

509 Bericht der deutschen Studentenschaft an den Staatsminister für Unterricht und Kultus vom 13. Juni 1933, PA KN BayKuMi, BayHStA MK 17878.

510 Bericht der deutschen Studentenschaft an den Staatsminister für Unterricht und Kultus vom 13. Juni 1933, PA KN BayKuMi, BayHStA MK 17878.

verließen sämtliche Studenten den Saal.[511] Der Vertreter der „deutschen Studentenschaft", der offensichtlich Mitorganisator des Boykotts der Vorlesung Karl Neumeyers war und dem Kultusministerium schriftlich über den gesamten Vorfall berichtete, spannte das Ministerium ein, um das Ziel, Karl Neumeyer aus dem Lehrbetrieb zu drängen, durchzusetzen. Er teilte daher dem Ministerium weiter mit, dass Karl Neumeyer als einer der ersten vom Kultusministerium selbst dazu aufgefordert worden sei, seine Vorlesungen einzustellen.[512] Ein Ministerialrat Decker habe aber veranlasst, dass er die Vorlesungen wiederaufnahm, da sie von 100 Studenten belegt worden sei und kein geeigneter Vertreter vorhanden sei.[513] Aufgrund dieser Anweisung habe Karl Neumeyer die Vorlesung wieder aufgenommen, was die Studentenschaft dazu veranlasst hätte, „in vollkommener Disziplin" zu beschließen, die Vorlesung in Zukunft nicht mehr zu besuchen.[514] Die Einwendungen des Ministerialrats Decker, dass der Assistent Herr Swoboda die Vorlesung nicht fortführen könne, da er nicht Angehöriger des Lehrkörpers sei, sei hinfällig, da an der Universität in jedem Semester eine ganze Anzahl von Vorlesungen stattfänden, die von Herren gehalten würden, die nicht Angehörige des Lehrkörpers seien.[515] Die Studentenschaft bäte daher das Kultusministerium, umgehend folgendes anzuordnen:

„Da sich innerhalb der Studentenschaft eine starke Erregung gegen die Wiederaufnahme der Vorlesungen durch Prof. Neumeyer gezeigt hat, wird Prof. Neumeyer ersucht, seine Vorlesungen einzustellen. Gleichzeitig wird Prof. Neumeyer bis auf weiteres beurlaubt. Die Fakultät wolle den Assistenten im völkerrechtlichen Seminar Swoboda vertretungsweise mit der Fortführung der Vorlesung beauftragen."[516]

---

511 Bericht der deutschen Studentenschaft an den Staatsminister für Unterricht und Kultus vom 13. Juni 1933, PA KN BayKuMi, BayHStA MK 17878.

512 Bericht der deutschen Studentenschaft an den Staatsminister für Unterricht und Kultus vom 13. Juni 1933, PA KN BayKuMi, BayHStA MK 17878.

513 Bericht der deutschen Studentenschaft an den Staatsminister für Unterricht und Kultus vom 13. Juni 1933, PA KN BayKuMi, BayHStA MK 17878.

514 Bericht der deutschen Studentenschaft an den Staatsminister für Unterricht und Kultus vom 13. Juni 1933, PA KN BayKuMi, BayHStA MK 17878.

515 Bericht der deutschen Studentenschaft an den Staatsminister für Unterricht und Kultus vom 13. Juni 1933, PA KN BayKuMi, BayHStA MK 17878.

516 Bericht der deutschen Studentenschaft an den Staatsminister für Unterricht und Kultus vom 13. Juni 1933, PA KN BayKuMi, BayHStA MK 17878.

Das Schreiben endet:

„Mit deutschem Gruß
Heil Hitler!"[517]

Das Ministerium fügte sich vollkommen den Forderungen der „deutschen Studentenschaft". Noch am selben Tag teilte man dem Dekan telefonisch mit, dass die Vorlesung nicht mehr fortgesetzt werden dürfte.[518] Außerdem wurde gefragt, ob nicht der Assistent Swoboda vom rechtsvergleichenden und völkerrechtlichen Institut die Vorlesung fortsetzen könne.[519]

Da das Vorgehen des Ministeriums im Fall Karl Neumeyers nicht von der Gesetzeslage gedeckt war, wandte sich der Dekan Kisch in einem Schreiben vom 14. Juni 1933 an das Rektorat.[520] Er schrieb, dass Karl Neumeyer vom „Gesetz zur Wiederherstellung des Berufsbeamtentums" nicht betroffen sei, dass er nach der 3. Durchführungsverordnung zu § 18 des Gesetzes damit „Anspruch auf die Achtung, die seinem Amte zukommt", habe und bat um Klärung der Frage, ob „beabsichtigt ist, nicht-arischen Hochschullehrern, denen das Gesetz die Fortdauer ihrer amtlichen Tätigkeit gewährleistet, durch dienstliche Verfügung die Ausübung derselben unmöglich zu machen".[521] Der Dekan wies weiter darauf hin, dass Karl Neumeyer während der Besetzung Münchens im Freikorps Epp gedient habe und dass er einer der wissenschaftlichen Vorkämpfer gewesen sei, die seinerzeit „im Einvernehmen mit dem Auswärtigen Amt" Übergriffe der Franzosen aus dem Versailler Vertrag bekämpft hätten.[522] Karl Neumeyer sei ein nationaler Mann und die Fakultät bezweifele nicht, dass er jederzeit rückhaltlos für den nationalen Staat einzutreten bereit sei.[523]

Von der Beschäftigung Karl Neumeyers im Freikorps Epp ist sonst nichts bekannt. Der Hinweis auf das Auswärtige Amt dürfte sich auf Karl Neumeyers

517 Bericht der deutschen Studentenschaft an den Staatsminister für Unterricht und Kultus vom 13. Juni 1933, PA KN BayKuMi, BayHStA MK 17878.

518 Ergibt sich aus Schreiben des Dekans der juristischen Fakultät an das Rektorat der Universität München vom 14. Juni 1933, PA KN, UAM L IX 52.

519 *Vogel, Klaus:* Karl Neumeyer: In den Tod getrieben, in: Große jüdische Gelehrte an der Münchener juristischen Fakultät, S. 105.

520 Schreiben des Dekans der juristischen Fakultät an das Rektorat der Universität München vom 14. Juni 1933, PA KN, UAM L IX 52.

521 Schreiben des Dekans der juristischen Fakultät an das Rektorat der Universität München vom 14.6.1933, PA KN, UAM L IX 52.

522 Schreiben des Dekans der juristischen Fakultät an das Rektorat der Universität München vom 14.6.1933, PA KN, UAM L IX 52.

523 Schreiben des Dekans der juristischen Fakultät an das Rektorat der Universität München vom 14.6.1933, PA KN, UAM L IX 52.

Teilnahme an den Tagungen des *Institut de droit international* beziehen, die er mit dem Auswärtigen Amt abstimmte und bei denen er, wie er selbst berichtete, sehr für deutsche Interessen eintrat.

Das Rektorat wurde vom Dekan weiterhin ersucht, die Klärung der Angelegenheit bei dem Kultusministerium zu veranlassen und Abschriften an den „Reichsstatthalter", an den Ministerpräsidenten und Staatsminister der Finanzen sowie an den Reichsinnenminister zu schicken, an den letzteren, da dieser bei der Durchführung des „Gesetzes zur Wiederherstellung des Berufsbeamtentums" mitzuwirken berufen sei.[524]

Ebenfalls am 14. Juni 1933 wandte sich der Dekan darüber hinaus unmittelbar an das bayerische Kultusministerium.[525] Er antwortete auf dessen telefonische Anfrage vom 13. Juni 1933, ob nicht Herr Swoboda die Völkerrechtsvorlesung Karl Neumeyers fortführen könnte, dass Herr Swoboda für die Fortführung der Vorlesung als „durchaus ungeeignet" erscheine.[526] Herr Swoboda habe niemals Gelegenheit gehabt, bei völkerrechtlichen Vorlesungen oder Übungen zu assistieren.[527] Auch habe er sich wissenschaftlich in keiner Weise als Kenner des Völkerrechts ausgewiesen.[528] Er habe noch nicht einmal die Doktorprüfung abgelegt und die von ihm eingereichte Dissertation aus dem internationalen Recht sei ihm als in dieser Form ungeeignet zurückgegeben worden.[529] Auf beide Briefe erhielt der Dekan offensichtlich nicht einmal eine Antwort.

Am 16. Juni 1933 schrieb der Dekan an das Kultusministerium, dass der Boykott der Studenten von Seiten der Fakultät als eine Verletzung der studentischen Disziplin angesehen würde und dass in dem Verhalten ein Widerspruch gegen das durch das „Gesetz zur Wiederherstellung des Berufsbeamtentums" gewährleistete Recht Karl Neumeyers zur Fortsetzung seiner amtlichen Tätigkeit gesehen werde.[530]

---

524 Schreiben des Dekans der juristischen Fakultät an das Rektorat der Universität München vom 14.Juni 1933, PA KN, UAM L IX 52.

525 Schreiben des Dekans der juristischen Fakultät an das bayerische Kultusministerium vom 14. Juni 1933, PA KN, UAM L IX 52.

526 Schreiben des Dekans der juristischen Fakultät an das bayerische Kultusministerium vom 14. Juni 1933, PA KN, UAM L IX 52.

527 Schreiben des Dekans der juristischen Fakultät an das bayerische Kultusministerium vom 14. Juni1933, PA KN, UAM L IX 52.

528 Schreiben des Dekans der juristischen Fakultät an das bayerische Kultusministerium vom 14. Juni 1933, PA KN, UAM L IX 52.

529 Schreiben des Dekans der juristischen Fakultät an das bayerische Kultusministerium vom 14. Juni 1933, PA KN, UAM L IX 52.

530 Schreiben des Dekans der juristischen Fakultät an das bayerische Kultusministerium vom 16. Juni 1933, PA KN, UAM L IX 52.

Am 22. Juni schrieb er außerdem an den Ersten Vorsitzenden des bayerischen Hochschullehrerbundes, Herrn Prof. Herwart Fischer, mit der Bitte um eine Intervention in dem Vorgang. Das Rektorat der Universität habe Bedenken geäußert, wie erbeten Abschriften des Schreibens des Dekans an das Rektorat vom 14. Juni 1933 an den „Reichsstatthalter", den Ministerpräsidenten und den Reichsinnenminister zu senden.[531] Fischer sollte nun zumindest den Reichsinnenminister mit der Angelegenheit befassen, da dieser zuständig für die Durchführung des „Gesetzes zur Wiederherstellung des Berufsbeamtentums" sei und mit der „Angelegenheit Neumeyer" eine für die Durchführung des Gesetzes wichtige grundsätzliche Auslegungsfrage vorliege.[532]

Mit Schreiben vom 11. Juli 1933 erhielt er die Antwort, dass Fischer im zuständigen „Amt für Rasseforschung" des Reichsinnenministeriums gesagt worden sei, das Innenministerium habe keine Möglichkeit, einzuschreiten.[533] Das Ministerium eines Landes könne in Einzelfällen über die Reichsgesetzliche Regelung hinausgehen.[534] Schon damit wird klar, dass ab dem Zeitpunkt der Machtübernahme durch die Nationalsozialisten nicht einmal der Schein des Rechtsstaats gewahrt wurde, sondern die Willkürherrschaft schon offen zu Tage trat.

In der Zwischenzeit war mit Schreiben vom 19. Juni 1933 seitens des Kultusministeriums verfügt worden, dass der Hilfsassistent Swoboda die Völkerrechtsvorlesung von Karl Neumeyer übernehmen sollte.[535] Die Bedenken der Fakultät hinsichtlich seiner Eignung wurden aufgrund anderslautenden Zeugnisses des ordentlichen Professors von Frank nicht berücksichtigt.[536] von Frank hatte von den Zusammenhängen offensichtlich keine genaue Kenntnis.[537] Vielmehr hatte offensichtlich Herr Swoboda hinter dem Rücken Karl Neumeyers, dessen Assistent er war, sowie „unter völliger Umgehung der Fakultät" die Übernahme der

531 Schreiben des Dekans der juristischen Fakultät an Fischer vom 22. Juni 1933, PA KN, UAM L IX 52.

532 Schreiben des Dekans der juristischen Fakultät an Fischer vom 22. Juni 1933, PA KN, UAM L IX 52.

533 Schreiben von Fischer an den Dekan der juristischen Fakultät vom 11. Juli 1933, PA KN, UAM L IX 52.

534 Schreiben von Fischer an den Dekan der juristischen Fakultät vom 11. Juli 1933, PA KN, UAM L IX 52.

535 Schreiben des bayerischen Kultusministeriums an das Rektorat der Universität München vom 19. Juni 1933, PA KN, UAM L IX 52.

536 Schreiben des bayerischen Kultusministeriums an das Rektorat der Universität München vom 19. Juni 1933, PA KN, UAM L IX 52.

537 Ergibt sich aus Schreiben des Dekans der juristischen Fakultät an von Frank vom 26. Juni 1933, PA KN, UAM L IX 52.

Vorlesung Karl Neumeyers verhandelt.[538] Der Dekan Kisch war damit allerdings in die unangenehme Lage versetzt worden, dass er sich entschieden gegen Herrn Swoboda ausgesprochen hatte, der aber seitens von Franks ein günstiges Zeugnis, wenn auch ohne Kenntnis der Umstände, erhalten hatte. Der Dekan stellte daher sogar sein Dekanatsamt der Fakultät zur Verfügung, entschloss sich aber nach der einstimmigen Vertrauenserklärung seiner Kollegen sowie auf Bitten des Rektors und des Hochschulreferenten, das Amt vorerst weiterzuführen.[539]

Mit Schreiben vom 18. Juli 1933 unterrichtete das bayerische Kultusministerium den Senat der Universität München, dass über die weitere Tätigkeit des „nichtarischen" Dozenten Karl Neumeyer noch keine Entscheidung getroffen worden sei.[540]

Karl Neumeyer wurde nach dem Boykott seiner Vorlesung zunächst und ohne gesonderte Nachricht hierüber beurlaubt. Mit Wirkung zum 1. November 1933 wurde er vom Reichsstatthalter in den einstweiligen Ruhestand versetzt.[541] Im Vorlesungsverzeichnis für das Wintersemester 1933/34 wird er zwar noch als ordentlicher öffentlicher Professor aufgeführt, unter seinem Namen findet sich aber der Hinweis „liest nicht".[542] Im Sommersemester 1934 taucht er bereits nicht mehr im Vorlesungsverzeichnis der Universität auf.[543]

Sowohl die Beurlaubung wie auch die einstweilige Versetzung in den Ruhestand wurden auf Art. 38 des bayerischen Beamtengesetzes gestützt. Dieser lautete in dem hier einschlägigen Teil:

Der unwiderrufliche Beamte kann unter Bewilligung des gesetzlichen Wartegeldes einstweilen in den Ruhestand versetzt werden, wenn [...] ohne sein Ver-

538 Ergibt sich aus Schreiben des Dekans der juristischen Fakultät an von Frank vom 26. Juni 1933, PA KN, UAM L IX 52.

539 Ergibt sich aus Schreiben des Dekans der juristischen Fakultät an von Frank vom 26. Juni 1933, PA KN, UAM L IX 52.

540 Schreiben des bayerischen Kultusministeriums an den Senat der Universität München vom 18. Juli 1933, PA KN, UAM E II 2576.

541 Schreiben des bayerischen Kultusministeriums an den Rektor der Universität München vom 28. Oktober 1933, PA KN, UAM L IX 52.

542 Vorlesungsverzeichnis der Universität München für das Wintersemester 1933/34, im Internet unter URL (Stand 11.07.2012) http://epub.ub.uni-muenchen.de/817/1/vvz_lmu_1933-34_wise.pdf.

543 Vorlesungsverzeichnis der Universität München für das Sommersemester 1934, im Internet unter URL (Stand 11.07.2012) http://epub.ub.uni-muenchen.de/818/1/vvz_lmu_1934_sose.pdf.

schulden Umstände vorliegen, durch die seine amtliche Wirksamkeit auch auf einer anderen Stelle nicht bloss vorübergehend gestört wäre.

Es wurde angeführt, dass die Vorschrift hier anzuwenden sei, da die Studentenschaft beschlossen habe, die Vorlesungen von Karl Neumeyer nicht mehr zu besuchen.[544] Klaus Vogel schrieb darüber richtig:

„Der Beschluß der nationalsozialistischen Studentenschaft, der natürlich rechtswidrig war, und gegen den das Ministerium im Wege der Rechtsaufsicht hätte vorgehen müssen, wurde also stattdessen als ein objektives Hindernis behandelt, das weiteren Vorlesungen entgegenstehe.“[545]

Die Versetzung in den einstweiligen Ruhestand war Karl Neumeyer offensichtlich überhaupt nicht mitgeteilt worden.[546] Er erfuhr erst aus dem oben erwähnten Vorlesungsverzeichnis, dass er nicht lesen würde.

Mit einem Schreiben vom 2. Oktober 1933 unternahm Karl Neumeyer den Versuch, die Wiederaufnahme seiner Vorlesungen zu erreichen.[547] Er schrieb an den Dekan der Fakultät, dass er aus dem Vorlesungsverzeichnis entnommen habe, dass er im darauf folgenden Wintersemester nicht lesen werde. Die anderen Herren, die „in der gleichen Lage“ seien wie er, also „nichtarischer, Abstammung“ waren, würden aber nach dem Vorlesungsverzeichnis ihre Vorlesungen halten dürfen.[548] Dasselbe gälte für auswärtige juristische Fakultäten.[549] Karl Neumeyer bat daher um Auskunft, ob und mit welcher Begründung er einer Ausnahmebehandlung unterstellt worden sei.[550] Er bat um die Möglichkeit, sich zu den Gründen einer Ausnahmebehandlung äußern zu dürfen und, falls sich diese als gegenstandslos erweisen sollten, für seine Gleichstellung mit anderen

---

544 Interne Bemerkung offensichtlich aus dem Staatsministerium der Finanzen, PA KN BayKuMi, BayHStA MK 17878.

545 *Vogel, Klaus:* Karl Neumeyer: In den Tod getrieben, in: Große jüdische Gelehrte an der Münchener juristischen Fakultät, S. 106.

546 Ebd., S. 107.

547 Schreiben Karl Neumeyers an den Dekan der juristischen Fakultät der Universität München vom 2. Oktober 1933, PA KN, UAM E II 2576.

548 Schreiben Karl Neumeyers an den Dekan der juristischen Fakultät der Universität München vom 2. Oktober 1933, PA KN, UAM E II 2576.

549 Schreiben Karl Neumeyers an den Dekan der juristischen Fakultät der Universität München vom 2. Oktober 1933, PA KN, UAM E II 2576.

550 Schreiben Karl Neumeyers an den Dekan der juristischen Fakultät der Universität München vom 2. Oktober 1933, PA KN, UAM E II 2576.

Kollegen einzutreten.[551] Das Schreiben wurde vom Dekan mit Begleitschreiben vom 7. Oktober 1933 an das bayerische Kultusministerium weitergeleitet.[552]

Erst auf diese Nachfrage hin teilte man Karl Neumeyer mit Schreiben vom 28. Oktober 1933 seitens des Ministeriums mit, dass der Reichsstatthalter in Bayern durch Entschließung vom 26. Oktober 1933 auf Vorschlag der bayerischen Staatsregierung beschlossen habe, ihn mit Wirkung zum 1. November 1933 einstweilen, gestützt auf Art. 38 des bayerischen Beamtengesetzes und ohne weitere Begründung in den Ruhestand zu versetzen.[553] Das Begleitschreiben des Rektorats der Universität an Karl Neumeyer beginnt zynischer Weise noch mit der Anrede „An Seine Hochwohlgeboren".[554] Den Empfang der „Urkunde" und der Entschließung quittierte Karl Neumeyer „unter Vorbehalt entgegenstehender Rechte".[555]

Erstaunlich ist, dass trotz des Rechtsverstoßes, unter dem Karl Neumeyer einstweilen in den Ruhestand versetzt wurde, der Schein der Rechtmäßigkeit auf anderem Gebiet gewahrt wurde. Da er erst Anfang November Nachricht von dem Umstand erhalten hatte, dass er mit Wirkung zum 1. November 1933 einstweilen in den Ruhestand versetzt worden war, verfügte das bayerische Kultusministerium, dass er nicht wie zunächst verfügt ein „Wartegeld" für den einstweiligen Ruhestand erhalten, sondern stattdessen wegen der zu späten Benachrichtigung bis einschließlich Februar 1934 weiterhin sein bisheriges Gehalt beziehen sollte.[556]

Mit Schreiben vom 7. Februar 1934 an das Reichsministerium des Inneren versuchte Karl Neumeyer noch einmal, etwas gegen seine Versetzung in den Ruhestand zu unternehmen.[557] Der Brief trägt den Betreff „Grenzen der Ariergesetzgebung".[558] Er führte hier aus, dass er aus Zeitungsberichten erfahren habe,

---

551 Schreiben Karl Neumeyers an den Dekan der juristischen Fakultät der Universität München vom 2. Oktober 1933, PA KN, UAM E II 2576.

552 Schreiben des Dekans der juristischen Fakultät der Universität München an das bayerische Kultusministerium, PA KN, UAM E II 2576.

553 Schreiben des bayerischen Kultusministeriums an den Rektor der Universität München vom 28. Oktober 1933, PA KN, UAM E II 2576.

554 Schreiben des Rektorats der Universität München an Karl Neumeyer vom 4. November 1933 (gekennzeichnet „Entwurf", offensichtlich aber gestempelt und versandt), PA KN, UAM E II 2576.

555 Empfangsbestätigung, unterzeichnet von Karl Neumeyer und datiert vom 13. November 1933, PA KN, UAM E II 2576.

556 Verfügung des bayerischen Kultusministeriums an den Rektor der Universität München vom 20. Dezember 1933, PA KN, UAM L IX 52.

557 Schreiben Karl Neumeyers an das Reichsministerium des Innern vom 7. Februar 1934, PA KN, UAM E II 2576.

558 Schreiben Karl Neumeyers an das Reichsministerium des Innern vom 7. Februar 1934, PA KN, UAM E II 2576.

dass der Reichsinnenminister den Grundsatz aufgestellt habe, die Ariergesetzgebung des Reiches solle in den Grenzen angewendet werden solle, die das Gesetz selbst aufgestellt habe. Er beantrage daher, den eigenen Fall der Nachprüfung zu unterziehen.[559] Da er schon am 1. August 1914 Beamter gewesen sei, falle er nicht in den Anwendungsbereich des „Gesetzes zur Wiederherstellung des Berufsbeamtentums“. Nun sei er aufgrund von Art. 38 des (unterstrichen) bayerischen Beamtengesetzes einstweilen in den Ruhestand versetzt worden.[560] Als hier vorausgesetzter „Umstand, der seine amtliche Wirksamkeit auch auf einer anderen Stelle nicht bloss vorübergehend störe“, sei seine nichtarische Herkunft geltend gemacht worden.[561] Er sei der Meinung, dass damit das „Gesetz zur Wiederherstellung des Berufsbeamtentums“ über seinen Inhalt hinaus auf Landeswegen erweitert worden sei.[562] Die Studenten, die auf diesen Vorgang gedrängt hätten, hätten nie zu seinen Hörern gehört.[563] Da weder gegen seine Lehrtätigkeit noch gegen seine deutsche Gesinnung etwas eingewendet werden könne und dergleichen auch nie behauptet worden sei, da ihm des weiteren in seiner Wissenschaft eine führende Stellung zugebilligt würde und durch sein Ausscheiden eine Lücke im Lehrplan der Universität entstanden sei, die nicht ohne weiteres ausgefüllt werden könne und da ihm zudem der Reichsminister der Justiz in einem Schreiben vom 1. Februar 1928 Verdienste um das Deutsche Reich zugesprochen habe, und da schließlich auch andere Kollegen im Reich, z. B. in Berlin, unter gleichen Umständen ihr Amt bewahrt hätten, beantragte er, seine Wiedereinstellung in den Dienst in die Wege leiten zu wollen.[564] Nach der Aktenlage erhielt er hierauf nicht einmal eine Antwort.

Mit Verfügung des bayerischen Kultusministeriums (also desselben Ministeriums, das sich wiederholt für seine Ernennung zum ordentlichen Professor ausgesprochen hatte) vom 23. Oktober 1934 wurde Karl Neumeyer mit Wirkung zum 1. November 1934 auf Vorschlag der bayerischen Landesregierung in den

559 Schreiben Karl Neumeyers an das Reichsministerium des Innern vom 7. Februar 1934, PA KN, UAM E II 2576.

560 Schreiben Karl Neumeyers an das Reichsministerium des Innern vom 7. Februar 1934, PA KN, UAM E II 2576.

561 Schreiben Karl Neumeyers an das Reichsministerium des Innern vom 7. Februar 1934, PA KN, UAM E II 2576.

562 Schreiben Karl Neumeyers an das Reichsministerium des Innern vom 7. Februar 1934, PA KN, UAM E II 2576.

563 Schreiben Karl Neumeyers an das Reichsministerium des Innern vom 7. Februar 1934, PA KN, UAM E II 2576.

564 Schreiben Karl Neumeyers an das Reichsministerium des Innern vom 7. Februar 1934, PA KN, UAM E II 2576.

dauernden Ruhestand versetzt.[565] Nach den ursprünglichen Plänen und ohne die Fürsprache des Dekans und des Rektors wäre er schon zu einem früheren Zeitpunkt in den dauernden Ruhestand versetzt worden. Dies ergibt sich aus einem internen Schreiben des Kultusministeriums vom 1. September 1934, in dem es heißt, es sei geprüft worden, ob Karl Neumeyer schon vor seinem 65. Geburtstag am 19. September 1934 in den Ruhestand versetzt werden oder ob dieser Geburtstag noch abgewartet werden sollte.[566] Hierzu seinen der Rektor der Universität München und der Dekan der juristischen Fakultät befragt worden.[567] Beide hätten unabhängig voneinander, aber übereinstimmend empfohlen, den Geburtstag abzuwarten und Karl Neumeyer, der ein anerkannter Wissenschaftler, persönlich durchaus einwandfrei und ein sehr fein empfindender Mann sei, nicht durch eine vorzeitige Ruhestandsversetzung unnötig zu kränken.[568] Auch finanziell sei Karl Neumeyer der Bezug des Wartegeldes für das in Frage stehende halbe Jahr noch sehr wohl zu gönnen, während andererseits die Belastung für den Staat bei der Kürze der Zeit nicht ins Gewicht fiele.[569] Aufgrund der Fürsprache von Rektor und Dekan wurde in dem Schreiben festgehalten, dass bei dieser Sachlage von einer Ruhestandsversetzung im Augenblick abzusehen sei.[570]

In dem entsprechenden Schreiben, mit welchem Karl Neumeyer seine endgültige Versetzung in den Ruhestand angezeigt wurde, dankte ihm der zuständige Minister noch „für seine treuen Dienste".[571] Auch das Anschreiben zu dieser Verfügung und der Urkunde, mit der er in den Ruhestand versetzt wurde, beginnt mit der Anrede „Seine Hochwohlgeboren".[572]

---

565 Schreiben des bayerischen Kultusministeriums an Karl Neumeyer vom 23. Oktober 1934, PA KN, UAM E II 2576.

566 Internes Schreiben ohne Absender und Empfänger, vermutlich im bayerischen Kultusministerium, PA KN BayKuMi, BayHStA MK 17878.

567 Internes Schreiben ohne Absender und Empfänger, vermutlich im bayerischen Kultusministerium, PA KN BayKuMi, BayHStA MK 17878.

568 Internes Schreiben ohne Absender und Empfänger, vermutlich im bayerischen Kultusministerium, PA KN BayKuMi, BayHStA MK 17878.

569 Internes Schreiben ohne Absender und Empfänger, vermutlich im bayerischen Kultusministerium, PA KN BayKuMi, BayHStA MK 17878.

570 Internes Schreiben ohne Absender und Empfänger, vermutlich im bayerischen Kultusministerium, PA KN BayKuMi, BayHStA MK 17878.

571 Schreiben des Kultusministers an Karl Neumeyer vom 23.Oktober 1934, PA KN, UAM E II 2576.

572 Begleitschreiben des Rektorats der Universität München an Karl Neumeyer (überschrieben „Entwurf", offensichtlich aber versandt) vom 27. Oktober 1934, PA KN, UAM E II 2576.

Karl Neumeyer hatte den Dekan der juristischen Fakultät darum gebeten, ihn zu emeritieren, statt ihn in den Ruhestand zu versetzen.[573] Der Dekan leitete das Ersuchen an den Rektor der Universität weiter und sprach sich „im Hinblick auf die langjährigen, der Fakultät geleisteten Dienste unter wärmster Befürwortung" für die Emeritierung aus.[574] Als emeritierter Professor hätte Karl Neumeyer – zumindest theoretisch – das Recht behalten, zu lehren, für Forschungszwecke zu reisen und beispielsweise auch weiterhin Doktoranden zu betreuen. Vor allem wäre es aber auch finanziell günstiger für ihn gewesen, was er ausdrücklich in seinem Schreiben an den Dekan erwähnte.[575] Aufgrund seiner sehr späten Ernennung zum ordentlichen Professor sei er gegenüber einer Versorgung „durch normalen Abschuss der Vorrückungen" erheblich im Rückstand.[576] Auch auf dieses Gesuch erhielt er nach der Aktenlage keine Antwort.[577]

Vermutlich wog für Karl Neumeyer persönlich die mangelnde Solidarität der Kollegen ebenso schlimm wie die zwangsweise Versetzung in den Ruhestand. Außer den oben beschriebenen Reaktionen des Dekans ist nicht bekannt, dass auch nur einer der anderen Professoren für ihn eingestanden hätte oder wenigstens durch persönliche Worte versucht hätte, die Situation ein wenig erträglicher zu machen. Der Rechtshistoriker Guido Kisch, der hinsichtlich seiner Professur das selbe Schicksal erlitten hatte wie Karl Neumeyer, schreibt über die mangelnde Solidarität und die problemlose Nachbesetzung der vakanten Professuren jüdischer Kollegen:

„Im Ausland, das diese Vorgänge zunächst nicht begreifen konnte, dachte man vielfach, Hitler werde keinen Professor finden, der die Stelle eines wegen seiner Religion oder Abstammung fortgejagten Kollegen anzunehmen bereit wäre, wenn er auf sie berufen würde. Mir ist keiner unter den juristischen Professoren, die doch Repräsentanten von Recht und Gerechtigkeit sein sollten, bekannt geworden, der diese moralische Pflicht erfüllt hätte."[578]

573 Schreiben Karl Neumeyers an den Dekan der juristischen Fakultät der Universität München vom 14. Mai 1934, PA KN, UAM E II 2576.

574 Vermerk des Dekans auf dem Begleitschreiben zu dem Brief Karl Neumeyers vom 14. Mai 1934, PA KN, UAM E II 2576.

575 Schreiben Karl Neumeyers an den Dekan der juristischen Fakultät der Universität München vom 14. Mai 1934, PA KN, UAM E II 2576.

576 Schreiben Karl Neumeyers an den Dekan der juristischen Fakultät der Universität München vom 14. Mai 1934, PA KN, UAM E II 2576.

577 *Vogel, Klaus:* Karl Neumeyer: In den Tod getrieben, in: Große jüdische Gelehrte an der Münchener juristischen Fakultät, S. 107.

578 *Benz, Wolfgang*: Von der Entrechtung zur Verfolgung und Vernichtung, in: Deutsche Juristen jüdischer Herkunft, S. 829.

9. Weitere Folgen der Machtübernahme der Nationalsozialisten für Karl Neumeyer

Karl Neumeyers Schüler und Freund Gutzwiller bezeichnete die Zeit ab 1933 für Karl Neumeyer als eine voller „alttestamentlicher Prüfungen“, welche „mit bewundernswerter Gelassenheit getragen“ wurden.[579] Insbesondere dürfte es Karl Neumeyer sehr zu schaffen gemacht haben, dass ihm Vorträge auf internationaler Ebene verboten wurden. Er hatte in dieser Frage mit Schreiben vom 14. November 1934 bei der Universität München um Auskunft gebeten, ob er nach seiner Versetzung in den Ruhestand noch als „Angehöriger der Universität“ gälte.[580] Er habe erfahren, dass die Angehörigen der Universität laut einer Ministerialentscheidung vor der Teilnahme an wissenschaftlichen Veranstaltungen im Ausland zuvor eine Genehmigung einholen müssten.[581] Der Rektor antwortete hierauf mit Schreiben vom 18. November 1934, dass Karl Neumeyer ersucht würde, „gegebenenfalls so zu verfahren, wie es in der beiliegenden Ministerialentschliessung für die Angehörigen der Universität angeordnet ist“.[582] Damit war Karl Neumeyer einerseits zwangsweise in den Ruhestand versetzt worden, galt aber in den Augen der Universität weiter als deren Angehöriger, so dass etwaige Beschränkungen durch Ministerialentschließungen auch für ihn galten. Dadurch erforderliche Genehmigungen für Auslandsreisen wurden ihm nicht erteilt. Einladungen und vereinbarte Vorträge zum Beispiel an der „Haager *Académie*“ mussten deshalb abgesagt werden.

Auch eine bereits arrangierte Reise nach Madrid zur Tagung des „*Institut de Droit International*“ musste er absagen. Er hatte wegen dieser Veranstaltung mit Datum vom 2. September 1934 an das Auswärtige Amt in Berlin geschrieben und seine beabsichtigte Teilnahme mitgeteilt.[583] Sowohl das Auswärtige Amt als auch das Reichsunterrichtsministerium sprachen sich für seine Teilnahme aus.[584] Das Reichsunterrichtsministerium hatte seine Zustimmung dem bayerischen

---

579 *Gutzwiller, Max*: Karl Neumeyers Persönlichkeit und Werk, in: RabelsZ, S.407.

580 Schreiben Karl Neumeyers an den Rektor der Universität München vom 14. November 1934, PA KN, UAM E II 2576.

581 Schreiben Karl Neumeyers an den Rektor der Universität München vom 14. November 1934, PA KN, UAM E II 2576.

582 Antwortschreiben des Rektors der Universität an Karl Neumeyer vom 18. November 1934, PA KN, UAM E II 2576.

583 Brief Karl Neumeyers an das Auswärtige Amt in Berlin vom 2. September 1934, PA KN BayKuMi, BayHStA MK 17878.

584 Mitteilung des Auswärtigen Amts an das Reichsministerium für Wissenschaft, Erziehung und Volksbildung vom 11. September 1934 und Telegramm des Reichsunterrichtsministeriums an das bayerische Kultusministerium vom 20. September 1934, PA KN BayKuMi, BayHStA MK 17878.

Kultusministerium per Telegramm vom 21. September 1934 mitgeteilt.[585] Daraufhin ereignete sich aber Folgendes, was in einem Vermerk in den Akten des bayerischen Kultusministeriums festgehalten ist:

„Zu vorstehendem Telegramm wurde auf Grund Vortrags bei dem Herrn Staatsrat an Stelle der Gauleitung der Führer der Dozentenschaft der Univ. München gehört. Dieser erhob Bedenken, da Prof. N. Jude sei. Der Staatsrat, der dieselben Bedenken hatte, verfügte dann entsprechende Benachrichtigung des Prof. N. Dieser wurde telefonisch verständigt, daß seine Nichtbeteiligung gewünscht werde. Er wollte dann der Gesellschaft mitteilen, daß seine Regierung ihm die Beteiligung verbiete. Dieser Absicht wurde entgegengetreten unter Hinweis auf die Kritik, die dort und vielleicht in der Auslandspresse an eine solche Mitteilung sich knüpfen würde. Prof. N. erklärte schließlich, es bleibe ihm also nur übrig mitzuteilen, er sei verhindert. Dem wurde zugestimmt.“[586]

Nicht nur hatte sich also der „Führer der Dozentenschaft“ gegen ihn gestellt. Besonders übel an der Angelegenheit ist, dass das System der Unterdrückung offensichtlich schon 1934 so funktionierte, dass man ihm keine Wahl ließ, als gegenüber der Gesellschaft zu behaupten, er sei verhindert. Dass der gesamte Vorgang dann auch noch gerade so, wie er sich zugetragen hatte, aktenkundig gemacht wurde, zeigt die besondere Dreistigkeit und das eklatante Überlegenheitsgefühl gegenüber den Juden in jener Zeit.

Karl Neumeyer war für das Jahr 1935 gebeten worden, noch einmal Vorlesungen an der „Haager *Académie*“ zu halten, was nach den Gepflogenheiten der Einrichtung einer besonderen Ehrung gleichkam.[587] Der Generalsekretär der „*Académie*“ teilte der deutschen Gesandtschaft in Den Haag mit, dass Karl Neumeyer aufgefordert worden sei, im Sommer 1935 Vorlesungen zu halten.[588] Diese Mitteilung erfolgte, da die „*Académie*“ annahm, Karl Neumeyer bedürfe für seine Teilnahme der Erlaubnis des Kultusministeriums. Sie hatte aus einer nicht bekannten Quelle erfahren hatte, dass er eine solche Erlaubnis nicht eingeholt hatte. Daher ersuchte die „*Académie*“ bei der deutschen Gesandtschaft in Den Haag darum,

---

585 Telegramm des Reichsunterrichtsministeriums vom 21. September 1934, PA KN BayKuMi, BayHStA MK 17878.

586 Vermerk des bayerischen Kultusministeriums auf dem Telegramm des Reichsunterrichtsministeriums vom 21. September 1934, PA KN BayKuMi, BayHStA MK 17878.

587 *Vogel, Klaus:* Karl Neumeyer: In den Tod getrieben, in: Große jüdische Gelehrte an der Münchener juristischen Fakultät, S. 108.

588 Schreiben des Auswärtigen Amts in Berlin an das bayerische Kultusministerium vom 20. März 1935, PA KN BayKuMi, BayHStA MK 17878.

diese Erlaubnis nachträglich zu erteilen.[589] Die „*Académie*" legte großen Wert auf die Vorlesungen und bat mit dieser Begründung darum, dass Karl Neumeyer die vermeintlich erforderliche Erlaubnis für seine Vorlesungen erteilt werde.[590] Das Auswärtige Amt, welches in den Jahren zuvor noch Karl Neumeyers Vortragstätigkeit im Ausland befürwortet hatte, änderte nun seinen Kurs. Dies entweder, weil es erst jetzt rigoroser in seinem Vorgehen gegen jüdische Mitbürger wurde, oder, was wahrscheinlicher erscheint, weil es erst zu diesem Zeitpunkt Kenntnis davon erlangt hatte, dass Karl Neumeyer jüdischen Glaubens war. Jedenfalls schrieb das Auswärtige Amt an das Kultusministerium in München, dass es die Gesandtschaft dahingehend beschieden habe, dass eine Verwendung des Auswärtigen Amts zu Gunsten des Prof. Neumeyers nicht in Frage käme.[591] Das Auswärtige Amt habe die Gesandtschaft beauftragt, mit der „*Académie*" die Frage der Berufung geeigneter deutschsprachiger Lehrkräfte zu besprechen.[592]

Auf die Mittteilung an die „*Académie*", dass Karl Neumeyer wegen seiner jüdischen Abstammung nicht als deutscher Gesandter in Frage komme, erwiderte der Generalsekretär der „*Académie*", das Kuratorium der „*Académie*" habe angenommen, dass Neumeyer „Arier" sei.[593] Er zeigte volles Verständnis dafür, dass die deutsche Rechtswissenschaft bei den Kursen der Akademie „entsprechend den Verhältnissen des neuen Deutschlands" Berücksichtigung finden müsse![594] Er bat, ihm möglichst bald einige Persönlichkeiten zu nennen, die als Ersatz für Neumeyer geeignet wären.[595] Dass die „*Académie*", deren Ziel die Förderung des Völkerrechts und des internationalen Rechts war und die damit zur Völkerverständigung hätte beitragen sollen, nicht für Karl Neumeyer eintrat, den sie angeblich doch so hoch schätzte, ist ein weiteres trauriges Detail in seiner Geschichte.

---

589 Schreiben des Auswärtigen Amts in Berlin an das bayerische Kultusministerium vom 20. März 1935, PA KN BayKuMi, BayHStA MK 17878.

590 Schreiben des Auswärtigen Amts in Berlin an das bayerische Kultusministerium vom 20. März 1935, PA KN BayKuMi, BayHStA MK 17878.

591 Schreiben des Auswärtigen Amts in Berlin an das bayerische Kultusministerium vom 20. März 1935, PA KN BayKuMi, BayHStA MK 17878.

592 Schreiben des Auswärtigen Amts in Berlin an das bayerische Kultusministerium vom 20. März 1935, PA KN BayKuMi, BayHStA MK 17878.

593 Schreiben des Auswärtigen Amts an das Reichs- und preußische Ministerium für Wissenschaft, Erziehung und Volksbildung vom 28. März 1935, PA KN BayKuMi, BayHStA MK 17878.

594 Schreiben des Auswärtigen Amts an das Reichs- und preußische Ministerium für Wissenschaft, Erziehung und Volksbildung vom 28. März 1935, PA KN BayKuMi, BayHStA MK 17878.

595 Schreiben des Auswärtigen Amts an das Reichs- und preußische Ministerium für Wissenschaft, Erziehung und Volksbildung vom 28. März 1935, PA KN BayKuMi, BayHStA MK 17878.

Karl Neumeyer hatte die Teilnahme an der Tagung in Unkenntnis der eben geschilderten Umstände aber bereits zugesagt. Einen Brief Karl Neumeyer an die „*Académie*“ vom 4. Mai 1935, aus dem sich ergab, dass er davon ausgehe, die Vorlesungen halten zu können, übergab der Sekretär der „*Académie*“ daraufhin an den dortigen deutschen Gesandten. Die „*Académie*“ bat – reichlich feige – die Gesandtschaft „um Vermittlung“, damit Karl Neumeyer „in geeignet erscheinender Weise von der Sachlage“ unterrichtet werde und lies ihrerseits seinen Brief einfach unbeantwortet.[596] Das Auswärtige Amt wies das bayerische Kultusministerium an, Karl Neumeyer zu veranlassen, die Vorlesungen abzusagen.[597] Die Besprechungen zwischen der „*Académie*“ und der deutschen Gesandtschaft betreffend der vermeintlich erforderlichen Erlaubnis sollten wegen ihres „vertraulichen Charakters“ gegenüber Karl Neumeyer dabei nicht erwähnt werden.[598]

Karl Neumeyer erfuhr durch einen Zufall, wie er an das bayerische Kultusministerium schrieb, teilweise, was hinter seinem Rücken vor sich ging.[599] Er hatte erfahren, dass der deutsche Gesandte in Den Haag der „*Académie*“ mitgeteilt habe, er werde „nicht ermächtigt werden, Deutschland für die geplanten Vorlesungen zu verlassen“.[600] Eine Gegenvorstellung der „*Académie*“ sei ergebnislos geblieben.[601] Dass die „*Académie*“ aber ihre dringliche Bitte, Karl Neumeyer an der Tagung teilnehmen zu lassen, fallen ließ, nachdem ihr angezeigt worden war, seine Teilnahme werde nicht gewünscht, da er „Nichtarier“ sei, hatte er offensichtlich nicht erfahren. Er schrieb weiter an das Kultusministerium, er sei damit vor ein „völliges Rätsel gestellt“, da er sich vor seiner Zusage erkundigt habe, dass er keiner dienstlichen Erlaubnis zur Abhaltung dieser Vorlesungen bedürfe und ihm auch kein politischer Grund bekannt sei, der seine Teilnahme verhindere.[602] Die Tatsache, dass er „Nichtarier“ sei, könne der Angelegenheit ebenfalls nicht zugrunde liegen, da ein weiterer deutscher „Nichtarier“ bei der gleichen Konferenz lesen solle und nach Auskunft der „*Académie*“ von der Maßregel

596 Schreiben des Auswärtigen Amts in Berlin an das bayerische Kultusministerium vom 22. Mai 1935, PA KN BayKuMi, BayHStA MK 17878.

597 Schreiben des Auswärtigen Amts in Berlin an das bayerische Kultusministerium vom 22. Mai 1935, PA KN BayKuMi, BayHStA MK 17878.

598 Schreiben des Auswärtigen Amts in Berlin an das bayerische Kultusministerium vom 22. Mai 1935, PA KN BayKuMi, BayHStA MK 17878.

599 Schreiben Karl Neumeyers an das bayerische Kultusministerium vom 2. Juli 1935, PA KN BayKuMi, BayHStA MK 17878.

600 Schreiben Karl Neumeyers an das bayerische Kultusministerium vom 2. Juli 1935, PA KN BayKuMi, BayHStA MK 17878.

601 Schreiben Karl Neumeyers an das bayerische Kultusministerium vom 2. Juli 1935, PA KN BayKuMi, BayHStA MK 17878.

602 Schreiben Karl Neumeyers an das bayerische Kultusministerium vom 2. Juli 1935, PA KN BayKuMi, BayHStA MK 17878.

nicht betroffen sei.[603] Wie sehr er sich hier irrte, konnte er nicht wissen. Gerade die Tatsache, dass sowohl im Jahr 1934 als auch im Jahr 1935 zwei „nicht-arische“ Professoren nach Den Haag berufen worden waren, war nämlich für die negative Haltung des Auswärtigen Amts bezüglich der Teilnahme Karl Neumeyers ausdrücklich maßgebend.[604]

Karl Neumeyer bat das Kultusministerium darum, „an der geeigneten Stelle“ Aufklärung herbeizuführen.[605] Dies auch, da ihm aus der Formulierung, er dürfe Deutschland nicht verlassen, nicht klar sei, ob dies nur für die Vorlesungen oder schlechthin gälte, so dass er auch gehindert wäre, für einen etwaigen Erholungsurlaub oder zu anderen unvorhergesehnen Zwecken das Land zu verlassen.[606]

Interessanterweise hatte die Gesandtschaft in Den Haag eine solche Erklärung, dass Karl Neumeyer „nicht ermächtigt werde, Deutschland zu verlassen, um eine Vorlesung im Haag abzuhalten“, offensichtlich gar nicht abgegeben.[607] Sie hatte „nur“ der „*Académie*“ gegenüber klargestellt, dass seine Teilnahme nicht gewünscht sei.

Wie es also zu der angeblichen Nachricht kam, er dürfe Deutschland nicht verlassen, die Karl Neumeyer zu Ohren kam, ist nicht klar. Im Ergebnis machte es aber keinen Unterschied, dass ihm nicht offiziell die Ausreise verboten worden war, sondern der „*Académie*“ nur mitgeteilt wurde, dass er „Nichtarier“ sei und daher seine Teilnahme nicht gewünscht sei. Im Zusammenspiel mit der feigen Haltung der „*Académie*“ führte die Verfügung des Auswärtigen Amts zu dem Ergebnis, dass Karl Neumeyer keine Vorlesung und Vorträge mehr hielt und auch nicht mehr dazu eingeladen wurde. Zynisch heißt es in dem Schreiben des Auswärtigen Amts, dass das Amt aber auf etwaige private Auslandsreisen Karl Neumeyers „natürlich“ keinen Einfluss nähme.[608]

603 Schreiben Karl Neumeyers an das bayerische Kultusministerium vom 2. Juli 1935, PA KN BayKuMi, BayHStA MK 17878.

604 Schreiben des Auswärtigen Amts in Berlin an das bayerische Kultusministerium vom 15. Juli 1935, PA KN BayKuMi, BayHStA MK 17878.

605 Schreiben Karl Neumeyers an das bayerische Kultusministerium vom 2. Juli 1935, PA KN BayKuMi, BayHStA MK 17878.

606 Schreiben Karl Neumeyers an das bayerische Kultusministerium vom 2. Juli 1935, PA KN BayKuMi, BayHStA MK 17878.

607 Schreiben des Auswärtigen Amts in Berlin an das bayerische Kultusministerium vom 15. Juli 1935, PA KN BayKuMi, BayHStA MK 17878.

608 Schreiben des Auswärtigen Amts in Berlin an das bayerische Kultusministerium vom 15. Juli 1935, PA KN BayKuMi, BayHStA MK 17878.

10. „Nürnberger Rassegesetze" von 1935

Die Gesetzgebung erließ in den folgenden Jahren immer mehr antisemitische Gesetze. Durch das „Reichsbürgergesetz" vom 15. September 1935 wurden Juden zu Staatsangehörigen minderen Rechts erklärt.[609] Gewichtiger als das Gesetz waren in ihren Auswirkungen aber die aufgrund des Gesetzes erlassenen zahlreichen Verordnungen. Sie ermöglichten unter anderem die Entlassungen der letzten jüdischen Beamten, die Unterbindung der Berufstätigkeit der jüdischen Freiberufler, das Verbot des Besuchs von staatlichen Schulen und vieles mehr. Die aufgrund des Gesetzes erlassene elfte Verordnung vom 25. November 1941 regelte schließlich unter anderem, dass Juden, die das Staatsgebiet verließen, ihre Staatsangehörigkeit verloren und ihr Vermögen eingezogen wurde.[610] Die Entscheidung, was mit dem Vermögen von emigrierten Juden geschah, war zuvor eine Einzelfallentscheidung gewesen, wobei es auch dabei gängige Praxis gewesen war, das Vermögen dem Staat zuzuschlagen. Das Reichsbürgergesetz kodifizierte zusammen mit dem ebenfalls 1935 erlassenen „Gesetz zum Schutze des deutschen Blutes und der deutschen Ehre"[611], welches die Eheschließung zwischen Juden und Nichtjuden sowie den außerehelichen Geschlechtsverkehr zwischen Juden und „Ariern" verbot, die nationalsozialistische Diskriminierung und Ausgrenzung der deutschen Juden.[612] Die beiden Gesetze sind zusammen unter dem Begriff „Nürnberger Gesetze" bzw. „Nürnberger Rassegesetze" zu trauriger Bekanntheit gelangt.

Diese Gesetze, durch die das Ehepaar Neumeyer in Deutschland endgültig zu „Untermenschen" abgestempelt war, machte ihnen mit Sicherheit sehr zu schaffen. Anna Neumeyer schrieb an ihre Freundin Marianne Weber:

„Kurz nach Deiner Abreise kamen die Nürnberger Gesetze heraus. Sie haben mir den Rest gegeben."[613]

609 *Benz, Wolfgang*: Von der Entrechtung zur Verfolgung und Vernichtung, in: Deutsche Juristen jüdischer Herkunft, S. 837.

610 In Teilen abgedruckt in: Das Sonderrecht für Juden, S. 357.

611 RGBl. 1935 I, S. 1334 f.

612 *Benz, Wolfgang*: Von der Entrechtung zur Verfolgung und Vernichtung, in: Deutsche Juristen jüdischer Herkunft, S. 843.

613 *Weber, Marianne*: Lebenserinnerungen, S. 434.

11. Die weitere Entrechtung der Juden in Deutschland

In den Jahren nach Erlass der „Nürnberger Gesetze“, insbesondere im Jahr 1938, wurde eine große Zahl von Vorschriften erlassen, durch die den noch in Deutschland lebenden Juden das alltägliche Leben zum wahren Spießrutenlauf werden sollte. Der Katalog von judenfeindlichen Verboten und Geboten ist schier unübersehbar. Die Ausreise wurde den Auswanderungswilligen durch immer höhere Abgabeverpflichtungen (sogenannte „Auswanderungsabgabe“) erheblich erschwert.[614] 1938 wurden die Juden gezwungen, ihr Vermögen, soweit es über 5000 Reichsmark lag, zu deklarieren.[615] Vorbestrafte Juden wurden – ungeachtet des Grundes, der Vorstrafe und der Schwere des zugrundeliegenden Vergehens – verhaftet und in Konzentrationslager verbracht.[616] Juden mussten ab 1938 eine Kennkarte bei sich tragen, im gleichen Jahr kam die Pflicht zum Tragen des zweiten jüdischen Vornamens „Israel“ bzw. „Sara“ hinzu.[617] Ebenfalls im Jahr 1938 wurden die Pässe der Juden eingezogen, und wenn überhaupt neue erteilt wurden, waren diese durch ein „J“ unmissverständlich gekennzeichnet.[618] Hinzu kamen die auf regionaler und lokaler Ebene erdachten Schikanen wie das Verbot, städtische Einrichtungen, öffentliche Parkanlagen oder ganze Stadtteile zu besuchen.[619] Für Karl Neumeyer muss das Verbot am schwersten gewogen haben, dass er die öffentlichen Bibliotheken nicht mehr betreten und benutzen durfte und so bei seiner wissenschaftlichen Arbeit ganz auf seine Privatbibliothek angewiesen war.

Es ist schon unfassbar, wie die Juden in Deutschland zu Menschen zweiter Klasse degradiert wurden. Dass es aber noch schlimmer kommen könnte und jüdische Menschen schon bald als nicht lebenswert galten, haben sich wohl selbst viele Betroffene nicht vorstellen können. Die „Reichskristallnacht“ vom 9. November 1938, bei der die Nationalsozialisten die jüdischen Synagogen in Brand steckten und zahllose jüdische Mitbürger auf das Übelste drangsalierten und ausraubten, sollte aber nur ein Vorgeschmack auf die im Krieg beginnende systematische Vernichtung der Juden sein.[620]

---

614 *Neumeyer, Alfred* (der Ältere): Wir wollen den Fluch in Segen verwandeln, S. 204.

615 *Benz, Wolfgang*: Von der Entrechtung zur Verfolgung und Vernichtung, in: Deutsche Juristen jüdischer Herkunft, S. 843.

616 Ebd., S. 843.

617 Ebd., S. 843.

618 Ebd., S. 843.

619 Ebd., S. 843.

620 Ebd., S. 844.

Das Ehepaar Neumeyer scheint in der Reichskristallnacht selbst nicht persönlich von irgendwelchen Maßnahmen der Nationalsozialisten betroffen gewesen zu sein. Die Tatsache, dass aber spätestens mit diesem Ereignis feststand, dass die Juden in Deutschland keinerlei Schutz mehr beanspruchen konnten und öffentlich als „Untermenschen“ behandelt wurden, empfanden sie klar und schwer. Karl Neumeyer schrieb als Reaktion auf die „Reichskristallnacht“ am 14. November 1938 aus München an seinen Sohn Alfred und seine Frau:

„Liebe Kinder!

Heute hat München das Wort, und es wäre unrecht, ihr nicht den alleinigen Platz im Vordergrund zu belassen. Es drängt mich nur, Liebe, in diesen bewegten Zeiten Euch wenigstens mit der Feder nahe zu sein, und Ihr sollt es auch von mir berichtet haben, daß wir, ohne persönlich in Anspruch genommen zu werden, durch diese Tage gekommen sind. Daß wir nun, vor Sonnenuntergang, noch in eine andere Schicht des Lebens getaucht sind – das ist eine Tatsache, mit der wir fertig werden müssen. Und was Du, lieber Fredl, hellseherisch empfunden hast – Du hast sie Form und Mut genannt – das sind die zwei Sterne, denen zu folgen mein Begehr ist.

Lebt herzlich, herzlich wohl!
Papa.“[621]

Mit „Form und Mut“ wollte Karl Neumeyer also dem Terror begegnen, der sich um sie herum gegen die Juden ausbreitete. Keine Klage, kein Jammern gegenüber den Kindern, mit der „Tatsache“, nun als Gejagte im eigenen Land zu leben, wollte er „fertig werden“. Man kann so viel Schicksalsergebenheit und Tapferkeit nur bewundern.

In den auf die „Reichskristallnacht“ folgenden Tagen kam es zu einer Verhaftungswelle, in deren Verlauf etwa 30000 jüdische Männer in die Konzentrationslager Dachau, Buchenwald und Sachsenhausen verbracht wurden, wo sie zumindest für einige Wochen festgehalten wurden.[622] In der Folge kam es zu immer mehr Enteignungen jüdischen Eigentums. Davon waren Unternehmen ebenso betroffen wie Häuser und Wohnungen.[623] Jüdische Familien sollten nicht mehr

---

621 Abschrift eines Briefes Karl Neumeyers an seinen Sohn Alfred, geschrieben am 14. November 1938 in München, Abschrift des Briefes AJMM, Akte KN.

622 *Benz, Wolfgang*: Von der Entrechtung zur Verfolgung und Vernichtung, in: Deutsche Juristen jüdischer Herkunft, S. 844.

623 Ebd., S. 846 und 848.

mit „Ariern“ unter einem Dach leben, sondern in sogenannten „Judenhäusern“ zusammengelegt werden.[624] Das führte auch dazu, dass im Haus Karl Neumeyers in der Königinstraße fremde Juden einquartiert wurden. Mit dem Kriegsbeginn am 1. September 1939 kam schließlich neben unzähligen weiteren Gemeinheiten noch die Ausgangssperre (im Sommer ab 21, im Winter ab 20 Uhr) dazu. Durch eine Polizeiverordnung von 1938 waren die Regierungspräsidenten ermächtigt worden, „Juden räumliche und zeitliche Beschränkungen des Inhalts aufzuerlegen, daß sie bestimmte Bezirke nicht betreten oder sich zu bestimmten Zeiten in der Öffentlichkeit nicht zeigen dürfen.“[625] Tatsächlich waren solche Ausgangssperren in München aber schon viel früher ausgesprochen worden. Marianne Weber berichtete über Karl Neumeyer:

„Als ich bei einem Besuch, etwa im Jahr 1934, abends in mein Hotel wollte, sagte der ritterliche Mann lächelnd: „Ich kann Sie leider nicht begleiten, ich darf das Haus nach 9 Uhr nicht mehr verlassen.“ Es schnitt mir ins Herz.“[626]

Durch das Verbot des Besitzes eines Rundfunkempfängers und von Telefonanschlüssen für Juden[627] wurden die in Deutschland verblieben Juden weiter isoliert, was auch das Ehepaar Neumeyer traf. Die ab dem 15. September 1941 geltende Verpflichtung zum Tragen des Judensterns in der Öffentlichkeit[628] erlebten sie ebenso wie den weiteren Leidensweg der Juden in Deutschland bis zum Ende des Zweiten Weltkrieges nicht mehr.

XV. Einfluss der fortschreitenden Entrechtung auf Alltag und Arbeit Karl Neumeyers

Trotz des Verbots, die öffentlichen Bibliotheken zu benutzen, arbeitete Karl Neumeyer weiter unermüdlich an seinem großen Forschungsvorhaben, dem

---

624 Ebd., S. 848.

625 RGBl 1938 I, 1676.

626 *Weber, Marianne*: Lebenserinnerungen, S. 431.

627 *Benz, Wolfgang*: Von der Entrechtung zur Verfolgung und Vernichtung, in: Deutsche Juristen jüdischer Herkunft, S. 848.

628 Das Tragen des „Judensterns“ in der Öffentlichkeit wurde durch die Polizeiverordnung über die Kennzeichnung der Juden des Reichsministeriums des Inneren vom 1. September 1941 ab dem 15. September 1941 für alle Juden über sechs Jahren zur Pflicht; Polizeiverordnung abgedruckt in: Das Sonderrecht für Juden, S. 347.

„Internationalen Verwaltungsrecht". Dies wurde unter anderem durch seine umfangreiche Privatbibliothek möglich.[629]

So konnte er noch den letzten Band seines Hauptwerks fertigstellen und 1936 – in einem Schweizer Verlag – veröffentlichen. Auch danach arbeitete er weiter, um seine rechtsgeschichtliche Studie über die gemeinrechtliche Entwicklung des Internationalen Privat- und Strafrechts bis Bartolus de Saxoferrato zu vollenden.[630] Der zweite Teil über die gemeinrechtliche Entwicklung bis zur Mitte des 13. Jahrhunderts war bereits 1916 erschienen. Hierin hatte Karl Neumeyer kollisionsrechtliche Sachverhalte in der Legistik, Kanonistik und der juristischen Praxis bis zum Jahr 1250 behandelt. Nun wollte er noch die Entwicklung des Internationalen Privatrechts im Jahrhundert zwischen 1250 und 1350 untersuchen. Welche Disziplin diese Arbeit unter den gegebenen Lebensumständen bedeutete, lässt sich kaum vorstellen. Die Benediktiner von St. Bonifaz hatten ihm die Benutzung ihrer Bibliothek gestattet und später eröffnete ihm und anderen jüdischen Gelehrten auch der Direktor der Staatsbibliothek auf eigene Verantwortung den Zugang.[631] So sind dies zwei kleine Beispiele, dass nicht die gesamte deutsche Bevölkerung den von den Nationalsozialisten propagierten Judenhass mit trug.

Die Unterstützung wurde aber weniger. Anna Neumeyer beklagte in einem Brief an Marianne Weber:

„Niemand hat sich erboten, meinem Mann Bücher zu beschaffen. Er braucht sie im Augenblick nicht, es ist nur charakteristisch für das Versagen in allem Menschlichen gerade unserer Kreise."[632]

Und doch ließ sich Karl Neumeyer nicht verdrießen, weder, was die Arbeit, noch was das Leben anbelangt. Zwar mag es sein, dass der im Folgenden wiedergegebene Brief in dem Willen, dem nach Amerika ausgewanderten Sohn keine zusätzlichen Sorgen zu bereiten, ein wenig geschönt ist, doch spricht die begeisterte Schilderung der Arbeits- und Urlaubsreise dafür, dass der Sinn und die Empfänglichkeit für das wenige ihm verbleibende Schöne Karl Neumeyer weiter trug. Er schrieb am 24. September 1938 aus Maria Wörth am Wörther See in Kärnten, Tirol:

---

629 *Vogel, Klaus:* Karl Neumeyer: In den Tod getrieben, in: Große jüdische Gelehrte an der Münchener juristischen Fakultät, S. 108.

630 *Neumeyer, Alfred* (der Ältere): Wir wollen den Fluch in Segen verwandeln, S. 166.

631 Ebd., S. 166.

632 *Weber, Marianne*: Lebenserinnerungen, Bremen 1948, S. 440.

„Liebe Kinder!

Wie oft in den letzten Monaten ist dieser Brief in Gedanken schon geschrieben worden. Und immer wieder hat ihn das Gewerkel des Tages verscheucht. Aber jetzt sind Ferien. Über mir scheint die warme Herbstsonne, vor mir liegt der veilchenblaue See, in südlichen Duft gehüllt, und die waldigen Hänge gegenüber lassen mehr erraten als erkennen, daß wir immer noch im Bereich der Alpen sind. Und so hat auch der Gruß, den diese Zeilen bringen sollen, unversehens einen anderen Inhalt mitbekommen. Sie berichten nicht mehr vom Lauf des Alltags – und einer Lage, die ernst, aber doch noch tragbar ist. Sie erzählen von Ferien, in denen wir herzhaft entschlossen alle Beschwer beiseite geschoben haben und in denen keine persönliche Unannehmlichkeit den Ablauf der Reise beeinträchtigt hat.“[633]

Die Lage in München beschreibt er als ernst, aber doch noch tragbar. Es spricht sehr für die innere Stärke Karl Neumeyers, die Situation als noch tragbar zu beschreiben, ruft man sich all die demütigenden Vorschriften ins Gedächtnis, die gerade 1938 gegen die Juden in Kraft gesetzt wurden. Er machte offensichtlich das Beste aus der Situation und begab sich auf die in dem Brief beschriebe Forschungs- und Urlaubsreise. Offensichtlich konnte er in Österreich, anders als in München, 1938 auch die Bibliothek noch für seine rechtshistorische Forschung benutzen, denn er schrieb in dem Brief weiter über die Reise:

„Ihr Ausgangspunkt war der Wunsch, in der Wiener Bibliothek eine Anzahl von Handschriften des 14. Jh. einzusehen, die ich für den Fortgang meiner historischen Arbeit brauche. Und darum hat sich dann allerhand kristallisiert.“[634]

Die Arbeit in Wien beschrieb er als behaglich und nicht unergiebig.[635]

Es folgt eine Beschreibung des Besuchs von Passau und verschiedener Klöster entlang der Donau, was ihm beides offenbar große Freude bereitet hat.[636]

---

633 Abschrift eines Briefes Karl Neumeyers an seinen Sohn Alfred, geschrieben am 24. September 1938 in Maria Wörth, Kärnten, Österreich, Abschrift des Briefes AJMM, Akte KN.

634 Abschrift eines Briefes Karl Neumeyers an seinen Sohn Alfred, geschrieben am 24. September 1938 in Maria Wörth, Kärnten, Österreich, Abschrift des Briefes AJMM, Akte KN.

635 Abschrift eines Briefes Karl Neumeyers an seinen Sohn Alfred, geschrieben am 24. September 1938 in Maria Wörth, Kärnten, Österreich, Abschrift des Briefes AJMM, Akte KN.

636 Abschrift eines Briefes Karl Neumeyers an seinen Sohn Alfred, geschrieben am 24. September 1938 in Maria Wörth, Kärnten, Österreich, Abschrift des Briefes AJMM, Akte KN.

XVI. Freundschaften, die die Machtergreifung durch die Nationalsozialisten überdauerten

Gutzwiller ist einer der wenigen enge Freunde, von dem bekannt ist, dass er auch nach der Machtübernahme durch die Nationalsozialisten Karl Neumeyer die Freundschaft hielt. Er kam auch nach 1933 nach München und besuchte das Ehepaar noch viermal, nämlich 1933, 1935, 1936 und 1939.[637] Im Jahr 1936 hatte er selbst den nationalsozialistischen Rassenwahn zu spüren bekommen. Seine Frau war als Tochter eines jüdischen Arztes von den „Nürnberger Rassegesetzen" betroffen.[638] Ihm wurde daher nahegelegt, sich emeritieren zu lassen. Nachdem seine Vorlesung im Jahr 1936 boykottiert worden war, enthob ihn die Universität Heidelberg, an welcher er bis dahin lehrte, schließlich seiner Pflichten.[639] Er emigrierte daraufhin im Jahr 1936 mit seiner Familie in die Schweiz.[640]

Auch außerhalb Münchens sahen sich Gutzwiller und das Ehepaar Neumeyer einige Male, da das Ehepaar Neumeyer seine Ferien des Öfteren in den Bergen nahe der Schweizer Grenze verbachte. Außerdem standen die Freunde weiterhin in regem Briefkontakt.

Nachdem durch die Pflicht, den zweiten Namen „Israel" zu führen, für jedermann, der den Postabsender las, erkennbar gewesen wäre, dass Gutzwiller mit einem Juden in persönlichen Kontakt stand, ging Karl Neumeyer aus Rücksichtnahme dem Freund gegenüber beim Schreiben von Postkarten vom jahrelang geübten „Du" zum förmlichen „Sie" über und schrieb ihn mit „Sehr geehrter Herr Professor" an.[641] Er wollte ihm wohl Schwierigkeiten ersparen und ihn nicht in Verlegenheit bringen.Gutzwiller beschrieb, dass bei seinem letzten Besuch bei dem Ehepaar Neumeyer im Jahr 1939 die allgemeine Atmosphäre schon „ganz böse" gewesen sei.[642] Das Ehepaar habe auf ihn aber dennoch völlig unverändert und gut aussehend gewirkt.[643] Karl Neumeyer war ganz in seine Arbeit vertieft und Anna Neumeyer lebhaft wie immer.[644] Sie hätten die Sachlage „durchaus

---

637 *Gutzwiller, Max*: Karl Neumeyers Persönlichkeit und Werk, in: RabelsZ, S. 406.

638 *Küper, Wilfried*: „Siebzig Jahre Jurisprudenz" – Max Gutzwillers Autobiographie, in: In Memoriam Max Gutzwiller 1889 – 1989, Heidelberg 1990, S. 75.

639 *Gutzwiller, Max*: Siebzig Jahre Jurisprudenz, Erinnerungen eines Neunzigjährigen, Basel 1989, S. 113.

640 Ebd., S. 113 ff.

641 *Gutzwiller, Max*: Karl Neumeyers Persönlichkeit und Werk, in: RabelsZ, S. 407.

642 Ebd., S. 407.

643 Ebd., S. 407.

644 Ebd., S. 407.

von der geistigen Seite her" genommen.[645] Gutzwiller hatte offensichtlich auch versucht, Vorsorge zu treffen, dem Paar im „Notfall" behilflich sein zu können. Er beschreibt, dass sie für „verschiedene S.O.S.-Fälle Codeworte" vereinbart hätten, von denen das Ehepaar aber keinen Gebrauch gemacht habe.[646] Er war es auch, dem Karl Neumeyer 1939 einen größeren Aufsatz mitgab, damit er veranlassen konnte, dass dieser in einer französischen Zeitschrift erschien.[647]

Außer mit Gutzwiller stand das Ehepaar Neumeyer weiterhin mit Marianne Weber in engem Kontakt. Sie besuchte das Ehepaar auch weiterhin und gestaltete das Leben etwa durch Theaterbesuche (trotz des für Juden geltenden Verbots, über das sich Anna Neumeyer hinwegsetzte), ein wenig lebenswerter.[648]

Auch mit der Familie des verstorbenen Karl Rothenbücher standen die Neumeyers weiter in engem Kontakt.[649] Außerdem bemühte sich Anna Neumeyer offensichtlich darum, anderen jüdischen Mitbürgern zu helfen, denn ihr Sohn schreibt, dass während sie vor „Gram und Scham sich verzehrte", hätte sie „zugleich aber ihr Haus zu einem Platz des Trostes für die Verfolgten" gemacht.[650]

Schließlich berichtete der Sohn Alfred von einem ihm befreundeten Geschwisterpaar, das seine Eltern besuchte, als das schon lebensgefährlich war.[651] Im Übrigen war es offensichtlich aber sehr still geworden in dem ehemals geselligen Haus in der Königinstraße.

XVII. Das Verhalten des Ehepaars Neumeyer nach der Machtübernahme durch die Nationalsozialisten

Das Ehepaar Neumeyer bemühte sich nach Kräften, auch nach der Machtübernahme der Nationalsozialisten ihr Leben so arbeitsam und geistig ausgefüllt weiterzuleben, wie es die Zustände noch zuließen. Ihre Kinder unterstützen sie sehr in deren Bemühungen, auszuwandern, richteten sich selbst aber ganz auf ihren Lebensabend in München ein.

645 Ebd., S. 407.
646 Ebd., S. 408.
647 Ebd., S. 407 f.
648 *Weber, Marianne*: Lebenserinnerungen, S. 431.
649 *Neumeyer, Alfred* (der Jüngere): Lichter und Schatten, S. 134.
650 Ebd., S. 285.
651 Ebd., S. 179 f.

Anna Neumeyer bemühte weiterhin intensiv, die Gründe für das Erstarken des Nationalsozialismus zu verstehen und setzte sich dazu sehr gründlich mit dessen Gedankengut auseinander.[652] Die Liste der Autoren ist lang: Sie las Schriften des Staatstheoretikers und völkisch-nationalistischen Publizisten Arthur Moeller van den Bruck, der den Begriff vom „Dritten Reich" – folgend auf das „Erste Reich", das Heilige Römische Reich Deutscher Nation, und das „Zweite Reich", das Deutsche Kaiserreich unter Otto von Bismarck – geprägt hatte.[653] Das „Dritte Reich" sollte nach Moeller van den Bruck auf der Verbindung von Nationalismus und Sozialismus fußen.[654] Daneben las sie auch den Schriftsteller Ernst Jünger, der heute wegen seines radikalen, anti-demokratischen und nationalistischen Frühwerks von einigen Kritikern als einer der intellektuellen Wegbereiter des Nationalsozialismus gesehen wird,[655] auch wenn er sich 1927 und 1933 weigerte, ein Reichstagsmandat für die NSDAP anzunehmen und den Massenmord an den Juden nicht befürwortete.[656] Weiter stand der österreichische Nationalökonom, Philosoph und Soziologe Othmar Spann, ein Wegbereiter des Faschismus in Österreich, auf ihrer Lektüreliste.[657]

Auch mit den Theorien der Mediziner und „Rassenhygieniker" Eugen Fischer, Erwin Baur und Fritz Lenz setzte sie sich auseinander, die gemeinsam das Werk „Menschliche Erblichkeitslehre und Rassenhygiene" verfasst hatten.[658] Mit ihrer Rassenlehre waren diese drei Wissenschaftler Wegbereiter der nationalsozialistischen Rassentheorien.[659]

Schließlich las sie auch Hans Grimms Roman „Volk ohne Raum".[660] Grimm propagierte in seinem Roman die sogenannte „Lebensraumpolitik", die den Erwerb von „Lebensraum" als Lösung für die damaligen wirtschaftlichen und poli-

---

652 *Weber, Marianne*: Lebenserinnerungen, S. 431.

653 Dass A. Neumeyer Moeller van den Bruck las findet sich bei *Weber, Marianne*: Lebenserinnerungen, S. 432; Moeller van den Brucks Idee vom Dritten Reich ist beschrieben in *Moeller van den Bruck, Arthur*: Das Dritte Reich, Berlin 1923, S: 244 f.

654 Diese Idee der „sozial-aristokratischen Führung" ist beschrieben bei *Moeller van den Bruck, Arthur*: Das Dritte Reich, Berlin 1923, S. 13.

655 *Klee, Ernst*: Das Kulturlexikon zum Dritten Reich, Wer war was vor und nach 1945, Frankfurt am Main 2007, S. 286 f.

656 *Weiß, Hermann* (Hrsg.): Biographisches Lexikon zum Dritten Reich, 2. Auflage, Frankfurt am Main 1998, S. 245 ff.

657 Dass A. Neumeyer Moeller van den Bruck las findet sich bei *Weber, Marianne*: Lebenserinnerungen, S. 432; Zu Othmar Spann *Stern, Carola*: Lexikon zur Geschichte und Politik im 20. Jahrhundert, Köln 1971, S. 59.

658 Dass A. Neumeyer das Werk von Fischer, Baur und Lenz las, findet sich bei *Weber, Marianne*: Lebenserinnerungen, S. 432; hier sind Erwin Baur und Fritz Lenz verkürzt als ein Name (Bauer-Lenz) angegeben.

659 *Poliakov, Léon, Wulf, Josef*: Das Dritte Reich und seine Denker, Berlin 1959, S. 104 ff.

660 *Weber, Marianne*: Lebenserinnerungen, S. 432.

tischen Probleme der Weimarer Republik propagierte.[661] Die Idee der Lösung der innerdeutschen Probleme durch Gebietserweiterungen griffen die Nationalsozialisten mit ihrer „Raumdoktrin“ auf, die als eine der Rechtfertigungen für die spätere Kriegsführung diente.[662]

Anna Neumeyer schrieb über die Schlüsse, die sie aus ihrer Lektüre zog:

„Trotzdem ist es nur ein einziger Punkt, an dem ich ohne Verrenkung meiner Geistigkeit und Ethik der Strömung folgen kann: es ist die soziale Richtung, nicht die wirtschaftlichen Maßnahmen, sondern die Sorge für die Mittellosen. Ferner ist die Militarisierung einfach unvermeidlich geworden. Ein gesundes Volk schlüpft halt eines Tages in die Uniform und marschiert. Da kann ich mit.“[663]

Gerade diese Aussage, dass sie die Militarisierung verstehen konnte, zeigt, in wie weit sie zum einen fähig war, die einzelnen Facetten des Nationalsozialismus getrennt voneinander zu betrachten, obwohl der propagierte Antisemitismus sie doch zutiefst verletzen und abschrecken musste. Zum anderen wird auch die durchaus nationalistische Haltung Anna Neumeyers deutlich, wenn sie die Militarisierung des „gesunden Volkes“ versteht. Und nicht einmal hinsichtlich der „Rassenfrage“, diesem Kern der nationalsozialistischen Lehren, der ihr und ihrem Mann das Leben so schwer machte, erlaubte sie sich ein rasches Urteil, sondern betrachtet auch diesen Aspekt durchaus differenziert:

„Ich knabbere noch an der Rassenfrage. Nachdem ich mir die Probleme von der anthropologischen Seite angeschaut habe, bin ich jetzt sehr begierig auf ein neu erschienenes Buch von Voegelin „Rasse und Staat“[664]. Das kommt von der soziologischen Seite. Das aber weiß ich schon heute: Als Grundlage eines Idealismus bietet die Rasse einen schmalen unsicheren und materialistisch öden Boden. Vergleiche unsere Humanität, auf der wir mit unserem Leben fußten.“[665]

Dass Anna Neumeyer sich mit der Ideologie und den Lehren der Nationalsozialisten so vertieft auseinandersetzte, zeugt von der geistigen Größe und der Ma-

---

661 *Grimm, Hans*: Volk ohne Raum, München 1926.

662 Zu der Raumdoktrin *Kolb, Eberhard*: Die Weimarer Republik, S. 115 f.

663 *Weber, Marianne*: Lebenserinnerungen, S. 432.

664 *Voegelin, Eric*: Rasse und Staat, Tübingen 1933; Voegelin vertritt in diesem Buch ebenfalls antisemitische Thesen. Er vergleicht z. B. das Judentum und die nordische Idee und erklärt, das Judentum sei verglichen mit der positiv gewerteten Gemeinschaft ein Nichts, siehe S. 207.

665 *Weber, Marianne*: Lebenserinnerungen, S. 433.

xime der „Wahrheitssuche“, die im Hause Neumeyer herrschte. Auch Marianne Weber meinte:

„[...] bewundernswert, in welchem Grade sie zu verstehen suchte, um dann ein sicheres Urteil zu fällen.“[666]

Auch Anna Neumeyer musste der nicht mehr abreißende Strom an immer neuer antisemitisch geprägter Literatur aber einmal zuviel werden. Später schrieb sie an Marianne Weber, dass sie sich die weitere aktuelle Lektüre und damit das „kleinweis unausgesetzt wider den Strich gebürstet werden“ ersparen wollte.[667]

Auch wenn sie in Zukunft die Auseinandersetzung mit nationalsozialistischem Gedankengut nicht mehr ertrug, wurde sie doch bis ganz zum Schluss nie völlig mutlos, sondern blieb den wenigen Freuden gegenüber, die ihr das Leben in München noch bieten konnte, offen. Sie schrieb im Juni 1935:

„Aber leben heißt doch auch täglich Gottes Wunder schauen. Ich bin sehr glücklich hier bei einem mit dem besten Kameraden, meinem Mann, geteilten, sanft rhythmisierten Tagesablauf. Den Gedanken an die Trennung von den jungen Neumeyers verdränge ich einfach.“[668]

Mit dem letzten Satz spielt sie darauf an, dass der Sohn Alfred 1935, ermutigt von seinen Eltern, mit seiner Frau in die USA emigrierte.[669] Er ließ seinen damals sechsjährigen Sohn Peter Florian bei den Eltern.[670] Diese kümmerten sich rührend um den Enkel, der im Rückblick das bei den Großeltern verbrachte Jahr als eines der glücklichsten in seinem Leben bezeichnete.[671]

Trotz der gesellschaftlichen Isolierung und Diskriminierung und obwohl sie durch eine Vielzahl von Gesetzen von Dingen des alltäglichen Lebens ausgeschlossen worden war, hörte Anna Neumeyer nie auf, sich als Deutsche zu sehen und weigerte sich, die Deutschen insgesamt für das zu verurteilen, was den Juden angetan wurde. Noch in einem Brief aus dem Jahr 1938 an Marianne Weber, die eben diesen Standpunkt von der Kollektivschuld aller Deutschen vertreten hatte, schrieb sie:

666 Ebd., S. 431.
667 Ebd., S. 433.
668 Ebd., S. 434.
669 *Neumeyer, Alfred* (der Jüngere): Lichter und Schatten, S. 299.
670 Ebd., S. 299.
671 Redemanuskript Peter F. Neumeyer, S. 4.

„Kollektivschuld! Marianne, was hast Du mit X und Y gemein? Und wo ist der Unterschied – wenn eine allgemeine Schuld der Deutschen bestünde – zwischen der Verschuldung deiner- und meinerseits? Wäre es Dir in den Sinn gekommen, mich etwa an einem allgemeinen üblen Verhalten des Krieges, wenn Du Dir Gewissensbisse darüber gemacht hättest, auszunehmen? Was hat sich an diesem Tatbestand, daß wir deutsch sind – wahrscheinlich seit vor Christi Geburt, nachweislich mit Namen seit Ende des 16. Jahrhunderts, vor allem, daß wir seit der Emanzipation aufs förderlichste am Aufstieg Deutschlands mitgearbeitet haben, für Menschen geändert, die nicht auf dem Boden der Rassenfrage stehen, sondern den Menschen nach menschlichen Maßstäben zu messen gewohnt sind? Es hat sich unsere soziale Situation geändert. Daß sie das getan hat, ist nicht mit Zustimmung des Volkes geschehen, zu dem Du gehörst und ich gehöre. Von meiner Seite gesehen, hat sich geändert, daß diese Zugehörigkeit, die ebenso selbstverständlich wie positiv gewertet war, nun ein unabänderlich Negatives geworden ist. Wohl verstanden, nicht das Ausgeschiedenwerden im Sozialen. Denn aus dem Gemeinsamen, was sonst bestand und besteht, kann kein Mensch mich ausscheiden (nicht das schwere Los ist das negativ Bewertete, sondern daß meine Nation der Träger dieser Vorkommnisse ist, daß ich zu einer Nation gehöre, darin so etwas sich zutragen kann).“[672]

Karl Neumeyer wird anders als seine Frau zu einer vertieften Beschäftigung mit dem nationalsozialistischen Gedankengut in der Zeit seit der Machtübernahme durch die Nationalsozialisten kaum Zeit gehabt haben. Er war noch voll und ganz mit dem letzten Band seines Internationalen Verwaltungsrechts beschäftigt, wobei er offensichtlich zunächst sogar noch Hilfe hatte. Anna Neumeyer berichtete an Marianne Weber:

„Es wird Dich interessieren, daß drei Helfer meines Mannes das Manuskript des letzten Bandes des Internationalen Verwaltungsrechts übertragen und ein paar Bögen schon gedruckt sind. Die noble Seelenruhe meines Mannes ist ein unsagbarer Segen für mich [...].“[673]

Es erscheint schier unglaublich, wie wenig sich Karl Neumeyer offensichtlich vom äußeren Geschehen in seiner Arbeit beirren ließ. Selbst als in seinem schönen Haus in der Königinstraße schon fremde jüdische Mitbürger einquartiert

672 *Weber, Marianne*: Lebenserinnerungen, S. 440.
673 Ebd., S. 435.

worden waren, arbeitete er unermüdlich weiter und war dabei offensichtlich sehr gelassen.[674]

Mit seiner arbeitsamen Seelenruhe war er seiner Frau die notwendige Stütze und band auch sie in die Überarbeitung des letzen Bandes ein, was sie von dem immer ärger werdenden äußeren Geschehen ablenkte. Sie schrieb an Marianne Weber:

„Wenn ich vom Persönlichen anfangen soll, ach, Liebe, da packt mich ein Widerwille. Wir erleiden, was Du ein Gruppenschicksal nennst. Bei allem, was mein eigenes Herz trifft, bin ich mir immer bewußt, wie ich eine unter den vielen bin und so erlebe ich unsere Privatnuance vom Unglück als völlig uninteressant. Wichtig und erfreulich ist es, die Druckbogen des Schlußbandes des internationalen Verwaltungsrechts zu korrigieren."[675]

XVIII. Die Frage nach der Emigration

Seit der Machtübernahme durch die Nationalsozialisten wanderten immer mehr Juden aus Deutschland aus. Insbesondere unter den finanziell besser gestellten und gut ausgebildeten Familien, die die hohen Auswanderungsabgaben bezahlen konnten, und sich im Ausland Hoffnungen auf eine neue Zukunft machen konnten, waren wenige, die Deutschland seit 1933 nicht den Rücken kehren wollten. Auch beide Söhne Karl Neumeyers hatten das Land verlassen, der jüngere, Fritz, nach Schweden.

Trotz dieses „Exodus" von Freunden, Bekannten und Familie stand das Ehepaar Neumeyer einer Auswanderung aber zunächst ablehnend gegenüber.

Spätestens ab 1938 bemühte sich insbesondere der Sohn Alfred, der in Amerika am Mills College in Kalifornien als Professor der Kunstgeschichte eine sichere Anstellung gefunden und die den Eltern durch die Nationalsozialisten drohende Gefahr für Leib und Leben klar erkannt hatte, ohne das Wissen seiner Eltern sehr, ihnen die Auswanderung zu ermöglichen. In einem Brief vom 19. Juni 1938 an den Schweizer Freund der Eltern, Gutzwiller, schrieb Alfred Neumeyer:

---

674 Ebd., S. 431.
675 Ebd., S. 438.

„Sehr verehrter Herr Professor,

die letzten Vorgänge in Deutschland beunruhigen mich wegen meiner Eltern so sehr, daß ich mich gerne mit Ihnen, dem Freunde meiner Eltern, besprechen möchte. Sie werden das gewiß verstehen und für dieses Verständnis bin ich Ihnen aufrichtig dankbar.

Ich weiß, daß meine Eltern nicht ans Weggehen denken. Einmal, weil sie sich bis zum gewissen Grad in ihrer eigenen Welt geborgen fühlen, sodann aber weil die Universitätspension die Daseinsversicherung für sie bedeutet. Es können aber Umstände denkbar sein, die das Weggehen zur Notwendigkeit machen, und es ist ebenfalls denkbar, daß diese Pension eines Tages nicht mehr gezahlt wird. Es ist ebenfalls denkbar, daß man sie aus ihrem Hause treiben wird. Was dann? Diese Frage soll Sie nicht zur Antwort auffordern sondern Ihnen meine schwere Sorge ausdrücken. Sehen Sie eine Möglichkeit, daß Papa noch einen Ruf irgendwohin erhalten könnte? Und scheint es Ihnen möglich wegen dieses Problems sich an geeignete Stellen zu wenden? Könnten Sie mir endlich einen Wink geben ob es in U.S.A. Kollegen gibt mit denen ich darüber sprechen könnte? Da ich diesen Sommer in Harvard lese, wäre es mir an u. für sich möglich Leute im Osten von U.S.A. aufzusuchen. Da in einigen Tagen Prof. Löwenstein hier eintreffen wird – er liest in der Summer Session in Berkley – so werde ich auch mit ihm darüber sprechen. Natürlich hat Papa keine Ahnung von diesem Brief aber ich denke mir, daß ein Angebot vom Ausland ihm Entschluß und Möglichkeit zur Auswanderung unendlich erleichtern würde.

Negativ ist sein Alter zu werten aber andererseits ist Papa ja geistig ganz und gar jung und es schiene mir theoretisch denkbar, daß sein spezielles Arbeitsgebiet auch in anderen Ländern Anziehungskraft hätte. Ich weiß, daß dieser Brief Sie vor ein Problem stellt, daß in der letzten Zeit des öfteren an Sie herangetreten sein wird. Und dennoch habe ich an Sie geschrieben, weil ich weiß wie gut Sie meinen Eltern gesonnen sind und wie sehr meine Eltern sie Beide in ihr Herz geschlossen haben.

Gewiß war auch für Sie und die Ihren die Loslösung von Heidelberg bitter und doch möchte ich denken, daß Sie die gute Luft der Freiheit mit vollen Lungen einatmen. Nehmen Sie jedenfalls die besten und wärmsten Wünsche für sich, Ihre Gattin und die Kinder.

Ihr aufrichtig ergebener
Fred Neumeyer

Nachtrag vom 20. Juni:

Inzwischen ist eine Nacht verstrichen und es ist mir noch eine konkrete Sache eingefallen, die ich Ihnen gerne vorlegen möchte! Im Falle Prof. Nadariaga noch beim Völkerbund sein sollte, wäre es wohl möglich, mit ihm in Verbindung zu treten? Er ist doch ein äußerst einflußreicher Mann, der meines Wissens Papas Arbeit hochschätzt. Vielleicht ließe sich durch ihn irgendein konstruktiver Vorschlag finden? Auch die *Société de Droit International,* der Papa seit Jahrzehnten angehört, ließe sich eventuell mobil machen in diesem Zusammenhang. Ich bin auch gerne bereit, falls Sie dies für ratsam hielten, neben Ihren eventuellen Bemühungen selber als Sohn noch an diesen oder jenen zu schreiben."[676]

Die Antwort auf den Brief hat sich nicht erhalten. Allerdings scheint Gutzwiller den Sohn zumindest etwas beschwichtigt zu haben, denn in einer Karte vom 18. Juli 1938 von Alfred Neumeyer wiederum an Gutzwiller bedankte sich Alfred sehr herzlich für ein eingehendes und einfühlsames Schreiben, dessen Aussagen zu dem „Fall" er teile. Er wolle aber „für alle Eventualitäten gerüstet sein".[677] Große Hoffnungen hinsichtlich eines Rufs an eine ausländische Universität konnte Gutzwiller dem Sohn offensichtlich nicht machen.

Von den Bemühungen des Sohnes hatte Karl Neumeyer offenbar doch Kenntnis erlangt. Denn am 10. Dezember 1938 schrieb er seinem Sohn Alfred:

„Doch hinter allem, was ich heute schreibe, steht ja bewegend der Eindruck der Liebe, der Sorge, der Einsatzbereitschaft, die Ihr für uns aufwendet. Es tut wohl, davon zu wissen. Aber laßt jede weitere Mühe. Hier sind wir und hier wird sich unser Schicksal vollenden."[678]

Das Ehepaar scheint also auch nach den Schrecknissen der „Reichskristallnacht" entschlossen gewesen zu sein, in München zu bleiben, obwohl der Sohn Alfred offensichtlich dringend zur Emigration riet und hierfür Vorbereitungen traf. Die Situation war für das Ehepaar scheinbar noch nicht völlig unerträglich geworden. Karl Neumeyer fand Zerstreuung in seiner Arbeit und das Paar plante für das Ende des Jahres 1938 eine Reise, wie sich ebenfalls aus dem Brief ergibt:

---

676 Brief Alfred Neumeyers (des Jüngeren) an Gutzwiller vom 19./20. Juni 1938, geschrieben in Kalifornien, Kopie des Briefes im Privatbesitz der Verfasserin.

677 Postkarte Alfred Neumeyers (des Jüngeren) an Gutzwiller vom 18. Juli 1938, geschrieben in Harvard, Cambridge, USA, Kopie der Karte im Privatbesitz der Verfasserin.

678 Abschrift eines Briefes Karl Neumeyers an seinen Sohn Alfred, geschrieben am 10. Dezember 1938 in München, Abschrift des Briefes AJMM, Akte KN.

„Die Tage verfliegen und wenn andre Geschäfte mich freilassen, so sitze ich wieder am Schreibtisch, auf Einladung einer Zeitschrift mit zwei Artikeln beschäftigt, die meinen „Allgemeinen Teil" einem weiteren Leserkreis nahebringen sollen. Und über Weihnachten und Neujahr wollen wir, wenn es sich machen läßt, in die Stille. Ich habe ein ganz kleines Dörfchen in Vorarlberg ausgekundschaftet, das wahrscheinlich noch nie einen Wintergast gesehen hat. Dort hoffen wir unbehelligt zu sein und den so begehrten Abstand zu den Dingen zu erweitern."[679]

Sie scheinen die Dinge also nicht gerade beschönigt, sich aber so gut als möglich mit der Situation arrangiert zu haben.

Dies wird insbesondere aus einem weiteren Brief deutlich, den Karl Neumeyer, offensichtlich von der gerade erwähnten geplanten Reise zurückgekehrt, an seinen Sohn Alfred schrieb. Dort heißt es in Bezug auf die Welt, in der das Paar in Deutschland lebte, also in Bezug auf die Umstände unter den Nationalsozialisten:

„Daß Du der Einstellung, die wir zu ihr haben, Verständnis entgegenbringt – und gewiß nicht gerne – ist mir sehr willkommen, ich hätte mich in einem gleichen Fall auf völlig denselben Boden gestellt. Und der gute Fisch hat sich eine ganz falsche Vorstellung von unserem gegenwärtigen Leben gemacht. Daß wir wissen, wir blieben hier, das macht es uns möglich, mit Sicherheit und mit Überlegenheit den Geschehnissen gegenüberzutreten. Wir brauchen nichts zu fürchten und – gerade gegenwärtig ein unsagbarer Vorzug vor so viel gequälten Menschen – wir brauchen nichts zu wollen. So sind wir nach wie vor für die guten Stunden bereit, wir freuen uns an einem Buch und genießen die Ferne, die uns eine schöne Natur schenkt. Nicht alles ist rosig – aber warum sollte denn das gerade uns vorbehalten sein?"[680]

Das Ehepaar wollte sich also ganz in das Schicksal fügen, das sie in München erwartete und empfand die Situation dadurch erst erträglich. Keine enttäuschten Hoffnungen, sondern ein Leben im Jetzt, solange es Ihnen vergönnt war. Das von Menschen gemachte bestehende und drohende Unglück mit dem Gedanken hinzunehmen, dass man eben nicht erwarten dürfte, dass es einem immer wohl ergeht, ist wohl eine Lebenshaltung, die ihresgleichen sucht.

---

679 Abschrift eines Briefes Karl Neumeyers an seinen Sohn Alfred, geschrieben am 10. Dezember 1938 in München, Abschrift des Briefes AJMM, Akte KN.

680 Abschrift eines Briefes Karl Neumeyers an seinen Sohn Alfred, geschrieben am 7. Februar 1939 in München, Abschrift des Briefes AJMM, Akte KN.

Ob die Situation in den folgenden Wochen noch schwieriger wurde, ob ihnen etwa einige der Schicksale von jüdischen Mitbürgern bekannt wurden, die im Zuge der „Reichskristallnacht“ oder der darauf folgenden Verhaftungswelle den Nationalsozialisten zum Opfer gefallen waren, oder ob Karl Neumeyer sich aufgrund des Drängens seines Sohnes Alfred dazu entschloss, die Auswanderung zumindest ernsthaft in Betracht zu ziehen, lässt sich nicht sagen. Jedenfalls aber wandte er sich schließlich doch mit Schreiben vom 28. Februar 1939 bezüglich seiner Pensionsansprüche an das bayerische Kultusministerium, um Auskunft darüber zu erhalten, ob im Falle einer Emigration in die Schweiz, nach Schweden oder in die Vereinigten Staaten sein Ruhegehalt dorthin überwiesen werden könnte.[681] Die Auswanderungsmöglichkeit in diese Länder sei ihnen in Aussicht gestellt worden, wenn sie den Nachweis der wirtschaftlichen Existenz erbringen könnten.[682] Eine eigene Erwerbstätigkeit sei ihm in der Schweiz und in Schweden schon landesrechtlich nicht möglich und verspräche angesichts seines Alters auch sonst keinen wesentlichen Erfolg.[683] Und aufgrund der oben erwähnten elften Verordnung zum „Reichsbürgergesetz“ wäre es ihm auch nicht mehr möglich gewesen, über anderweitig evtl. noch vorhandenes Vermögen zu verfügen.

Dieses Schreiben wurde als Antrag auf Genehmigung der Auswanderung verstanden. Das Ministerium leitete die Anfrage Karl Neumeyers an den Rektor der Universität München mit der Bemerkung weiter, Karl Neumeyer bitte um Genehmigung der Wohnsitzverlegung.[684] Der Rektor bat den Dekan der juristischen Fakultät daraufhin um Äußerung zur Persönlichkeit des Antragstellers und Bekanntgabe von etwaigen Personalvorgängen, die für die Beurteilung wesentlich sein könnten.[685] Der Dekan antwortete darauf, dass gegen die Auswanderungserlaubnis keine Bedenken bestünden.[686] Auch der Rektor hatte keine Bedenken und befürwortete den Antrag ausdrücklich. Offensichtlich hatte er in der Angelegen-

681 Schreiben Karl Neumeyers an das bayerische Kultusministerium vom 28.2.1939, PA KN, UAM E II 2576.

682 Schreiben Karl Neumeyers an das bayerische Kultusministerium vom 28.2.1939, PA KN, UAM E II 2576.

683 Schreiben Karl Neumeyers an das bayerische Kultusministerium vom 28.2.1939, PA KN, UAM E II 2576.

684 Schreiben des bayerischen Kultusministeriums an den Rektor der Universität München vom 20. März 1939, PA KN, UAM E II 2576.

685 Schreiben des Rektors der Universität München an den Dekan der juristischen Fakultät der Universität München vom 12. Mai 1939, PA KN, UAM E II 2576.

686 Der Bericht des Dekans an den Rektor der Universität München vom 23. Mai 1939 ist nicht erhalten; der Rektor nahm aber in seinem Schreiben an das bayerische Kultusministerium Bezug auf den Bericht des Dekans und schrieb, dass „auch bei ihm“ keine Bedenken gegen die Erteilung der Auswanderungserlaubnis bestünden, siehe Schreiben des Dekans an das bayerische Kultusministerium vom 9. Juni 1939, PA KN, UAM E II 2576.

heit auch noch mit Karl Neumeyer telefoniert, da er in seinem Schreiben an das bayerische Kultusministerium wiedergibt, dass nach fernmündlicher Aussage Karl Neumeyers als Auswanderungsland in erster Linie die USA in Frage kämen.[687] Am 6. Juli 1939 genehmigte das bayerische Kultusministerium daraufhin, dass Karl Neumeyer und seine Frau ihren Wohnsitz „einstweilen für die Dauer von zwei Jahren“ in die Vereinigten Staaten verlegen dürften.[688] Die Genehmigung wurde in jederzeit widerruflicher Weise erteilt.[689] Bezüglich der Versorgungsbezüge wurde verfügt, dass diese in voller Höhe auf ein „Sonderkonto Versorgungsbezüge“ bei einer Devisenbank einzuzahlen seinen.[690]

Nur wenige Tage nach Verfassung dieses Schreibens an Karl Neumeyer erging ein Runderlass des Reichsministeriums des Inneren, in dem geregelt wurde, dass mit Anträgen auf Auswanderung jüdischer Ruhestandsbeamter genau so verfahren werden sollte, wie es das bayerische Kultusministerium verfügt hatte. Es sollte den jüdischen Ruhestandsbeamten also die Verlegung des Wohnsitzes auf Antrag befristet für zwei Jahre gewährt werden. Die Ruhegehälter sollten dabei während der zwei Jahre voll gezahlt und einem besonderen Konto „Versorgungsbezüge“ bei einer Devisenbank zugeführt werden. Entscheidend ist aber der letzte Satz des Runderlasses. Dort heißt es:

„Für einen Antrag, Gelder von dem Konto ins Ausland zu überweisen, besteht keine Möglichkeit.“[691]

Einmal mehr zeigte hier der Nationalsozialismus sein hässliches Gesicht: Die Ruhegehälter waren für die Auswanderer mit der Überweisung auf ein „Sonderkonto“ faktisch verloren, da sie nicht für den Lebensunterhalt im Ausland zur Verfügung standen. Gleichzeitig hatte man sie aber nicht offiziell um ihr Ruhegehalt gebracht, da dies ja weiter auf ein Sonderkonto gezahlt werden sollte, und machte sich damit bezüglich dieser weiteren Maßnahme nur bedingt angreifbar.

---

687 Schreiben des Dekans der juristischen Fakultät der Universität München an das bayerische Kultusministerium vom 9. Juni 1939, PA KN, UAM E II 2576.

688 Schreiben des bayerischen Kultusministeriums an den Rektor der Universität München vom 6. Juli 1939, PA KN, UAM E II 2576.

689 Schreiben des bayerischen Kultusministeriums an den Rektor der Universität München vom 6. Juli 1939, PA KN, UAM E II 2576.

690 Schreiben des bayerischen Kultusministeriums an den Rektor der Universität München vom 6. Juli 1939, PA KN, UAM E II 2576.

691 Runderlass des Reichsministeriums des Inneren vom 19. Juli 1939, Aktenzeichen II SB 2620/39-6550, abgedruckt in: Das Sonderrecht für Juden, S. 298.

Mit dieser Regelung hatten sich Überlegungen einer Auswanderung für Karl Neumeyer und seine Frau schon wegen der zwangsläufig folgenden finanziellen Abhängigkeit erledigt.

Hierzu wurden Freunde des Ehepaares wie folgt zitiert:

„Neumeyer sowohl wie seine treu zu ihm haltende Frau fühlten sich so stark mit Deutschland und nicht zuletzt mit München verwachsen, dass sie sich schon aus diesem Grunde nicht zum Fortgehen entschließen konnten. Die Liebe N's zu dem Lande, dem er sein ganzes Leben gedient hatte, war in ihrer Schamhaftigkeit ergreifend. Die gleiche Schamhaftigkeit und vornehme Zurückhaltung machten es ihm unmöglich, irgend jemandem im Ausland, auch dem besten Freunde, zur Last zu fallen."[692]

Auch Marianne Weber bestätigt, dass das Ehepaar den Sohn Alfred und seine junge Familie, die sich in Kalifornien eine neue Existenz geschaffen hatten, nicht belasten und ihnen kein Opfer zumuten wollten.[693] Anna Neumeyer hatte ihr folgendes geschrieben:

„Wir hätten natürlich die Möglichkeit, sowohl nach Schweden als auch nach den Vereinigten Staaten zu fahren. Mittellos geht das nicht an. Man muß in seinem Lebensstil bleiben, nicht in alten Tagen zum Bittsteller werden um des puren Lebens willen."[694]

Seinem Bruder hatte Karl Neumeyer zudem gesagt, sein Alter gestatte ihm nicht mehr die Verpflanzung in neuen Boden.[695]

Auch Gutzwiller berichtete, dass er dem Ehepaar seine Hilfe angeboten habe, um das Land noch zu verlassen.[696] Karl Neumeyer habe das Angebot mit „hartnäckiger Bestimmtheit" abgelehnt und gesagt:

„Ne-e-e-in, ne-i-n! Wir bleiben hier, möge da geschehen was wolle, auf Gedeih und Verderb!"[697]

692 *Wehberg, Hans*: Karl Neumeyer zum Gedächtnis, in: Die Friedenswarte, S. 260.
693 *Weber, Marianne*: Lebenserinnerungen, S. 431 f.
694 Ebd., S. 441.
695 *Neumeyer, Alfred* (der Ältere): Wir wollen den Fluch in Segen verwandeln, S. 213.
696 *Gutzwiller, Max*: Karl Neumeyers Persönlichkeit und Werk, in: RabelsZ, S. 408.
697 Ebd., S. 408.

Sie seien zu stolz und gleichzeitig zu bescheiden gewesen, um auszuwandern. Zu stolz, um jemandem zur Last zu fallen, und zu bescheiden, da sie ihr Schicksal nicht für unbedingt wichtig hielten.[698]

Ob die drohende finanzielle Abhängigkeit oder die Verwurzelung mit München den Ausschlag dafür gaben, sich gegen eine Auswanderung zu entscheiden, lässt sich nicht sagen. Das Ehepaar Neumeyer blieb jedenfalls in seinem geliebten Heimatland, in welchem sie kaum noch geduldet waren.

Seinen Bruder bestürmte Karl Neumeyer dagegen, zu dessen Sohn nach Argentinien auszuwandern.[699] Er stand der Emigration also nicht grundsätzlich ablehnend gegenüber.

XIX. Das Ehepaar Neumeyer in den Jahren 1939 bis 1941

Nachdem die Entscheidung des Paares gefallen war, Deutschland nicht zu verlassen, scheinen sie getreu ihren Grundsätzen versucht zu haben, das Beste aus der Situation und den sich Ihnen bietenden Möglichkeiten zu machen. Karl Neumeyer arbeitete und hatte hierzu wohl auch noch Zugang zu einer öffentlichen Bibliothek. Denn in einem Brief an seinen Sohn Alfred aus dem August 1939, geschrieben nur zwei Wochen vor Ausbruch des Zweiten Weltkrieges, berichtete er:

„Inzwischen arbeitet man gemächlich weiter, mit der Dämpfung, die schon der sommerliche Halbtagsschluß der Bibliothek mit sich bringt."[700]

Auch eine Spätsommerreise plante das Paar, wenn freilich auch nicht klar war, ob sie sie antreten können würden. Karl Neumeyer schrieb dazu in demselben Brief:

„Und diese Reise, die wir am 1. September antreten möchten – ja, möchten – steht überhaupt als ein schönes Märchen vor unseren Augen. Ob es wirklich werden soll, steht freilich nicht bei uns."[701]

---

698 Ebd., S. 408.

699 *Neumeyer, Alfred* (der Ältere): Wir wollen den Fluch in Segen verwandeln, S. 217.

700 Abschrift eines Briefes Karl Neumeyers an seinen Sohn Alfred, geschrieben am 15. August 1939 in München, Abschrift des Briefes AJMM, Akte KN.

701 Abschrift eines Briefes Karl Neumeyers an seinen Sohn Alfred, geschrieben am 15. August 1939 in München, Abschrift des Briefes AJMM, Akte KN.

Es ist nicht bekannt, ob dieses kleine „Märchen" für das Paar wahr wurde. Da eben gerade am 1. September, dem Tag des geplanten Urlaubsantritts, mit dem Angriff Deutschlands auf Polen der Zweite Weltkrieg ausbrach, ist denkbar, dass das Paar gerade noch hatte reisen können, ebenso aber, dass eine Reisegenehmigung aufgrund der großen Spannungen im Vorfeld nicht erteilt wurde.

Viel Gesellschaft von Freunden und Bekannten hatte das Paar offensichtlich ab 1939 in München nicht mehr. In dem Brief Karl Neumeyers heißt es dazu:

„Und die „Geselligkeit" der letzten Monate hat meist im Abschiednehmen bestanden, denn es wird allmählich still in unserem Umkreis."[702]

Die Freunde verließen das Land und die nationalsozialistische Durchsetzung der Gesellschaft wurde immer präsenter, auch durch die umfangreichen Bautätigkeiten, mit denen sich die Nationalsozialisten gerade in München, einer der „Führerstädte", durch Errichtung von Monumentalarchitektur zum Zweck der Selbst- und Machtdarstellung ein noch heute sichtbares architektonisches Denkmal setzen wollten.[703] Auch ganz in der Nähe des Neumeyerschen Hauses in der Königinstraße, nämlich in der Vonn-der-Tann-Straße, der Prinzregentenstraße und der Ludwigstraße, waren die Bauaktivitäten im Sommer 1939 in vollem Gange, wurden alte Gebäude und ganze Straßenzüge abgerissen und mussten der neuen Architektur weichen.[704] Karl Neumeyer beschrieb auch dies in seinem Brief:

„Um so lebhafter ist es allerdings in der Stadt. Nachdem demnächst mit der Niederlegung der Prinzregentenstr. bis zur Bruderstr. und des angrenzenden Teils der Galleriestr. begonnen werden soll, sind jetzt auch die Grundlagen für eine Niederlegung der Südseite dieser Straße, ferner für die gleiche Arbeit an der Nordseite der Vondertannstr. geordnet. (An der Südseite der Vondertannstr. hat die Bebauung bereits begonnen.)"[705]

---

702 Abschrift eines Briefes Karl Neumeyers an seinen Sohn Alfred, geschrieben am 15. August 1939 in München, Abschrift des Briefes AJMM, Akte KN.

703 *Nerdinger, Winfried* (Hrsg.): Bauen im Nationalsozialismus, Bayern 1933 – 1945, München 1993, S. 21.

704 Vom „Platz der NSDAP" aus war eine neue städtebauliche Achse konzipiert worden, die über die Verlängerung der Von-der-Tann-Straße über die Prinzregentenstraße bis hin zum Flughafengelände München-Riem führen sollte, siehe *Nerdinger, Winfried* (Hrsg.): Bauen im Nationalsozialismus, Bayern 1933 – 1945, München 1993, S. 39 f.

705 Abschrift eines Briefes Karl Neumeyers an seinen Sohn Alfred, geschrieben am 15. August 1939 in München, Abschrift des Briefes AJMM, Akte KN.

Angesichts dieser Baumaßnahmen, die Karl Neumeyer schon wegen der ihnen wohl vorausgegangenen Enteignungen und Vertreibungen einiger bisheriger Eigentümer sicher keine Freude bereitet haben, kann der letze Satz, mit dem er die Beschreibung der Bauaktivitäten beschließt, nur vollkommen ironisch gemeint sein. Denn er schreibt:

„Und so ist alles in glücklichem Aufstieg.“[706]

Den auch baulich sichtbaren „Aufstieg“ kann und wird er ganz und gar nicht als glücklich empfunden haben.
Im weiteren Verlauf des Jahres 1939 versuchte das Paar, sich mit Arbeit und gemeinsamer Lektüre von den Geschehnissen um sie her abzulenken. In einem Brief an den Sohn Alfred vermutlich aus dem Oktober 1939 schreibt Karl Neumeyer:

„In der Kunst, die gute Stunde zu genießen sind wir ja nun einigermaßen geübt. [...] So macht uns auch die gemeinsame Abendlektüre viel Freude [...]. Es tut ja gut solche Stunden zu haben.“[707]

Von unmittelbarer Bedrohung durch die Nationalsozialisten blieb das Ehepaar zwar weitgehend verschont. Vermutlich ist Karl Neumeyer aber in den Jahren nach dem Ausbruch des Zweiten Weltkrieges zumindest einmal nur knapp der Verhaftung durch die Geheime Staatspolizei (kurz: Gestapo) entgangen. Sein Bruder Alfred berichtete, dass ihm damals konkret die Verhaftung drohte und nur seine guten Beziehungen und seine Stellung als Vorsitzender der Jüdischen Gemeinde in München ihn davor bewahrten.[708] Bei der Gelegenheit seiner drohenden Verhaftung wurde Alfred Neumeyer von einem SS-Mann gefragt, ob er Verwandte in München habe.[709] Er vermutete, dass sich die Frage auf seinen Bruder Karl bezog, von dem die Gestapo nach seiner Aussage nicht genau wusste, ob er Jude sei.[710] Alfred Neumeyer antwortete, dass sein Sohn nach Argentinien ausgewandert sei, worauf sich die Herren von der SS und der Gestapo, die

706 Abschrift eines Briefes Karl Neumeyers an seinen Sohn Alfred, geschrieben am 15. August 1939 in München, Abschrift des Briefes AJMM, Akte KN.
707 Abschrift eines Briefes Karl Neumeyers an seinen Sohn Alfred, geschrieben am 27. Oktober 1939 in München, Abschrift des Briefes AJMM, Akte KN.
708 *Neumeyer, Alfred* (der Ältere): Wir wollen den Fluch in Segen verwandeln, S. 191.
709 Ebd., S. 191.
710 Ebd., S. 191.

das Verhör geführt hatten, zufriedengaben.[711] Karl Neumeyer blieb daher bei dieser Gelegenheit wie offensichtlich auch später weitgehend unbehelligt.[712]

Einen tiefen Einschnitt stellte für das Ehepaar Neumeyer die Auswanderung des Bruders Alfred mit seiner Frau nach Argentinien dar, mit dem sie ihr Leben lang ein so enges Verhältnis gehabt hatten. Da die Situation in München für Karls Bruder unerträglich geworden war, er eine Ausreisegenehmigung zu seinem Sohn nach Argentinien hatte und er zudem für die Jüdische Gemeinde in München nichts mehr tun konnte, hatte er sich schließlich im Jahr 1941 zur Auswanderung durchgerungen.[713]

Als für die Brüder der Tag des Abschieds gekommen war, verbrachten sie noch einen Samstagnachmittag wie seit Jahren im Ausflugslokal Aumeister im Englischen Garten.[714] Die Brüder schieden gelassen voneinander, „erfüllt von der ganzen Kraft der Liebe und Freundschaft, die wir einander gegeben, und zurückgedrängt war das tiefe Leid, das die Zukunft meines Bruders und seiner Frau in sich schloss."[715]

Der Weggang des Bruders und die Größe dieses Verlusts bewegten Karl Neumeyer so tief, dass er in Briefen, die er in der Folge an ihn schrieb, ungewöhnlich gefühlvolle Töne anschlug. Er schrieb nach Lissabon, wo die Emigranten eine Zwischenstation einlegen mussten:

„Geliebte Geschwister!

Noch seid Ihr im vertrauten Europa, wenn Ihr diesen Brief zur Hand nehmt. Aber frei! Frei von der Luft, die ein schweres Geschick uns auferlegt hat. Frei von den Bindungen, in denen ein allzu altes Europa, von den Problemen, mit denen allzu dicht bewohnte Länder ihren Menschen den Atem beengen.

Reden wir nicht von dem, was zwischen uns zerrissen wurde. Es bleibt ein dauernder Gram, und weil wir wissen, daß es so ist, werden wir ihn zu tragen wissen. Aber sagte ich, es sei etwas zwischen uns zerrissen? Nichts ist zerrissen! Unzerstörbar bleiben wir zu einander, bis zum letzten Hauch, was wir einander gewesen sind.

---

711 Ebd., S. 191.
712 Ebd., S. 191.
713 Ebd., S. 217.
714 Ebd., S. 226.
715 Ebd., S. 226.

Tausend gute Wünsche geben Euch das Geleit, auf den Weg und an das Ziel. Wir erquicken uns an dem Gedanken, daß es schöne Abendstunden sein werden.

Euer Karl."[716]

In der Bemerkung über „allzu dicht bewohnte Länder" meint man ein wenig von der nationalsozialistischen Propaganda herauszuhören, die versuchte, ganz im Sinne von Hitlers oben erwähnter „Raumdoktrin" den Zweiten Weltkrieg, insbesondere die Feldzüge im Osten, auch damit zu rechtfertigen, dass für das angeblich überbevölkerte Deutschland neuer Lebensraum erobert werden müsste.[717] Trotz des Verlusts spricht auch die große Erleichterung aus dem Brief, dass wenigstens der Bruder und seine Frau dem nationalsozialistischen Terror entkommen waren. Das wird auch aus einer Zeile eines weiteren Briefes deutlich, den Karl seinem Bruder nach Argentinien voraus sandte. Dort heißt es:

„Wenn ich an Euch denke, dann beherrscht mich nur der eine Gedanke: gerettet! Und alles andere wird daneben klein."[718]

XX. Der Entschluss zum Freitod

Die Auswanderung des Bruders Alfred war der letzte große Verlust an sozialen Kontakten, den das Ehepaar Neumeyer zu ertragen hatte. Nun wurde es noch ruhiger um sie und der allerorts offen demonstrierte Judenhass hatte sie fast völlig isoliert. Dem Freund Dr. Maron, den sie kurz später zu ihrem Testamentsvollstrecker bestimmten, hatten sie gesagt, dass es in letzter Zeit einsam um sie geworden sei.[719] Aber noch lebten sie in der Königinstraße am Englischen Garten und noch war Karl Neumeyer seine Arbeit Lebensinhalt. Dass aber diese beiden letzten Konstanten im Leben durch die bevorstehende Vertreibung aus dem Haus und die Beschlagnahme der Bibliothek bedroht waren, war ihnen durchaus bewusst. Karl und Anna hatten dem Bruder Alfred vor dessen Auswanderung angedeutet, dass sie für den Fall, dass ihnen die Wohnung genommen würde, beide

716 Abschrift eines Briefes Karl Neumeyers an seinen Bruder Alfred und dessen Frau, geschrieben am 12. Januar 1941 in München, Abschrift des Briefes AJMM, Akte KN.

717 Zu der „Raumdoktrin" siehe *Kolb, Eberhard*: Die Weimarer Republik, S. 115 f.

718 Abschrift eines Briefes Karl Neumeyers an seinen Bruder Alfred und dessen Frau nach Avigor, Argentinien, geschrieben am 9. Februar 1941 in München, Abschrift des Briefes AJMM, Akte KN.

719 *Neumeyer, Alfred* (der Ältere): Wir wollen den Fluch in Segen verwandeln, S. 240.

freiwillig aus dem Leben gehen wollten.[720] Alfred hatte mit aller Kraft versucht, Karl Neumeyer davon abzubringen und doch noch zur Auswanderung zu überreden. Er stieß aber nach seiner Aussage auf ebenso entschiedenen wie leisen Widerspruch.[721]

Auch Marianne Weber gegenüber hatte das Ehepaar bereits geäußert, dass man unter unwürdigen Bedingungen nicht leben sollte.[722]

Den Entschluss, notfalls aus dem Leben zu gehen, dürfte auch beeinflusst haben, dass Karl Neumeyer mit Sicherheit wusste, dass außer der Vertreibung aus dem Haus und der Beschlagnahme der Bibliothek auch sein Leben und das seiner Frau durch die Nationalsozialisten bedroht war. Alfred Neumeyer berichtete, er selbst habe seit 1939 mit Gewissheit gewusst, dass die Vernichtung der Juden in Deutschland und den von den Nationalsozialisten beherrschten Gebieten beschlossene Sache war.[723] Ihm war von der Aufsichtsperson, einem Mann aus dem Sicherheitsdienst der SS, der die gesamte jüdische Gemeindearbeit in München kontrollierte, 1939 mitgeteilt worden, dass demnächst in Berlin eine Konferenz stattfinden solle, die über die „Judenfrage" endgültig beschließen werde.[724] Alfred Neumeyer schilderte:

„Nach einiger Zeit sagte er, die Entscheidung sei gefallen, es gebe jetzt keine ‚Judenfrage' mehr, man brauche zu geeigneter Zeit nur die vorgesehenen Maßnahmen durchzuführen. Wir hatten keinen Zweifel, dass die Vernichtung der Juden nun grundsätzlich beschlossen war, wenn sie auch nicht unmittelbar bevorstand."[725]

Um die sogenannte Wannseekonferenz kann es dabei nicht gegangen sein, da diese erst am 20. Januar 1942 stattfand.[726] Auf dieser Konferenz wurden die Modalitäten der Durchführung und Koordination der „Endlösung der Judenfrage" und damit die Vernichtung aller noch in Deutschland und in von Deutschland besetzten Gebieten lebenden Juden besprochen.[727] Der Entschluss über die

720 Ebd., S. 214.
721 Ebd., S. 214.
722 *Weber, Marianne*: Lebenserinnerungen, S. 442.
723 *Neumeyer, Alfred* (der Ältere): Wir wollen den Fluch in Segen verwandeln, S. 205.
724 Ebd., S. 205.
725 Ebd., S. 205.
726 Enzyklopädie des Holocaust, Die Verfolgung und Ermordung der europäischen Juden, Band III, Eberhard Jäckel – Peter Longerich – Julius H. Schoeps, (Hrsg.), Berlin 1993, S. 1516.
727 Ebd., S. 1516.

„Endlösung" war aber schon vorher gefallen.[728] Die Schlüsse, die Alfred Neumeyer aus den Informationen zog, waren nur zu richtig. Bei dem engen Verhältnis, welches Karl und sein Bruder Alfred pflegten, muss man annehmen, dass Alfred auch seinen Bruder darüber informierte, dass ihm, falls er nicht auswanderte, der Tod drohte. Auch aus Anna Neumeyers obigem Zitat, sie wollte nicht um des puren Lebens willen in alten Tagen zum Bittsteller werden[729], wird deutlich, dass ihr klar war, dass es bei einer möglichen Auswanderung um ihr Leben gegangen wäre. Damit wird der Entschluss, sich notfalls selbst das Leben zu nehmen, wenn die Repressalien zu schlimm würden, verständlicher, da das Paar wusste, dass sonst der Tod durch fremde Hand drohte.

XXI. Das tragische Ende

Der Sommer 1941 brachte dem Ehepaar noch eine letzte kurze Atempause. Sie verbrachten die Monate Juni und Juli wie schon in früheren Jahren in Sulzberg in Vorarlberg, Österreich.[730] Das Reisen war ihnen zwar zu jener Zeit verboten, und es ist nicht überliefert, wie sie trotz der Pässe, die sie als Juden kennzeichneten, die Grenze passieren konnten. Auf den Aufenthalt in der Natur und die damit verbundene Erholung konnten und wollten sie aber offensichtlich gerade angesichts der schwierigen Umstände in München nicht verzichten. Daher nahmen sie die Gefahr in Kauf, die ihnen drohte, wenn der Verstoß gegen das Reiseverbot aufgefallen wäre.

Aus Österreich schrieben sie noch Briefe, die belegen, dass sie selbst in dieser schier ausweglosen Situation die wenige verbleibende Zeit noch genossen. Vom 13. Juni 1941 stammt ein Brief an den Bruder und seine Frau in Argentinien, vielleicht der letzte. Karl Neumeyer berichtete fast nur von Dingen, die ihn und seine Frau erfreuten:

„Meine Lieben!

Nun ist es also wirklich wahr geworden und wir sind, so äußerst unwahrscheinlich es erschienen war, seit drei Wochen hier im Grünen. Weit weg von allem

728 Ebd., S. 1516.

729 Siehe oben Fn. 694.

730 *Neumeyer, Alfred* (der Ältere): Wir wollen den Fluch in Segen verwandeln, S. 239.

Fremdenverkehr, ziemlich die einzigen Dauergäste der ganzen Gegend, inmitten einer überaus freundlichen Bevölkerung, Mensch unter Menschen."[731]

Gerade dieser letzte Zusatz, „Mensch unter Menschen" muss den beiden alles bedeutet haben, waren sie in ihrer Heimatstadt schon lange nicht mehr nur Menschen zweiter Klasse, sondern mussten täglich mit ihrer Verhaftung rechnen.

Als einzigen Bezug zu dieser schweren Not in München schrieb Karl Neumeyer:

„Nicht alle Bindungen zur Stadt, wie vielleicht noch im Vorjahr, lassen sich abstreifen."[732]

Doch weiter geht es gleich mit dem nächsten Satz in Neumeyer'scher Manier, bloß nicht zu verzweifeln:

„Um so mehr treten die guten Stunden ins Bewußtsein, die einem hier jeden Tag von neuem geschenkt sind."[733]

Sie schrieben auch an Gutzwiller in einem Brief vom 20. Juni 1941 davon, dass sie sich gemeinsam mit „großer geschichtlicher Lektüre", Karl Neumeyer daneben auch mit Kant beschäftigten.[734] Die nahe Natur tat ihnen gut.[735]

Während ihres Aufenthalts müssen sie aber davon erfahren haben, dass nun zumindest die Beschlagnahme und Versteigerung der Bibliothek unmittelbar bevorstand. Vermutlich wussten sie auch schon von der nun bevorstehenden Ausweisung aus dem Haus. So bereiteten sie sich auf den Abschied aus dem Leben vor. Dem guten Freund Gutzwiller schrieben sie Abschiedsgrüße. Auf der Karte, datiert vom 13. Juli 1941, die wegen der Zensur deutlicher nicht hätte werden können, heißt es:

---

731 Abschrift eines Briefes Karl Neumeyers an seinen Bruder Alfred und dessen Frau nach Avigor, Argentinien, geschrieben am 13. Juni 1941 in Sulzberg, Vorarlberg, Österreich, Abschrift des Briefes AJMM, Akte KN.

732 Abschrift eines Briefes Karl Neumeyers an seinen Bruder Alfred und dessen Frau nach Avigor, Argentinien, geschrieben am 13. Juni 1941 in Sulzberg, Vorarlberg, Österreich, Abschrift des Briefes AJMM, Akte KN.

733 Abschrift eines Briefes Karl Neumeyers an seinen Bruder Alfred und dessen Frau nach Avigor, Argentinien, geschrieben am 13. Juni 1941 in Sulzberg, Vorarlberg, Österreich, Abschrift des Briefes AJMM, Akte KN.

734 *Gutzwiller, Max*: Karl Neumeyers Persönlichkeit und Werk, in: RabelsZ, S. 408.

735 Ebd., S. 408.

„Auch stehen einschneidende Änderungen vor der Tür, u.a. die Versteigerung von Karls Bibliothek. Es ist all dies erwartet und für alles sind wir vorbereitet. Aber Ihr sollt noch aus dem ‚guten Leben' ganz ganz herzliche Grüße von uns Beiden hören und fühlen."[736]

Nach allem, was man heute weiß, ist davon auszugehen, dass der Ausspruch „für alles sind wir vorbereitet" bedeutet, dass der Entschluss, aus dem Leben zu scheiden, schon feststand. Auch der letzte Satz, dieser Abschiedsgruß, deutet darauf hin.

Im Nachhinein wurde klar, dass das Ehepaar den Ferienaufenthalt nutzte, um seine letzten Angelegenheiten zu regeln und schon genaue Pläne gemacht hatte, bei der Rückkehr nach München aus dem Leben zu scheiden. Bei ihrer Heimkehr fanden sie auch den – erwarteten – Befehl vor, das Haus innerhalb kürzester Zeit zu verlassen.[737] Damit wurden die Zustände für die beiden unerträglich und das Leid stärker als der Lebens- und Schaffenswille.

Insbesondere Anna hatte die immer schlimmer werdende Situation offenbar sehr zugesetzt. Schon früher hatte sie an ihre Freundin geschrieben:

„Gute, Liebe bleibe mir der Trost, der Trostgedanke und das Vorbild. Und bete, daß ich für die Meinen bei Kräften bleibe. Ich bin nicht verbittert, unverdient gut hab ich's gehabt und habe noch immer des unschätzbar Guten genug. Aber man ist ins Herz getroffen."[738]

Die Kraft hatte sie schließlich verlassen. Nach Aussage von Marianne Weber war es insbesondere Anna Neumeyer, die auf den Freitod drängte, da das Leben für sie nicht länger tragbar gewesen sei, ihr Mann Karl sei ihr in dem Entschluss gefolgt.[739]

Dr. Maron traf die beiden gleich nach ihrer Rückkehr nach München am 16. Juli 1941. Er berichtete später in einem Schreiben an die Söhne:

„Sie fragten vom Lande her, ob ich gewillt sei, die Testamentsvollstreckung zu übernehmen, und vereinbarten mit mir einen Termin für den 16. Juli. Ich freute

---

736 Ebd., S. 408 f.

737 *Weber, Marianne*: Lebenserinnerungen, S. 442.

738 Ebd., S. 435.

739 Ebd., S. 442.

mich wie immer an der ruhigen und klaren Art der Gedanken des Vaters und der Güte seiner Gesinnung und begrüßte auch Ihre Frau Mutter, die mit ihrem lebendigen und heiteren Wesen im gewohnten Bild erschien. Dem näheren Freundeskreis war bekannt, dass ein Wohnungswechsel wohl nicht zu vermeiden war. Es ahnten jedoch weder eine Reihe von Personen, die Ihre Eltern am 16. Juli gesehen hatten, noch ich etwas von dem so raschen und traurigen Ablauf der Ereignisse. Wie sich aus den Aufzeichnungen ergibt, handelten Ihre Eltern nach einem längst überlegten Plan. Nachdem am 16. Juli abends das Dienstmädchen das Haus verlassen hatte, richteten sie sich in der Küche ein Lager zurecht, nahmen wahrscheinlich eine starke Dosis Schlafmittel und ließen aus dem Gasherd Gas ausströmen. Am Morgen des 17. Juli fand das Dienstmädchen die Küche verschlossen und im Arbeitszimmer einen Bogen Papier, in dem auf die drohende Gefahr der Gasausströmung hingewiesen wurde und verschiedene Adressen zur sofortigen Benachrichtigung angegeben waren. Nach Öffnung der geschlossenen Küchentür durch die Feuerwehr bot sich uns ein zugleich trauriges und wunderbar friedliches Bild. Das Ehepaar lag nebeneinander auf Kissen und Decken, wie in tiefem Schlaf. Frau Anna neben dem Gatten, das Gesicht ihm zugewendet, beide mit ruhigen entspannten Mienen, geschlossenen Augen, ausgestreckten Händen, ohne jede Andeutung einer Bewegung, die einen Schmerz verraten könnte, so dass sie die vollkommene Erscheinung von in Ruhe Entschlafenen boten.“[740]

Gutzwiller erklärte sich den Schritt des befreundeten Ehepaares so:

„Und wenn man sich nicht wie ein Stück Vieh wollte zum Schlachthaus befördern lassen, so war es, weil man für sich das Recht auf einen letzten Rest Menschenwürde glaubte beanspruchen zu dürfen.“[741]

1. Abschiedsbrief

Das Ehepaar hatte seinen letzten Schritt umsichtig vorbereitet. Nicht nur fanden sich die oben genannten Anweisungen an das Dienstmädchen. Den Söhnen Alfred und Fritz hinterließ Karl Neumeyer einen Abschiedsbrief. Zwei Urschriften fand man. Der Brief lautet:

---

740 *Neumeyer, Alfred* (der Ältere): Wir wollen den Fluch in Segen verwandeln, S. 240 f.

741 *Gutzwiller, Max*: Karl Neumeyers Persönlichkeit und Werk, in: RabelsZ, S. 409.

„Geliebte Kinder,

Lebt wohl. Die Geschichte, hier und jetzt, nimmt ihren Lauf über uns hinweg. Wir ziehen die Folgerung. Und sind glücklich, in den dunklen Frieden einzuziehen.
Euch, Kinder, leuchtet noch die Sonne. Geniesset jede gute Stunde. Haltet zusammen. Und seid gütig gegen die Menschen. Meine Liebe ist bei Euch, so lange ich noch atme.

Papa."[742]

2. Beerdigung

Die gesamte Gemeindeverwaltung der jüdischen Gemeinde samt dem Rabbiner wohnte der Beerdigung bei.[743]

Das Paar wurde am Sonntag nach ihrem Tod in ein gemeinsames Grab im nördlichen Friedhof an der Ungererstraße gelegt. Es war ein schöner, warmer Tag.[744]

Auf Seiten der Professorenkollegen sah es jedoch zum Schämen aus. Lediglich ein einziger Kollege folgte dem Sarg. Dies war Prof. Rudolf Müller-Erzbach.[745] Er hatte, soweit das bekannt ist, über das kollegiale Verhältnis hinaus keine weiteren persönlichen Verbindungen zu Karl Neumeyer und seiner Frau.[746] Freunde sollen ihm sogar davon abgeraten haben, an der Beerdigung teilzunehmen, da ihn dies wegen „Missachtung der politisch herrschenden Linie" in erhebliche Schwierigkeiten hätte bringen können.[747] Er ging dennoch hin. Er war aber auch in anderen Situationen einer der ganz wenigen Professoren an der Münchener Universität, die im Rahmen des Möglichen den Nationalsozialisten die Stirn boten und, wo es ihnen nicht allzu gefährlich erschien, Widerstand leisteten. Es entsprach daher dem Ehrenkodex Müller-Erzbachs, seinem Kollegen die letzte

742 Kopie des Abschiedsbriefs von Karl Neumeyer an seine Söhne, undatiert, Kopie des Briefes AJMM, Akte KN.

743 *Neumeyer, Alfred* (der Ältere): Wir wollen den Fluch in Segen verwandeln, S. 241.

744 Ebd., S. 241.

745 *Nunn, Christian*: Rudolf Müller-Erzbach 1874 – 1959, Von der realen Methode über die Interessenjurisprudenz zum kausalen Rechtsdenken (Rechtshistorische Reihe 182), Frankfurt a. Main u. a. 1998, S. 162.

746 Ebd., S. 162.

747 Ebd., S. 163.

Ehre zu erweisen, der durch die Nationalsozialisten in seiner wissenschaftlichen Arbeit behindert worden war.[748]

Die wenigen Kollegen, die nicht ganz auf der Linie mit den nationalsozialistischen Lehren waren und diese bereitwillig vom Lehrpult verbreiteten, hatten offensichtlich sämtlich nicht den Mut, den Nationalsozialisten mit ihrer Teilnahme an der Beerdigung die Stirn zu bieten. Außer Müller-Erzbach brachte kein weiterer die Entschlossenheit auf, einem Kollegen, der unter dem Regime so viel Leid zu ertragen hatte, das letzte Geleit zu geben. Von der erdrückenden Zahl der Professoren aber, die mit der nationalsozialistischen Ideologie ganz übereinstimmten und sich nach Kräften bemühten, ihr zu Diensten zu sein, soll hier nicht die Rede sein.

3. Nachlass des Ehepaars Neumeyer

Die wertvolle Privatbibliothek Karl Neuemeyers, deren Beschlagnahme mit zum Entschluss zum Suizid beigetragen hat, wurde am 12. August 1941 in München versteigert.[749] Da der Termin recht kurzfristig angesetzt war, hatte auch der Freund und Kollege Gutzwiller keine Möglichkeit mehr, rechtzeitig zum Versteigerungstermin in München zu sein, um daran teilzunehmen und wenigstens ein paar Bücher vom Nachlass des Freundes zu retten.[750] So wurden die kostbaren Bände an ein beliebiges Publikum verschleudert.

Frau Helbig, eine Mitarbeiterin der jüdischen Gemeinde, die den Nachlass im Haus in der Königinstraße gesichtet hatte, bat Gutzwiller brieflich auch um Rat hinsichtlich eines wissenschaftlichen Zettelkatalogs, der sich im Nachlass gefunden hatte.[751] Sie bat Gutzwiller, zu beurteilen, ob dieser Katalog von wissenschaftlichem Wert sei.[752] Dieser antwortete darauf, dass die Zettelkataloge Karl Neumeyers, die er flüchtig kannte, sogar von unschätzbarem Wert seien, da sie Auszüge über mittelalterliche Juristen enthielten, welche Karl Neumeyer als „sogut wie einziger Kenner der Zeit an Ort und Stelle in Italien usw." gemacht

---

748 Ebd., S. 163.

749 Ergibt sich aus Telegramm an Gutzwiller vom 10. August 1941, mit dem er über den Versteigerungstermin informiert wurde, Kopie des Telegramms im Privatbesitz der Verfasserin.

750 Ergibt sich aus einem Brief Gutzwillers an Frau Helbig, Mitarbeiterin der jüdischen Gemeinde in München, vom 18. August 1941, Kopie der Durchschrift des Briefes im Privatbesitz der Verfasserin.

751 Brief von Frau Helbig an Gutzwiller vom 8. August 1941, Kopie des Briefes im Privatbesitz der Verfasserin.

752 Brief von Frau Helbig an Gutzwiller vom 8. August 1941, Kopie des Briefes im Privatbesitz der Verfasserin.

habe.[753] Über den Verbleib dieser Zettelkataloge ist nichts Weiteres bekannt. Vermutlich sind sie in den Kriegswirren verloren gegangen.

Auch die wenigen Gegenstände, die das Ehepaar Freunden und Familienangehörigen in ihrem Testament als Andenken zugedacht hatten[754], haben die Bedachten angesichts des Kriegsverlaufs nicht erreicht.

Während des Krieges erhielt nicht einmal der Sohn Fritz, der sich weiterhin in Schweden aufhielt, eine Abschrift des Testaments noch auch nur einen einzigen Gegenstand aus dem Erbe seiner Eltern. Er schrieb am 31. Oktober 1941 an Gutzwiller:

„Ich erhielt niemals eine Abschrift des Testaments, das doch sicher existiert. Ich weiss nicht einmal, wo meine Eltern begraben sind und wie ihr Grab aussieht. Kein einziger Gegenstand der Erinnerung hat mich erreicht, geschweige denn all das was ich selbst noch zuhause besass. Aber es ist vielleicht gut so. Meine Eltern hingen nicht an äusseren Dingen und was uns verband war jenseits von all dem."[755]

Das Haus des Ehepaares, aus dem sie offensichtlich schon ausgewiesen waren, wurde erstaunlicherweise während des Krieges nicht enteignet, sondern erst nach dem Krieg von den Erben verkauft.

XXII. Würdigung durch die Universität München

Eine makabere kleine Begebenheit trug sich noch im Jahr 1944 zu. Im August des Jahr 1944 beabsichtigte der Reichsminister für Wissenschaft, Erziehung und Volksbildung Karl Neumeyer aus Anlass seines 75. Geburtstages im Lauf des Monats September in der Hochschulkorrespondenz zu erwähnen.[756] Der Minister ersuchte das bayerische Kultusministerium um Stellungnahme nach Rücksprache mit der Juristischen Fakultät der Universität München, ob dieser Absicht Beden-

753 Durchschrift eines Briefes Gutzwillers an Frau Helbig vom 18. August 1941, Kopie der Durchschrift im Privatbesitz der Verfasserin.

754 Siehe dazu den Auszug aus dem Testament vom 10. Juli 1941, Kopie des Auszugs im Privatbesitz der Verfasserin.

755 Brief Friedrich Neumeyer an Gutzwiller vom 31. Oktober 1941, Kopie des Briefes im Privatbesitz der Verfasserin.

756 Mitteilung des Reichsministers für Wissenschaft, Erziehung und Volksbildung an den bayerischen Staatsminister für Unterricht und Kultus vom 19. August 1944, PA KN, UAM E II 2576.

ken entgegenstünden.[757] Ganz offensichtlich hatte man im „Reichswissenschaftsministerium“ also vom Tod Karl Neumeyers nicht einmal Kenntnis genommen.

Der Dekan der Juristischen Fakultät, Mezger, antwortete darauf:

„Der verstorbene Professor Dr. Karl Neumeyer war Jude. Sonstige Bedenken liegen hier nicht vor.“[758]

Die Erwähnung fand dann selbstverständlich nicht statt.[759]

Auch an keiner anderen Stelle erschien während der nationalsozialistischen Gewaltherrschaft ein Nachruf seitens der Universität oder der juristischen Fakultät.

Die Universität München hat sich aber seit den 1960er Jahren um eine Würdigung Karl Neumeyers bemüht. 1961 wurde eine Gedenktafel in einem Seminargebäude angebracht. Ein Saal des Instituts für internationales Recht wurde nach ihm benannt und am 17. September 2008 wurde im Rahmen einer Gedenkfeier das gesamte Haus Veterinärstraße 5, in welchem das Institut seinen Sitz hat, in „Karl-Neumeyer-Haus“ umbenannt. Zu diesem Anlass hielt Herr Prof. Hermann Nehlsen, der Anregung zu dieser Arbeit gegeben hat, einen Vortrag über Werk und Persönlichkeit Karl Neumeyers.[760]

Die im Karl-Neumeyer-Saal angebrachte Gedenktafel trägt die folgende Inschrift:

Geheimrat Professor Dr. Karl Neumeyer hat dieses Institut im Jahre 1916 mitbegründet. Sein Wirken war bahnbrechend für die Gesamtheit des internationalen Rechts. Die Barbarei des Unrechtsstaats hat ihn mit seiner Frau 1941 in den Tod getrieben. Dieser Saal trägt seinen Namen ihm zu Ehren und zu steter Mahnung an schmachvolles Unrecht.

---

757 Mitteilung des Reichsministers für Wissenschaft, Erziehung und Volksbildung an den bayerischen Staatsminister für Unterricht und Kultus vom 19. August 1944, PA KN, UAM E II 2576.

758 *Vogel, Klaus:* Karl Neumeyer: In den Tod getrieben, in: Große jüdische Gelehrte an der Münchener juristischen Fakultät, S. 111.

759 Schreiben des bayerischen Kultusministeriums an den Reichsminister für Wissenschaft, Erziehung und Volksbildung vom 12. September 1944, PA KN BayKuMi, BayHStA MK 17878.

760 *Nehlsen, Hermann*: Vortrag Karl Neumeyer zur Namensgebung von Haus Veterinärstraße 5, München, am 17. September 2008, Vortragsmanuskript der Verfasserin überlassen von Prof. Hermann Nehlsen.

XXIII. Sonstige Würdigung

In ausländischen Zeitschriften erschienen teils unmittelbar nach Karl Neumeyers Tod Beiträge über ihn. So veröffentlichte Hans Wehberg in der schweizerischen Zeitschrift „Die Friedenswarte“ schon 1941 einen ausführlichen Artikel über Leben und Werk Karl Neumeyers unter dem Titel „Karl Neumeyer zum Gedächtnis!“.[761]

Hans Wehberg schrieb: „So erschütternd endete die Bahn Karl Neumeyers in seinem 72. Lebensjahre, nachdem er unermüdlich seine ganze Kraft und sein hohes Können in den Dienst der Wissenschaft gestellt und ihr neue Wege gewiesen hat.“[762]

Auch Hans Morgenthau veröffentlichte 1941 im *„American Journal of international law“* einen Artikel über Karl Neumeyer.[763] Er schrieb, dass Karl Neumeyer mit seiner intellektuellen Ehrlichkeit und seinem ethischen Anspruch nach Wahrheit um der Wahrheit willen die Personifizierung der feinsten Tradition deutscher Gelehrsamkeit gewesen sei.[764] Ein Mensch, der eine so fromme und feine Seele gehabt habe wie er, müsste zu dem Schritt, sein Leben und das seiner Frau zu beenden, durch äußere Umstände gebracht worden zu sein.[765]

1947 veröffentlichte auch das *„Institut de Droit International“* in seinem *„Annuaire“* auf französisch einen Artikel über Leben und Werk Karl Neumeyers aus der Feder seines Freundes Gutzwiller.[766]

In Deutschland dauerte es länger, bis die ersten Beiträge zu Leben und Werk des großen jüdischen Gelehrten erschienen, was sicher damit zu tun hat, dass im Nachkriegsdeutschland die Gräuel der Kriegstage und die Verbrechen an den Juden zunächst lange unter dem Mantel der Verschwiegenheit lagen. In „Rabels Zeitschrift für ausländisches und Internationales Privatrecht“ aus den Jahren 1962/1963 wurde die Ansprache veröffentlicht, die Gutzwiller anlässlich der

761 *Wehberg, Hans*: Karl Neumeyer zum Gedächtnis, in: Die Friedenswarte, S. 260.

762 Ebd., S. 260.

763 *Morgenthau, Hans J.*: Professor Karl Neumeyer, Current Notes, in: The American Journal Of International Law, Volume 35, 1941, S. 672.

764 Ebd., S. 672.

765 Ebd., S. 672.

766 *Gutzwiller, Max*: Annuaire de l'Institut de Droit International, Bruxelles et Paris 1947, S. 317 ff.

Anbringung der oben erwähnten Gedächtnistafel im Karl-Neumeyer-Saal hielt.[767] Im Jahr 1969 veröffentlichte Prof. Murad Ferid anlässlich des 100sten Geburtstages von Karl Neumeyer in der Frankfurter Allgemeinen Zeitung einen Artikel über ihn. Im Jahr 1970 veröffentlichte dann Vogel seinen ersten Beitrag über Karl Neumeyer im Archiv für öffentliches Recht.[768] Er hatte sich schon 1965 anlässlich der Erstellung seiner Habilitationsschrift ausführlich mit Karl Neumeyers Konzeption des Internationalen Verwaltungsrechts auseinandergesetzt.

Weitere Beiträge zur Person Karl Neumeyers sind neueren Datums. Dies dürfte neben dem Bedürfnis, die nationalsozialistische Vergangenheit auch an der Universität München aufzuarbeiten, auch darauf zurückzuführen sein, dass seine Forschung mit der fortschreitenden europäischen Rechtsvereinheitlichung an Aktualität zugenommen hat.

Am Haus der Familie Neumeyer in der Königinstraße 35a erinnert heute eine Tafel mit der Inschrift „Karl und Anna Neumeyer zum Gedächtnis" an die Verstorbenen. Und schließlich trägt eine kleine Straße in München-Untermenzing Karl Neumeyers Namen.

---

767 *Gutzwiller, Max*: Karl Neumeyers Persönlichkeit und Werk, in: RabelsZ, S. 401 ff.

768 *Vogel, Klaus*: Karl Neumeyer zum Gedächtnis, in: Archiv des öffentlichen Rechts, Band 95, 1970, S. 138 ff.

B. Karl Neumeyers Werk

I. Dissertation

Die Dissertation war das erste Werk, mit dem Karl Neumeyer wissenschaftlich in Erscheinung getreten ist. Es ist nichts darüber bekannt, dass Karl Neumeyer auf irgend einem Gebiet vor Abfertigung der Schrift über den „strafbaren Bankerott“ bereits andere wissenschaftliche Arbeiten verfasst hat. Die als Lösung der Preisaufgabe der Universität München eingereichte Schrift soll daher einer näheren Betrachtung unterzogen werden, um die Entwicklung der wissenschaftlichen Arbeit Karl Neumeyers nachvollziehen zu können.

a) Ziel der Arbeit

Karl Neumeyer hat das Ziel, welches er sich für seine Arbeit gesetzt hatte, selbst in seinem Vorwort erwähnt. Dort heißt es:

„Die Arbeit selbst gerät mit den herrschenden Anschauungen nicht selten in Widerspruch. Nicht, um originell zu erscheinen! Der Verfasser hat es versucht, aus der geschichtlichen Entwicklung des Bankerotts ein Bild von seinem Wesen zu gewinnen, seine Auffassung des geltenden Rechts ist die natürliche Folge der dort gefundenen Ergebnisse. Möchte es ihm gelingen, dadurch beizutragen zu einer Festigung der schwankenden Begriffe des Bankerottrechts!“[769]

Er wollte also eine eigene Auffassung zum „Bankerottrecht“ aus der geschichtlichen Entwicklung ableiten. Gleichzeitig wird deutlich, dass er seine von der herrschenden Lehre abweichenden Thesen nicht etwa vertrat, um sich mit einer neuen Meinung hervorzutun. Vielmehr brachte er schon im Vorwort zum Ausdruck, dass es ihm darum ging, einen Beitrag zur Erreichung des höheren Ziels, der Fortentwicklung des Rechts, zu leisten.

769 *Neumeyer, Karl:* Historische und dogmatische Darstellung des strafbaren Bankerotts, Vorwort.

b) Inhalt der Arbeit

Im ersten Teil der Arbeit vollzog Karl Neumeyer die geschichtliche Entwicklung des „Bankerottrechts“, also desjenigen Rechts nach, das wir heute unter den in § 283 Strafgesetzbuch (StGB) geregelten Insolvenzstraftaten verstehen. Er untersuchte hierfür zunächst das Römische Recht.[770] Anschließend stellte er die Entwicklung im Kanonischen Recht dar.[771] Der historische Teil schließt mit der Darstellung der Entwicklung im Deutschen Recht.[772] Hierbei ging er zunächst auf die Lage vor dem Jahr 1548 ein,[773] stellte dann die Reichsgesetzgebung, insbesondere die für die weitere Entwicklung im gesamten deutschen Reich äußerst bedeutsame Augsburger Reichspolizeiverordnung von 1548 dar,[774] beschrieb dann den Zeitraum der Partikulargesetzgebung, also die Gesetzgebung innerhalb der einzelnen Länder des deutschen Reiches zwischen 1548 und 1807 und schloss mit einer Darstellung des Deutschen Rechts seit 1807[775]. Die historische Untersuchung der Materie brachte Karl Neumeyer zu dem Schluss, dass die einzelnen Tatbestände des „strafbaren Bankerotts“ noch nicht ausreichend scharf umrissen seien. Er schrieb:

„Überall handelt es sich mehr oder weniger um ein juristisches Kunstprodukt: es gilt, einen einfachen, einheitlichen Thatbestand mit dem Wortlaut des Gesetzes zu vereinen!“[776]

Im zweiten Teil befasste sich Karl Neumeyer mit der Dogmatik des „strafbaren Bankerotts“.[777] Hierzu untersuchte er zunächst den „einfachen Bankerott“, damals in § 210 der Konkursordnung geregelt, welcher mit der Regelung im heutigen § 283 StGB vergleichbar ist. Gesondert ging er dabei auf die Alternative „Die Beseitigung der Handelsbücher“ ein.[778] Anschließend ist die Dogmatik des „betrügerischen Bankerotts“, damals in § 290 der Konkursordnung normiert, untersucht.

Die heutigen Bankrott-Tatbestände des StGB nennen die hier enthaltene betrügerische Tatbestandskomponente nicht ausdrücklich. § 283 Abs. 1 Nr. 4 StGB

---

770 Ebd., S. 1 ff.
771 Ebd., S. 19 ff.
772 Ebd., S. 21 ff.
773 Ebd., S. 21 ff.
774 Ebd., S. 61.
775 Ebd., S. 111 ff.
776 Ebd., S. 117.
777 Ebd., S. 118 ff.
778 Ebd., S. 160 ff

stellt aber die Vortäuschung von Rechten anderer im Überschuldungsfall bzw. bei drohender oder eingetretener Zahlungsunfähigkeit unter Strafe. § 283 a Nr. 2 StGB regelt daneben, dass ein besonders schwerer Fall des Bankrotts vorliegt, wenn die in § 283 Abs. 1 bis 3 StGB genannten Alternativen begangen werden, obwohl dabei wissentlich viele Personen in die Gefahr des Verlusts der dem Täter anvertrauten Vermögenswerte oder in wirtschaftliche Not gebracht werden.

Im Gegensatz zur damals überwiegend herrschenden Meinung in der Strafrechtswissenschaft trat Karl Neumeyer für eine klare Trennung zwischen den Tatbeständen des „einfachen" und des „betrügerischen Bankerotts" ein.[779] Die Tatbestände waren nach seiner Meinung im geltenden Recht noch nicht scharf genug abgegrenzt, wobei für diese Abgrenzung insbesondere der Strafgrund den Ausschlag geben sollte.[780]

Schließlich setzte sich Karl Neumeyer noch mit der Dogmatik im Fall der Gläubigerbegünstigung, damals in § 211 der Konkursordnung, heute vergleichbar in § 283 c StGB geregelt, auseinander.[781]

c) Würdigung

Schon in dieser frühen Arbeit lässt sich erkennen, dass sich Karl Neumeyer in seinem Streben nach der „richtigen Lösung" nicht von der herrschenden Meinung leiten ließ, sondern, wo es ihm nötig erschien, neue Wege beschritt. Diese durchaus kritische Haltung erscheint bei einem so jungen Juristen erstaunlich (bei Abfassung der Arbeit war er gerade 21 Jahre alt), da schon die Erfassung des Stoffs, der von der herrschenden Meinung geprägt wird, viele Bearbeiter ganz in Anspruch genommen haben dürfte. Auch ist eine gewisse Größe notwendig, sich mit seinem Urteil über bestimmte Rechtsfragen schon in jungen Jahren gegen die herrschende Meinung, meist ja vertreten von den großen Rechtsgelehrten der Zeit, zu stellen.

Auffallend ist die Fülle des für die Schrift durchgearbeiteten Materials. Karl Neumeyer scheint sich schon in jungen Jahren ein erstaunliches rechtsgeschichtliches Wissen angeeignet zu haben und wusste mit Literatur in lateinischer Sprache ebenso zu arbeiten wie mit Quellen aus den verschiedensten Teilen des deutschen Reiches.[782] Daneben beweist die Arbeit aber auch schon ein umfassendes

779 Ebd., S. 123 f.

780 Ebd., S. 122 f.

781 Ebd., S. 184 ff.

782 Zu der Fülle an durchgesehenen Partikulargesetzen vgl. z. B. ebd., S. 130 Fn. 3.

Wissen über ausländische Rechte. Namentlich mit dem französischen, dem österreichischen und dem englischen Recht zieht er in seiner Arbeit verschiedentlich die Rechtshistorie wie auch die Dogmatik betreffende Vergleiche.[783] Bedenkt man, dass die Arbeit ursprünglich „nur" als Lösung der Preisaufgabe und nicht als Dissertation bestimmt war, erstaunen Umfang und Tiefe der Bearbeitung um so mehr.

Des Weiteren fällt auf, in welchem Umfang sich Karl Neumeyer bei Abfassung der Arbeit mit der einschlägigen Rechtsprechung auseinander gesetzt hat. Die genaue Kenntnis all dieser Quellen verband er mit einem scharfen, analytischen Stil, der bereits erkennen lässt, auf welch wissenschaftlich hohem Niveau auch all seine künftigen Arbeiten angesiedelt sein sollten.

Die Arbeit dürfte auch Anregungen gegeben haben für diejenigen Rechtsgebiete, denen Karl Neumeyer anschließend den Hauptteil seiner wissenschaftlichen Arbeit widmete: der Rechtsgeschichte sowie dem internationalen Recht.

Reinhard hat eine Rezension über die Dissertation Karl Neumeyers geschrieben,[784] Er hob besonders hervor, dass Karl Neumeyer die Geschichte des Bankerotts mit ungewöhnlichem Fleiß erforscht habe, es dabei auch verstanden habe, das überreiche Material mit sicherer Hand nach den entscheidenden Gesichtspunkten zu ordnen und dass er seine Resultate so darstellte, dass der Leser mehr und mehr an den Gegenstand der Untersuchung gefesselt werde, weil sie den geschichtlichen Hergang ungemein lebendig vor Augen führe.[785] Nicht nur im historischen Teil, sondern auch bei der dogmatischen Untersuchung sei es Karl Neumeyer gelungen, den vagen Begriffen der modernen Gesetzgebung Leben einzuhauchen, indem er sie im Zusammenhang mit dem wirtschaftlichen Bedürfnis und der geschichtlichen Entwicklung erfasst habe.[786] Damit zeigten sich schon in diesem ersten wissenschaftlichen Werk Karl Neumeyers seine großen Stärken: seine Begabung zur wissenschaftlichen Forschung einerseits und seine Fähigkeit, die Erkenntnisse in verständlicher und für die Praxis gewinnbringender Weise darzustellen, andererseits.

---

783 Betreffend das französische Recht siehe z. B. ebd., S. 124 f. mit Nachweisen in Fußnoten 5 und 1, S. 128 Fn. 2
Betreffend das österreichische Recht siehe z. B. ebd., S. 130 Fn. 3
Betreffend das englische Recht siehe z. B. ebd., S. 130 Fn. 3.

784 *Reinhard*:Karl Neumeyer, historische und dogmatische Darstellung des strafbaren Bankerutts unter besonders eingehender Untersuchung der Schuldfrage. Gekrönte Preisschrift. München, J. Schweizer. 1891, in: Kritische Vierteljahresschrift für Gesetzgebung und Rechtswissenschaft, Band 34, 1892, S. 457 – 460.

785 Ebd., S. 458.

786 Ebd., S. 459.

Karl Neumeyer hat die Schrift, für die er seine erste wissenschaftliche Anerkennung erhalten hat, seiner am 16. Juli 1890 verstorbenen Mutter gewidmet.[787]

II. Rechtshistorische Arbeit

1. Die gemeinrechtliche Entwicklung des internationalen Privat- und Strafrechts bis Bartolus, Erstes Stück: Die Geltung der Stammesrechte in Italien

Nach seiner Promotion und der Ablegung der ersten Staatsprüfung arbeitete Karl Neumeyer wie oben unter A. VI. beschrieben an seiner rechtshistorischen Forschungsarbeit über „die gemeinrechtliche Entwicklung des internationalen Privat- und Strafrechts bis Bartolus“. Schon der erste Teil der Untersuchung, der die Geltung der Stammesrechte in Italien zum Gegenstand hatte und den er schließlich als Habilitationsschrift einreichte, kostete ihn wegen des Umfangs der Bearbeitung und der aufwendigen Quellenbeschaffung große wissenschaftliche Anstrengung. Er schrieb in seinem Vorwort, dass die Bibliotheken von Prag, Leipzig, Trier, Bamberg und Berlin ihm Handschriften und Drucke für die Ausarbeitung seiner Schrift senden mussten.[788] Außerdem waren Recherchen in den Bibliotheken von Venedig, Pisa, Florenz, Rom und Neapel notwendig.[789] Er schrieb weiter:

„Und eine Flut von Wünschen hat sich über die beiden Münchener Bibliotheken ergossen, die in dankbar gewürdigter Hilfsbereitschaft die Arbeit erst möglich gemacht haben.“[790]

Auch der königlich bayerischen und der königlich italienischen Staatsregierung sprach Karl Neumeyer für deren großzügige Unterstützung seinen Dank aus. Es sind auch diese Beispiele von vormals umfassender Unterstützung des jüdischen Wissenschaftlers durch alle denkbaren Institutionen, die das Geschehen, welches

---

787 *Neumeyer, Karl:* Historische und dogmatische Darstellung des strafbaren Bankerotts , Deckblatt: „Dem Andenken meiner teuren Mutter.“; zum Sterbedatum der Mutter siehe Fragebogen als Beilage zur Entschließung des bayerischen Kultusministeriums vom 24. Mai 1933, PA KN, UAM E II 2576.

788 *Neumeyer, Karl:* Die gemeinrechtliche Entwicklung des internationalen Privat- und Strafrechts bis Bartolus. Erstes Stück, VI.

789 Ebd., VI.

790 Ebd., VI.

ihn in Leben und Wirken gut 30 Jahre später völlig isoliert stehen ließ, um so unglaublicher machen.

a) Ziel der Arbeit

Die Motivation, die rechtshistorische Arbeit zu verfassen, ging davon aus, das internationale Recht von den Anfängen her zu durchdringen.
In seinem Vorwort schrieb er:

„Als Internationalist, nicht im Interesse der Rechtsgeschichte, bin ich an die Arbeit herangetreten.“[791]

Weiter heißt es dort:

„Die Erkenntnis der Notwendigkeit einer geschichtlichen Grundlegung ist heute allen Gebieten der Rechtswissenschaft gemeinsam, und so wenig als andere Rechtszweige kann das internationale Privatrecht der geschichtlichen Grundlagen entraten. Auch hier ist vieles, was gegenwärtig gilt, nur die letzte Erscheinungsform einer lange sich hinziehenden Entwicklung, und die Art, wie es entstanden ist, zeigt, was es bedeutet [...].“[792]

Er wollte aber mit seiner Arbeit nicht nur zum Verständnis der geltenden Rechtslage, sondern auch zu deren Weiterentwicklung beitragen. Denn weiter heißt es:

„Noch bedeutsamer aber will es mir scheinen, wenn die geschichtliche Untersuchung uns zwingt, Rechenschaft zu geben, wo und warum sich der gegenwärtige Rechtszustand von dem früherer Zeiten unterscheidet. Die Gegenüberstellung mit dem Recht völlig anders organisierter Gewalten, wo anscheinend gleiche Voraussetzungen verschiedene Wirkungen erzeugen, und gleiche Wirkungen auf scheinbar verschiedenen Voraussetzungen beruhen, muss uns neue Aufschlüsse bringen, Aufschlüsse vor allem auf dem Gebiet der allgemeinen Lehren des internationalen Privatrechts, die heute nach einer gesicherten Grundlegung schreien.“[793]

Er scheint bezüglich der (nach seiner Ansicht unterschätzten) Bedeutung des Internationalen Privatrechts auch ein gewisses Sendungsbewusstsein gehabt zu

791 Ebd., VII.
792 Ebd., III.
793 Ebd., III.

haben und hoffte, mit seiner Arbeit dazu beitragen zu können, diesem Rechtsgebiet den rechten Rang einzuräumen:

„Vielleicht aber kann eine Geschichte des internationalen Privatrechts auch nach aussen wohlthätig wirken, bei den vielen Juristen, die diesen Fragen ferner stehen und mit Misstrauen auf einen jungen Rechtszweig blicken, der ihnen bei dem Mangel an gesetzlichen Unterlagen wenig mehr als eine Sammlung luftiger Spekulationen bedeutet. Vielleicht, dass der Nachweis, wie sich unsere Fragen seit Jahrhunderten aufdrängen, wie seit Jahrhunderten ihre Lösung aus dem Rechtsganzen herauswächst, die Rechtsnotwendigkeit dieser Dinge lebhafter vor Augen führt; vielleicht, dass ein Blick in die Kontinuität der Entwickelung auch dem Gesetzgeber zeigt, dass hier kein Tummelplatz für willkürliche Experimente ist.“[794]

b) Inhalt der Arbeit

Das Ziel Karl Neumeyers war die Erforschung der Entwicklung des Internationalen Privatrechts. Bei dem Rechtsgebiet „Internationales Privatrecht“ (kurz: IPR) geht es um die Frage, welches von mehreren zur Auswahl stehenden Rechten auf einen konkreten Fall anzuwenden ist. Gerichte etwa können nicht in allen Fällen das Recht des eigenen Staates anwenden. In Fällen mit Auslandsberührung, wenn also z. B. die Parteien Staatsangehörige anderer Staaten sind, die streitgegenständliche Sache im Ausland belegen ist oder sich die für den Rechtsstreit maßgebenden Umstände in einem anderen Staat ereignet haben, muss der Richter zunächst klären, welches Recht auf den Rechtsstreit oder eine einzelne Rechtsfrage anzuwenden ist.[795] Diejenigen Regeln, die bestimmen, welches von mehreren zur Auswahl stehenden Rechten im konkreten Fall anzuwenden ist, bilden zusammen das sogenannte IPR.[796] Die Regeln des IPRs, die man auch „Kollisionsnormen“ nennt, liegen damit auf einer höheren Abstraktionsebene als diejenigen Rechtsvorschriften, die die Rechtsfrage materiell entscheiden.[797] Letztere nennt man in Abgrenzung zu den Kollisionsnormen „Sachnormen“ oder „materielles Recht“.[798]

794 Ebd., IV.
795 *Vogel, Klaus*: Karl Neumeyer, in: Deutsche Juristen jüdischer Herkunft, S. 536.
796 Ebd., S. 536.
797 Ebd., S. 537.
798 Ebd., S. 537.

Karl Neumeyer konzentrierte seine Arbeit auf die Dogmengeschichte des IPR.[799] Dabei ging es ihm besonders um die Zeit, als sich – so weit die Forschung es nachvollziehen kann – zum ersten Mal ein eigenständiges Rechtsgebiet IPR herausbildete.[800]

Die Lehren des IPRs gehen nicht, wie dies damals verbreitete Meinung war[801], auf Bartolus zurück. Vielmehr hatte dieser das meiste von anderen Gelehrten und aus früherer Zeit übernommen.[802]

Karl Neumeyer hatte sich zunächst zum Ziel gesetzt, die gesamte Entwicklung des IPRs bis Bartolus in einem Stück zu beleuchten. Er war davon ausgegangen, dass er das Vorhaben innerhalb von zwei bis drei Jahren bearbeiten könnte.[803] Schon bald stieß er aber auf die Frage, in welchem Verhältnis die ersten Kollisionsnormen im italienischen Rechtsraum zu den sogenannten „persönlichen Rechten" standen. Unter diesen persönlichen Rechten sind nach Karl Neumeyer allgemein Stammesrechte zu verstehen, die nicht an die Zugehörigkeit zu staatlichen Rechtsgemeinschaften, sondern an die Zugehörigkeit zu einem bestimmten Stamm anknüpften.[804] Diese „Vorfrage" nach dem Verhältnis zwischen dem Kollisionsrecht bei der Kollision territorialer Rechte einerseits und dem System des Kollisionsrechts der persönlichen Rechte andererseits behandelte er auf 313 Seiten. Insbesondere ging es Karl Neumeyer dabei darum, den Zusammenhang zwischen den beiden Kollisionssystemen zu untersuchen.[805]

Die Untersuchung seiner Ausgangsfragestellung, die Entwicklung des Kollisionsrechts auf territorialer Grundlage bis Bartolus, musste er wegen des Umfangs der zunächst nur als Vorarbeiten gedachten Untersuchung der früheren Rechtsentwicklung auf einen späteren Zeitpunkt verschieben.

Karl Neumeyer bemühte sich um eine klare Abgrenzung der Begriffe „Personalität" und „Territorialität". Die persönlichen Rechte zeichneten sich danach dadurch aus, dass diese Stammesrechte in keinem Fall auf Grund von räumlichen Beziehungen einer zu beurteilenden Rechtsfrage zur Anwendung kamen, sondern immer nur aufgrund der persönlichen Zugehörigkeit einer Person zu einem bestimmten Stamm.[806] Im Unterschied hierzu konnte das moderne, territorial

799 *Neumeyer, Karl:* Die gemeinrechtliche Entwicklung des internationalen Privat- und Strafrechts bis Bartolus. Erstes Stück, V.

800 Ebd., V.

801 Ebd., V.

802 Ebd., V.

803 Ebd., VI.

804 Ebd., S. 2.

805 Ebd., S. 4.

806 Ebd., S. 7.

geprägte Recht auch kraft räumlicher Beziehung zur Anwendung berufen sein.[807] Da aber auch im modernen Recht, in welchem die räumliche Anwendung möglich ist, bezüglich bestimmter Rechtsfragen auch eine persönliche Anknüpfung z. B. an die Staatsangehörigkeit vorgesehen ist, ergaben sich große Schwierigkeiten, einen Zeitpunkt auszumachen, zu welchem es zum Systemwechsel von dem Kollisionssystem der persönlichen Rechte hin zum Kollisionssystem territorialer Rechte kam.[808] Zumindest gelang Karl Neumeyer die Bestimmung des Unterschiedes der beiden Systeme wie folgt:

„Die Frage, wie sich das System der persönlichen Rechte und die Statutenkollision auf territorialer Grundlage begrifflich zu einander verhalten, ist damit erledigt: dort gibt es nur persönliche Unterwerfungsgründe unter ein Recht, hier auch räumliche."[809]

Den Gegenstand der weiteren Ausführungen bildet dann die Frage, wie die beiden Systeme im geschichtlichen Verlauf ineinandergegriffen haben.[810]

Hierzu untersuchte Karl Neumeyer zunächst das Landesrecht von Ober- und Mittelitalien.[811] Im Einzelnen finden sich hier Ausführungen zum longobardischen Recht,[812] zur Geltung der Kapitularien,[813] also von königlichen Anordnungen, und zur Verschmelzung beider[814]. Des weiteren stellte er das römische Landesrecht[815] und das römische Weltrecht[816] dar, welches neben dem longobardischen Recht existierte.[817] Es folgen Ausführungen über die Verdrängung des longobardischen Rechts durch das römische,[818] über den Untergang des longobardischen[819] und dessen Verschwinden aus der Literatur[820].

Im zweiten Kapitel geht es um die persönlichen Rechte in Ober- und Mittelitalien, wobei Karl Neumeyer das Aufkommen der einzelnen Stammesrechte

807 Ebd., S. 17.
808 Ebd., S. 17.
809 Ebd., S. 21.
810 Ebd., S. 21.
811 Ebd., S. 22 ff.
812 Ebd., S. 22 ff.
813 Ebd., S. 29 ff.
814 Ebd., S. 33 ff.
815 Ebd., S. 44 ff.
816 Ebd., S. 50 ff.
817 Ebd., S. 57 ff.
818 Ebd., S. 59 ff.
819 Ebd., S. 70 ff.
820 Ebd., S. 71.

nachzeichnete,[821] dann näher die einzelnen persönlichen Rechte im Wirkungsgebiet des römischen Rechts untersuchte,[822] anschließend Geltungsgrund[823] und Umfang der Geltung der einzelnen persönlichen Rechte[824] beschrieb und schließlich den Verfall der persönlichen Rechte nachwies[825].

Erst nach der ausführlichen Darstellung der persönlichen Rechte und des Landesrechts folgen Betrachtungen über das Verhältnis, in welchem das internationale Recht der persönlichen Rechte und die „Statutenkollision" auf territorialer Grundlage zueinander standen.[826] Er untersuchte hierzu, inwieweit die persönlichen Rechte in den allgemein anwendbaren Kollisionsnormen überdauert haben.[827] Er stellte fest, dass die beiden Systeme für eine gewisse Dauer nebeneinander bestanden. Wollten sie den selben Gegenstand regeln, ging das territoriale Recht dem persönlichen vor.[828] Das Ortsrecht entschied auch über die Frage, ob die persönlichen Rechte überhaupt anwendbar waren und falls ja, welches unter mehreren möglichen zur Anwendung kommen sollte.[829]

Schließlich verschwanden die persönlichen Rechte aber nach und nach ganz, entweder, indem Rechtsverschiedenheiten zwischen Landesrecht und persönlichen Rechten beseitigt wurden, oder indem für solche Fälle Vorschriften geschaffen wurden, die „an Stelle des früheren Rechtszustandes eine einheitliche und selbständige Rechtsregel aufstellen."[830] Auch kam es zu Fällen, in denen das eine oder andere Stammesrecht verschwand, was dazu führte, dass das verbleibende Stammesrecht mit dem Landesrecht verschmolz und dann in das neue Stadtrecht, welches territorial galt, überging.[831] So haben Aspekte der persönlichen Rechte zwar den Wandel der Zeit überdauert, es konnte sich aber ein für alle Personen nur an territorialen Gesichtspunkten festgemachtes Recht für die Region Ober- und Mittelitalien durchsetzen.

In seinem dritten Kapitel untersuchte Karl Neumeyer schließlich die Entwicklung in Unteritalien.[832] Auch hierfür beschrieb er zuerst, welche Landesrechte es

821 Ebd., S. 80 ff.
822 Ebd., S. 94 ff.
823 Ebd., S. 121 ff.
824 Ebd., S. 130 ff.
825 Ebd., S. 143 ff.
826 Ebd., S. 169 ff.
827 Ebd., S. 168 ff.
828 Ebd., S. 170.
829 Ebd., S. 171.
830 Ebd., S. 172.
831 Ebd., S. 174.
832 Ebd., S. 178 ff.

gegeben hatte,[833] um dann auf die persönlichen Rechte einzugehen[834]. Zum Schluss zog er auch hier den Vergleich zwischen dem System betreffend die Kollision von persönlichen Rechten einerseits und demjenigen der Statutenkollosion andererseits.[835] Wiederum stellte Karl Neumeyer fest, dass die Stammesrechte immer mehr von territorialen Rechtsquellen verdrängt wurden.[836] Eine klare geschichtliche Trennung der Geltung der beiden Systeme war aber auch hier nicht möglich. Die persönlichen Rechte hatten in Unteritalien noch recht lange Einfluss auf das Kollisionsrecht. Letztlich sind sie aber zumeist in den Territorialrechten aufgegangen. Die Stammesrechte konnten dann entweder kraft räumlicher oder kraft persönlicher Anknüpfung zur Anwendung kommen.[837]

c) Würdigung

Auch bei diesem Werk nötigt die Masse an erhobenem Material Hochachtung ab, zumal, wenn man bedenkt, dass Karl Neumeyer viele Quellen nur in Form von lateinischen Handschriften vorlagen. Es hat vor Karl Neumeyer keinen Autor gegeben, der sich in ähnlicher Tiefe mit dem Verhältnis zwischen Stammesrecht und Kollisionsrecht befasst hat. Er konnte sich zwar auf gewisse Vorarbeiten stützen. So hatte Catellani vor Karl Neumeyer den Versuch unternommen, eine umfassende Geschichte des IPR zu verfassen.[838] Auf eine Arbeit von Lainé konnte er insbesondere hinsichtlich der Dogmengeschichte zurückgreifen,[839] Karl Neumeyer kam aber über diese Vorarbeiten mit seiner Forschung weit hinaus. Catellani hatte für seine Geschichte des IPR einen Großteil der Quellen unberücksichtigt gelassen, deren mühsamer Erschließung und Deutung sich Karl Neumeyer mit bewundernswerter Geduld annahm. Gerade im Bereich der Grundlagenforschung ist die Erforschung der einzelnen vorhandenen Quellen unerlässliche Voraussetzung, um anschließend ein genaues und korrektes Gesamtbild der Rechtsentwicklung zeichnen zu können. Auf eine aus der mangelnden Beschäftigung mit den einzelnen Quellen resultierende Schwäche des Werks Cantanellis wies Karl Neumeyer ausdrücklich hin.[840]

---

833 Ebd., S. 178 ff.

834 Ebd., S. 223 ff.

835 Ebd., S. 303 ff.

836 Ebd., S. 303.

837 Ebd., S. 306.

838 *Catellani, Enrico*: storia del diritto internazionale privato e di suoi progressi, Band I, 2. Auflage, Torino 1895.

839 *Lainé, Armand*: Introduction au droit international privé, Band I, Paris 1888.

840 *Neumeyer, Karl:* Die gemeinrechtliche Entwicklung des internationalen Privat- und Strafrechts bis Bartolus, Erstes Stück, S. 9 Fn. 2.

Lainés Arbeit dagegen lobte Karl Neumeyer als ein ausgezeichnetes Werk, das für lange hinaus den zuverlässigen Führer in dem Wechsel der gemeinrechtlichen Anschauungen bleiben werde.[841] Auch Lainé hatte aber eine eher grobe Zusammenfassung der Entwicklung über sechs Jahrhunderte hinweg vorgelegt. Karl Neumeyer hatte nicht nur den Anspruch, in seiner Forschung noch weiter zurückzugreifen als Lainé und auch die ältesten, auffindbaren Quellen zur Geschichte des IPR zu erschließen. Er beschäftigte sich durch die akribische Aufarbeitung jeder einzelnen aufgefundenen Quelle deutlich intensiver mit dem Stoff als Lainé es getan hatte. So wurde er seinem selbst gesetzten Ziel, die einzelnen Ergebnisse mit den allgemeinen Lehren von Recht und Staat und mit dem praktischen Rechtsleben der jeweiligen Zeit in Verbindung zu bringen,[842] mehr als gerecht.

Nach seiner Veröffentlichung erschienen verschiedene Rezensionen zu Karl Neumeyers Werk. Die erste stammt aus der Feder von Franz Kahn.[843] Er schrieb, dass selbst wenn man die rechtsgeschichtliche Grundlagenforschung zum internationalen Recht für dessen Fortentwicklung nicht für unbedingt nötig erachte, doch niemand die Bedeutung und den Wert einer so grundgelehrten und umsichtigen Forschung verkennen könne, wie sie mit Karl Neumeyers Werk vorgelegt worden sei.[844] Karl Neumeyer habe die schwere Aufgabe, eine Geschichte des IPR auf breitester Grundlage aufzubauen, zunächst für den dunkelsten Zeitabschnitt von allen, denjenigen vor Bartolus, bewältigt.[845] Die Beherrschung des einschlägigen Materials, das Karl Neumeyer erhoben hatte, nannte Kahn staunenswert.[846] Die von Karl Neumeyer vorgelegte Untersuchung des Verhältnisses der persönlichen Rechte zur Statutenkollision bezeichnete Kahn als überaus interessant und wichtig[847] und er hatte keinen Zweifel, dass die Forschung aus Karl Neumeyers rechtsgeschichtlichen Forschungen auch für die allgemeinen dogmatischen Grundlagen des IPR einiges lernen könnte und würde.[848]

841 Ebd., V.

842 Ebd., V.

843 *Kahn, Franz:* Neumeyer, Karl, Die gemeinrechtliche Entwicklung des Privat- und Strafrechts bis Bartolus I, in: Kritische Vierteljahresschrift für Gesetzgebung und Rechtswissenschaft, 3. Fassung Band9, 1904, S. 624 – 630.

844 Ebd., S. 625.

845 Ebd., S. 625.

846 Ebd, S. 625.

847 Ebd., S. 627.

848 Ebd., S. 628.

Auch A. Mendelssohn-Bartholdy schrieb eine Rezension über Karl Neumeyers Werk.[849] Er maß Karl Neumeyers Untersuchung eine große Bedeutung zu, nicht nur für die Internationalisten, sondern mehr noch für die Historiker.[850] Denn mehr noch als für die Fortentwicklung des IPR könne das Verständnis der Geschichte des IPR zum Verständnis der Weltgeschichte beitragen, da die Geschichte des IPR auf das engste mit der Weltgeschichte des Rechts zusammenhänge.[851] Mendelssohn-Bartholdy wünschte sich aufgrund des außerordentlichen Fleißes, der Gewandtheit und Sorgfalt in der Quellenbenutzung und des historischen Intuitionsvermögens, die Karl Neumeyer bei der Bearbeitung des ersten Stücks bewiesen habe, ausdrücklich die Fortsetzung seiner Forschungsarbeit.[852]

Schließlich verfasste auch Ulrich Stutz eine Rezension zu Karl Neumeyers Untersuchung.[853] Auch er lobte Karl Neumeyers Werk in höchsten Tönen und hob ebenfalls hervor, dass auch wenn Karl Neumeyer selbst die Untersuchung mit der Zielrichtung anstellte, für das IPR Fortschritte zu erzielen, die Arbeit doch auch für die Rechtsgeschichte von größtem Gewinn sei.[854] Erst dieses Werk ergäbe einen sicheren Einblick in die Verbreitung und Geltungsdauer des longobardischen Rechts, in das Verhältnis desselben zum Kapitularienrecht, in die Zusammensetzung der italienischen Bevölkerung, in Grund und Anwendung des Prinzips der persönlichen Rechte, in die Bildung des Statutarrechts und in sein Verhältnis zum älteren Recht, ganz abgesehen von der die Rechtshistoriker mit interessierenden Geschichte des Kollisionsrechts.[855] Stutz endete mit der Bemerkung, dass es ein besonderes Verdienst Karl Neumeyers sei, den spröden Stoff so aufbereitet zu haben, dass man sein Buch sogar mit einem gewissen Genuss läse.[856]

Karl Neumeyers Forschung zu den Anfängen der Geschichte des IPR hat daher auch über 100 Jahre nach seinem Erscheinen nichts an Bedeutung verloren. Er steckte schon in diesem Werk viel Arbeit in die Unterscheidung der Anknüpfung nach dem Prinzip der Personalität und der Territorialität. Dass alle drei Rezensenten zu seinen diesbezüglichen Erkenntnissen und Ausführungen – teils

849 *Mendelssohn-Bartholdy:, A.* Neuemeyer, Karl, Die gemeinrechtliche Entwicklung des internationalen Privat- und Strafrechts bis Bartolus I, in: Zeitschrift der Savigny-Stiftung für Rechtsgeschichte, Romanistische Abteilung, Band 23, 1902, S. 500 – 508.

850 Ebd., S. 501.

851 Ebd., S. 500.

852 Ebd., S. 501.

853 *Stutz, Ulrich*: Neumeyer Karl, Die gemeinrechtliche Entwicklung des internationalen Privat- und Strafrechts bis Bartolus I, in: Zeitschrift der Savigny-Stiftung für Rechtsgeschichte, Germanistische Abteilung, Band 23 = 36, 1902, S. 354 – 357.

854 Ebd., S. 355.

855 Ebd., S. 355.

856 Ebd., S. 357.

auch konträr – Stellung beziehen, zeigt, wie relevant Karl Neumeyers Forschung für den damaligen Kenntnisstand und die Fortentwicklung des IPR seit Anfang des letzten Jahrhunderts gewesen ist.

2. Die gemeinrechtliche Entwicklung des internationalen Privat- und Strafrechts bis Bartolus, Zweites Stück: Die gemeinrechtliche Entwicklung bis zur Mitte des 13. Jahrhunderts

Das Ziel, die Entwicklung des IPRs bis zur Mitte des 13. Jahrhunderts zu untersuchen, hatte Karl Neumeyer nicht aus den Augen verloren. 15 Jahre nach dem Erscheinen des ersten Teils, der das Verhältnis der Stammesrechte zum territorial anknüpfenden Kollisionsrecht beleuchtete, veröffentlichte Karl Neumeyer den zweiten Teil seiner großen rechtshistorischen Arbeit mit dem Titel „Die gemeinrechtliche Entwicklung bis zur Mitte des 13. Jahrhunderts“. Hier konnte er sich nun der Entwicklung des Kollisionsrechts, verstanden als die Regeln über die Anwendbarkeit des Rechts im Fall der Kollision verschiedener örtlicher Rechte, widmen.

a) Ziel der Arbeit

Im Vorwort schrieb Karl Neumeyer, dass er die Arbeit am 23. Juli 1914 abgeschlossen habe.[857] Er habe sich bei der Bearbeitung auf das Kernproblem des Gegenstands, nämlich die Abgrenzung zwischen örtlichen Rechten begrenzt, wobei er die Lehren der ältesten zu diesem Thema in Erscheinung getretenen Legisten und Kanonisten untersucht hatte.[858] Weitere Ausführungen, etwa zu sonstigen Rechtsanschauungen jener Zeit, hatte er sich versagt. Nicht, weil es an Stoff oder Material gemangelt hätte. Vielmehr war es ihm als seine Pflicht erschienen,

„den drängenden Forderungen der Gegenwart ihr Recht zu lassen. Die Zahl der ernsthaften Arbeiter im Bereich des Internationalen Privatrechts ist so verschwindend klein, die Aufgaben, die hier der Bewältigung harren, sind so unabsehbar, daß jeder, der kann, zur Stelle sein muß.“[859]

857 *Neumeyer, Karl:* Die gemeinrechtliche Entwicklung des internationalen Privat- und Strafrechts bis Bartolus. Zweites Stück, III.

858 Ebd., III.

859 Ebd., IV.

Es war ihm zwar schwer gefallen, die rechtshistorischen Arbeiten abzubrechen, denen seine Liebe gehörte.[860] Er hatte die eigene Fragestellung nach der Entwicklung des Internationalen Privat- und Strafrechts bis Bartolus auch mit dem zweiten Stück noch nicht erschöpfend behandelt, wollte sich aber nach Bearbeitung des zweiten Stücks zunächst ganz auf seine Studien zum IPR der Gegenwart konzentrieren.

Nur fünf Tage, nachdem er, wie er angab, das Werk fertig gestellt hatte, brach der Erste Weltkrieg aus. Karl Neumeyer stellte sich daher die Frage, ob es sich unter diesen Voraussetzungen überhaupt lohne, sich mit dem IPR zu befassen, und

„die feinsten Grenzscheidungen auf die Wage zu legen, wo die entfesselten Gewalten Waage und Gewogenes zu zermalmen drohten?"[861]

Er kam aber zu der Einsicht, dass Gerechtigkeit auf der Richterbank zu jeder Zeit möglich sei.[862] Sein Ziel, auch mit dem zweiten Stück seines Werks nicht nur zur Aufhellung der Geschichte, sondern auch für die künftige Rechtsentwicklung einen Beitrag zu leisten, scheint er zumindest für sich persönlich erreicht zu haben. Denn er schrieb weiter, dass wenn etwas ihm den Mut gegeben habe, an eine Wiederaufrichtung des Rechts unter den Völkern zu glauben, dann sei es der Gedanke an die Zeiten, von denen jenes zweite Stück handelt.[863]

b) Inhalt der Arbeit

i) Die kollisionsrechtliche Praxis

Das Werk ist in drei Kapitel gegliedert. Im ersten Kapitel stellte Karl Neumeyer die kollisionsrechtliche Praxis zwischen der Mitte des 11. Jahrhunderts und der Mitte des 13. Jahrhunderts dar.[864] Das Kollisionsrecht begann sich nach seinen Forschungen erst seit der Mitte des 11. Jahrhunderts auszubilden.[865] Nach den Quellen, welche Karl Neumeyer für die Zeit seit Mitte des 11. Jahrhunderts auffinden konnte, wurde in jener ersten Zeit der kollisionsrechtlichen Regelungen

860 Ebd., IV.
861 Ebd., IV.
862 Ebd., IV.
863 Ebd., IV.
864 Ebd., S. 1 ff.
865 Ebd., S. 2.

jeweils das Recht des Ortes angewandt, an welchem jemand Recht sucht, die sogenannte „*lex fori*".[866] Karl Neumeyer hat bei seinen Nachforschungen zu diesen frühen Zeiten Quellenmaterial aus allen Teilen Italiens gesichtet und ausgewertet, so zum Beispiel aus Pisa, Amalfi, Neapel, Genua, Narbonne, Siena und Chiusi.[867] Er hat sich auch mit der Anwendung der untersuchten Kollisionsvereinbarungen befasst und herausgearbeitet, dass die Anwendungsregeln zwischen der Mitte des 11. und der Mitte des 13. Jahrhunderts sowohl für das Prozessrecht wie auch für das materielle Recht galten.[868] Daneben arbeitete Karl Neumeyer heraus, dass die *lex fori* nicht etwa nur auf „Untertanen" des jeweiligen Gerichtsbereichs angewandt wurde. Vielmehr kam sie mit wenigen Ausnahmen auch zur Anwendung, wenn Ortsfremde Recht suchten.[869] Er erweiterte die Betrachtungen dann auf das Kollisionsrecht im öffentlichen Recht und im Strafrecht und stellte fest, dass von einigen vertraglich geregelten Ausnahmen abgesehen auch hier die *lex fori* zur Anwendung kam. Erst nach und nach setzte eine differenzierende Anwendung der *lex fori* ein, indem man den Rechtssuchenden nicht generell dieser unterstellte, sondern nach dem Gegenstand der zu behandelnden Rechtsfrage unterschied.[870]

Karl Neumeyer behandelte in weiteren Kapiteln, inwieweit es im untersuchten Zeitraum auch schon Anknüpfungen nach räumlichen oder persönlichen Gesichtspunkten gegeben hat.[871] Der letzte Teil des ersten Kapitels ist der Frage der rechtlichen Herrschaft des Auslands gewidmet. Hierunter ist aber zu jener Zeit nur die Anerkennung der wechselseitigen Souveränität in Rechtsetzungs- und Rechtsprechungsangelegenheiten zu verstehen.[872] Fremde Ortsrechte sind damals noch nicht zur Anwendung gekommen.[873] Nur bei Rechtsgeschäften, deren Inhalt „dem Belieben der Parteien überlassen bleibt", gab es auch Verweisungen auf fremdes Ortsrecht.[874] Daneben war beispielsweise im Bereich der öffentlichen Urkunden schon die Bereitschaft verbreitet, ausländische öffentliche Urkunden als gültig anzusehen.[875] Auch wurde im untersuchten Zeitraum vereinzelt schon Rechtshilfe geleistet, was Karl Neumeyer ebenfalls als Beispiel der wechselseiti-

866 Ebd., S. 2.
867 Ebd., S. 5 ff.
868 Ebd., S. 9 ff. und 13 ff.
869 Ebd., S. 23 f.
870 Ebd., S. 31 ff.
871 Ebd.6, S. 33 ff. und 41 ff.
872 Ebd., S. 49 f.
873 Ebd., S. 50.
874 Ebd., S. 50.
875 Ebd., S. 52 f.

gen Anerkennung fremden Rechts anführte.[876] Die ausschließliche Anwendung der *lex fori* begann sich damit langsam aufzuweichen.

ii) Das Kollisionsrecht bei den Legisten

Das zweite Kapitel ist der Behandlung des Kollisionsrecht durch die „Legisten" gewidmet, also derjenigen Rechtsgelehrten, die sich im Mittelalter und damit auch in dem von Karl Neumeyer untersuchten Zeitraum zwischen der Mitte des 11. und der Mitte des 13. Jahrhunderts mit dem antiken weltlichen römischen Recht, insbesondere der unter Kaiser Justinian entstandenen Rechtssammlung „*Corpus Iuris Civilis*" befassten.[877] Die wichtigste Leistung der „Glossatoren" genannten Rechtsgelehrten war es, die „*Digesten*", die Teil des *Corpus Iuris Civilis* sind, mit Anmerkungen, sogenannten „Glossen" zu versehen, um dabei vermeintliche Widersprüche einzelner Textstellen aufzulösen und die *Digesten* damit verständlich und für das Mittelalter nutzbar zu machen.[878] Sie erläuterten dabei jeweils nur einzelne Passagen und behandelten einzelne rechtliche Probleme. Den Versuch, ganze Rechtsvorschriften zu erläutern und zu kommentieren, unternahmen nach den Glossatoren erst die sogenannten „Konsiliatoren", auch „Postglossatoren" genannt, zu denen auch Bartolus zählte.[879]

Die Glossatoren haben in verschiedenen Glossen den Grundsatz der Praxis von der Anwendung der *lex fori* in kollisionsrechtlichen Fällen zum Ausdruck gebracht.[880] Insbesondere in der sogenannten „Accursischen Glosse" (auch „*glossa ordinaria*" genannt) des Glossators Accursius, mit der erstmals ein vollständiger Glossenapparat zu allen Rechtsbüchern erstellt wurde,[881] hat der Grundsatz von der Anwendung der *lex fori* Ausdruck gefunden[882]. Diese Glosse steht nach Karl Neumeyer ebenso wie die Praxis „völlig geschlossen auf dem

---

876 Ebd., S. 53.

877 Ebd., S. 57 ff.

878 Zu den Quellen der Glossatoren siehe *Lange, Hermann*: Römisches Recht im Mittelalter, Band I: Die Glossatoren, München 1997, S. 60; Zu den Digesten siehe näher *Ebel, Friedrich, Thielmann, Georg*: Rechtsgeschichte, von der Römischen Antike bis zur Neuzeit, 3. Auflage, Heidelberg 2003, S. 96.

879 *Lange, Hermann, Kriechbaum, Maximiliane*: Römisches Recht im Mittelalter, Band II: Die Kommentatoren, München 2007, S. 689 ff.

880 Verschiedene Beispiele finden sich bei *Neumeyer, Karl:* Die gemeinrechtliche Entwicklung des internationalen Privat- und Strafrechts bis Bartolus. Zweites Stück, S. 60 ff.

881 Siehe dazu *Lange, Hermann*: Römisches Recht im Mittelalter, Band I: Die Glossatoren, München 1997, S. 362.

882 *Neumeyer, Karl:* Die gemeinrechtliche Entwicklung des internationalen Privat- und Strafrechts bis Bartolus. Zweites Stück, S. 60.

Boden der *lex fori*".[883] Der Verfasser der Glosse hat aber in einem Nachtrag selbst den Grundsatz der Anwendung der *lex fori* in Frage gestellt und „neuen Anschauungen Raum verschafft".[884]

Im Anschluss an Accursius wies Karl Neumeyer weitere Autoren nach, die vom Grundsatz der Anwendung der *lex fori* abgewichen sind.[885] So nannte er den Magister Aldricus, der um das Jahr 1154 lebte[886], als denjenigen, der „die wissenschaftliche Lehre vom internationalen Privatrecht begründet" habe[887]. Er konnte sich dabei nur auf Sekundärquellen stützen, da Aldricus selbst keine Schriften hinterlassen hat. Er soll aber nach Karl Neumeyers Auffassung der erste der Legisten gewesen sein, der die Anwendung fremden Rechts, freilich nur nach dem Ermessen des Richters, für möglicherweise geboten hielt.[888] Das Ermessen müsse dabei aber vom römischen Recht getragen sein.[889] Diese Auffassung und ihre Weiterentwicklung wies er dann auch bei späteren Legisten nach.[890]

Im nächsten Abschnitt beschrieb Karl Neumeyer, wie sich bei den Legisten in Abkehr von der bis dahin geltenden Lehre langsam die Ansicht durchgesetzte, dass auf Fremde die *lex fori* bezüglich privatrechtlicher Fragen keine Anwendung finden solle, sondern vielmehr nur für die jeweiligen Untertanen gelte.[891]

Anschließend stellte Karl Neumeyer die Entwicklung dar, wie die Legisten schließlich dazu kamen, dass die Anwendungsgrenzen nicht unterschiedslos für das gesamte Recht gelten müssten, sondern dass es „auf die Eigenart des Rechtsverhältnisses ankommt, und eine Gemeinschaft diejenigen Beziehungen unter ihre Ordnung nehmen kann, die nach sachlichen Beziehungen dieser Gemeinschaft zugehören".[892] Der hierin liegende Grundgedanke, dass bezüglich des anwendbaren Rechts nach demjenigen Recht zu suchen ist, welches der Rechtsfrage am nächsten ist, hat sich bis heute bewahrt. Heute kann die Befolgung dieses Grundsatzes zur Anwendung fremden Rechts führen. Auch nach heutigem

---

883 Ebd., S. 63.
884 Ebd., S. 63.
885 Ebd., S. 63 ff.
886 Ebd., S. 66.
887 Ebd., S. 67.
888 Ebd., S. 69.
889 Ebd., S. 101.
890 Ebd., S. 70 ff.
891 Ebd., S. 73 ff.
892 Ebd., S. 83.

Forschungsstand lässt sich die Anwendung fremden Rechts dagegen bei den Legisten noch nicht mit Sicherheit nachweisen.[893]

Eine weitere Entwicklung bei den Legisten, namentlich bei Jacobus Balduini, die Karl Neumeyer aufzeigte, hat bis heute Bedeutung, nämlich dass die Frage nach dem anzuwendenden Prozessrecht getrennt von der Frage nach dem anzuwendenden materiellen Recht beantwortet werden kann.[894]

In dem von Karl Neumeyer untersuchten Zeitraum setzte langsam auch die Anerkennung einer besonderen Anknüpfung ein, soweit Sachen den Kern der Rechtsfrage bildeten.[895] Auch diese Vorschriften, die hinsichtlich des anzuwendenden Rechts an die Belegenheit von Sachen anknüpfen, sogenannte „Realstatute" oder „Sachstatute", finden sich bis heute in den Lehren des IPRs wieder. Die Bestimmung des anwendbaren Rechts nach dem sogenannten „Personalstatut",[896] eine heute ebenfalls gängige Anknüpfungsweise, war den Gelehrten der damaligen Zeit dagegen zumeist noch fremd.[897]

Dafür, dass schon die Legisten im untersuchten Zeitraum die unmittelbare Anwendung ausländischen Rechts für geboten erklärt hätten, fand Karl Neumeyer zwar keine Quellen, die dies unmittelbar belegten.[898] Im Bereich der Rechtshilfe wurde aber auch bei den Legisten deutlich, dass fremde Rechte durchaus auch von ihnen anerkannt wurden.[899]

iii) Das Kollisionsrecht bei den Kanonisten

Im dritten Kapitel behandelte Karl Neumeyer das Kollisionsrecht, wie es sich bei den „Kanonisten", also den Kirchenrechtlern der römisch-katholischen Kirche, von der Mitte des 11. bis zur Mitte des 13. Jahrhunderts wiederfindet.[900]

---

893 Siehe zu Magister Aldricus *Lange, Hermann*: Römisches Recht im Mittelalter, Band I: Die Glossatoren, München 1997, S. 204.

894 *Neumeyer, Karl:* Die gemeinrechtliche Entwicklung des internationalen Privat- und Strafrechts bis Bartolus. Zweites Stück., S. 85.

895 Ebd., S. 92.

896 Hierunter ist die von einem in einer Person liegenden Merkmal, also z. B. von ihrer Volljährigkeit abhängige Geltung eines Rechts zu verstehen, siehe hierzu im Einzelnen *von Hoffmann, Bernd, Thorn, Karsten*: Internationales Privatrecht, 9. Auflage, München 2007, S. 185 ff.

897 *Neumeyer, Karl:* Die gemeinrechtliche Entwicklung des internationalen Privat- und Strafrechts bis Bartolus. Zweites Stück, S. 98 ff.

898 Ebd., S. 102.

899 Ebd., S. 103.

900 Ebd., S. 107 ff.

Zwar hatte das kirchliche Recht im untersuchten Zeitraum auf das weltliche Recht und damit auf die weltliche Praxis noch keinen Einfluss. Da sich dies aber nur wenige Jahrzehnte später änderte und sich Lehren der Kanonisten und der Legisten mischten, hat Karl Neumeyer auch das Kollisionsrecht, wie es zu jener Zeit bei den Kanonisten ausgeprägt war, untersucht.[901]

Kollisionsrechtliche Fragen stellten sich den Kanonisten zum einen, weil die einzelnen Bistümer Italiens häufig unter eigenen Partikularrechten standen, woraus sich die Frage nach dem anwendbaren Recht bei Berührung eines Sachverhalts mit mehreren Bistümern ergab.[902] Daneben hatte die Kirche ein breites Spektrum von Sachverhalten unter ihre Gerichtsbarkeit gezogen, wofür nicht in allen Fällen auch materielles Kirchenrecht zur Verfügung stand.[903] In solchen Fällen entschieden die Kirchengerichte nach weltlichem Recht, so dass sich auch hier die Frage stellte, welches der jeweiligen weltlichen Ortsrechte zur Anwendung gelangen sollte.[904]

Den kollisionsrechtlichen Fragen haben sich die Kanonisten nach den Forschungen Karl Neumeyers wesentlich früher als die Legisten gestellt.[905]

Karl Neumeyer arbeitete heraus, dass auch bei den Kanonisten im untersuchten Zeitraum zunächst die *lex fori* weithin Geltung auch für Fremde beanspruchte.[906] Nach und nach begannen sie aber zu differenzieren und wollten die *lex fori* nur auf bestimmte Fremde angewandt sehen, etwa auf solche, die am Ort der *lex fori* ihren Wohnsitz nahmen oder die dort einen Vertrag schlossen.[907]

Zu erster Diskussion, welches von mehreren möglichen Rechten anzuwenden sei, kamen die Kanonisten dadurch, dass der Papst in allen Angelegenheiten der ersten Instanz konkurrierende Gerichtsbarkeit üben konnte und in der Berufungsinstanz zuständig war.[908] Er delegierte diese Zuständigkeit häufig an andere hochstehende Geistliche.[909] Der so mit der Entscheidung des Falls beauftragte Geistliche war aber häufig an anderem Ort als die Rechtssuchenden und das zu Grunde liegende Geschehen, so dass sich die Frage nach dem anzuwendenden Recht aufdrängte.[910] Teilweise wurde weiterhin das Recht des Richters angewandt, aber auch die Anwendung des Rechts der Parteien wurde schon in frühen

901 Ebd., S. 107.
902 Ebd., S. 107.
903 Ebd., S. 108.
904 Ebd., S. 108.
905 Ebd., S. 108.
906 Ebd., S. 123.
907 Ebd., S. 125.
908 Ebd., S. 126.
909 Ebd., S. 126.
910 Ebd., S. 126.

Quellen in Erwägung gezogen und als die zu bevorzugende Lösung vertreten.[911] Auch die Anwendung des Rechts des Papstes wurde vereinzelt diskutiert, letztlich aber immer zugunsten der Anwendung der *lex fori* des entscheidenden Richters abgelehnt.[912] Es setzte sich schließlich bei den Kanonisten die Ansicht durch, dass das Recht der Parteien das anzuwendende Recht sei, wie sich aus der „*Summa Decreti Bambergensis*", die um das Jahr 1200 entstand, ergibt.[913] Wenn die Parteien aus verschiedenen Gebieten stammten, sollte das Recht des Beklagten zur Anwendung kommen.[914] Teilweise wurde noch weiter differenziert, dass falls das Recht des Klägers dem Beklagten günstiger sei, dies zur Anwendung kommen müsse.[915]

Schließlich fanden sich im untersuchten Zeitraum in Sekundärquellen, deren Angaben Karl Neumeyer für nicht unwahrscheinlich hielt, zuerst um das Jahr 1180 bei dem Kanonisten Johannes Faventinus[916] schon Erörterungen, das anzuwendende Recht müsse sich nach einer sachlichen Anknüpfung ergeben, es müsse also nach dem Gegenstand der Rechtsfrage (z. B. Vertrag oder Delikt) unterschieden werden.[917] Spätestens für die Zeit 1191/1198 ging Karl Neumeyer davon aus, dass die Anknüpfung nach sachlichen Gesichtspunkten von den Kanonisten vertreten wurde.[918] Verträge wurden danach dem Recht des Vertragsorts unterworfen[919], Vergehen dem Recht am Ort der Handlung[920].

Auch über das Prozessrecht bei den Kanonisten gab Karl Neumeyer Aufschluss. Die Trennung zwischen dem anzuwendenden Prozessrecht und dem anzuwendenden materiellen Recht vollzogen die Kanonisten früh, erstmals wohl durch Bernardus Papiensis gegen 1191/1198.[921] Im Prozessualen gingen die Kanonisten von der Geltung der *lex fori* des entscheidenden Richters aus.[922]

Seine Untersuchungen über das Kollisionsrecht bei den Kanonisten schloss Karl Neumeyer mit Betrachtungen über das Personalstatut und die Anwendung fremden Rechts. Ebenso wie den Legisten war den Kanonisten ein echtes Personalstatut im Bereich des Zivilrechts im untersuchten Zeitraum noch unbekannt.[923]

---

911 Ebd., S. 127 ff.
912 Ebd., S. 127 f.
913 Ebd., S. 114 und 129.
914 Ebd., S. 130.
915 Ebd., S. 131.
916 Ebd., S. 135.
917 Ebd., S. 131 f.
918 Ebd., S. 135.
919 Ebd., S. 135 ff.
920 Ebd., S. 138.
921 Ebd., S. 114 und 144.
922 Ebd., S. 144.
923 Ebd., S. 146.

Im Strafrecht hingegen konnte Karl Neumeyer bereits für das frühe 13. Jahrhundert aufzeigen,[924] dass die Kanonisten Untertanen auch außerhalb des eigenen Landes unter die eigenen Strafgesetzte stellen wollten und wies damit zum ersten mal das „aktive Personalprinzip", also die Anknüpfung des Rechts an die Staatsangehörigkeit einer Person nach.[925]

Bezüglich der Anwendung fremden Rechts hielt Karl Neumeyer fest, dass die Kanonisten nicht nur der Geltung eigenen Rechts räumliche Grenzen wiesen, sondern entsprechend den obigen Ausführungen auch schon früh fremdes Recht zur Anwendung brachten, so zum Beispiel in Fällen, in denen das Recht der Parteien unabhängig vom Recht des entscheidenden Richters bestimmt oder später das Recht des Vertragsorts angewandt wurde.[926] Schließlich wurde auch die Tätigkeit von ausländischen Behörden von den Kanonisten zumeist anerkannt und auch die Rechtshilfe war gängig.[927]

c) Würdigung

Das Werk wurde schon kurz nach seinem Erscheinen von Ernst Mayer ausgesprochen wohlwollend besprochen.[928] Mayer erwähnte eingangs, dass Karl Neumeyer schon mit seinem ersten Band unter die besten Forscher auf dem Gebiet romanistischer, insbesondere italienischer Rechtsgeschichte getreten sei. Alle Vorzüge des älteren Teils wiederholten sich im zweiten.[929] Neben der knappen, von reifer Sachkenntnis geprägten Darstellung hob Mayer die Gewissenhaftigkeit hervor, mit der Karl Neumeyer die Glosse nicht nur verarbeitete, sondern auch bereitstellte.[930]

Mayer äußerte in seiner Besprechung neben Lob doch aber auch Bedenken, nämlich hinsichtlich des Zusammenhangs, in den Karl Neumeyer die Einzelerscheinungen im untersuchten Zeitraum einreihte. Nach Ansicht von Mayer ist die gemeinrechtliche Statutentheorie nichts anderes als die Rechtslage, wie sie mindestens seit der fränkischen Zeit auf Grund des Systems der persönlichen Rechte und der dieses System kreuzenden Normen gegeben war und mithin kein Sys-

924 Ebd., S. 139 und 146.

925 Ebd., S. 146 f.

926 Ebd., S. 147.

927 Ebd., S. 148.

928 *Mayer, Ernst*: Karl Neumeyer, Die gemeinrechtliche Entwicklung des internationalen Privat- und Strafrechts des Bartolus II, in: Zeitschrift des Savigny-Stiftung für Rechtsgeschichte, Band 38, Weimar 1917, S. 373 ff.

929 Ebd., S. 373.

930 Ebd., S. 373.

temwechsel.[931] In der Geltung des *statutum personale* des gemeinen Rechts sieht er nichts anderes als die Fortgeltung der persönlichen Rechte, nur mit dem Unterschied, dass anstelle des römischen und longobardischen Rechts und neben diesen nun auch die vielen Munizipalrechte getreten waren.[932] Einen Systemwechsel sah er auch im Bereich der *statuta realia* und der *statuta mixta* nicht gegeben, sondern hielt die Rechtslage im untersuchten Zeitraum auch bezüglich dieser Statute nur für eine Fortentwicklung des seit längerer Zeit geltenden Rechts.[933]

Karl Neumeyer hat auf diese Besprechung geantwortet.[934] Auf die Bedenken Mayers entgegnete er überzeugend. Den Zusammenhang zwischen dem System der persönlichen Rechte und dem der Statutenkollision, den Mayer aus den Quellen zu erkennen meint, verneinte Karl Neumeyer und belegte, dass die Lehre von der Statutenkollision eine eigenständige Entwicklung der Rechtsgelehrten im untersuchten Zeitraum war und nicht aus dem System der persönlichen Rechte hervorging.[935]

Der Wert der Arbeit Neumeyers lässt sich aber am besten ermessen, wenn man betrachtet, welchen ungebrochen großen Einfluss seine Erkenntnisse auch nach dem heutigen Forschungsstand haben. Lediglich für einzelne seiner Ergebnisse kommt die heutige Forschung zu anderen Schlüssen. So geht man zwar auch heute davon aus, dass Karl Neumeyers Auffassung, dass mit der auf Magister Aldricus zurückgehenden Beschäftigung mit dem anzuwendenden Recht das älteste bekannte Zeugnis dieser Art von Rechtsforschung vorliegt. Karl Neumeyers Auffassung, dass Magister Aldricus damit die wissenschaftliche Lehre vom internationalen Privatrecht begründet habe, wird dagegen in der heutigen Forschung nicht in Gänze geteilt.[936]

Auch wenn diese Auffassung angesichts der dürftigen Quellenlage zu Arbeiten des Magister Aldricus tatsächlich etwas weit gehen mag, bleibt doch die Tatsache, dass Karl Neumeyer unwidersprochen nachweisen konnte, dass nach den Quellen Aldricus der erste Gelehrte war, der sich überhaupt mit Fragen nach dem anwendbaren Recht auseinander gesetzt hat, bemerkenswert.[937]

---

931 Ebd., S. 375.

932 Ebd., S. 379.

933 Ebd., S. 379.

934 *Neuemeyer, Karl*: Miszellen: Statutenkollision und persönliche Rechte, in: Zeitschrift der Savigny-Stiftung für Rechtsgeschichte, Band 39, Weimar 1918, S. 309 ff.

935 Ebd., S. 310 ff.

936 *Lange, Hermann*: Römisches Recht im Mittelalter, Band 1: Die Glossatoren, München 1997, S. 204 Fn. 29.

937 *Ebd.*, S. 204.

Im Übrigen beruft sich die heutige Forschung in großen Teilen auf Karl Neumeyers Erkenntnisse zu der Entwicklung des IPR.

Dass in der älteren Zeit in der Praxis die *lex fori* sowohl das anwendbare Prozessrecht wie auch das anwendbare materielle Recht dominierte, wie Karl Neumeyer feststellte, wird unter Berufung auf Karl Neumeyer auch heute noch so gesehen.[938] Auch seine Forschungsergebnisse zu frühen Ausnahmen, namentlich bei Aldricus und Accursius, werden noch heute zitiert.[939] Es finden sich zu der Frage, welche Auffassung die frühen Legisten und Kanonisten zur Frage des anwendbaren Rechts vertraten, sogar generelle Hinweise zu Karl Neumeyers sämtlichen Erkenntnissen.[940]

Die von Karl Neumeyer nachgezeichnete Entwicklung der Lehren vom IPR von der Mitte des 11. Jahrhunderts bis zur Mitte des 13. Jahrhunderts hat damit nicht nur eine wichtige Grundlage für weiter Forschungen gelegt, sondern hat zu großen Teilen noch heute Gültigkeit.[941]

Allein die Zitate der unzähligen gesichteten Handschriften im Text sowie in den Fußnoten des Werkes lassen erahnen, wie viele Stunden Arbeit und wie viele Reisen für die Erstellung dieses Werks nötig waren. Viele der wichtigsten Quellen sind im Original, also in lateinischer Sprache wiedergegeben. Dies geschah vermutlich, um sich dem Vorwurf der falschen Auslegung zu entziehen, da die Übersetzung und Auslegung lateinischer Schriften jener frühen Zeit einigen Spielraum lässt.

Es ist kein zweites Werk bekannt, das sich in solcher Tiefe mit den Quellen und Anfängen des IPRs auseinandergesetzt hat. Es bleibt daher auch heute für jeden, der sich mit der Geschichte des IPRs beschäftigt, ein umfassendes Nachschlagewerk.

Bezüglich des Stils des Werks hat Max Gutzwiller Stellung genommen. Insbesondere der zweite Teil zeichne sich danach durch die „charakteristischen Züge der Neumeyer'schen Forschung“[942] aus: „äußerste räumliche Konzentration und

---

938 *Lange, Hermann, Kriechbaum, Maximiliane:* Römisches Recht im Mittelalter, Band II: Die Kommentatoren, München 2007, S. 245 Fn. 130.

939 Ebd., S. 245 Fn 131 und S. 246 Fn. 133; Lange, Hermann: Römisches Recht im Mittelalter, Band I: Die Glossatoren, München 1997, S. 204 Fn. 28.

940 *Lange, Hermann, Kriechbaum, Maximiliane*: Römisches Recht im Mittelalter, Band II: Die Kommentatoren, München 2007, S. 245 f., mit Verweis zu den älteren Legisten auf Neumeyer, Karl: Die gemeinrechtliche Entwicklung des internationalen Privat- und Strafrechts bis Bartolus, Zweites Stück, S. 57 – 106 und zu den älteren Kanonisten ebd., S. 107 – 149.

941 Vgl. etwa *Becker, Christian*: Internationales Privatrecht, in: Handwörderbuch zur deutschen Rechtsgeschichte Band 2, 14. Lieferung, Sp. 1271 – 1276, Onlinefassung S. 2.

942 *Gutzwiller, Max*: Karl Neumeyers Persönlichkeit und Werk, in: RabelsZ, S. 403.

absoluteste Sachlichkeit“[943]. Statt Quellen nur zu diskutieren und wissenschaftlicher Betrachtung zu unterziehen, ziehe er sie vielmehr unmittelbar und in knappster Form heran.[944]

Dem ist hinzuzufügen, dass die Quellen zwar im Text keiner wissenschaftlichen Betrachtung im Sinn einer Quellenkritik unterzogen wurden. Diese Quellenkritik hat Karl Neumeyer aber als Vorarbeit geleistet. Wenn Quellen einmal im Zustand oder in ihrer Aussagekraft dürftig waren, hat Karl Neumeyer hierauf gesondert hingewiesen. Im Umkehrschluss und aufgrund seiner äußersten Sorgfalt darf man davon ausgehen, dass er im übrigen nur solche Quellen verwendet hat, die er einer äußeren Kritik bezüglich ihrer Echtheit, einer inneren Kritik bezüglich Aussagekraft und Erkenntniswert und schließlich einer Interpretation unterzogen hatte und die dieser Prüfung standgehalten hatten. Allein diese geleistete Vorarbeit erscheint angesichts der Fülle des erhobenen Materials geradezu unglaublich.

3. Das kanonische Recht und die Lehren der Kanonisten in ihrem Einfluß auf die Entwicklung des internationalen Privatrechts (1250 – 1357)

a) Ziel der Arbeit

Karl Neumeyer hatte sich den Zeithorizont für die Erforschung der Geschichte des IPRs bis zum Zeitalter des Bartolus gesteckt. Mit der Bearbeitung der Geschichte des IPRs bis zur Mitte des 13. Jahrhunderts war das Forschungsvorhaben damit noch nicht abgeschlossen, da Bartolus bis zum Jahr 1357 lebte.[945] Diesen weiteren hundert Jahren in der Geschichte des IPRs von 1250 bis zum Todesjahr des Bartolus widmete Karl Neumeyer seine letzten Forschungen. Nach Ende des zweiten Weltkrieges wurden Gutzwiller zwei Konvolute zugesandt, die Karl Neumeyer noch kurz vor seinem Tod fertig gestellt hatte und von denen er annahm, dass Gutzwiller sich um die Veröffentlichung kümmern würde.[946] Die übersandten Abhandlungen sollten ursprünglich Teil eines „dritten Stücks“ seines Werks über die gemeinrechtliche Entwicklung des Internationalen

943 Ebd., S. 403.
944 Ebd., S. 403.
945 *Lange, Hermann*: Römisches Recht im Mittelalter, Band I, Die Glossatoren, München 1997, S. 292.
946 *Gutzwiller, Max*: Karl Neumeyers Persönlichkeit und Werk, in: RabelsZ, S. 407.

Privat- und Strafrechts bis Bartolus werden.[947] Das dritte Stück sollte insgesamt das Thema „Von der Mitte des 13. Jahrhunderts bis zum Tod des Bartolus" behandeln und damit das Forschungsvorhaben abschließen, welches Karl Neumeyer schon als Rechtspraktikant mit seiner Habilitationsschrift begonnen hatte.[948] Dass er diesen dritten Teil nicht mehr würde vollenden können, war Karl Neumeyer offenbar klar. Er kündigte nämlich die beiden Gutzwiller übersandten Abhandlungen mit der Fußnote an:

„Aus dem unvollendet hinterlassenen Werk *Die gemeinrechtliche Entwicklung des internationalen Privat- und Strafrechts bis Bartolus*, 3. Stück, Von der Mitte des 13. Jahrhunderts bis zum Tod des Bartolus"[949]

Das erste Manuskript trägt den Bleistiftvermerk „druckfertig 25.4.41".[950] Das zweite Manuskript hat Karl Neumeyer laut Bleistiftnotiz am 15. Mai 1941 fertiggestellt.[951] Zwei Monate später lebte Karl Neumeyer nicht mehr. Beide Beiträge wurden 1965 unverändert in der Tijdschrift vor Rechtsgeschiedenis veröffentlicht.[952]

b) Inhalt der Arbeit

Die erste Abhandlung trägt den Titel „Das kanonische Recht und die Lehren der Kanonisten in ihrem Einfluß auf die Entwicklung des internationalen Privatrechts (1250 – 1357)".

Karl Neumeyer konnte sich bei der Bearbeitung wohl nur auf seine Privatbibliothek stützen. Er hatte sich nach Aussage Gutzwillers ein Exemplar der gesammelten Werke des Bartolus (vermutlich die Ausgabe Bartolus de Saxoferrato: *opera omnia. In ius universum civile commentaria, consilia, tractatus et*

---

947 *Neumeyer, Karl*: Das kanonische Recht und die Lehre der Kanonisten in ihrem Einfluss auf die Entwicklung des internationalen Privatrechts, in: Tijdschrift vor Rechtsgeschiedenis Band XXXIII, Groningen, Bruxelles, La Haye, 1965, S. 177.

948 Ebd., S. 177.

949 Ebd., S. 177.

950 Ebd., S. 177.

951 *Gutzwiller, Max*: Karl Neumeyers Persönlichkeit und Werk, in: RabelsZ, S. 407; in Tijdschrift vor Rechtsgeschiedenis Band XXXIII, Groningen, Bruxelles, La Haye, 1965, S. 198 ist allerdings davon abweichend der 11.5.1941 als von Karl Neumeyer vermerktes Fertigstellungsdatum angegeben.

952 *Neumeyer, Karl*: Das kanonische Recht, in: Tijdschrift vor Rechtsgeschiedenis, S. 177 ff.

repertorium Bartoli, Interpretum iuris Coryphaei, Basel 1562) verschaffen können und stützte seine Arbeit hierauf.[953]

Karl Neumeyer hat hier erneut die Lehren vom Kollisionsrecht bei den Kanonisten untersucht, da diese besonders in dem Zeitabschnitt bis zum Tod des Bartolus auf die Lehre der Legisten starken Einfluss genommen haben.[954]

Er leitete die Abhandlung mit der Untersuchung der Frage ein, wie die Bereiche des kanonischen und des gemeinen römischen, also weltlichen Rechts im Kollisionsfall voneinander abgegrenzt wurden.[955] Unter den Kanonisten war die vormals einhellig vertretene Ansicht, dass der Richter in jedem Fall nur sein eigenes Recht anzuwenden habe, im untersuchten Zeitraum verschwunden.[956] Vielmehr grenzten die Kanonisten nun nach dem sogenannten „Beklagtenforum", also dem Recht des Beklagten, ab.[957] Werde ein Laie vor seinem Richter verklagt, wende dieser gemeines Recht an, auch wenn der Kläger Kleriker sei und umgekehrt. Die Abgrenzung, ob gemeines oder kirchliches Recht zur Anwendung kommen sollte, richtete sich demnach nach dem Gericht, vor welchem die Klage anhängig gemacht worden sei.[958] Die Folge war freilich auch hier, dass der jeweilige Richter sein eigenes Recht anzuwenden hatte.

Für die Frage, wie die Kanonisten die Kollision von kirchlichem Recht und weltlichem Ortsrecht im untersuchten Zeitraum lösten, konnte Karl Neumeyer keine einheitlichen Lösungen nachweisen. Teilweise wurde vertreten, dass Ortsrecht auf Kleriker schlechthin nicht anwendbar sei, da Stadtrecht nur die Untertanen der Stadt binden könne, zu denen die Kleriker nicht zu zählen seinen.[959] Zum anderen konnte Karl Neumeyer aber feststellen, dass zu dieser Frage auch eine nach der Art des Ortsrechts differenzierende Anwendung vertreten wurde. Dabei wies er die ersten Ausführungen darüber nach, in welchen Fällen ein Gewohnheitsrecht als ein solches über eine Person, wann als ein solches über eine Sache zu qualifizieren sei.[960]

Unterschieden hat Karl Neumeyer hiervon die Frage, welches Recht im Fall der Kollision örtlich verschiedenen kanonischen und römischen Rechts anwendbar sein sollte. Die Länder der Kirche galten seit Ende des 12. Jahrhunderts als eigenes Staatswesen und in diesen Gebieten galt nach der Lehre der Kanonisten auch dann kanonisches Recht, wenn dies zum römischen Recht in Widerspruch

953 *Gutzwiller, Max*: Karl Neumeyers Persönlichkeit und Werk, in: RabelsZ, S. 407.
954 *Neumeyer, Karl*: Das kanonische Recht, in: Tijdschrift vor Rechtsgeschiedenis, S. 178.
955 Ebd., S. 178 ff.
956 Ebd., S. 180.
957 Ebd., S. 181.
958 Ebd., S. 181.
959 Ebd., S. 181.
960 Ebd., S. 182.

stand.[961] In Ländern, die der Herrschaft des Kaisers unterstanden, galt dagegen römisches Recht.[962] Für Erbfälle, die Grenzüberschreitungen zwischen einem dem kanonischen Recht und einem dem römischen Recht unterstehenden Land aufwiesen, traf Karl Neumeyer bei den Kanonisten auf die Fragestellung, wie mit sogenannten „Reskriptslegitimationen" mit erbrechtlichen Wirkungen zu verfahren sei.[963] Unter einer Reskriptslegitimation ist dabei die Legitimation eines Erben zu verstehen, der per Gesuch um Legitimation über ein Erbe (heute vergleichbar mit dem Antrag auf Erteilung eines Erbscheins) gebeten hatte und darauf die Reskriptslegitimation erhielt. Befand sich der Nachlass nun teils in kanonischem Recht unterstehenden, teils in römischem Recht unterstehenden Gebiet, stellte sich die Frage, ob Kaiser oder Papst die Legitimation aussprechen konnten, da grundsätzlich jeder nur für sein Gebiet legitimieren konnte.[964] Daraus entwickelten die Kanonisten die Forderung nach der doppelten Legitimation durch Papst und Kaiser.[965]

Eine einheitliche Handhabung, wie bei dem Zusammentreffen von römischen (bzw. von den Legisten aus dem römischen Recht entwickelten) und kirchlichen Kollisionsnormen, soweit solche schon ausdrücklich vorhanden waren, mit hierbei auftretenden Verschiedenheiten umzugehen war, konnte Karl Neumeyer bei den Kanonisten nicht finden. Vielmehr wurden solche Verschiedenheiten möglichst übergangen.[966]

Im zweiten Abschnitt der Abhandlung ging Karl Neumeyer darauf ein, dass das kanonische Recht von den Legisten zur Klärung von Fragen, zu denen sie in den römischen Quellen keine unmittelbar passende Lösung fanden, ergänzend herangezogen werden konnte.[967] Ab 1325/30 hat Karl Neumeyer eine solche Durchmischung für Frankreich nachgewiesen.[968] Ein wenig früher hatte auch in Italien die Beschäftigung der Legisten mit dem kanonischen Recht eingesetzt, wobei diese häufig noch Zurückhaltung gegenüber der unmittelbaren Einbeziehung kanonischer Quellen bewahrten.[969] Insbesondere bei Bartolus finden sich dann nach Karl Neumeyers Forschung bei der Bearbeitung des IPRs auch kanonische

961 Ebd., S. 183.
962 Ebd., S. 184.
963 Ebd., S. 185.
964 Ebd., S. 185.
965 Ebd., S. 185 f.
966 Ebd., S. 187 f.
967 Ebd., S. 189.
968 Ebd., S. 192.
969 Ebd., S. 192.

Quellen.[970] Und schließlich griffen die Legisten nicht mehr nur unmittelbar auf kanonische Quellen, sondern auch auf Glossen und andere Schriften der Kanonisten zurück.[971] Damit begannen die Lehren der Kanonisten über das IPR unmittelbaren Eingang auch in die Lehren der Legisten zu finden.

Auf eine ausführliche Darstellung, zu welchen Fragen des IPRs auch Ansichten der Kanonisten herangezogen wurden, hat Karl Neumeyer verzichtet.[972] Er schloss seine Abhandlung mit der Bemerkung, dass die Einbeziehung kanonistischer Arbeit bei den Legisten im untersuchten Zeitraum zu keinen grundlegenden Wendungen in den Rechtsansichten geführt habe, dass aber ihr Einfluss zur Festigung schwankender Meinungen, zur Fortführung vorhandener Ansätze und vor allem zur Bereicherung in zahlreichen Einzelfragen geführt habe.[973]

c) Würdigung

Die Abhandlung ist ein eindrückliches Beispiel der Qualität der Forschung Karl Neumeyers. Er verlor nie das Ziel aus den Augen, die Ursprünge des IPRs gründlich zu erforschen, wobei die Beschäftigung mit den Lehren der Kanonisten unumgänglich war. Diese Arbeit in der hier vorgelegten Weise zu erledigen, obwohl ihm der Zugang zu den öffentlichen Bibliotheken verwehrt war, spricht dafür, welch unermesslichen Wissensschatz um die Geschichte des IPRs er sich in den Jahrzehnten zuvor erworben hatte.

4. Die geographische Ausbreitung der gemeinrechtlichen Lehren vom internationalen Privatrecht (1250 – 1357)

a) Ziel der Arbeit

Die zweite, Gutzwiller nach dem Tod Karl Neumeyers zugegangene Abhandlung trägt den Titel „Die geographische Ausbreitung der gemeinrechtlichen Lehren vom internationalen Privatrecht (1250 – 1357)". Karl Neumeyer wollte mit einer Übersicht über die geographische Ausbreitung der kollisionsrechtlichen Lehren die Darstellung auf andere Länder erweitern, da er sich zuvor allein auf die Ent-

970 Ebd., S. 193.
971 Ebd., S. 195.
972 Ebd., S. 197.
973 Ebd., S. 197.

wicklung in Italien beschränkt hatte. Er wollte nachweisen, inwieweit sich die italienischen Lehren durchsetzten und verbreiteten.

b) Inhalt der Arbeit

Zu Anfang der Abhandlung stellte Karl Neumeyer die Ausbreitung der kollisionsrechtlichen Lehren in Unteritalien von der Mitte des 13. Jahrhunderts bis zum Tod des Bartolus im Jahr 1357 dar.[974] Unteritalien war danach im untersuchten Zeitraum gemeinrechtliches Gebiet und übernahm die Lehren zum IPR offensichtlich aus Oberitalien.[975] Eigene Lehren, die Unteritalien hervorgebracht hatte, haben über die eigenen Grenzen hinaus kaum Bedeutung erlangt.[976]

Anschließend untersuchte Karl Neumeyer die Verbreitung der kollisionsrechtlichen Lehren in England im gleichen Zeitraum.[977] Er kam zu dem Ergebnis, dass man hier unter Heranziehung von römischen Quellen über die ersten Ausführungen der älteren Glossatoren nicht hinausgekommen ist.[978] Kollisionsrechtliche Probleme wurden von der Lehre nach Karl Neumeyers Erkenntnissen praktisch nicht diskutiert, wobei er offensichtlich nicht die Möglichkeit hatte, alle Quellen zu untersuchen, welche über diese Frage Aufschluss gegeben hätten.[979] Als sich im 18. Jahrhundert die kollisionsrechtlichen Probleme zu häufen begannen, habe England auf diesem Gebiet jedenfalls nicht an eigene Lehren anknüpfen können.[980]

Auch für Deutschland untersuchte Karl Neumeyer die Ausbreitung der kollisionsrechtlichen Lehren.[981] So fand er heraus, dass zwar der Sachsenspiegel als die wichtigste der deutschen Rechtsquellen jener Zeit wie auch andere Quellen bereits ausdrückliche Bestimmungen über das anzuwendende Recht enthielten, die zumeist die Anwendung der *lex fori* in Kollisionsfällen anordneten.[982] Diese Bestimmungen gingen aber nicht auf römisches oder kanonisches Recht zu-

974 *Neumeyer, Karl*: Die geographische Ausbreitung der gemeinrechtlichen Lehren vom Internationalen Privatrecht (1250 – 1357), in: Tijdschrift vor Rechtsgeschiedenis Band XXXIII, Groningen, Bruxelles, La Haye, 1965, S. 198.

975 Karl Neumeyer spricht davon, dass Unteritalien als gemeinrechtliches Gebiet im Bereich des internationalen Privatrechts als „der empfangende Teil erschien", siehe ebd., S. 198.

976 Ebd., S. 199.

977 Ebd., S. 199 ff.

978 Ebd., S. 199 f.

979 Ebd., S. 201 f., siehe insbesondere S. 202 Fn. 12.

980 Ebd., S. 202.

981 Ebd., S. 202 ff.

982 Ebd., S. 202 f.

rück.[983] Erst sehr spät im fraglichen Zeitraum fand Karl Neumeyer für Deutschland eine auf das römische Recht gestützte Arbeit, die sich am Rande – und nach seiner Einschätzung unzulänglich – auch mit dem Problem der Statutenkollision beschäftigt.[984] Mit dem kanonischen Recht und dessen Lehren über die Statutenkollision hatten sich deutsche Gelehrte dagegen früher als mit dem römischen Recht auseinandergesetzt und nach Karl Neumeyers Forschung hat das kanonische Recht der Rezeption des römischen Rechts in Deutschland maßgeblich den Boden bereitet.[985] Auch den frühen deutschen Werken über das kanonische Recht stellte er aber kein gutes Zeugnis aus, da sie meist an den wesentlichen Fragen der Statutenkollision vorbeigegangen seien.[986]

Im nächsten Abschnitt untersuchte er die Ausbreitung der gemeinrechtlichen Lehren vom Kollisionsrecht in Spanien.[987] Hier haben nach seinen Erkenntnissen die gemeinrechtlichen Lehren Italiens im untersuchten Zeitraum Eingang gefunden. Insbesondere für das Gesetzbuch von Kastilien von 1256/1263, das „*Siete Partidas*", konnte er nachweisen, dass das gesamte Gesetzbuch, insbesondere aber die Bestimmungen über das IPR von den Lehren der italienischen Legisten und Kanonisten „durchtränkt" waren.[988] Hier findet sich schon die Regelung, dass für „Landfremde" auf auswärts belegenes Eigentum oder auf im Ausland geschlossene Verträge ausländisches Recht angewandt werden soll.[989] Das Gesetzbuch war nach Karl Neumeyers Forschung wegen des anfänglichen Widerstands gegen die Einführung römischen Rechts erst 1348 in Kraft getreten, hatte aber schon zuvor Einfluss auch auf die übrigen Staaten Spaniens. Mit der Rechtsvereinheitlichung innerhalb Spaniens wurde es eine Quelle gemeinen Rechts und auch in eroberten Ländern in Kraft gesetzt, so dass sich hier die auf das gemeine Recht zurückgehenden Lehren zum IPR weit ausgebreitet haben.[990] Eigene spanische Arbeiten mit den ursprünglichen römischen Quellen konnte Karl Neumeyer hingegen auch für Spanien nicht nachweisen.[991]

Abschließend war Frankreich Gegenstand von Karl Neumeyers Untersuchung.[992] Auch in Frankreich hatten die italienischen Lehren Eingang gefunden, allerdings konnte Karl Neumeyer hier daneben eine eigenständige französische

983 Ebd., S. 203.
984 Ebd., S. 205, siehe zu der Frage der Brauchbarkeit dieser ersten Schrift S. 205 Fn. 16.
985 Ebd., S. 206 f.
986 Ebd., S. 207.
987 Ebd., S. 209 ff.
988 Ebd., S. 209 f.
989 Ebd., S. 211.
990 Ebd., S. 212.
991 Ebd., S. 212.
992 Ebd., S. 213 ff.

Lehre zum IPR nachweisen.[993] Die französischen Ansätze sind laut Karl Neumeyer mit den italienischen verschmolzen und vereinzelt hat die weitere Gesamtentwicklung des IPRs auch einen spezifisch französischen Einschlag bekommen.[994] Karl Neumeyer ging davon aus, dass nach dem Verschwinden der persönlichen Rechte auch in Frankreich zunächst die generelle Anwendung der *lex fori* die Regel gewesen ist, wies aber darauf hin, dass es zu dieser Frage an geeigneten Vorarbeiten fehle. In einer ausführlichen Fußnote stützte er seine Vermutung auf seine eigenen Kenntnisse der Entwicklung in Frankreich, die wiederum in ihrer Breite und Tiefe erstaunen.[995] Mit den Arbeiten des „Pariser Parlaments", eines französischen Obergerichts, habe dann die differenzierte Arbeit zum Kollisionsrecht begonnen, mit der diesem Obergericht eine einzigartige Stellung unter den Obergerichten Europas zugekommen sei.[996] Die Vielzahl der örtlich oder landschaftlich begrenzten Rechtsordnungen hätten vor dem Pariser Parlament gleichberechtigt nebeneinander gestanden, was die Frage aufgeworfen habe, welche der verschiedenen Rechtsordnungen, zu der ein Sachverhalt Berührung hatte, zur Anwendung kommen sollte.[997] Es habe sich so ab dem Jahr 1260 eine differenzierte Anknüpfungslehre entwickelt, wobei die maßgeblichen Gelehrten von Orleans nach Karl Neumeyers Ergebnissen auf die Lehren der italienischen Legisten zurückgegriffen hatten.[998] Aber auch andersherum seien neue Erkenntnisse der französischen Legisten teilweise nach Italien getragen und dort in die weitere Lehre einbezogen worden.[999]

Auch darauf, dass im Untersuchungszeitraum in Frankreich schon eine klare Trennung zwischen Internationalem Verfahrensrecht und dem anzuwendenden materiellen Recht erfolgte, wies Karl Neumeyer ausdrücklich hin.[1000] Den Grundsatz, dass für das Verfahrensrecht, wie von den Legisten vertreten, allein die *lex fori* anwendbar sei, hätten die Franzosen von den Italienern übernommen.[1001]

Karl Neumeyer ging auch noch auf die Lehre der französischen Kanonisten ein, da diesen ein „nicht zu übersehender Anteil an der Fortbildung der gemeinrechtlichen Lehren vom internationalen Privatrecht" zugekommen sei.[1002] Er

---

993 Ebd., S. 213 f.
994 Ebd., S. 214.
995 Ebd., S. 214 Fn. 33.
996 Ebd., S. 216.
997 Ebd., S. 216 f.
998 Ebd., S. 223.
999 Ebd., S. 223 f.
1000 Ebd., S. 218.
1001 Ebd., S. 218.
1002 Ebd., S. 224 f.

stellte aber fest, dass auch die in Frankreich geborenen Kanonisten die Lehren der italienischen Kanonistik vertraten, was wegen des Anspruchs auf universelle Geltung des kanonischen Rechts nicht verwundert.[1003]

Die wichtigste Entwicklung für das IPR, die auf französische Wurzeln zurück ging, sah Karl Neumeyer in der Ausarbeitung des Realstatus.[1004] Hiernach sollte sich beispielsweise die Rechtslage von Grundstücken nach dem Recht des Gebiets bestimmen, in welchem das Grundstück belegen war.[1005] Zwar hätten auch die italienischen Legisten schon Ansätze für das Realstatut vertreten. Die französischen Legisten hätten diese Lehre aber erst zu den Ausformungen gebracht, die universalgeschichtliche Bedeutung hätten.

c) Würdigung

Diese Arbeit verdeutlicht, dass Karl Neumeyer ein echter „Internationalist" war. Er hatte bezüglich der einzelnen hier behandelten Länder genaueste Kenntnis nicht nur von den Rechtssystemen seiner Zeit, sondern auch von den Quellen und der rechtsgeschichtlichen Entwicklung. Die Quellen zu den einzelnen Ländern musste Karl Neumeyer teils in lateinischer Sprache, teils aber auch in der jeweiligen Landessprache untersuchen. Er gab in vielen Fußnoten detailliert Aufschluss über das Quellenmaterial und setzte sich kritisch mit anderen Autoren auseinander. So zitierte er an einer Stelle E. M. Meijers aus einem, wie er schreibt, „neustens" veröffentlichten Werk.[1006] Wie Karl Neumeyer noch in der Zeit, in welcher er die Abhandlung schrieb, an neue Literatur gelangte, ist unbekannt. Es zeugt aber einmal mehr von seinem unersättlichen Forscherdrang, dass er sich zu Zeiten, als die Geschehnisse des Krieges das alltägliche Leben schon beinahe ganz bestimmten, noch mit der neuesten Entwicklung in der Forschung zum internationalen Recht beschäftigte.

Auch die Erkenntnisse dieses Werks werden in der heutigen Literatur zitiert[1007], was einmal mehr den ungebrochen großen Einfluss belegt, den seine Forschung für das Verständnis von der Geschichte des IPR hat.

Dass es Karl Neumeyer nicht vergönnt war, sein Forschungsvorhaben zur Geschichte des IPRs zu Ende zu führen, ist tragisch genug. Dass er sich aber durch die äußeren Umstände, durch das größtmögliche „internationales Gegeneinan-

1003 Ebd., S. 226 f.
1004 Ebd., S. 227.
1005 Ebd., S. 217.
1006 Ebd., S. 219.
1007 Vgl. etwa *Lange, Hermann, Kriechbaum, Maximiliane*: Römisches Recht im Mittelalter, Band 2: Die Kommentatoren, München 2007, S. 525 Fn. 62 und S. 715 Fn. 266.

der“ satt eines „internationalen Miteinanders“, zum Freitod genötigt sah und daher sein Vorhaben nicht mehr verwirklichen konnte, ist schreiendes Unrecht.

III. Internationales Privatrecht

Auch das IPR der Gegenwart gehörte zu Karl Neumeyers Forschungsgebieten. Dabei ist hierunter das sogenannte „Kollisionsrecht“ zu verstehen, das die Frage beantwortet, welches von mehreren zur Verfügung stehenden Privatrechten zur Anwendung kommen soll. Karl Neumeyer bezeichnete es auch als das „internationale Privatrecht im engeren Sinn“. Da dieses Rechtsgebiet im Gegensatz zum Internationalen Verwaltungsrecht schon recht gut erforscht war und Karl Neumeyer hieraus wichtige Anleihen bei der Skizzierung seines Internationalen Verwaltungsrechts nahm,[1008] soll seine Arbeit zum IPR näher betrachtet werden.

1923 erschien in erster und 1930 in zweiter Auflage sein Büchlein zum IPR mit dem Titel „Grundriss des internationalen Privatrechts“.[1009] An der zweiten Auflage orientieren sich die folgenden Ausführungen.

1. Ziel der Arbeit

In seinem Vorwort zur zweiten Auflage schrieb Karl Neumeyer:

„Es war ein fremder Wunsch gewesen, der den Verfasser veranlaßt hat, diese Darstellung des IPR auf die knappste Form zu bringen, die sich noch verantworten ließ. Das fertige Werkchen hat sich als zweckmäßig erwiesen. So lange die Einsicht sich noch nicht durchsetzt, daß dem IPR im Lehrplan unserer Fakultäten ein sehr viel weiterer Lebensraum gewährt werden muß, als dies heute überwiegend zutrifft, wird man es fördern müssen, wenn die studierende Jugend in bescheidenem Ausmaß sich um eine systematische Erfassung dieses Bereiches bemüht. Aber auch der beschäftigte Praktiker, dem eine grundsätzliche Ausbildung im IPR nicht vergönnt war, wird es begrüßen, in Kürze sich mit den Leitgedanken der Lehre vertraut machen zu können, um in ihnen den Ausgangspunkt

1008 So erwähnt er selbst im Vorwort zum Allgemeinen Teil seines Internationalen Verwaltungsrechts, dass ihm hierzu erste Gedanken bei der Lektüre des Werkes „Theorie und Praxis des internationalen Privatrechts“ von Ludwig von Bar gekommen seien, siehe *Neumeyer, Karl*: IVR, Band 4, Vorwort.

1009 *Neumeyer, Karl*: Internationales Privatrecht, Ein Grundriß, München u. a., 2. Auflage 1930.

für die weiteren Nachforschungen zu finden, deren er für den einzelnen Fall bedarf.

Wenn freilich diese Blätter nur die harmlose Einführung wären, als die sie dem Fernerstehenden erscheinen mögen, wären sie nicht geschrieben worden. Das Heft legt dem Kenner selbständige Stellungnahmen in sehr großer Zahl vor. Man hat es sich versagt, sie zu unterstreichen. Wem es ernst ist mit dem Bemühen um wissenschaftliche Einsicht, der weiß sie auch in dieser Form zu finden."[1010]

Das von ihm so genannte „Werkchen" umfasst tatsächlich nur 34 Seiten. In dieser im Vergleich zu Karl Neumeyers sonst meist sehr umfangreichen Arbeiten äußerst schlank gehaltenen Abhandlung findet sich tatsächlich weit mehr als nur eine Einführung in die Problematik des IPR. Mit einer solchen bloßen Einführung wäre Karl Neumeyer seinem Anspruch, stets eigenes zur Rechtsentwicklung und Lehre beizutragen, nicht gerecht geworden.

2. Inhalt der Arbeit

a) Allgemeiner Teil

Das Büchlein gliedert sich in einen Allgemeinen und einen Besonderen Teil. Seinem Allgemeinen Teil stellte Karl Neumeyer ein Beispiel voran, in welchen Fällen das IPR über das anwendbare Recht entscheiden muss. Er schrieb:

„Soziologisch betrachtet, kommt also dem IPR die wesentliche Aufgabe zu, die Vielheit der Rechtsordnungen auf Erden zu einem geordneten Nebeneinander zusammenzufassen."[1011]

Dieser Satz ist insoweit irreführend, als man meinen könnte, es gäbe ein weltweit gültiges IPR, welches bei Fällen mit Auslandsbezug, egal, in welchem Land sie aufkommen, das anwendbare Recht regelt. Dies ist nicht der Fall. Vielmehr regelt jedes Land sein eigenes IPR, welches dann auch nur für dieses Land die Anknüpfungsregeln für Fälle mit Auslandsbezug enthält.[1012] Ausnahmen gelten insoweit, als einige Länder, insbesondere aber die Europäische Union, zum Zweck der Rechtsharmonisierung ihr IPR zumindest teilweise einheitlich gere-

1010 Ebd., Vorwort.
1011 Ebd., S. 1.
1012 *von Hoffmann, Bernd, Thorn, Karsten*: Internationales Privatrecht, S. 2.

gelt haben.[1013] In den meisten Ländern ist damit aber das IPR nicht „international" im eigentlichen Sinn, sondern Teil des Rechts des jeweiligen Landes.[1014] Es handelt sich auch nicht um Privatrecht im materiellen Sinn, da die anwendbaren materiellen zivilrechtlichen Vorschriften gerade erst nach dem IPR bestimmt werden. Eben dies war aber auch das Verständnis Karl Neumeyers, wie sich aus seinen weiteren Ausführungen entnehmen lässt.[1015]
Wenn er im Weiteren schrieb:

„Nach dem zuständigen Staat geht somit die erste Frage im IPR."[1016]

darf dies wiederum nicht dahingehend verstanden werden, dass Karl Neumeyer in seinem Büchlein zum IPR dasjenige Recht behandelte, das man heute als Recht von der internationalen Zuständigkeit beschreibt. Dies betrifft nach heutigem Verständnis die Frage, ob ein Gericht sich mit einer Rechtssache überhaupt befasst oder wegen anderweitiger internationaler Zuständigkeit die Sache an ein anderes, ausländisches Gericht verweisen muss.[1017] Karl Neumeyer meinte hier mit dem „zuständigen Staat", dass bei der Prüfung einer Rechtsfrage zunächst zu fragen ist, welches Recht (nicht welches Land) „zuständig", nach heutiger Terminologie also „anwendbar" ist.

Neben der Begriffsabgrenzung, was unter IPR zu verstehen ist, gab Karl Neumeyer dem Leser einen sehr knappen Abriss zur Geschichte des IPR.[1018] Es folgen Literaturempfehlungen, die zeigen, dass er dieses Gebiet nicht nur oberflächlich bearbeitet hat, sondern genaue Kenntnis der hierzu in Deutschland, aber auch im Ausland erschienen Werke hatte.[1019] Einzelne Werke hat er dabei mit Beurteilungen nach Aktualität und Brauchbarkeit versehen.[1020]

Einige Thesen Karl Neumeyers zum IPR sind nach heutiger Gesetzeslage abzulehnen. So meinte er:

1013 Siehe für die Europäische Union beispielsweise Verordnung (EG) Nr. 593/2008 des Europäischen Parlaments und des Rates vom 17. Juni 2008 über das auf vertragliche Schuldverhältnisse anzuwendende Recht (Rom I), Amtsblatt Nr. L 177 vom 4. Juli 2008, S. 6, ber. Amtsblatt Nr. L 309 vom 24. November 2009.

1014 Karl Neumeyer klassifizierte das Internationale Privatrecht als einen Sonderzweig des öffentlichen Rechts, da hiermit die Grenzen der Staatsgewalt gezogen würden, siehe *Neumeyer, Karl*: Internationales Privatrecht, S. 4.

1015 Ebd., S. 3 und insbesondere S. 5.

1016 Ebd., S. 3.

1017 *von Hoffmann, Bernd, Thorn, Karsten*: Internationales Privatrecht, S. 72.

1018 *Neumeyer, Karl*: Internationales Privatrecht, S. 1 ff.

1019 Ebd., S. 1 ff.

1020 Ebd., S. 2.

„Unbrauchbar als Ausgangspunkt des IPR ist die „Parteiautonomie“, das soll besagen, der Wille der beteiligten Privatpersonen, es sei ein Vorgang nach der oder jener Rechtsordnung zu beurteilen. Denn rechtliche Bedeutung gewinnt eine Parteierklärung erst aus der Rechtsordnung, die, zur Herrschaft über den Tatbestand berufen, an eine solche Erklärung rechtliche Wirkungen knüpft.“[1021]

Er hielt eine Rechtswahl also für die Beantwortung der Frage, welches Recht anwendbar ist, für unbrauchbar. Die Rechtswahl ist aber heute zumindest im europäischen IPR für vertragliche Schuldverhältnisse durch die Verordnung Rom I, Art. 3 kodifiziert. Für außervertragliche Schuldverhältnisse bestimmt Art. 42 EGBGB die Möglichkeit der Rechtswahl. Es ist auch nicht ersichtlich, warum man nicht quasi vor die Frage, welches Recht anwendbar ist, die Frage stellen soll, ob die Parteien eine Rechtswahl getroffen haben. Für die Frage, ob diese wirksam ist, wird gesondert nach dem anwendbaren Recht gefragt.

An der zu seiner Zeit kodifizierten Fassung des EGBGB, welches die deutschen Vorschriften über das IPR enthielt und auch heute noch Teile enthält, übte Karl Neumeyer scharfe Kritik. Er schrieb:

„Eine Kodifikation der wichtigeren Grundsätze des IPR hatte der Vorentwurf zu einem BGB beabsichtigt. Von Gebhard, dem Redaktor des Allgemeinen Teils, war ein sehr beachtlicher Entwurf, begleitet von inhaltreichen Motiven, ausgearbeitet worden. Doch zweimal ist der Plan zu einer solchen Kodifikation an dem Unverständnis einflußreicher Stellen gescheitert. An seiner Statt hat zuletzt noch, ohne der Öffentlichkeit über die Gründe seines Vorgehens Aufschluß zu geben, der Bundesrat eine Summe von Einzelvorschriften aufgestellt, die mit unbeträchtlichen Abweichungen als Art. 7 – 31 des Einführungsgesetzes zum BGB geltendes Recht geworden sind – Vorschriften, die unter dem Gesichtspunkt der Vereinheitlichung und Abschneidung von Zweifeln, mehrfach auch einer Modernisierung überholter Anschauungen einen Fortschritt bedeuten, die aber in der Willkür ihrer Auswahl, vielfach ungenügend durchgedacht, in einer zänkischen und kurzsichtigen Bevorteilung inländischer Interessen ein bedauerliches Denkmal gesetzgeberischer Unkunst darstellen. Diese Artikel des Einführungsgesetzes bilden nunmehr die Hauptquelle des geschriebenen IPR in Deutschland.“[1022]

Wenn man bedenkt, dass die zweite Auflage des Büchleins, der diese Passage entnommen ist, 1930 erschien, fällt auf, mit welcher Courage Karl Neumeyer

1021 Ebd., S. 6.
1022 Ebd., S. 7.

noch zu jener Zeit, als das Erstarken der nationalsozialistischen Kräfte schon sichtbar wurde (bei den Reichstagswahlen am 14. September 1930 wurde die NSDAP bereits zweitstärkste Partei hinter der SPD[1023]), noch für ein „gutes" IPR und gegen die bloße Sicht auf inländische Interessen eintrat. „Gut" konnte es nach seiner Vorstellung nur sein, wenn es nicht primär zu einer Anwendung des eigenen innerstaatlichen Rechts, sondern zur Anwendung des „richtigen" Rechts führte. Denn nach seiner Vorstellung standen die Rechtsordnungen verschiedener Länder sich gleichwertig gegenüber.[1024]

Nach den Ausführungen über die Anwendung ausländischer Rechtssätze und Erläuterung der sogenannten „Vorbehaltsklausel", die heute als enger gefasster *„Ordre public"* in Art. 6 EGBEB bestimmt, in welchen Ausnahmefällen eine Anwendung ausländischen Rechts nicht in Betracht kommt, schrieb Karl Neumeyer über die Anerkennung ausländischer Staatsakte wie die Ehescheidung oder die Konkurseröffnung.

Im Gegensatz zur heutigen Rechtslage in Deutschland definierte Karl Neumeyer im Kapitel „§ 12. Deutsches und fremdes IPR", dass für den Fall, dass nach den inländischen Regeln des IPR ausländisches Recht zur Anwendung gelangt, dessen IPR nicht miterfasst sei. Nach seiner Auffassung wird also unmittelbar auf das fremde materielle Recht verwiesen und nicht auch auf die quasi „darüber" stehenden fremden Regelungen zum IPR. Wenn also das Recht, auf welches verwiesen wird, in seinem IPR den Gegenstand wiederum einer fremden Rechtsordnung (sogenannte „Weiterverweisung"[1025]) oder wieder der eigenen Rechtsordnung (sogenannte „Rückverweisung"[1026]) zuweist, müsse dies unberücksichtigt bleiben. Er schrieb:

„Keine Rück- und Weiterverweisung!"[1027]

Karl Neumeyer rechtfertigte diesen Grundsatz damit, dass sonst ewige Hin- und Herverweisungen vorkommen könnten.

Auch heute ist die Beachtung ausländischen IPRs international gesehen kein allgemeingültiges Prinzip.[1028] So wird in den IPR-Regelungen Griechenlands, der skandinavischen Länder und in den meisten Einzelstaaten der USA die Rück-

1023 *Kolb, Eberhard*: Die Weimarer Republik, S. 127.
1024 *Neumeyer, Karl*: Internationales Privatrecht, S. 3.
1025 *von Hoffmann, Bernd, Thorn, Karsten*: Internationales Privatrecht, S. 245 f.
1026 Ebd., S. 246.
1027 *Neumeyer, Karl*: Internationales Privatrecht, S. 11.
1028 *von Hoffmann, Bernd, Thorn, Karsten*: Internationales Privatrecht, S. 246.

und Weiterverweisung abgelehnt.[1029] Nach dem heute kodifizierten deutschen Recht findet aber das fremde IPR Anwendung. Art. 4 Abs. 1 S. 1 EGBGB bestimmt für Deutschland ausdrücklich, dass, wenn auf das Recht eines anderen Staates verwiesen wird, auch dessen IPR anzuwenden ist, es sei denn, dies widerspricht dem Sinn der Verweisung. Im Fall einer Rückverweisung (das heißt in dem Fall, dass das IPR, auf welches verwiesen wird, den Fall wieder an das eigene inländische Recht verweist) bricht man die Verweisung ab und wendet dann das inländische materielle Recht an. Dies ist in Art. 4 Abs. 1 S. 2 EGBGB bestimmt. Das selbe gilt nach Art. 4 Abs. 1 S. 2 EGBGB im Fall sogenannter Kettenverweisungen, wenn also ein an eine andere Rechtsordnung verwiesener Sachverhalt von dieser weiterverwiesen wird, bis er wieder bei der eigenen inländischen Rechtsordnung ankommt. Auch hier wird die Verweisung dann abgebrochen. Dieser sogenannte Grundsatz der „Gesamtverweisung" auch auf das fremde IPR[1030] scheint konsequent, um der heute im deutschen Recht allgemein anerkannten Gleichwertigkeit der Rechtsordnungen in vollem Umfang Rechnung zu tragen, um den äußeren Entscheidungseinklang zu fördern[1031] und um das ausländische IPR nicht aus dieser Gleichwertigkeitsregel auszunehmen.

b) Besonderer Teil

Im Besonderen Teil behandelte Karl Neumeyer einzelne IPR-rechtliche Gegenstände des Bürgerlichen Rechts.

Bezüglich der allgemeinen Vorschriften des BGB erhob er keinen Anspruch auf Vollständigkeit der Darstellung, sondern ging grundsätzlich davon aus, dass für diese Vorschriften das jeweils anwendbare Recht sich insgesamt nach dem auf den „Gegenstand" anzuwendenden Recht bestimme. Soweit es also etwa um die Frage nach dem auf den Zeitpunkt eines Vertragsschlusses anwendbaren Recht ginge, sei hierauf dasjenige Recht anzuwenden, welches auf den Vertrag als solches Anwendung findet.[1032] Nur zur Klarstellung von „Zweifeln und Verschlingungen"[1033] ging er näher auf einzelne Bereiche, namentlich Fragen der Währung und der Form der Rechtsgeschäfte ein.[1034]

Bezüglich der heutigen Rechtslage ist zu unterscheiden. Für einige Tatbestände des Allgemeinen Teils des BGB sind im EGBGB eigene Anwendungsvor-

1029 Ebd., S. 246.

1030 Palandt/*Thorn*, 69. Auflage, München 2010, Art. 4 EGBGB Rn. 1.

1031 *von Hoffmann, Bernd, Thorn, Karsten*: Internationales Privatrecht, S. 250.

1032 *Neumeyer, Karl*: Internationales Privatrecht, S. 14.

1033 Ebd., S. 14.

1034 Ebd., S. 14.

schriften normiert, so in Art. 7 EGBGB für die Rechts- und Geschäftsfähigkeit und in Art. 11 EGBGB für die Form von Rechtsgeschäften. In solchen Fällen, in denen das deutsche IPR eigene Kollisionsnormen bereithält, ist anerkannt, dass diese „Vorfragen" genannten präjudiziellen Rechtsverhältnisse nicht dem für die „Hauptfrage" maßgeblichen Recht unterliegen, sondern selbständig nach der entsprechenden Kollisionsnorm „angeknüpft", also beurteilt werden.[1035] Die „unselbständige Anknüpfung", also die Beurteilung der Vorfragen nach dem Recht, dem der gesamte Gegenstand unterliegt, wie sie Karl Neumeyer offensichtlich bei solchen Vorfragen für die Regel hielt, kommt nach der heute herrschenden Meinung in den Fällen zur Anwendung, in denen das deutsche IPR für die betreffende Vorfrage keine eigene Kollisionsnorm enthält.[1036]

Schließlich untersuchte Karl Neumeyer in seinem Büchlein verschiedene Fragen des Besonderen Teils des BGB im Hinblick auf das IPR. Ausführlich sind Fragen des Personen- und Familienrechts behandelt. Er setzte sich hier mit dem „Personalstatut", also der Anknüpfung an die Staatsangehörigkeit einer der Parteien[1037], der Rechtsfähigkeit (dabei auch mit der bis heute nicht geregelten Frage, welches Recht über die Frage der Rechtsfähigkeit von juristischen Personen entscheidet[1038]), der Geschäftsfähigkeit, der Eheschließung, dem persönlichen Eherecht und dem ehelichen Güterrecht, der Ehescheidung, dem Eltern-Kind-Verhältnis, der Vormundschaft und der Erbfolge auseinander.[1039] Kürzer gerieten die Paragraphen über das Sachenrecht und das Immaterialgüterrecht.[1040] Dem Vertragsrecht ist ein kurzer Paragraph gewidmet,[1041] dem Karl Neumeyer allerdings noch einen weiteren mit Anwendungshilfen beigefügt hat[1042].

Auch für Wertpapiere, Verpflichtungen aus unerlaubter Handlung und anderen Verpflichtungen aus Gesetz finden sich Ausführungen zum anwendbaren Recht. Den Abschluss bildet ein Anhang zum Seerecht.

1035 *von Hoffmann, Bernd, Thorn, Karsten*: Internationales Privatrecht, S. 240 ff.

1036 Palandt/*Thorn*, 69. Auflage, München 2010, Einl. vor Art. 3 EGBGB Rn. 30,

1037 Siehe hierzu im Einzelnen *von Hoffmann, Bernd, Thorn, Karsten*: Internationales Privatrecht, S. 185 ff.

1038 Ebd., S. 287.

1039 *Neumeyer, Karl*: Internationales Privatrecht, S. 16 ff.

1040 Ebd., S. 24 ff.

1041 Ebd., S. 28 f.

1042 Ebd., S. 29 ff.

3) Würdigung

Karl Neumeyer hat mit seinem Büchlein zum IPR bewiesen, dass er nicht nur für die Wissenschaft schrieb. Das Büchlein enthält in äußerst komprimierter Form einen Überblick über das gesamte IPR. Dass einige der Ausführungen inzwischen durch die Rechtsentwicklung überholt sind, ist angesichts der Zeit, die seit seiner Erstellung vergangen ist, wenig überraschend. Das Buch, welches wie im Vorwort erwähnt, dem interessierten Leser, der die eine oder andere Frage weiter vertiefen will oder muss, ausreichend Hinweise auf einschlägige Literatur liefert, dürfte tatsächlich für die Praxis von großem Nutzen gewesen sein, da es in seiner Kompaktheit und Übersichtlichkeit bei gleichzeitig hohem Niveau zu jener Zeit seinesgleichen suchte.

IV. Internationales Beweisrecht

Karl Neumeyer verfasste auch einen Beitrag zum Internationalen Beweisrecht, welcher erst weit nach seinem Tod, nämlich 1979, erschien.[1043] Er hatte den Aufsatz 1938 verfasst, selbst aber nicht mehr veröffentlichen können.[1044] Er hatte ihn Gutzwiller mit dem Vermerk „Einstweilen als Lebenszeichen. Dank und Gruß. K. N." zukommen lassen.[1045] Da die Schrift vermutlich als Beitrag für eine Festschrift bestimmt war, welche wohl in Folge des Krieges nicht erschien,[1046] hat Gutzwiller das Manuskript später an Ferid übersandt. Dieser hat es Herrn Reiner Jochem überlassen, der es 1979 veröffentlichte.[1047] Es spricht für sich, dass die Wissenschaft den Beitrag so lange nach seiner Entstehung der Publizierung für Wert befunden hat.

Zunächst fällt auf, dass sich Karl Neumeyer anders als in seinen anderen Werken der sonst in zahlreichen Fußnoten enthaltenen Verweise auf einschlägige Literatur oder Rechtsprechung in diesem Beitrag enthalten hat. Die erläuternden Fußnoten, die der Beitrag enthält, hat der Bearbeiter Reiner Jochem eingefügt.[1048] Karl Neumeyer selbst stellte klar, dass er den Schwerpunkt der Stellungnahme

1043 *Neumeyer, Karl*: Der Beweis im internationalen Privatrecht, in: Rabels Zeitschrift für ausländisches und internationales Privatrecht, Band 43, 1979, S. 225 ff.
1044 Ebd., S. 225.
1045 Ebd., S. 225 Fn. 3.
1046 Ebd., S. 225 Fn. 2.
1047 Ebd., S. 225 Fn. 3.
1048 Ebd., S. 226.

auf die Darstellung der eigenen Auffassung legte.[1049] Dies wird darin begründet liegen, dass die Schrift als Beitrag zu einer Festschrift gedacht war und er den Text nicht mit mannigfachen Verweisen überfrachten wollte.

Die Abhandlung selbst beginnt – wie so häufig bei Karl Neumeyer – mit einer kurzen geschichtlichen Einführung in das Thema.[1050]

Im Weiteren trug Karl Neumeyer seine Auffassung vor, dass es sich bei dem Internationalen Beweisrecht um öffentliches Recht handele. Das Internationale Beweisrecht in seiner Gänze ist nach Ansicht Karl Neumeyers nicht im Fall des Beweises auf dem Gebiet des Privatrechts privatrechtlicher, im Fall des Beweises auf dem Gebiet des Strafrechts strafrechtlicher Natur und so weiter. Vielmehr handele es sich bei der Bestimmung des anwendbaren Verfahrensrechts und damit auch des Beweisrechts um eine staatliche Aufgabe, die mit sonstigen Aufgaben, welche der Verwaltung unterliegen, vergleichbar sei.[1051] Karl Neumeyer betrachtete daher auch die Anwendungsregeln zum Beweisrecht völlig unabhängig vom Beweisgegenstand als öffentliches Recht.[1052] Der insoweit irreführende Titel des Aufsatzes „Der Beweis im internationalen Privatrecht“ rührt daher, dass Karl Neumeyer unter dem Begriff des IPR zum einen das Kollisionsrecht bei Rechtsfragen zivilrechtlicher Natur („IPR im engeren Sinn“) verstand. Zum anderen verwendet Karl Neumeyer den Begriff IPR als Oberbegriff des internationalen Rechts, unter den neben dem IPR im engeren Sinn auch das Internationale Verwaltungsrecht, das Internationale Prozessrecht und das Internationale Strafrecht zu zählen seien („IPR im weiteren Sinn“).[1053] In der Überschrift ist unter IPR das IPR im weiteren Sinn zu verstehen, unter den nach seinem Verständnis auch das Internationale Beweisrecht zu fassen ist.

Für dem öffentlichen Recht zuzuordnende Rechtsfragen hielt Karl Neumeyer jeweils nur die Gesetze des Staates, dessen Gerichte sich mit der Entscheidung befassen (also die *lex fori*[1054]) für anwendbar.[1055] Damit sei auch bei der Ent-

1049 Ebd., S. 226.

1050 Ebd., S. 227.

1051 Ebd., S. 227 f.

1052 Ebd., S. 228.

1053 *Neumeyer, Karl*: Grundlinien des internationalen Verwaltungsrechts, in: Blätter für vergleichende Rechtswissenschaft und Volkswirtschaftslehre 7 (1911), Sp. 13.

1054 *von Hoffmann, Bernd, Thorn, Karsten*: Internationales Privatrecht, S. 4.

1055 *Neumeyer, Karl*: Der Beweis im internationalen Privatrecht, in: RabelsZ, S. 228.

scheidung, welches Beweisrecht anzuwenden ist, grundsätzlich die *lex fori* anzuwenden.[1056]

Er grenzte weiter ab, dass unter dem Beweisrecht nur das eigentliche Verfahrensrecht zu verstehen sei, nicht aber die Frage nach der Beweislast, die Frage, von welchen Voraussetzungen der mit der Klage verfolgte Anspruch abhängen soll oder die Beurteilung, welchem Recht gesetzliche Vermutungen unterliegen.[1057] Diese Fragen unterlagen nach seiner Auffassung jeweils dem Recht des in Rede stehenden Gegenstands (der sogenannten „*lex causae*"[1058]).[1059]

Ganz allgemein darf nach seiner Auffassung bei der Abgrenzung, ob es sich um eine Vorschrift des Beweisrechts, also des Verfahrensrechts, oder aber um eine materielle Vorschrift handelt, nicht nach ihrer formellen „Einkleidung" geurteilt werden. Vielmehr sei der Sinn der jeweiligen Vorschrift zu erforschen und hiernach eine Zuordnung zu der einen oder der anderen Gruppe vorzunehmen.[1060]

Von seiner klaren Unterteilung, welche Beweisfragen der *lex causae* und welche der *lex fori* unterstehen, machte er eine bemerkenswerte Ausnahme. In Fällen nämlich, in denen die Sache eigentlich der *lex causae* unterläge und dies zur Anwendung ausländischen Rechts führe, könne hiervon abzusehen sein, wenn dies aus „Rücksicht auf den Prozessbetrieb" geboten erscheine.[1061] Als Beispiel nannte er einen Fall aus dem französischen Recht: Code Civil Art. 313 in der damals geltenden Fassung schloss die Ableugnung der ehelichen Vaterschaft wegen Impotenz aus, um den Gerichten eine „peinliche Beweisführung" zu ersparen.[1062] In solchen Fällen sollten die Gerichte nach Karl Neumeyers Ansicht die Beweisführung auch dann ablehnen können, wenn diese nach der ggf. anzuwendenden ausländischen Rechtsordnung durchaus geboten wäre.[1063] Er begründete dies damit, dass der Durchführung der Beweiserhebung, wie es die eigentlich einschlägige fremde Rechtsordnung verlangen würde, die „öffentliche Ordnung" entgegenstehe.[1064]

1056 Ebd., S. 228.
1057 Ebd., S. 228 ff.
1058 *Kropholler, Jan*: Internationales Privatrecht, 5. Auflage, Tübingen 2004, S. 121.
1059 *Neumeyer, Karl*: Der Beweis im internationalen Privatrecht, in: RabelsZ, S. 230.
1060 Ebd., S. 232.
1061 Ebd., S. 230 f.
1062 Ebd., S. 230.
1063 Ebd., S. 231.
1064 Ebd., S. 231.

Eine solche Auslegung wäre nach heutigem Recht wohl abzulehnen. Der diesbezüglich in Deutschland geltende *ordre public*, geregelt in Art 6 EGBGB, sieht vor, in welchen Fällen ausnahmsweise aus Rücksicht auf wesentliche Grundsätze des deutschen Rechts von der Anwendung fremden Rechts abzusehen ist.[1065] Eine Ausnahme von der eigentlich gebotenen Anwendbarkeit ausländischen Rechts ist danach nur für solche Fälle zulässig, in denen eine Anwendung den Kernbestand der inländischen Rechtsordnung antasten würde.[1066] Maßgeblich für die Beurteilung ist, ob das Ergebnis der Anwendung des ausländischen Rechts zu den Grundgedanken der deutschen Regelung und den in ihnen liegenden Gerechtigkeitsvorstellungen in so starkem Widerspruch steht, dass das Ergebnis der Anwendung des berufenen fremden Rechts aus deutscher Sicht für untragbar gehalten wird.[1067] In dem von Karl Neumeyer geschilderten Beispiel sollte die Ausnahme damit gerechtfertigt sein, dass auf die Gerichte Rücksicht genommen werden sollte, denen man so eine peinliche Beweisführung ersparen wollte. Dies gehört aber eher in den „sittlichen" Bereich, nicht so sehr in den von „Gerechtigkeit" und wäre damit nach heutigem Verständnis kein hinreichender Grund, von der Anwendung ausländischen Rechts abzusehen. Das insoweit unterschiedliche Verständnis von der „Beeinträchtigung der öffentlichen Ordnung" dürfte im geschichtlich bedingten Wandel der Begriffsdefinition begründet sein.

Karl Neumeyer stellte bezüglich der von ihm konzipierten Anwendungsregeln klar, dass er sie nur für Fälle konzipiert hatte, die nicht durch positives Recht geregelt waren. Er hat also einen Leitfaden für die Handhabung von Zweifelsfällen erstellt.[1068]

Im zweiten Teil der Abhandlung ging Karl Neumeyer auf Fälle ein, in denen die Anwendungsregeln zur Anwendung von inländischem Beweisrecht führen. Auch hier kann es bezüglich bestimmter Aspekte zu sogenannten Vorfragen, also zu von der eigentlichen Frage abgrenzbaren Teilfragen kommen. Diese sind nach Ansicht Karl Neumeyers gesondert anzuknüpfen, das heißt, es ist hier gesondert zu fragen, ob die Vorfrage der *lex fori* oder der *lex causae* untersteht.[1069]

1065 Siehe für vertragliche Schuldverhältnisse entsprechend Art. 21 Rom I und für außervertragliche Art. 26 der Verordnung (EG) 864/2007 des europäischen Parlaments und des Rates vom 11. Juli 2007 über das auf außervertragliche Schuldverhältnisse anwendbare Recht, Amtsblatt Nr. L 199 vom 31. Juli 2007.

1066 Palandt/*Thorn*, 69. Auflage, München 2010, Art. 6 EGBGB Rn. 4.

1067 Palandt/*Thorn*, 69. Auflage, München 2010, Art. 6 EGBGB Rn. 4.

1068 *Neumeyer, Karl*: Der Beweis im internationalen Privatrecht, in: RabelsZ, S. 237 f.

1069 Ebd., S. 238.

Schließlich diskutierte Karl Neumeyer noch die Schwierigkeiten, die sich beispielsweise in Fällen der Rechtshilfe und der selbständigen Beweissicherungsverfahren ergeben, in denen es fraglich sein könne, welche *lex fori* (es sind ja die Gerichte verschiedener Länder involviert) auf welche Frage anzuwenden ist. Karl Neumeyers Lösungsvorschlag war, den Gegenstand des Beweises und das erforderliche Beweismittel dem Recht des ersuchenden Staates zu unterstellen, wohingegen sich die Wirkung des erhobenen Beweises nach dem Recht des Prozessgerichts ergeben soll.[1070]

Auch dieser Beitrag Karl Neumeyers zeigt, dass er die von ihm bearbeiteten Sachgebiete jeweils in ihrer Gänze erfasst und bearbeitet hat. Auch zu dem zu seiner Zeit wenig bearbeiteten Bereich des Internationalen Beweisrechts bot er wohldurchdachte und praktikable Lösungen an und erläuterte diese anhand von Beispielsfällen. Die Darstellung ist – wie so oft bei Karl Neumeyer – so dicht und konzentriert, dass sie den meisten Nutzen wohl für einen Kenner der Materie des internationalen Rechts brachte. Wie ausgefeilt und vollständig sein Gedankenkonstrukt auch zum Beweisrecht gewesen ist, zeigt auch die weit nach seinem Tod erfolgte Veröffentlichung.

V. Internationales Strafrecht

1. Die verbotene Handlung im internationalen Strafrecht

Auch auf dem Gebiet des Internationalen Strafrechts hat Karl Neumeyer geforscht und hierzu einige Beiträge veröffentlicht. 1903 erschien sein Artikel mit dem Titel „Die verbotene Handlung im internationalen Strafrecht".[1071] Er hat sich hier mit einem Urteil des Reichsgerichts von 1884 beschäftigt, in dem dies feststellte, dass eine Handlung, die privatrechtlich einem fremden Recht untersteht, im Inland nur strafbar sei, wenn sie auch nach dem fremden Recht strafbar sei.[1072] Er stellte sich in diesem Zusammenhang die Frage, ob man allgemein davon ausgehen könne, dass bei jedem Tatbestand, der sich in Deutschland ereigne, der aber materiell einer fremden Rechtsordnung unterstehe, deutsches Strafrecht nur Schutz gewähre, wenn die Handlung auch nach dem fremden

1070 Ebd., S. 239.

1071 *Neumeyer, Karl*: Die verbotene Handlung im internationalen Strafrecht, in: Zeitschrift für die gesamte Strafrechtswissenschaft, Band 23, 1903, S. 436 – 458.

1072 Ebd., S. 436.

Recht strafbar wäre.[1073] Diese Frage beantwortete er differenziert. Die Rechtswidrigkeit einer Handlung, die das Gesamtinteresse an der Aufrechterhaltung der Rechtsordnung berührt, könne in manchen Fällen lediglich den einschlägigen Strafvorschriften zu entnehmen sein, sie könne aber auch von der Zulässigkeit der Handlung nach dem für das beteiligte Sonderinteresse maßgebenden Recht abhängig sein.[1074] Es kommt damit nach seiner Meinung bei der Rechtswidrigkeit auf die Schutzrichtung der jeweiligen Vorschrift an. Die Frage, ob auch ausländisches Recht zur Anwendung kommen müsse, müsse von Fall zu Fall je nach der Schutzrichtung der im Einzelfall betroffenen Rechtsvorschriften ermittelt werden.[1075] In Fällen, in denen die Rechtswidrigkeit einer Handlung von ihrer Unzulässigkeit nach dem materiell maßgebenden Recht abhänge, nach inländischem Recht also nicht strafbar wäre, müsste das IPR oder das Internationale Verwaltungsrecht darüber entscheiden, welches Recht angewendet werden solle.[1076] Auch die Voraussetzungen einzelner Tatbestandsmerkmale und die Beantwortung von Vorfragen könnten sich nach fremdem Recht richten. Wenn aber umgekehrt eine Handlung, die im Inland begangen wurde, im Inland unter Strafe stehe, werde sie auch nur nach den inländischen Strafvorschriften beurteilt und es gebe keinen Raum zur Anwendung fremden Rechts, auch wenn das zugrundeliegende Rechtsverhältnis fremdem Recht unterstehe.[1077]

Die für das systematische Verständnis der Thesen Karl Neumeyers wichtigste in diesem Zusammenhang erlangte Erkenntnis ist aber, dass Karl Neumeyer in keinem Fall ausländischem Strafschutz unmittelbaren Einfluss auch im Inland zuschreiben wollte. Er schrieb wörtlich:

„Wollte man aber weiter gehen und – bei einer Handlung im Inland – ausländischem Strafrecht Einfluß gewähren, so schiene mir das nicht nur mit dem Stand unseres positiven Rechts schwer vereinbar, sondern auch eine Überspannung des leitenden Gedankens.“[1078]

Dieser leitende Gedanke war für ihn die öffentlich-rechtliche Natur des Strafrechts. Er schrieb weiter:

1073 Ebd., S. 436.
1074 Ebd., S. 443.
1075 Ebd., S. 443.
1076 Ebd., S. 445.
1077 Ebd., S. 445.
1078 Ebd., S. 447.

„Im Strafrecht aber handelt es sich, wie sonst im öffentlichen Recht, zunächst um ein Verhältnis subjektiver Berechtigung und Verpflichtung, ein bestimmter Staat hat einen Strafanspruch gegen den Verbrecher, und eine Zugrundelegung fremden Strafrechts ist darum unmittelbar gar nicht möglich.“[1079]

Der Staat würde zum Schutz des Allgemeinwohls gegen den Bürger tätig, wenn dieser gesetzte Grenzen überschritte.[1080] Strafen bedeute für den Staat tätig werden, und diese Tätigkeit staatlicher Organe könne nur im öffentlichen Recht des eigenen Landes ihren Maßstab finden.[1081]

Obwohl er also sehr wohl für einzelne Fragen der Beurteilung der Strafbarkeit den Rückgriff auf fremdes Recht nicht nur für möglich, sondern für geboten hielt, zog er doch eine klare Grenze bezüglich der generellen Zuständigkeit des eigenen Staates auf dem Gebiet des Strafrechts. In dem Aufsatz spiegelt sich damit schon die sehr differenzierte Betrachtung der Lebenssachverhalte, die Bezug zu mehreren Ländern aufweisen.

Karl Neumeyer hat seine Ausführungen mit zahlreichen Beispielen aus der Rechtspraxis belegt. Insbesondere zeichnete sich aber schon sein Verständnis von den Grenzen der Anwendbarkeit fremden öffentlichen Rechts ab.

2. Die zuständigen Strafmittel im internationalen Strafrecht

Im Jahr 1907 erschien ein weiterer Beitrag Karl Neumeyers zum Internationalen Strafrecht.[1082] Er behandelte hier die Frage, welches Recht anzuwenden sei, wenn die Interessen, die mit einer zu verhängenden Strafe angegriffen werden, einer fremden Rechtsordnung unterstehen.[1083]

Als Grundsatz unterschied er dabei nach solchen Gütern des Menschen, die nach seiner Anschauung grundsätzlich jedem Menschen zu eigen sind und solchen, die erst durch die jeweilige Rechtsordnung verliehen werden. Für diejenigen Rechtsgüter, die nach seiner Auffassung jeder Mensch besitzt (Leben, Freiheit, Vermögen und Ehre[1084]), hielt er für einen Eingriff nur die Rechtsordnung für anwendbar, die am Ort des Eingriffs in diese Güter gilt.[1085] Bei Gütern, die

---

1079 Ebd., S. 457.
1080 Ebd., S. 453.
1081 Ebd., S. 448.
1082 *Neumeyer, Karl*: Die zuständigen Strafmittel im internationalen Strafrecht, in: Zeitschrift für die gesamte Strafrechtswissenschaft, Band 27, 1907, S. 1 ff.
1083 Ebd., S. 1 f.
1084 Ebd., S. 2, 7.
1085 Ebd., S. 7.

dagegen erst aus einer bestimmten Rechtsordnung entstehen (Wahlrecht, gewerbepolizeiliche Befugnisse, elterliche Gewalt[1086]), hielt er grundsätzlich nur den Staat für befugt, in solche Rechte strafweise einzugreifen, der sie verliehen hat.[1087] Doktortiteln, anderen Titeln und Orden sollten aber in Fällen, in denen diese im Ausland erworben wurden und im Inland anerkannt waren, die inländische Anerkennung strafweise mit Wirkung für das Inland entzogen werden können.[1088]

Karl Neumeyer diskutierte im Weiteren die Anerkennung, die eine Strafe, die in einem hierfür zuständigen anderen Land verhängt wurde, im Inland erfahren kann.[1089] Außerdem befasste er sich mit dem strafrechtlichen Nachverfahren im Fall von mangelnder inländischer Zuständigkeit für Strafmittel.[1090] Die hierzu vorhandenen Regelungen hielt er für dringend ergänzungsbedürftig.[1091] Der Beitrag schließt mit Betrachtungen, wie im Fall der mangelnden inländischen Zuständigkeit für Strafmittel diese durch Vorschriften des Zivil- und Verwaltungsrechts ergänzt werden könnten.[1092]

Auch dieser Beitrag zeigt, dass Karl Neumeyer die Probleme des internationalen Rechts in seiner Gänze durchdrungen hatte. Er betrachtete das Strafrecht nicht isoliert, sondern zeigte Berührungspunkte mit den anderen Rechtsgebieten auf. Die vielen Beispiele aus der Praxis verdeutlichen, dass er systematisch untersuchte, ob für alle Fälle die „richtige" Lösung gefunden war. Wo ihm insoweit Handlungsbedarf seitens des Gesetzgebers bzw. der Rechtswissenschaft gegeben schien, wies er hierauf ausdrücklich hin.

3. Weitere strafrechtliche Beiträge

Neben den beiden Beiträgen zum Internationalen Strafrecht veröffentlichte Karl Neumeyer in einem Werk zur vergleichenden Darstellung des deutschen und ausländischen Strafrechts die rechtsvergleichende Kommentierung zu § 356 Reichsstrafgesetzbuch, der die sogenannte „Prävarikation", also den Parteiverrat durch das pflichtwidrige Beraten oder Vertreten beider Parteien in derselben

1086 Ebd., S. 3.
1087 Ebd., S. 3.
1088 Ebd., S. 10 f.
1089 Ebd., S. 23 ff.
1090 Ebd., S. 28 ff.
1091 Ebd., S. 30 f.
1092 Ebd., S. 32 ff.

Rechtssache durch den selben Anwalt regelte.[1093] Er verglich die Regelung mit denjenigen in Österreich, Ungarn, Italien, Finnland, Dänemark (zusammen mit der norwegischen Regelung), Frankreich, Belgien, Luxemburg, England und der Schweiz.[1094]

Im selben Band erschien auch seine Kommentierung zu § 357 Reichsstrafgesetzbuch, der die „Verleitung und Konnivenz", also die Verleitung eines Untergebenen durch einen Amtsvorgesetzten zu einer Straftat bzw. die wissentliche Duldung einer Straftat eines Untergebenen, rechtsvergleichend behandelt.[1095] Die deutsche Regelung verglich er hier mit dem Recht in Österreich, der Schweiz, Dänemark, Finnland, Norwegen, Bulgarien, den Niederlanden, England, den Vereinigten Staaten, Frankreich und Italien.[1096]

VI. Internationales Verwaltungsrecht

1. Einleitung – historische Entwicklung der Verwaltungsrechtslehre

Bevor Karl Neumeyers Arbeit zum Internationalen Verwaltungsrecht (kurz: IVR) näher beleuchtet wird, ist es notwendig, darzustellen, wie weit entwickelt das Verwaltungsrecht selbst in Deutschland zu seiner Zeit gewesen ist. Nur so lassen sich die erheblichen Schwierigkeiten verstehen, die sich bei dem Versuch ergaben, dem Verwaltungsrecht ein allgemeingültiges IVR an die Seite zu stellen.

Die Entwicklung des deutschen Verwaltungsrechts erstreckte sich über mehrere Jahrhunderte. Sie hatte ihren Ausgangspunkt im deutschen Territorialstaatsrecht. Vor dieser Epoche des 17. und 18. Jahrhunderts hatten territoriale deutsche Fürstenstaaten die patrimonialstaatliche Epoche des Mittelalters abgelöst.[1097] Die neuen Landesherren hatten die volle Verfügung über die soziale Güterordnung, wodurch die Verwaltung zu einem wichtigen Machtinstrument des Landesfürsten wurde.[1098] Der Untertan war dabei Objekt der Staatsverwaltung.[1099] Das Verwaltungsrecht war demnach nicht wie im heutigen Sinn Gegenstand einer

1093 *Neumeyer, Karl*: Prävarikation (§ 356 RStGB) in: Vergleichende Darstellung des deutschen und ausländischen Strafrechts, Besonderer Teil, IX, Berlin 1906, S. 503 ff.

1094 Ebd., S. 509 ff.

1095 *Neumeyer, Karl*: Verleitung und Konnivenz (§ 357 RStGB) in: Vergleichende Darstellung des deutschen und ausländischen Strafrechts, Besonderer Teil, IX, Berlin 1906, S. 517 ff.

1096 Ebd., S. 521 f.

1097 *Feist, Hans-Joachim*: Die Entstehung des Verwaltungsrechts, München 1968, S. 3.

1098 Ebd., S. 9.

1099 Ebd., S. 9.

systematisch betriebenen Rechtswissenschaft, da die Ausübung der Verwaltung keinen Rechtsvorgang bildete, der zum Gegenstand einer solchen Wissenschaft hätte gemacht werden können.[1100] Dem exekutiven Handeln fehlten hierzu die Schranken bzw. eine „feste Kompetenzbestimmung".[1101] Im deutschen Territorialstaatsrecht des 17. und 18. Jahrhunderts gab es auch noch kein objektives Verfassungsrecht, dass die staatlichen Kompetenzen abschließend regelte. Die gegenseitigen Rechte und Pflichten der Landesherren und seiner Untertanen wurden zwar bereits dokumentiert.[1102] Eine Unterscheidung dieses Staatsrechts in Verfassungs- und Verwaltungsrecht kannte man aber noch nicht.

Zur Herausbildung einer eigenständigen Verwaltungsrechtswissenschaft trug bei, dass im 18. Jahrhundert die sogenannten „Kameralisten" (die hohen Verwaltungsbeamten an den deutschen Fürstenhöfen) die Trennung von Staat und Kirche forderten und so die Unabhängigkeit der Staatsverwaltung von der geistlichen Obrigkeit erreicht werden konnte.[1103] Die landesherrliche Staatsverwaltung wurde verselbständigt und die Idee der Verwaltung geboren.[1104] Es entstanden ab Ende des 17. Jahrhunderts landesherrliche Verwaltungsorganisationen in den einzelnen deutschen Territorien. Jedes Territorium hatte seine eigenen Verwaltungsvorschriften und auch der Rechtsschutz in Verwaltungssachen wurde den Reichsgerichten mehr und mehr entzogen und an die neugeschaffenen Verwaltungsbehörden bzw. an die sogenannten landesherrlichen Kammern übertragen.[1105] Der Staat wurde zu jener Zeit noch als sogenannter „Polizeystaat" bezeichnet, da zum einen für die damalige Art der Verwaltung der Begriff „Polizey" gebräuchlich war.[1106] Zum anderen wird aber die Bezeichnung Polizeystaat vor allem als Gegenbegriff zum „Rechtsstaat" verwendet, da die Ausübung der Verwaltung zu jener Zeit noch allein der Zweckmäßigkeit folgte, und auf das unbestimmte „*ius politiae*" gegründet war, statt sich wie später im Rechtsstaat im Rahmen rechtlicher Formen und Grundsätze zu bewegen.[1107]

Auf diese sogenannte „Polizeystaatsepoche" folgte die sogenannte „nationalstaatsbürgerliche Epoche".[1108] Mit der Auflösung des Heiligen Römischen Reichs deutscher Nationen im Jahr 1806 entstand in den Nationalstaaten der

---

1100 *Meyer-Hesemann, Wolfgang*: Methodenwandel in der Verwaltungsrechtswissenschaft, Heidelberg und Karlsruhe 1981, S. 6.

1101 *Feist, Hans-Joachim*: Die Entstehung des Verwaltungsrechts, München 1968, S. 9.

1102 Ebd., S. 10 f.

1103 Ebd., S. 20.

1104 Ebd., S. 20.

1105 Ebd., S. 31 f.

1106 *Badura, Peter*: Das Verwaltungsrecht des liberalen Rechtsstaates, Göttingen 1967, S. 15.

1107 Ebd., S. 15.

1108 *Feist, Hans-Joachim*: Die Entstehung des Verwaltungsrechts, München 1968, S. 50.

noch heute wichtige Grundsatz des Vorbehalts des Gesetzes. Da die Stände (Adel, Bürger und Bauern) in den in Form von konstitutionellen Monarchien organisierten Nationalstaaten Mitwirkungsrechte hatten, mussten nun auf Grund des geltenden Grundsatzes vom Vorbehalt des Gesetzes Eingriffe in die Rechte der Standesmitglieder durch Gesetze gerechtfertigt sein, die wiederum ohne Zustimmung der Stände nicht durchgesetzt werden konnten.[1109] Normen, die die Verwaltung banden, konnten nur mit Zustimmung der Stände in Kraft gesetzt werden. Die Verwaltung wurde damit erstmals ein kontrollierbarer Teil des Staatsaufbaus.

Die gewachsene praktische Bedeutung führte dazu, dass das Verwaltungsrecht zu einem auch rechtswissenschaftlich interessanten eigenen Zweig wurde. Bedenkt man, dass Karl Neumeyer gut 60 Jahre nach Auflösung des Reichs geboren wurde, war dieser Rechtszweig zu seiner Zeit noch ein sehr junger.

Das Verwaltungsrecht veränderte sich abermals entscheidend mit der Entstehung des Rechtsstaats. Die Revolution von 1848 scheiterte zwar zunächst, in der Folge wurden aber nach und nach in den deutschen Staaten, 1850 schließlich auch in Preußen Verfassungen erlassen, womit der Grundstein für die Verwirklichung des Rechtsstaats gelegt war.[1110] Das Verwaltungsrecht wurde zu einem eigenständigen, separat bearbeiteten Rechtsgebiet.[1111]

Erstmals im Jahr 1843 wurde in Tübingen ein eigener Lehrstuhl für Verwaltungsrecht eingerichtet, der sich zunächst aber noch nicht halten konnte.[1112] In Bayern gab es um 1840 die erste verwaltungsrechtliche Vorlesung.[1113] Das Verwaltungsrecht blieb aber zunächst kaum mehr als die Gesetzeskunde des jeweiligen Heimatstaates, wenig konturiert und meist dem privaten Studium außerhalb der Universitäten überlassen.[1114]

Im letzten Drittel des 19. Jahrhunderts entstanden in den einzelnen Staaten eigene Verwaltungsgerichte.[1115] Die Verwaltungsgerichte fungierten neben dem Gesetzgeber und der Wissenschaft als wichtigster Treiber der Fortbildung des Verwaltungsrechts.[1116]

1109 Ebd., S. 51.

1110 *Meyer-Hesemann, Wolfgang*: Methodenwandel in der Verwaltungsrechtswissenschaft, Heidelberg und Karlsruhe 1981, S. 7 Fn. 9.

1111 *Stolleis, Michael*: Geschichte des öffentlichen Rechts in Deutschland, Band 2: Staatslehre und Verwaltungswissenschaft 1800 – 1914, München 1992, S. 383.

1112 Ebd., S. 236.

1113 Ebd., S. 237.

1114 Ebd., S. 235.

1115 Ebd., S. 242.

1116 Ebd., S. 242.

Auf Seiten der Wissenschaft trug insbesondere Lorenz von Stein maßgeblich zur Entwicklung der eigenständigen Lehre von der Verwaltung bei.[1117] Von Stein war dabei noch mit dem Anspruch angetreten, „nicht nur die welthistorische Entwicklung, die Geschichte der europäischen Kultur, die einzelnen Elemente der gesamten Staatswissenschaften und das geltende Verwaltungsrecht zu überblicken, sondern alle diese Teile auch in einer einheitlichen Konzeption zu verschmelzen", und ist damit wohl der letzte große Repräsentant der auf Gesamtschau gerichteten Staatswissenschaft.[1118] Das Auseinanderfallen der einzelnen gesonderten Rechtsgebiete war aber schon zu seiner Zeit nicht mehr aufzuhalten.[1119] Für das eigenständige Rechtsgebiet Verwaltungsrecht schuf er mit seiner „Verwaltungslehre" eine Unterteilung in den Bereich der „Vollziehung", worunter er die hoheitliche Willensäußerung, das Kompetenzgefüge und die Durchsetzung des Willens fasste, und den Bereich der „eigentlichen Verwaltung", in den nach seinem Verständnis die Bereiche Staatswirtschaft, Rechtspflege und „innere Verwaltung" fielen.[1120] Der Bereich der inneren Verwaltung umfasst danach „eine Reihe verschiedenster und wichtigster Aufgaben nach allen Seiten des Gesamtlebens"[1121]. Im Einzelnen sollten dies das Bevölkerungswesen, das öffentliche Gesundheitswesen, das Polizeiwesen, das Pflegschaftswesen, das Bildungswesen sowie die Wirtschaftsverwaltung sein.[1122] Er hat damit für die Verwaltungslehre insgesamt, im speziellen aber auch für die Forschung Karl Neumeyers, der den Begriff der „inneren Verwaltung" übernommen hat, überaus wichtige Vorarbeit geleistet.

Im Jahr 1871 entstand schließlich das Deutsche Kaiserreich. Die Reichsverfassung wurde in Preußen durch Verwaltungsrechtsgesetze ergänzt. Verwaltungsgerichte wurden, soweit noch nicht geschehen, eingeführt. In Bayern geschah dies 1878.[1123] Durch die Einführung der Verwaltungsgerichtsbarkeit und die Durchgestaltung der kommunalen Selbstverwaltung war die Verselbständigung des Verwaltungsrechts vom Staatsrecht weit gediehen. Es wurde nun an vielen Universitäten im Land als eigenes Fach in den universitären Lehrplan aufgenommen, so in München um das Jahr 1881.[1124]

1117 *Meyer-Hesemann, Wolfgang*: Methodenwandel in der Verwaltungsrechtswissenschaft, Heidelberg und Karlsruhe 1981, S. 7.

1118 *Stolleis, Michael*: Geschichte des öffentlichen Rechts in Deutschland, Band 2, S. 391.

1119 Ebd., S. 391.

1120 Ebd., S. 390.

1121 *von Stein, Lorenz*: Die Verwaltungslehre, 1. Theil, Die vollziehende Gewalt, 1865, S.16.

1122 *Feist, Hans-Joachim*: Die Entstehung des Verwaltungsrechts, München 1968, S. 145.

1123 Ebd., S. 151.

1124 Ebd., S. 153.

Als Karl Neumeyer mit seinen Forschungen zum IVR begann, hatte sich also die verwaltungsrechtliche Lehre gerade erst herausgebildet. Vieles war und blieb auf diesem Gebiet während seiner Forschertätigkeit noch der Entwicklung unterworfen. Es fehlte weiterhin für das Deutsche Reich an einheitlichen verwaltungsrechtlichen Regelungen. Der erste Versuch, einen rechtsdogmatischen „Allgemeinen Teil" des Verwaltungsrechts darzustellen, stammt von Friedrich Franz von Mayer aus dem Jahr 1857.[1125] Erst hiermit war die juristische Methode verwaltungswissenschaftlicher Darstellung begründet.[1126] In den folgenden Jahren haben unter anderem Ernst von Meier, Georg Meyer, Otto von Sarwey, Edgar Loening und insbesondere Otto Mayer die Lehre vom Verwaltungsrecht und die Konzeption eines länderübergreifenden Allgemeinen Teils vorangetrieben.[1127] Letzterer gilt mit seinem 1895/1896 vorgelegten „Deutschen Verwaltungsrecht"[1128] als der „eigentliche Schöpfer und Klassiker der modernen verwaltungsrechtlichen Methode"[1129]. So war es zu Lebzeiten Karl Neumeyers ein überaus großes Vorhaben, ein IVR zu konzipieren, da die Verwaltungsrechtslehre durchaus noch nicht gefestigt war, dem „Allgemeine Teil" erst von seinen Zeitgenossen ein scharfer Umriss gegeben wurde und sich der „Besondere Teil" schon allein bei der Betrachtung Deutschlands in eine schier unendliche Vielzahl von materiellen wie prozessualen Einzelregelungen aufgliederte.

2. Karl Neumeyers Vorstellung vom IVR

Karl Neumeyers Grundüberzeugung war es, dass dem Verwaltungsrecht ein IVR an die Seite gestellt werden müsste, wie dem Privatrecht ein IPR zur Seite steht. Er wollte dazu ein dem System von Kollisionsnormen im IPR entsprechendes IVR entwickeln.

1125 *von Mayer, Friedrich Franz*: Grundzüge des Verwaltungsrechts und Rechtsverfahrens, Tübingen 1857; das Werk hat er 1862 in erweiterter und Form veröffentlicht, siehe *von Mayer, Friedrich Franz*: Grundzüge des Verwaltungsrechts mit besonderer Rücksicht auf gemeinsames deutsches Recht, sowie auf neuere Gesetzgebung und bemerkenswerte Entscheidungen der obersten Behörden zunächst der Königreiche Preußen, Baiern und Württemberg, Tübingen 1862.

1126 *Stolleis, Michael*: Geschichte des öffentlichen Rechts in Deutschland, Band 2, S. 395 f.

1127 Ebd., S. 398 ff.

1128 *Mayer, Otto*: Deutsches Verwaltungsrecht, 2 Bände, München und Leipzig 1895/96.

1129 *Stolleis, Michael*: Geschichte des öffentlichen Rechts in Deutschland, Band 2, S. 404 mit Nachweis in Fn. 119.

Die Notwendigkeit eines IVR leitete Karl Neumeyer dabei aus dem Völkerrecht ab.[1130] Die Pflicht, die Mitglieder der völkerrechtlichen Gemeinschaft als gleichberechtigt gelten zu lassen, habe zur Folge, dass der einzelne Staat zwar berechtigt sei, inländische Angelegenheiten zu regeln, aber auch verpflichtet sei, anzuerkennen, dass Angelegenheiten, die einen anderen Staat angehen, nur dessen Regelungen unterliegen.[1131] Jeder Staat habe einen Bereich rechtlicher Wirksamkeit, der ihm eigen sei, und die Wirksamkeit eines Staates in seinem Bereich stehe der Wirksamkeit, die ein anderer Staat im eigenen Umkreis entfalte, gleichwertig gegenüber.[1132] Besonders deutlich formulierte er dieses Verständnis, dass die Anerkennung fremder Staatsgewalt und die damit verbundene Begrenzung der eigenen Staatsgewalt aus dem Völkerrecht folgt, in seinem oben unter B. V. 2. beschriebenen Aufsatz. Dort heißt es z. B. über ein verliehenes Wahlrecht:

„Wollte eine fremde Gewalt in dies öffentlichrechtliche Verhältnis zwischen dem Staat und dem Privaten abändernd eingreifen, so wäre das als Verletzung der staatlichen Selbstbestimmung ein unmittelbarer Bruch des Völkerrechts."[1133]

3. Frühwerk zum IVR

Wie früh Karl Neumeyer die ersten Gedanken zu einem dem IPR vergleichbaren IVR skizzierte, ist oben unter A. V. dargestellt. In einigen strafrechtlichen Veröffentlichungen aus der Zeit nach seiner Habilitation streifte Karl Neumeyer auch schon erste inhaltliche Fragen zum IVR.[1134] So stellte er 1903 die These auf, dass in Fällen, in denen die Rechtswidrigkeit einer Handlung von ihrer Unzulässigkeit

1130 *Neumeyer, Karl*: Vom Recht der auswärtigen Verwaltung und verwandten Rechtsbegriffen, in: Archiv des öffentlichen Rechts, Band 31, Tübingen 1913, S. 99 ff., S. 130, ders.: Internationales Privatrecht, völkerrechtliche Grundlagen, in: Wörterbuch des Völkerrechts und der Diplomatie, (1), I, Berlin und Leipzig 1924, S. 567 – 572, S. 571 f.

1131 *Neumeyer, Karl*: Grundlinien des internationalen Verwaltungsrechts, in: Blätter für die vergleichende Rechtswissenschaft und Volkswirtschaftslehre 7, 1911, Spalte 13.

1132 *Neumeyer, Karl*: Internationales Privatrecht, völkerrechtliche Grundlagen, in: Wörterbuch des Völkerrechts und der Diplomatie, (1), I, Berlin und Leipzig 1924, S. 567 – 572, S. 571.

1133 *Neumeyer, Karl*: Die zuständigen Strafmittel im internationalen Strafrecht, in: Zeitschrift für die gesamte Strafrechtswissenschaft, S. 3.

1134 *Vogel, Klaus*: Der räumliche Anwendungsbereich der Verwaltungsrechtsnorm, Abhandlungen der Forschungsstelle für Völkerrecht und ausländisches öffentliches Recht der Universität Hamburg, Band 12, Frankfurt a. M. und Berlin 1965, S. 176.

nach dem materiell maßgebenden Recht abhängt, das IPR oder das IVR darüber zu entscheiden habe, welche Gesetze anzuwenden seien.[1135]

In einem weiteren Beitrag von 1906 schrieb er über die Frage, ob eine im Ausland erteilte Zulassung zur Rechtsanwaltschaft auch in Deutschland anzuerkennen sei, dass diese Frage nach dem IVR zu verneinen sei.[1136] Die öffentliche Ermächtigung, einen Beruf auszuüben, könne nach dem IVR nur vom Wohnsitzstaat ausgehen.[1137] Mit der Verlegung des Wohnsitzes in einen anderen Staat würde die erteilte Ermächtigung gegenstandslos.[1138]

In seinem oben unter B. V. 2. behandelten Aufsatz von 1907 über die zuständigen Strafmittel im Internationalen Strafrecht setzte er sich schon ausführlicher mit Fragen aus dem Gebiet des IVR auseinander.[1139] Er schrieb, dass das IVR die Frage beantworte, welcher Staat an einem öffentlichen Rechtsverhältnis beteiligt sei und in welchem Umfang der beteiligte Staat seine Macht übe.[1140] Er diskutierte hier schon Einzelfragen zum anwendbaren Verwaltungsrecht, beispielsweise Fragen des Aufenthalts und der Freizügigkeit, der Reichweite der Entziehung einer Gewerbeerlaubnis, des Wahlrechts und der Fähigkeit, Vormund oder Urkundszeuge zu sein.[1141]

1907 und 1908 erschienen dann vier Aufsätze unter dem gemeinsamen Titel „Studien aus dem internationalen Verwaltungsrecht“.[1142] Im ersten Teil dieser Studien machte er seine Vorstellung vom IVR als Parallelgebiet zum IPR klar. Daneben behandelte Karl Neumeyer in diesen Beiträgen Themen des Besonderen Teils, nämlich das in Bezug auf die religiöse Kindererziehung, auf die Bekenntnisänderung bei Erwachsenen, auf die Feiertagsregelungen sowie auf die

1135 *Neumeyer, Karl*: Die verbotene Handlung im internationalen Strafrecht, Zeitschrift für die gesamte Strafrechtswissenschaft, S. 445, siehe oben unter B. V. 1.

1136 *Neumeyer, Karl*: Prävarikation (§ 356 RStGB) in: Vergleichende Darstellung des deutschen und ausländischen Strafrechts, Besonderer Teil, IX, Berlin 1906, S. 505 Fußnote 1.

1137 Ebd., S. 505 Fußnote 1.

1138 Ebd., S. 505 Fußnote 1.

1139 *Neumeyer, Karl*: Die zuständigen Strafmittel im internationalen Strafrecht, in: Zeitschrift für die gesamte Strafrechtswissenschaft, S. 1 ff.

1140 Ebd., S. 3.

1141 Ebd., S. 3 ff.

1142 *Neumeyer, Karl*: Studien aus dem internationalen Verwaltungsrecht, I: Die religiöse Kindererziehung, in: Niemeyers Zeitschrift für internationales Privat- und öffentliches Recht, Band 17, 1907, S. 50 ff.; II: Die Bekenntnisänderung der Erwachsenen, in: Niemeyers Zeitschrift für internationales Privat- und öffentliches Recht, Band 17, 1907, S. 130 ff.; III: Die Feiertagsordnung, in: Niemeyers Zeitschrift für internationales Privat- und öffentliches Recht, Band 17, 1907, S. 275 ff.; IV: Die Schulpflicht, in: Niemeyers Zeitschrift für internationales Privat- und öffentliches Recht, Band 18, 1908, S. 61 ff.

Schulpflicht anwendbare Recht, jeweils bei Vorliegen einer Auslandsberührung.[1143] Die hier gewonnenen Ergebnisse sind zumeist in den Besonderen Teil seines IVR eingeflossen und teilweise weiterentwickelt worden.

Eine etwas umfassendere Theorie zu allgemeinen Anwendungsregeln im IVR entwarf Karl Neumeyer erstmals für einen Vortrag, den er am 10. März 1911 in München hielt. Er sprach hierin über die Grundlinien des IVRs.[1144] Ein solches IVR musste es nach seiner Auffassung geben, denn wenn der Inhalt von staatlicher Tätigkeit auf dem Gebiet des Verwaltungsrechts geregelt sei, so müssten auch die Grenzen rechtlich geregelt sein, innerhalb derer sich die Tätigkeit bewegen könne.[1145] Die Absteckung dieser Grenzen könne nicht anarchisch geschehen, da der moderne Staat rechtlich nicht isoliert dastünde, sondern als Glied der völkerrechtlichen Gemeinschaft verpflichtet sei, auch die Tätigkeit der übrigen Staaten anzuerkennen.[1146] Die verwaltungsrechtliche Betätigung der Staatsgewalt bedürfe daher der Abgrenzung gegenüber der Betätigung anderer Staaten.[1147] Dieses IVR sei mangels eines besseren Begriffs als Teil des IPR (im weiteren Sinn) zu verstehen.[1148]

Im Folgenden zeigte er an einigen Beispielen wie der Frage, ob Ausländer im Inland einem Schulzwang unterworfen werden könnten oder ob ein Wechsel des religiösen Bekenntnisses bei Auslandsberührung des Sachverhalts im Inland anzuerkennen sei, dass das IVR tatsächlich praktische Relevanz hatte. An den verschiedenen Beispielen arbeitete er die wichtigste Aufgabe des IVR heraus, nämlich Antwort auf die Frage zu geben, an welche örtlichen Schranken der Staat bei der Durchführung einer Angelegenheit seiner Verwaltung gebunden ist.[1149] Ganz wie im IPR sei im IVR bei Sachverhalten, für die es keine positivrechtliche Kollisionsregelung gebe, ein Reduktionsprozess vorzunehmen, der nur diejenigen Beziehungen bestehen lässt, die für die rechtliche Eigenart des Tat-

---

1143 *Neumeyer, Karl:* Studien aus dem internationalen Verwaltungsrecht, I: Die religiöse Kindererziehung, in: Niemeyers Zeitschrift für internationales Privat- und öffentliches Recht, Band 17, 1907, S. 50 ff.; II: Die Bekenntnisänderung der Erwachsenen, in: Niemeyers Zeitschrift für internationales Privat- und öffentliches Recht, Band 17, 1907, S. 130 ff.; III: Die Feiertagsordnung, in: Niemeyers Zeitschrift für internationales Privat- und öffentliches Recht, Band 17, 1907, S. 275 ff.; IV: Die Schulpflicht, in: Niemeyers Zeitschrift für internationales Privat- und öffentliches Recht, Band 18, 1908, S. 61 ff.

1144 *Neumeyer, Karl*: Grundlinien des internationalen Verwaltungsrechts, in: Blätter für vergleichende Rechtswissenschaft und Volkswirtschaftslehre, Band 7, 1911, Sp. 10 ff.

1145 Ebd., Sp. 11 f.

1146 Ebd., Sp. 12 f.

1147 Ebd., Sp. 13.

1148 Ebd., Sp. 13; siehe dazu schon oben unter B. IV.

1149 Ebd., Sp. 14.

bestands die bezeichnenden sind.[1150] Habe man diese herausgefiltert, sei eine Zuständigkeit des Inlands für diejenigen Tatbestände gegeben, bei denen die gefundene Beziehung auf das Inland hinweist.[1151] Darin, festzustellen, welches die maßgebenden Anknüpfungen auf dem Gebiet des IVR seien, lag nach Karl Neumeyers Auffassung die Hauptaufgabe, die dieser neue Wissenschaftszweig zu leisten hatte.[1152]

Karl Neumeyer stellte schon in seinen „Grundlinien des internationalen Verwaltungsrechts" seine Auffassung dar, dass es regelmäßig räumliche Beziehungen wie Aufenthalt einer Person, Grundbesitz oder Veranstaltungen im Staatsgebiet seien, die das Tätigwerden der inländischen Verwaltung begründen würden.[1153] Eine Anknüpfung abhängig von der Staatsangehörigkeit einer Person komme dagegen anders als im IPR nur selten, nämlich nur für den Fall in Betracht, dass eine Verwaltungseinrichtung mit der Staatsangehörigkeit unmittelbar zusammenhänge.[1154]

Den wichtigsten Unterschied des IVR zum IPR sah Karl Neumeyer darin, dass nach seiner Überzeugung im Fall des IVR nie ausländisches Recht angewandt werden könne. Im IVR sei entweder das Inland zuständig, also dessen Recht anwendbar, eine öffentliche Aufgabe durchzuführen, oder der Staat müsse in dieser Sache untätig bleiben.[1155] Im IPR dagegen hielt auch er die Anwendung ausländischen Rechts auf bestimmte Sachverhalte nicht nur für möglich, sondern für geboten. Diese Verschiedenheit folgte nach seiner Überzeugung aus der Natur der Dinge: Während der Staat im Bereich des Zivilrechts nur das Interesse habe, dass „Recht Recht bleibe", was auch bei der Anwendung fremden Rechts gewährleistet sei, ordne er sich im Bereich des öffentlichen Rechts selbst, sei Partei und werde in seinen eigenen Rechten und Pflichten abgegrenzt.[1156] Für das Zivilrecht ergebe sich daher ein „Entweder – Oder", da entweder das Recht des einen oder das eines anderen Staates zur Anwendung komme, wohingegen eine solche Alternative im IVR nicht gegeben sei, sondern die Zuständigkeit des Rechts des Inlands zur Regelung eines Sachverhalts nur bejaht oder verneint werden könne.[1157]

1150 Ebd., Sp. 15.
1151 Ebd., Sp. 15.
1152 Ebd., Sp. 16.
1153 Ebd., Sp. 16.
1154 Ebd., Sp. 16.
1155 Ebd., Sp. 18.
1156 Ebd., Sp. 18.
1157 Ebd., Sp. 18.

Nur in Ausnahmefällen konnte nach Karl Neumeyers Auffassung ausländisches Verwaltungsrecht relevant werden. So könne in einigen Lebensbereichen etwa durch die Duldung fremder Verwaltungstätigkeit im Inland oder z. B. durch Rechtshilfe ausnahmsweise fremdes Verwaltungsrecht im Inland zur Anwendung kommen.[1158] Auch diese Bereiche fasste Karl Neumeyer unter das IVR. Schließlich konnte nach seiner Konzeption des IVR ausländisches Verwaltungsrecht auch bei solchen Fragen relevant werden, in denen eigene Angelegenheiten des Inlands von der verwaltungsrechtlichen Wirksamkeit einer Maßnahme im Ausland abhängig waren.[1159] Er nannte hier als Beispiel die Frage, ob ausländischer Adel im Inland anzuerkennen sei, was von der Wirksamkeit der Verleihung des Adels nach dem ausländischen Recht abhänge.[1160] In solchen Fällen könnten ausnahmsweise ausländische Gesetze und Verwaltungsakte im Inland Anwendung bzw. Anerkennung finden.[1161]

Das IVR galt dabei nach Karl Neumeyers Vorstellung nicht nur für die Verwaltung von Staaten, sondern sollte das anwendbare Recht für alle autonomen Verbände des öffentlichen Rechts (z. B. auch Gemeinden und Kirchen) bestimmen.[1162]

Ausgrenzen wollte Karl Neumeyer aus dem IVR aber das völkerrechtlich gebundene Verwaltungsrecht, dass insbesondere in Form von Staatsverträgen vorkomme. Dies gehörte nach seiner Vorstellung nicht dem IVR an.[1163] Und schließlich sei das Verwaltungsrecht einer Staatengemeinschaft nicht als IVR zu verstehen.[1164] Solange eine solche Staatengemeinschaft keine Gruppe eigener Art mit eigener Tätigkeit sei, sei das zumeist staatsvertraglich geregelte gemeinsame Verwaltungshandeln aber ohnehin kein echtes Verwaltungsrecht einer Staatengemeinschaft, sondern letztlich wieder Verwaltung der einzelnen Staaten.[1165] Das Recht über die gemeinschaftlich geführte Verwaltung sei damit einzelstaatlich geblieben.[1166]

Ebenfalls im Jahr 1911 erschien in der „*Revue générale de droit international public*“ ein weiterer Artikel, in dem er seine Vorstellungen von einem Allgemei-

1158 Ebd., Sp. 19.
1159 Ebd., Sp. 19.
1160 Ebd., Sp. 20.
1161 Ebd., Sp. 20.
1162 Ebd., Sp. 21.
1163 Ebd., Sp. 23.
1164 Ebd., Sp. 23 f.
1165 Ebd., Sp. 24.
1166 Ebd., Sp. 24.

nen Teil des IVR darlegte.[1167] Er beschrieb auch hier das IVR als einen Teil des IPR (im weiteren Sinn) und grenzte es gegen das Völkerrecht ab, da das IVR im Gegensatz hierzu kein allgemeinverbindliches, sondern jeweils staatliches Recht sei.[1168] Auch gegen das Privatrecht grenzte er es ab, da es seiner Funktion nach, dem Staat die Grenzen seiner Verwaltung aufzuzeigen, dem öffentlichen Recht angehöre.[1169] Er beschrieb ausführlich, in welchen praktischen Fällen sich Fragen des IVR, wie er es verstand, ergaben.[1170] Auch der Gedanke von der territorialen anstelle der personalen Anknüpfung taucht hier wieder auf.[1171]

In seiner Begriffserklärung des IPR für das Wörterbuch des deutschen Staats- und Verwaltungsrechts beschrieb er 1913 das IVR in Abgrenzung zum Privatrecht und legte seine grundsätzlichen Vorstellungen von einem solchen IVR dar.[1172] Die Maxime der territorialen Anknüpfung findet sich hier ebenso wider wie die Aussage, dass nur in Ausnahmefällen das Recht der Staatsangehörigkeit des Betroffenen, in den meisten Fällen aber das Recht des Staates Anwendung finde, mit dem ein verwaltungsrechtlicher Sachverhalt den engsten Bezug habe.[1173]

In einigen weiteren Beiträgen, die Karl Neumeyer schon während der Bearbeitung des Besonderen Teils seines IVR veröffentlichte, werden diese grundsätzlichen Überzeugungen vom IVR bestätigt. So erwähnte er verschiedentlich, dass das IVR der Abgrenzung der bei Auslandsberührungen zur Auswahl stehenden Rechte diene[1174] und regele, welchen Einfluss die Verwaltung anderer Rechtskreise auf die Verwaltung des eigenen Rechtskreises habe[1175], dass es aber im Gegensatz zum IPR in den meisten Fällen auf die Regelung der einseitigen An-

1167 *Neumeyer, Karl*: Revue générale de droit international public, XVIII, 1911, S. 492 – 499.

1168 Ebd., S. 493 f.

1169 Ebd., S. 494.

1170 Ebd., S. 494 f.

1171 Ebd., S. 495.

1172 *Neumeyer, Karl*: Internationales Privatrecht, in: Wörterbuch des deutschen Staats- und Verwaltungsrechts 2, II, Tübingen 1913, S. 438 ff., S. 444.

1173 *Neumeyer, Karl*: Internationales Privatrecht, in: Wörterbuch des deutschen Staats- und Verwaltungsrechts, S. 444.

1174 *Neumeyer, Karl*: Vom Recht der auswärtigen Verwaltung und verwandten Rechtsbegriffen, in: Archiv des öffentlichen Rechts, Band 31, Tübingen 1913, S. 128 f.; *Neumeyer, Karl*: Internationales Privatrecht, in: Wörterbuch des deutschen Staats- und Verwaltungsrechts 2, S. 444; *Neumeyer, Karl*: Internationales Privatrecht, völkerrechtliche Grundlagen, in: Wörterbuch des Völkerrechts und der Diplomatie, S. 568.

1175 *Neumeyer, Karl*: Internationales Privatrecht, völkerrechtliche Grundlagen, in: Wörterbuch des Völkerrechts und der Diplomatie, S. 577.

wendung des eigenen Rechts beschränkt sei[1176]. Das IVR sei demnach „unilateral", im Gegensatz zum „bilateralen" IPR.[1177]

Alle diese Veröffentlichungen zum Allgemeinen Teil des IVR dienten aber nur als eine Art Leitfaden für die Durchsicht der Einzelfragen, der er sich in der Folge widmete.[1178]

4. Weiteres Vorgehen

Nachdem Karl Neumeyer mit den oben genannten Arbeiten den konzeptionellen Grundstock für seine Forschung über das IVR gelegt hatte, hielt er es nicht für richtig, bei der umfassenden Ausarbeitung mit dem Allgemeinen Teil zu beginnen, der die Grundprinzipien des IVR ausführlich dargestellt hätte. Dies hätte nach seiner Überzeugung die Thesen vorweggenommen, die er erst aus der Bearbeitung des Besonderen Teils zu gewinnen hoffte. Er wollte daher zunächst das gesamte Gebiet des Verwaltungsrechts, genauer gesamt der „inneren Verwaltung" im Sinne Lorenz von Steins,[1179] nach Sachverhalten durchforschen, in welchen sich die Frage stellen kann, ob das deutsche Verwaltungsrecht Wirkung beanspruchen kann oder nicht. Auf diese Weise wollte er den Kollisionsnormen des IPR entsprechende, von ihm so genannte „Grenznormen" durch „Abstraktion aus nachweisbaren Rechtsvorschriften" erarbeiten.[1180] Er analysierte daher im Folgenden die verschiedenen Gebiete des Verwaltungsrechts nach solchen „Grenznormen", die grenzüberschreitende Sachverhalte erfassen und in Ausnahmefällen zur Anwendung ausländischen Verwaltungsrechts führen, im übrigen aber Regelungen für den räumlichen Anwendungsbereich des nationalen Verwaltungsrechts enthalten.

Klaus Vogel schrieb über diese Herangehensweise:

„Neumeyer war nicht in erster Linie Theoretiker, sondern Empiriker; es kam ihm zunächst darauf an, das „Material", d.h. die praktischen Rechtsfragen des inter-

1176 Siehe dazu *Neumeyer, Karl*: Les unions internationales, Conférence faite à l'Académie de Droit International de La Haye, Revue de Droit International de sciences diplomatiques, politiques et sociales, 1924: S. 18 ff., hier S. 22, S. 343 ff, hier S. 356 f., S. 360 f., 1925: S. 20 ff., insbesondere auch S. 102 ff.

1177 *Neumeyer, Karl*: Revue générale de droit international public, XVIII, 1911, S. 496

1178 *Vogel, Klaus*: Karl Neumeyer zum Gedächtnis, in: Archiv des öffentlichen Rechts, Band 95, 1970, S. 139.

1179 Siehe dazu oben unter VI. 1.

1180 *Vogel, Klaus*: Karl Neumeyer, in: Deutsche Juristen jüdischer Herkunft, S. 537.

nationalen Verwaltungsrechts möglichst erschöpfend zu sammeln und darzustellen.“[1181]

Die Erstellung eines umfassenden Allgemeinen Teils, welcher allgemeingültige Regeln für die Abgrenzung der Verwaltungsrechtsvorschriften verschiedener Länder enthielt, behielt Karl Neumeyer sich für später vor. Er schrieb 1914:

„Jeder einzelnen Art verwaltender Staatstätigkeit müssen die Grenzen gesucht werden, die dieser besondere Gegenstand staatlicher Fürsorge verlangt. Es hilft doch gar nichts, wenn man die juristische Kategorie einer räumlich wirkenden Herrschaft, oder noch genauer einer Beherrschung kraft Wohnsitzes oder Aufenthalts im Lande kennt, ich muß wissen, was gerade bei der Volkszählung oder bei der Durchführung der Schulpflicht die eigentümliche Beziehung ist, die den Sachverhalt der staatlichen Tätigkeit unterstellt. Später einmal, wenn das Gesamtgebiet des internationalen Verwaltungsrechts ausreichend durchgearbeitet ist, mag eine nachträgliche Zusammenfassung der Einzelergebnisse unter solchen „juristischen“ Gesichtspunkten möglich sein. Heute gilt es erst noch, die Arbeit selbst zu tun, und dafür ist die stoffliche Aufarbeitung unentbehrlich.“[1182]

Im Folgenden wird entsprechend dem Vorgehen Karl Neumeyers zunächst der Besondere Teil seines IVR dargestellt. Dieser Besondere Teil seines Werkes, der in den ersten drei Bänden des Gesamtwerkes enthalten ist, behandelt, aufgeteilt in 14 Kapitel auf etwa 2000 Seiten, die Sachgebiete Bevölkerung, Gesundheit, Sicherheit, Vereine, Stiftungen, Presse, Bildung, Erziehung, Staat und Sitten, Staat und Kirche, Naturkräfte und Naturerzeugnisse, Erwerb und Beruf, Versicherung und verwandte Einrichtungen, Arbeiterversicherung, Verkehrswege und ihre Benutzung, Verkehrseinrichtungen sowie das Gebiet der Währung.[1183]

In einigen früheren Veröffentlichungen ging Karl Neumeyer daneben auch auf andere Zweige des Verwaltungsrechts wie das Internationale Finanzrecht ein,[1184] welche er in seinem Besonderen Teil nicht weiter behandelte.[1185]

1181 *Vogel, Klaus*: Karl Neumeyer zum Gedächtnis, in: Archiv des öffentlichen Rechts, Band 95, 1970, S. 139.

1182 *Neumeyer, Karl*: Internationales Finanzrecht, in: Niemeyers Zeitschrift für internationales Recht, Band 24, 1914 II, S. 190.

1183 *Wehberg, Hans*: Karl Neumeyer zum Gedächtnis, in: Die Friedenswarte, S. 257.

1184 *Neumeyer, Karl*: Internationales Finanzrecht, in:Niemeyers Zeitschrift für internationales Recht, Band 24, 1914 II, S. 186 ff.

1185 Der Beitrag zum internationalen Finanzrecht setzt sich hauptsächlich mit dem Buch *Das internationale Finanzrecht. Eine systematische Darstellung der internationalen Finanzrechtsnormen* von Gustav Lippert auseinander. Hieran übt Karl Neumeyer viel Kritik, ohne das

5. Der Besondere Teil des Internationalen Verwaltungsrechts

Im Folgenden wird der Inhalt des Besonderen Teils im Überblick dargestellt und anschließend anhand von einigen Beispielen erläutert, wie Karl Neumeyer auf den einzelnen Themengebieten die Anwendbarkeit oder Unanwendbarkeit des inländischen Verwaltungsrechts auf Sachverhalte mit Auslandsberührung herausgearbeitet hat.

a) IVR, Band I

1910 veröffentlichte Karl Neumeyer den ersten Band des IVR.[1186] Er umfasst 555 Seiten. Bei allen nachfolgend aufgeführten Themenbereichen fragte er jeweils nach den Grenzen der öffentlichen Gewalt in Verwaltungssachen und untersuchte die jeweiligen Rechtsgebiete nach bestehenden bzw. notwendig zu entwickelnden Anwendungsregeln.

Zunächst betrachtete er so Fragen der Bevölkerung,[1187] im speziellen Fragen des Rechts des Aufenthalts und der Niederlassung,[1188] der Familiengründung,[1189] des Paßwesens,[1190] der Beurkundung des Personenstands[1191] und des bei Volkszählungen anzuwendenden Rechts[1192].

Im zweiten Kapitel werden unter der Überschrift „Gesundheit und Sicherheit“[1193] im einzelnen die Bereiche Schutz der Volksgesundheit (worunter er vor allem den Schutz der Allgemeinheit vor ansteckenden Krankheiten fasst),[1194] Sorge für

---

Thema selbst umfassend zu behandeln. Nach seiner Auffassung setze sich das internationale Finanzrecht aus staatsrechtlichen, verwaltungsrechtlichen und privatrechtlichen Bestandteilen zusammen und war daher kein rein verwaltungsrechtliches Thema. Der verwaltungsrechtliche Teil könne und müsse als „internationales Finanzverwaltungsrecht“ ausgesondert werden. Siehe dazu im einzelnen *Neumeyer, Karl*: Internationales Finanzrecht, Niemeyers Zeitschrift für internationales Recht, Band 24, 1914 II, S. 186 ff.

1186 *Neumeyer, Karl*: Internationales Verwaltungsrecht, Innere Verwaltung Band 1, München und Berlin 1910.

1187 *Neumeyer, Karl*: IVR, Band 1, S. 1 – 67.

1188 Ebd., S. 1 ff.

1189 Ebd., S. 16 ff.

1190 Ebd., S. 26 ff.

1191 Ebd., S. 33 ff.

1192 Ebd., S. 63 ff.

1193 Ebd., S. 67 – 106.

1194 Ebd., S. 67 ff.

erkrankte Einzelpersonen, insbesondere für Geisteskranke[1195], das in Sachen des Feuer- und Wasserschutzes und bei der Bauaufsicht anzuwendende Recht[1196] sowie der Bereich der Grenzen für die Sicherheitspolizei[1197] behandelt.

Das dritte Kapitel handelt von dem auf Vereine und Stiftungen anwendbaren Recht.[1198] Im Einzelnen werden die Staatsangehörigkeit der Vereine und Stiftungen[1199], die Polizei der Vereine und Versammlungen (worunter die Fragen des anzuwendenden Aufsichtsrechts fallen[1200]), das bei der Beurteilung der Rechtsfähigkeit der Vereine anzuwendende Recht[1201], das auf Stiftungen allgemein anzuwendende Recht[1202] und insbesondere das auf das Vermögen der Vereine und Stiftungen anzuwendende Recht[1203] betrachtet.

Im vierten Kapitel untersuchte Karl Neumeyer den Bereich des Pressewesens nach dem anwendbaren Recht.[1204]

Im fünften Kapitel geht es um das anwendbare Recht in Fragen der Bildung und Erziehung.[1205] Im Einzelnen werden Bildungsanstalten, Lehrer und Schüler,[1206] daneben die Schulpflicht,[1207] die Zwangserziehung[1208] und der Schutz verlassener Kinder[1209] im Hinblick auf das anwendbare Recht betrachtet.

Das sechste Kapitel behandelt unter der Überschrift Staat und Sitten[1210] das jeweils anwendbare Recht in Fragen des Schutzes der guten Sitten[1211] (insbesondere bei Glücksspielen[1212]) sowie das Recht der Auszeichnungen,[1213] bei denen es

---

1195 Ebd., S. 82 ff.
1196 Ebd., S. 90 ff.
1197 Ebd., S. 93 ff.
1198 Ebd., S. 106 – 183.
1199 Ebd., S. 106 ff.
1200 Ebd., S. 111 ff.
1201 Ebd., S. 125 ff.
1202 Ebd., S. 140 ff.
1203 Ebd., S. 154 ff.
1204 Ebd., S. 183 – 202.
1205 Ebd., S. 202 – 255.
1206 Ebd., S. 202 ff.
1207 Ebd., S. 208 ff.
1208 Ebd., S. 228 ff.
1209 Ebd., S. 254 ff.
1210 Ebd., S. 255 – 377.
1211 Ebd., S. 257 ff.
1212 Ebd., S. 264 ff.
1213 Ebd., S. 280 ff.

zum einen um den Adel,[1214] zum anderen um akademische Grade[1215] und sonstige Auszeichnungen, Titel und Orden[1216] geht.

Im siebten Kapitel ist schließlich der Bereich „Staat und Kirche“ nach Sachverhalten untersucht, die Auslandsberührung haben.[1217] Im Einzelnen sind hier unter dem Titel „Die Grenzen der Staatsgewalt“ das Verhältnis zwischen Staat und Glaubensgemeinschaften,[1218] Mitgliedschaften in der Kirche,[1219] der Austritt aus der Kirche,[1220] die religiöse Kindererziehung,[1221] das kirchliche Leben,[1222] die kirchlichen Handlungen[1223] und weitere besondere Fälle[1224] im Hinblick auf das jeweils anwendbare Recht untersucht. Zuletzt sind unter dem gleichen Gesichtspunkt die Konfessionen[1225] sowie selbständige Verbände zwischen den Konfessionen[1226] behandelt.

i) Beispiel Schulpflicht

Ein anschauliches Beispiel für die Arbeitsweise Karl Neumeyers ist die Untersuchung der Schulpflicht.[1227] Karl Neumeyer stellte sich die Frage, ob sich Ausländer den inländischen Schulzwang gefallen lassen müssen. Er arbeitete zu dieser Frage zunächst den Streitstand auf, wonach die Schulpflicht in den einzelnen deutschen Ländern wie auch im Ausland (er stellte beispielhaft die Lage in Frankreich, der Schweiz und in Österreich dar) teils auch auf ausländische Kinder erstreckt wurde, teils aber auch nur auf Inländer.[1228] Auch in der Literatur gab es keine einheitliche Meinung darüber, ob die Schulpflicht nur Inländer träfe, oder aber räumlich, also für alle sich in einem bestimmten Staatsgebiet befindlichen Kinder gelten sollte. Die Frage nach der Schulpflicht von Ausländern wurde also völlig uneinheitlich beantwortet.

1214 Ebd., S. 285 ff.
1215 Ebd., S. 332 ff.
1216 Ebd., S. 350 ff.
1217 Ebd., S. 377 – 555.
1218 Ebd., S. 381 ff.
1219 Ebd., S. 383 ff.
1220 Ebd., S. 388 ff.
1221 Ebd., S. 404 ff.
1222 Ebd., S. 470 ff.
1223 Ebd., S. 496 ff.
1224 Ebd., S. 504 ff.
1225 Ebd., S. 520 ff.
1226 Ebd., S. 538 ff.
1227 Ebd., S. 208 ff.
1228 Ebd., S. 209 ff.

Bei der Suche nach der Lösung machte Karl Neumeyer zunächst sein Verständnis vom IVR noch einmal klar:

„Es ist hier wie sonst im öffentlichen Recht die grundsätzliche Frage nicht: kommt das Recht des einen oder des anderen Staates zur Anwendung? sondern: ist der Sachverhalt der Zuständigkeit dieses bestimmten Staates unterworfen oder nicht?“[1229]

Ausländisches Recht könnte demnach bei der Beantwortung der Frage, ob ein Ausländer im Inland schulpflichtig sei, nicht zur Anwendung kommen. Wenn aber auch inländisches Recht nicht anwendbar sei, würde der Staat im Ergebnis in der Frage der Schulpflicht des ausländischen Kindes untätig bleiben.[1230]

Die Frage, ob sich der Schulzwang auch auf Ausländer erstreckte, bejahte Karl Neumeyer schließlich mit einer interessanten Begründung, die sein humanistisches Bildungsideal widerspiegelt. Der Schulzwang müsse auch auf ausländische Kinder erstreckt werden, da das gesamte Staatsleben in Gesetzgebung und Verwaltung ein Mindestmaß an Bildung der Bevölkerung voraussetzen würde.[1231] Auch fördere man so die öffentliche Sicherheit, da die Kinder von der Straße wegkämen.[1232] Als letztes Argument nannte er aber „jenseits der engen nationalen“ die „Interessen der Menschheit“ an der Schulbildung aller Menschen.[1233] Der Schulzwang sei daher räumlich zu umgrenzen und erfasse alle Kinder im schulpflichtigen Alter im Inland, gleich welcher Staatsangehörigkeit sie seien. Er unterschied noch weiter, dass die generelle Schulpflicht für alle sich im Inland befindenden ausländischen Kinder gelte, wenn die Dauer des Aufenthalts nicht ausnahmsweise zu kurz sei.[1234] Würden aber an die Art oder den Inhalt des Unterrichts bestimmte weitere Anforderungen z. B. in Bezug auf die religiöse Ausrichtung der Bildungsziele gestellt, so könnten solche besonderen Erfordernisse nur für solche Kinder gelten, die ihren Wohnsitz oder zumindest ihren dauernden Aufenthalt im Inland hätten.[1235]

Karl Neumeyer untersuchte in diesem Zusammenhang auch noch die Frage der Gleichwertigkeit des Schulbesuchs im Ausland,[1236] die strafrechtlichen Fol-

1229 Ebd., S. 215.
1230 Ebd., S. 215.
1231 Ebd., S. 217.
1232 Ebd., S. 217.
1233 Ebd., S. 217.
1234 Ebd., S. 219.
1235 Ebd., S. 219.
1236 Ebd., S. 222 ff.

gen bei Nichteinhaltung der Schulpflicht[1237] sowie die Frage, wie die Schulpflicht regelnde örtliche Satzungen zu beurteilen seinen,[1238] dies alles immer unter dem Blickwinkel des anzuwendenden Rechts.

ii) Beispiel Doktortitel

Bezüglich Doktortiteln stellte Karl Neumeyer sich die Frage, ob Ärzte ihre im Inland erworbenen Titel auch im Ausland führen dürfen. Er grenzte die Untersuchung dabei hauptsächlich auf die Frage der sozialen Geltung der akademischen Grade ein und behandelte andere Fragen wie die nach der Anerkennung der Lehrbefugnis nur am Rande.[1239] Er stellte fest, dass der Staat nach Gewohnheitsrecht zur Anerkennung des Rechts der Führung fremder Grade verpflichtet sei.[1240] Dies gelte allerdings nur, wenn der Staat, in dem ein akademischer Grad anerkannt werden soll, einen solchen Grad gleicher oder ähnlicher Art kenne. Unbekannte Grade könnten nicht anerkannt werden und dürften daher auch nicht geführt werden.[1241] Bei der Anerkennung müsse man insbesondere fordern, dass der Titel von einer „dazu geeigneten Anstalt unter Auferlegung ausreichender wissenschaftlicher Proben in ordnungsgemäßem Hergang verliehen worden" sei.[1242]

Neben der gewohnheitsrechtlichen Übung gab es bezüglich der Anerkennung bzw. Nichtanerkennung akademischer Grade im deutschen Reich auch verschiedene positive Rechtsvorschriften, auf die Karl Neumeyer ebenfalls einging.[1243] So regelten seit 1897 fast alle deutschen Staaten, dass die Führung ausländischer Grade in Deutschland der ausdrücklichen staatlichen Genehmigung bedurfte.[1244] Zuständig für die Anerkennung eines akademischen Grades war nach Karl Neumeyers Ansicht das Land, dem gegenüber das Recht auf Führung des Grades behauptet wird.[1245] Die Frage nach dem Recht zur Führung des Titels sei danach zu beantworten, ob der Grad in dem ausländischen Land nach dessen Gesetzen wirksam erworben wurde.[1246] Als Strafmaßnahme könne das Inland nur die An-

1237 Ebd., S. 224 ff.
1238 Ebd., S. 226 ff.
1239 Ebd., S. 338 ff.
1240 Ebd., S. 341.
1241 Ebd., S. 342.
1242 Ebd., S. 343.
1243 Ebd., S. 344 ff.
1244 Ebd., S. 345.
1245 Ebd., S. 349.
1246 Ebd., S. 349.

erkennung eines ausländischen Titels entziehen, nicht aber den Grad selbst aberkennen.[1247]

iii) Analyse der Arbeit anhand der Beispiele

Die Beispiele zeigen, dass Karl Neumeyer sich in vielen Fällen nicht auf eine bestimmte Rechtsanwendungsnorm, eine gefestigte Praxis oder eine einhellige Meinung in der Literatur stützen konnte. Schon die Rechtslage zwischen den einzelnen deutschen Staaten wich teilweise stark voneinander ab, soweit die Fragen überhaupt positivrechtlich geregelt waren. Karl Neumeyer hat alle im Zusammenhang in dem jeweiligen Sachgebiet auftretenden Fragen des anwendbaren Rechts beleuchtet und, soweit ausfüllungsbedürftige Rechtslücken oder widersprüchliche Lösungen bestanden, einen eigenen wohlbegründeten Lösungsvorschlag erarbeitet. Hierin dürfte auch sein größtes Verdienst bei der Bearbeitung des Besonderen Teils zu sehen sein. Die Ausführungen sind so detailliert und umfassend, dass sie, wenn heute Fragen zum IVR auftauchen, noch jetzt hilfreiche Denkanstöße liefern. Die Tatsache aber, dass es teils noch keine positiven Regelungen zu einzelnen Problemen gab und Karl Neumeyer hier erste Vorschläge unterbreitete, teils aber zu anderen Sachgebieten schon ganz unterschiedliche Lösungen in den einzelnen deutschen Staaten praktiziert wurden, lässt schon auf das Problem schließen, vor welchem Karl Neumeyer später bei der Konzeption seines Allgemeinen Teils stehen sollte: aus dieser Gemengelage ein praktikables umfassendes System von verwaltungsrechtlichen „Grenznormen“ zu schaffen, war beinahe unmöglich.

b) IVR, Band II

Den zweiten Band seines IVR veröffentlichte Karl Neumeyer im Jahr 1922. Er hatte zunächst, wie er in seinem Vorwort schrieb, geplant, hier den „Gesamtbereich der wirtschaftlichen Verwaltung“ zu behandeln.[1248] Die Abschnitte Verkehr und Verkehrseinrichtungen habe er dann aber wegen der Fülle des Stoffes dem dritten Band vorbehalten.[1249]

Karl Neumeyer brachte in seinem Vorwort noch einmal klar zum Ausdruck, dass Ziel des Besonderen Teils nur die Erarbeitung der sogenannten Grenznormen war, auf die er das dem IPR vergleichbare System des IVR gründen wollte.

1247 Ebd., S. 350.

1248 *Neumeyer, Karl*: Internationales Verwaltungsrecht, Innere Verwaltung Band 2, München und Berlin 1922, Vorwort.

1249 Ebd., Vorwort.

Der Allgemeine Teil mit den allgemeingültigen Anwendungsvorschriften sollte erst in einem Schlussband folgen. Er schrieb dazu:

„Es handelt sich hier vor allem darum, die neue Problemstellung[1250] zu prüfen. Dafür bedurfte es der Beischaffung eines möglichst umfangreichen und verschiedengearteten Rechtsstoffes, um an ihm Frage und Antwort zu erproben."[1251]

Der zweite Band umfasst 737 Seiten. Die Kapitelnummerierung schließt an diejenige des ersten Bandes an.

Im achten Kapitel untersuchte er die von ihm sogenannten Naturkräfte und Naturerzeugnisse nach dem jeweils anwendbaren Recht.[1252] Darunter fasste er die Themenbereiche des anwendbaren Wasserrechts und des auf die Wassernutzung bzw. Wasserkraft anwendbaren Rechts,[1253] das auf den Bergbau,[1254] die Land- und Forstwirtschaft,[1255] und auf Jagd und Fischerei[1256] anwendbare Recht.

Im neunten Kapitel folgt die Untersuchung des anwendbaren Rechts für die Bereiche Erwerb und Beruf.[1257] Er untersuchte hier im einzelnen die Zulassung zum Gewerbebetrieb,[1258] die Ausübung des Gewerbebetriebs,[1259] insbesondere den Handel,[1260] die Zweigniederlassung,[1261] die gewerbliche Verfassung,[1262] die freien Berufe, namentlich Zulassungs- und Ausübungspflichten sowie Standespflichten bei Ärzten,[1263] die für Rechtsanwälte geltenden Vorschriften,[1264] Regelungen anderer freier Berufe wie Architekten und Patentanwälte,[1265] die Lohnarbeit und

1250 Mit „Problemstellung" ist hier die Frage nach dem in Verwaltungssachen bei Auslandsbezügen anwendbaren Recht gemeint.

1251 *Neumeyer, Karl*: IVR, Band 2, Vorwort.

1252 Ebd., S. 1 – 136.

1253 Ebd., S. 1 ff.; schon 1915 ders.: Die Wassernutzung im internationalen Verwaltungsrecht, in: Annalen des Deutschen Reichs für Gesetzgebung, Verwaltung und Volkswirtschaft 1915, S. 768 ff., S. 773 ff.

1254 *Neumeyer, Karl*: IVR, Band 2, S. 58 ff.

1255 Ebd., S. 67 ff.

1256 Ebd., S. 86 ff.

1257 Ebd., S. 136 – 319.

1258 Ebd., S. 137 ff.

1259 Ebd., S. 149 ff.

1260 Ebd., S. 175 ff.

1261 Ebd., S. 188 ff.

1262 Ebd., S. 207 ff.

1263 Ebd., S. 227 ff.

1264 Ebd., S. 252 ff.

1265 Ebd., S. 278 ff.

den Arbeitsschutz[1266] und schließlich die Vorschriften zur Sonntagsruhe[1267] jeweils nach dem anwendbaren Recht.

Im zehnten Kapitel untersuchte er das Versicherungswesen, verwandte Einrichtungen und das Armenwesen.[1268] Dabei betrachtete er zunächst das private Versicherungswesen, genauer die verwaltungsrechtliche Überwachung des privaten Versicherungswesens und das hierauf anwendbare Recht in Fällen mit Auslandsbezug.[1269]

Es folgen Untersuchungen des anwendbaren Rechts bei öffentlichen Versicherungen.[1270] Er erkannte, dass Versicherungsgeschäfte, die eine Person des öffentlichen Rechts betrieb, eigentlich privatrechtlicher Natur waren. Verwaltungsrechtliche Aspekte ergaben sich aber dann, wenn die Leistungspflicht des Versicherten als öffentlich-rechtliche Schuldigkeit erschien und der Rechtsschutz von Verwaltungsbehörden gewährt wurde.[1271]

Des Weiteren untersuchte er das in Fällen mit Auslandsbezug auf Spareinrichtungen anwendbare Recht, worunter er gemeinnützige „Sparveranstaltungen" wie die damals schon existierenden Sparkassen verstand.[1272]

Und schließlich betrachtete er das von ihm sogenannte Armenwesen[1273], das heute unter den Oberbegriff des Sozialwesens fallen würde, auf das anwendbare Recht hin.

Das gesamte elfte Kapitel beschäftigt sich dann auf über 300 Seiten mit dem auf die sogenannte Arbeiterversicherung anwendbaren Recht.[1274] Dabei betrachtete Karl Neumeyer zunächst die Unfallfürsorge,[1275] speziell auch in Deutschland,[1276] anschließend die Krankenfürsorge,[1277] ebenfalls auch gesondert für Deutschland,[1278] die Invalidenfürsorge und ähnliche Maßnahmen,[1279] wobei er ebenfalls

1266 Ebd., S. 284 ff.
1267 Ebd., S. 307 ff.
1268 Ebd., S. 319 – 432.
1269 Ebd., S. 319 ff.
1270 Ebd., S. 357 ff.
1271 Ebd., S. 357.
1272 Ebd., S. 365 f.
1273 Ebd., S. 370 ff.
1274 Ebd., S. 432 – 737.
1275 Ebd., S. 437 ff.
1276 Ebd., S. 514 ff.
1277 Ebd., S. 553 ff.
1278 Ebd., S. 565 ff.
1279 Ebd., S. 596 ff.

ein gesondertes Kapitel für Deutschland eingefügt hat,[1280] dann die Arbeitslosenfürsorge,[1281] besondere Fälle wie die Versicherung auf See und die Einwirkungen von Krieg[1282] und schließlich das Verhältnis zu anderen Staaten[1283].

c) IVR, Band III, Teil 1

Der erste Teil des dritten Bandes erschien 1926.[1284] Er umfasst 297 Seiten. Warum Karl Neumeyer den ersten Teil und den zweite Teil des dritten Bandes gesondert veröffentlichte, ist nicht bekannt. Vielleicht hatte er aber nach den Schwierigkeiten, die sich bei der Drucklegung des zweiten Bandes durch den Ersten Weltkrieg und die zunächst ungeordneten Verhältnisse der Wissenschaftsförderung in der Weimarer Republik ergaben, die halbwegs gesicherten Verhältnisse Mitte der Zwanziger Jahre nutzen wollen, um zumindest den ersten Teil des dritten Bandes vorab drucken zu lassen.

Auch im dritten Band ging es Karl Neumeyer ausschließlich um die Untersuchung des anwendbaren Rechts in Fällen mit Auslandsbezug.

Wie im zweiten Band angekündigt beschäftigt sich der dritte Band im zwölften Kapitel des Gesamtwerks mit den Verkehrswegen und deren Benutzung.[1285] Im einzelnen ging Karl Neumeyer dabei auf das bei Straßen,[1286] Eisenbahnen[1287] und der Seeschifffahrt[1288] (dabei besonders auf das für die einzelnen Schiffe[1289]) geltende Recht ein. Weiter untersuchte er das anwendbare Recht für Besatzung, Fahrgäste und Ladung,[1290] Fahrt,[1291] die Seeschifffahrt betreffende wirtschaftliche

1280 Ebd., S. 611.
1281 Ebd., S. 633 ff.
1282 Ebd., S. 645 ff.
1283 Ebd., S. 688 ff.
1284 *Neumeyer, Karl*: Internationales Verwaltungsrecht, Innere Verwaltung, Band 3, Erste Abteilung, München, Berlin und Leipzig 1926.
1285 Ebd., S. 1 – 297.
1286 Ebd., S. 1 ff.
1287 Ebd., S. 23 ff.
1288 Ebd., S. 85 ff.
1289 Ebd., S. 85 ff.
1290 Ebd., S. 116.
1291 Ebd., S. 135 ff.

Vorschriften,[1292] daneben für die Binnenschifffahrt,[1293] die Luftfahrt[1294] sowie abschließend für die Beförderung von Auswanderern[1295].

d) IVR, Band III, Teil 2

Im Vorwort zum ersten Teil des dritten Bandes hatte Karl Neumeyer die Hoffnung geäußert, den zweiten Teil des Bandes etwa zwei Jahre nach Erscheinen des ersten herausbringen zu können.[1296] Stattdessen waren aber fast fünf Jahre vergangen, bevor 1930 der zweite Teil erschien.[1297] Karl Neumeyer schrieb hierzu in seinem Vorwort, er habe gedacht, zwei Jahre seien großzügig angesetzt. Das Hauptthema des zweiten Bandes, die Währung, habe aber „die schwärzesten Erwartungen hinter sich gelassen“.[1298]

Im dreizehnten Kapitel des Gesamtwerks behandelte er zunächst die Verkehrseinrichtungen,[1299] namentlich das Postwesen,[1300] die Telegraphie,[1301] Maße und Gewichte[1302] und schließlich die Feiertage,[1303] jeweils im Hinblick auf das anwendbare Recht.

Im vierzehnten Kapitel folgt die Behandlung der Währung.[1304] Der erste Abschnitt ist der Untersuchung des auf die inländische und ausländische Währung anwendbaren Rechts gewidmet.[1305] Dabei betrachtete Karl Neumeyer zunächst das Geldsystem,[1306] dabei im Besonderen die Anerkennung ausländischer Währungen,[1307] die Bewertung in fremder Währung[1308], Geldschulden des Privat-

1292 Ebd., S. 161 ff.
1293 Ebd., S. 186 ff.
1294 Ebd., S. 234 ff.
1295 Ebd., S. 268 ff.
1296 Ebd., Vorwort.
1297 *Neumeyer, Karl*: Internationales Verwaltungsrecht, Innere Verwaltung, Band 3, Zweite Abteilung, München, Berlin und Leipzig 1930, Vorwort.
1298 Ebd., Vorwort.
1299 Ebd., S. 1 – 118.
1300 Ebd., S. 1 ff.
1301 Ebd., S. 40 ff.
1302 Ebd., S. 76 ff.
1303 Ebd., S. 99 ff.
1304 Ebd., S. 118 ff.
1305 Ebd., S. 127 ff.
1306 Ebd., S. 127 ff.
1307 Ebd., S. 127 ff.
1308 Ebd., S. 145 ff.

rechts,[1309] die Wahl der Währung[1310] und die Umwertung[1311]. Im Anschluss sind die Geldzeichen[1312] und der Wert von ausländischen Währungen[1313] nach dem anwendbaren Recht untersucht.

Im zweiten Abschnitt behandelte Karl Neumeyer besondere Rechtslagen im Zusammenhang mit der Währung, so etwa Fälle, in denen Staaten keine oder mehrfache Währung haben,[1314] Währungsgemeinschaften,[1315] die Währung der internationalen Ämter,[1316] staatliche Außengebiete wie Kolonien,[1317] besetzte Gebiete[1318] und Fälle von Gebietsveränderungen[1319].

Der dritte Abschnitt handelt von dem Gebrauch von fremden Währungen.[1320] Darunter fallen die Fragen der Währungsänderung,[1321] des Nennwerts[1322] und die Einlösung von Geldzeichen[1323].

Im vierten und letzten Abschnitt kam Karl Neumeyer schließlich zur räumlichen Geltung von Vorschriften über Währungen.[1324] Im Einzelnen sind hier folgende Kapitel behandelt: Durchführung und Schutz der Währung,[1325] Bewertung in fremder Währung,[1326] Bezahlung in fremder Währung,[1327] Geldzeichen fremder Währung,[1328] der Wert ausländischer Währungen,[1329] Goldwert, Goldzahlung und Goldmünzen[1330] sowie der Schutz gegen die Entwertung, insbesondere gegen die Aufwertung[1331].

1309 Ebd., S. 154.
1310 Ebd., S. 168 ff.
1311 Ebd., S. 182.
1312 Ebd., S. 204 ff.
1313 Ebd., S. 213 ff.
1314 Ebd., S. 221 ff.
1315 Ebd., S. 227 ff.
1316 Ebd., S. 235.
1317 Ebd., S. 237 ff.
1318 Ebd., S. 245 ff.
1319 Ebd., S. 259 ff.
1320 Ebd., S. 284 ff.
1321 Ebd., S. 284 ff.
1322 Ebd., S. 293 ff.
1323 Ebd., S. 302 ff.
1324 Ebd., S. 306 ff.
1325 Ebd., S. 306 ff.
1326 Ebd., S. 310 ff.
1327 Ebd., S. 318.
1328 Ebd., S. 326 ff.
1329 Ebd., S. 332 ff.
1330 Ebd., S. 337 ff.
1331 Ebd., S. 350 ff.

Karl Neumeyer hatte nach seiner Ansicht mit dem zweiten Teil des dritten Bandes den Besonderen Teil seines Werks abgeschlossen, hatte damit also das gesamte Recht der „inneren Verwaltung", wie es sich ihm darstellte, nach dem in Fällen mit Auslandsbezug jeweils anwendbaren Recht untersucht.

6. Der Allgemeine Teil des Internationalen Verwaltungsrechts

a) IVR, Band IV

Erst im vierten und letzten, 1936 erschienenen und 600 Seiten umfassenden Band seines Hauptwerkes hat Karl Neumeyer den Versuch unternommen, den „Allgemeinen Teil" des IVR, also die allgemeingültigen Anwendungsregeln zu beschreiben.

Das Vorwort zu diesem vierten Band beginnt mit dem Wort „Endlich".[1332] Er hatte der Vollendung seiner Studien zum Internationalen Verwaltungsrecht in den Jahren zuvor höchste Priorität eingeräumt. An seinen Freund Gutzwiller schrieb er schon am 30. April 1929:

„In wenig Monaten werde ich 60 sein, die Vollendung meines IntVR steht noch als eine Aufgabe von größten Ausmaßen vor mir, und ich darf keiner Versuchung nachgeben, die mir die Arbeitszeit schmälern könnte. Denke ich doch daran, sogar die Amerikafahrt mit dem Institut abzusagen, weil sie mich mehr Zeit kosten würde, als ich verantworten kann."[1333]

Man kann nur erahnen, wie viel Kraft und Mühe die Fertigstellung dieses Mammutwerkes unter den zeitgeschichtlichen Gegebenheiten gefordert haben muss. Und als er endlich ein Ende absehen konnte, fand er in Deutschland keinen Verleger mehr, der bereit gewesen wäre, sein Werk, das Werk eines Juden, zu drucken. Er schreibt am 24. August 1935 an seinen Freund:

„Lieber Freund Gutzwiller,

Heute brauche ich eine Gefälligkeit von Ihnen. Stehen Sie in Beziehung zu einem schweizerischen Verleger? Nun ist es also glücklich so weit, daß mein „Allgemeiner Teil" heimatlos geworden ist, und ich muß mich nach einer anderen

---

1332 *Neumeyer, Karl*: IVR, Band 4,Vorwort.

1333 Brief Karl Neumeyers an Gutzwiller vom 29. April 1929, Kopie des Briefs im Privatbesitz der Verfasserin.

Unterkunft umsehen. Aus mehreren Gründen schiene mir eine Veröffentlichung in der Schweiz wünschenswert. Aber es wäre natürlich angenehm, nicht als unbekannter Bittsteller zu erscheinen. Und darum meine Frage, ob Sie einen der in Betracht kommenden Verlage (Schulthess – Arell Füssli – Helbing & Liechtenhahn – vielleicht auch noch andere) kennen. Denn wenn das zuträfe, so wäre ich Ihnen sehr dankbar, wenn Sie die erste Einführung vermitteln könnten. Mit den weiteren Verhandlungen bräuchte ich Sie alsdann selbstverständlich nicht zu behelligen."

Kein Wort der Klage darüber, dass sein Werk „heimatlos" geworden ist. Vielmehr bemühte er sich schnellstmöglich um eine anderweitige Lösung im Ausland. Es muss ihm schwer gefallen sein, den Freund um Hilfe zu bitten.

Der Vermittlung bedurfte es dann offensichtlich nicht, da der Verlag für Recht und Gesellschaft in Zürich ohne das Zutun Gutzwillers bereit war, das Werk zu drucken. Und statt sich darüber vorbehaltlos zu freuen, machte er sich Gedanken, dass er den Freund nun umsonst mit seiner Bitte behelligt hatte. Er schrieb am 20. September 1935 an diesen:

„Durch einen phantastischen Zufall – von dem ich Ihnen bei erster Möglichkeit mündlich erzähle – ist es mir möglich geworden, meinen „Allgemeinen Teil" zu verhältnismäßig sehr anständigen Bedingungen unterzubringen, und ich glaubte, zumal bei dem großen persönlichen Entgegenkommen der anderen Seite, nicht nein sagen zu dürfen. Und ich wäre restlos erfreut über die unerwartete Lösung, wenn mir nicht zu schaffen machte, daß ich Ihre Hilfsbereitschaft nun zwecklos in Anspruch genommen habe. Doch ich möchte gerne darauf rechnen, daß Sie mein Vorgehen richtig finden, auch wenn Sie die näheren Umstände noch nicht kennen."[1334]

Das Buch wurde schließlich 1936 vom Verlag für Recht und Gesellschaft herausgegeben.

i) Ziel der Arbeit

Karl Neumeyer hat im Vorwort verdeutlicht, welches Ziel er mit seiner Forschung anstrebte. Er schrieb:

1334 Brief Karl Neumeyers an Gutzwiller vom 20. September 1935, Kopie des Briefes im Privatbesitz der Verfasserin.

„Zunächst aber sei gesagt, was dies Werk nicht will. Es hat gar nichts zu tun mit einem sogenannten internationalen Verwaltungsrecht, das von dem Recht gemeinsamer Verwaltung innerhalb einer Staatengruppe oder auch innerhalb der gesamten völkerrechtlichen Gemeinschaft zu handeln vorgibt. Die Arbeit bezieht sich auf das Verwaltungsrecht der einzelnen Staaten. Auch auf diesem Boden soll sie nicht rechtsvergleichendes Material zusammentragen, will auch nicht sammeln, was sich innerhalb des Verwaltungsrechts irgendwie auf Ausland und Ausländer bezieht. Sie strebt vielmehr einem scharf umrissenen Ziel zu: für das Verwaltungsrecht diejenigen Lehren zu entwickeln, die für das Privatrecht, dessen Sonderart entsprechend, die Lehre vom internationalen Privatrecht längst behandelt hat. Also und in erster Reihe, die örtlichen Grenzen aufzuzeigen, innerhalb derer das Verwaltungsrecht eines Staates für dessen verschiedene Aufgaben Geltung besitzt, und die rechtliche Überwirkung festzustellen, die von fremder Verwaltung auf das Recht dieses Staates ausgeübt wird.“[1335]

Karl Neumeyer hat damit den Begriff des IVR noch einmal klar definiert. Er hat die wissenschaftliche Grundkonzeption des IVR seit Beginn seiner Forschungen in den wesentlichen Punkten kaum verändert.[1336] Insoweit ist der vierte Band als Vervollständigung und ausführliche Darstellung seiner schon oben unter B. VI. 3. dargestellten Konzeption zu verstehen. Soweit er in seinem Allgemeinen Teil von seiner bisherigen Konzeption abgewichen ist, wird darauf hingewiesen.

ii) Konzeption des IVR gleich dem IPR

Die auch dem vierten Band seines IVR zugrundeliegende Ausgangsthese Karl Neumeyers lautet, dass dem Verwaltungsrecht, ganz so wie den anderen Rechtsgebieten, ein „Internationalrecht“, also ein Bereich von Normen zugeordnet ist, nach dem sich der Anwendungsbereich der materiellen Rechtsvorschriften bestimmt.[1337] Seit Beginn seiner Arbeiten über das IVR vertrat Karl Neumeyer die Auffassung, dass jeder Norm, gleich welchen Rechtsgebiets, eine solche Norm zugeordnet sein müsse, die über ihre Anwendbarkeit bestimmt. Dies übertrug er sogar auf das Gebiet der „Sozialnormen“, also der Normen über Ethik und Sitte.[1338]

1335 *Neumeyer, Karl*: IVR, Band 4, Vorwort.

1336 *Vogel, Klaus*: Der räumliche Anwendungsbereich der Verwaltungsrechtsnorm, S. 177.

1337 *Neumeyer, Karl*: IVR, Band 4, S. 28 f.

1338 *Vogel, Klaus*: Der räumliche Anwendungsbereich der Verwaltungsrechtsnorm, S. 182.

Das IVR ist nach seiner Vorstellung rein innerstaatliches Recht, da das Verhältnis zwischen dem jeweils tätig werdenden Staat und der Einzelperson sich nur nach innerstaatlichem Recht, und nicht etwa nach Völkerrecht beurteilen könne.[1339] Das Völkerrecht sei eine Rechtsordnung zwischen den Staaten, könne also keine unmittelbare Wirkung auf Einzelpersonen entfalten, weshalb das IVR auch nicht Teil des Völkerrechts sei.[1340] Das Völkerrecht habe im Verhältnis zum IVR die Funktion, dass es die Existenz des IVR bedinge, da es von den einzelnen Staaten verlange, dem Inlandsrecht feste Grenzen zu geben.[1341] Daneben könne das Völkerrecht bestimmte Anforderungen an die Ausprägung des IVR bzw. Grenzen für das IVR aufstellen.[1342]

Weitere Berührung haben das Völkerrecht und das IVR aber nach Karl Neumeyers Vorstellung nicht und er machte immer wieder deutlich, dass die beiden Rechtsgebiete gänzlich unterschiedliche Materien behandeln.[1343]

Dass die grundlegende Forderung des Völkerrechts, die Gleichwertigkeit der Rechte verschiedener Staaten untereinander anzuerkennen, nicht zu untragbaren Ergebnissen für die einzelnen Länder führte, die so verpflichtet waren, fremdes Recht anzuerkennen, lag nach Karl Neumeyers Auffassung darin begründet, dass die „rechtlichen Einrichtungen der Kulturstaaten“ aufgrund der Arbeit der mittelalterlichen Legisten und Kanonisten inzwischen von einer solchen Gleichartigkeit seien, dass deshalb das „System der Aufteilung der Regelungen“, also das Nebeneinander verschiedener Rechtsstaaten bei gegenseitiger Anerkennung, funktioniere.

iii) Einteilung des innerstaatlichen Rechts

Karl Neumeyer nahm zunächst eine Einteilung des innerstaatlichen Rechts vor. Öffentliches Recht schied Karl Neumeyer dabei von Privatrecht nach dem Vorliegen eines Über- und Unterordnungsverhältnisses, bzw. der Nebenordnung zwischen Anspruchsberechtigtem und Anspruchsverpflichtetem. Im ersten Fall liege öffentliches Recht, im zweiten Privatrecht vor.[1344] Auch das Staatsrecht

1339 *Neumeyer, Karl*: IVR, Band 4, S. 19 und 21.

1340 Ebd., S. 19 ff.

1341 Ebd., S. 436; besonders deutlich schon in früheren Veröffentlichungen, siehe oben unter B VI 2.

1342 *Neumeyer, Karl*: IVR, Band 4, S. 436 f.

1343 Besonders deutlich etwa *Neumeyer, Karl*: Die Wassernutzung im internationalen Verwaltungsrecht, in: Annalen des Deutschen Reichs für Gesetzgebung, Verwaltung und Volkswirtschaft, 1915 S. 768 ff.

1344 *Neumeyer, Karl*: IVR, Band 4, S. 25 f.

grenzte er vom Verwaltungsrecht ab.[1345] Innerhalb des Verwaltungsrechts unterschied er weiter nach dem Recht der auswärtigen Verwaltung und dem der inneren Verwaltung. Das Recht der auswärtigen Verwaltung sei einschlägig bei Maßnahmen, die in den Dienst der Beziehungen eines Gemeinwesens zu anderen Gemeinwesen gestellt sind, also in Fällen der Wahrnehmung der Beziehungen von Staat zu Staat.[1346] Für Maßnahmen, die das eigentliche, zwischenstaatliche Verhältnis betreffen, sei das Völkerrecht einschlägig.[1347] Für sogenannte Durchführungsmaßnahmen, die wiederum den Einzelnen betreffen, sei dagegen innerstaatliches Recht, genauer das Verwaltungsrecht der auswärtigen Verwaltung einschlägig, wobei es sich hier um materielles Recht und nicht um IVR handele.[1348] Innerhalb der Verwaltung unterteilte er weiter nach Justizverwaltung, Heeresverwaltung, Finanzverwaltung und innerer Verwaltung.[1349]

iv) Nachbargebiete

Im zweiten Kapitel behandelte er kurz das internationale Recht der Nachbargebiete zum Verwaltungsrecht,[1350] namentlich das Internationale Staatsrecht,[1351] das Internationale Verwaltungsrecht außerhalb der inneren Verwaltung (wozu er das Recht der Heeresverwaltung, das der Finanzverwaltung sowie das der auswärtigen Verwaltung zählte),[1352] das Internationale Straf- und Strafprozessrecht,[1353] das Internationale Recht der streitigen und nichtstreitigen Gerichtsbarkeit in Zivilsachen sowie das IPR im engeren Sinn[1354].

v) Anwendung des eigenen Verwaltungsrechts als Grundsatz

Schon in diesen Ausführungen wird erneut Karl Neumeyers grundsätzliche Überzeugung deutlich, dass im Bereich des IPR (anders als im IVR) der Staat, wenn er sein eigenes Recht nicht für anwendbar hält, das Recht eines anderen Staates anwenden muss. Er schrieb hierzu:

1345 Ebd., S. 28 ff.
1346 Ebd., S. 35 f.
1347 Ebd., S. 35 f.
1348 Ebd., S. 37 f.
1349 Ebd., S. 33 f.
1350 Ebd., S. 44 ff.
1351 Ebd., S. 44 ff.
1352 Ebd., S. 57 ff.
1353 Ebd., S. 68 ff.
1354 Ebd., S. 73 ff.

„Es wäre eine Gefährdung der Rechtssicherheit im eigenen Land, wollte ein Staat Tatbestände des bürgerlichen Rechts, die seinen Vorschriften nicht unterstehen, als rechtlich ungeregelt behandeln.“[1355]

Daher seien hier die einseitigen „Grenznormen“ die nur über das Ja oder Nein der Anwendbarkeit des eigenen Rechts entscheiden, zu zweiseitigen „Kollisionsnormen“ erweitert.[1356] Eine solche Regelung sei für das Privatrecht wegen der „Unstaatlichkeit der Lebensbeziehungen“, die es hier zu regeln gälte, möglich.[1357] Im Gesamtbereich des öffentlichen Rechts dagegen sei dies anders.[1358] Die Rechtssätze des öffentlichen Rechts enthielten in ihrem Inhalt immer die Beziehung zu einem bestimmten Staat, weshalb hier eine Anwendung fremden Rechts schlicht nicht Betracht komme, da ein jeder Staat nur seine eigenen Angelegenheiten regeln könne.[1359] Eine Anwendung fremden öffentlichen Rechts hielt Karl Neumeyer daher für undurchführbar und für einen Verstoß gegen elementare Regeln des Völkerrechts.[1360]

vi) Das System der Grenznormen

Die Begrenzung der Anwendbarkeit des eigenen Verwaltungsrechts geschieht nach dem System Karl Neumeyers durch die einseitigen Grenznormen.[1361] Ob dabei auch ein anderer Staat den selben Tatbestand unter sein Rechtsregime zieht, interessiere dabei ebenso wenig wie die Frage, ob in dem Fall, dass das eigene Recht nach den Grenznormen nicht anwendbar sei, der Tatbestand von einer anderen ausländischen Rechtsordnung geregelt werde.[1362]

Die Grenznormen waren nach seiner Vorstellung wie im IPR streng von den materiellen Vorschriften zu unterscheiden. Ein Tatbestand könne daher nicht einfach den „Sachnormen“, also den materiellen Vorschriften eines Landes unterstellt werden, sondern es müsse vielmehr in jedem einzelnen Fall zunächst die

1355 Ebd., S. 79.
1356 Ebd., S. 79.
1357 Ebd., S. 115.
1358 Ebd., S. 115.
1359 Ebd., S. 115.
1360 Ebd., S. 115.
1361 Ebd., S. 115 f.; Vogel weist in diesem Zusammenhang zurecht darauf hin, dass Karl Neumeyer den Begriff der „Grenznorm“ in einem doppelten Sinn gebraucht. Teilweise fasst er hierunter auch die Kollisionsnormen des IPRs, und teilweise benutzt er den Begriff im engeren Sinn gerade in Abgrenzung zu den Kollisionsnormen im Sinn einer nur einseitigen Rechtsanwendungsnorm; siehe hierzu *Vogel, Klaus*: Der räumliche Anwendungsbereich der Verwaltungsrechtsnorm, S. 179 Fn. 20.
1362 *Neumeyer, Karl*: IVR, Band 4, S. 116.

Vorfrage beantwortet werden, ob die Sachnormen des Inlands anwendbar sind, was sich nach den Grenznormen bestimme.[1363] Grundsätzlich müsse daher für jeden Rechtssatz gesondert die Begrenzung seiner räumlichen Anwendbarkeit festgestellt werden.[1364] Für manche Rechtseinrichtungen könnte aber das „Grenzrecht" zusammengefasst werden, wenn eine Mehrheit von Rechtssätzen einer solchen Rechtseinrichtung zuzuordnen sei.[1365] So könne man beispielsweise für den gesamten Bereich der Erbfolge oder der Schulpflicht eine einheitliche Anknüpfung entwickeln.[1366] Dennoch müsse auch in solchen Fällen der Zusammenfassung für jede einzelne Maßnahme, die der jeweiligen Rechtseinrichtung dient, gesondert das Grenzrecht feststehen. Daher sei eine Prüfung im Einzelfall immer nötig, da es nicht selten vorkomme, dass die Mehrzahl der Rechtssätze, die einer Einrichtung zuzuschreiben sind, einer einheitlichen Begrenzung unterlägen, einzelne Vorschriften aber eine andere Begrenzung erführen.[1367]

Karl Neumeyer war außerdem der Ansicht, dass jede Rechtsfolge einer einheitlichen Begrenzung unterstehe. Nur in Fällen, in welchen das positive Recht einzelne Merkmale eines Tatbestandes abspalte, könnten diese Merkmale gesondert angeknüpft werden.[1368] Insbesondere hielt Karl Neumeyer eine solche gesonderte Anknüpfung eines einzelnen Tatbestandsmerkmals für die Frage der Rechtsfähigkeit und der Geschäftsfähigkeit für zulässig.[1369] Auch in diesem Fall der gesonderten Beurteilung gelte aber der Grundsatz, dass nur inländisches Recht zur Anwendung kommen könne oder aber der Staat bezüglich der Teilfrage als Voraussetzung für den eigentlichen Sachverhalt untätig bleiben müsste.[1370]

Die Grenznorm, also der Rechtssatz, der die Anwendbarkeit der Sachnorm bestimme, trete als selbständiger Rechtssatz neben die Sachnorm. Hier ergab sich für Karl Neumeyer die Schwierigkeit, dass solche Grenznormen in den seltensten Fällen als geschriebenes Recht zu finden waren. Karl Neumeyer, der aber überzeugt war, dass jede Norm ihre Grenznorm haben muss, war der Auffassung, dass in den meisten Fällen die Grenznormen in den Wortlaut der Sachnorm mit aufgenommen seien.[1371] Diese ungeschrieben in den Sachnormen enthaltenen

---

1363 Ebd., S. 99.
1364 Ebd., S. 100.
1365 Ebd., S. 100.
1366 Ebd., S. 100.
1367 Ebd., S. 100.
1368 Ebd., S. 102.
1369 Ebd., S. 103.
1370 Ebd., S. 103.
1371 Ebd., S. 484.

Grenznormen mussten nach seiner Vorstellung rechtstheoretisch klar von der Sachnorm unterschieden werden.[1372]

Die Grenznorm hat nach dem Verständnis Karl Neumeyers jeweils einen doppelten Inhalt. Zum einen benennt sie die Rechtsinhalte, um die es ihr geht, wie z. B. die Erbfolge oder die Schulpflicht, zum anderen bestimmt sie die Rechtsordnung, der die Vorschriften über diese Rechtsinhalte zu entnehmen sind.[1373] Diese Bestimmung erfolge nach örtlichen Merkmalen wie (häufiger) dem Wohnort oder (seltener) der Staatsangehörigkeit und Karl Neumeyer nannte sie die „örtliche Anknüpfung". Die Rechtsinhalte seien dagegen der Gegenstand der „sachlichen Anknüpfung".[1374] Dabei könne es sowohl hinsichtlich der örtlichen wie auch der sachlichen Anknüpfung zu Anknüpfungshäufungen kommen.[1375] Wenn das anwendbare Recht nicht durch Grenznormen, sondern durch Rechtswahl bestimmt werden sollte, wenn also eine Erweiterung der Inlandszuständigkeit durch Unterwerfung des Einzelnen unter die inländischen Gesetze erfolgen sollte, war dies nach Karl Neumeyers Ansicht nur für den Fall möglich, dass die Rechtswahlmöglichkeit gesetzlich ausdrücklich vorgesehen ist.[1376]

Nur in Fällen, in denen der Inhalt eines Rechtssatzes völlig einer unmittelbaren Verbindung mit privaten Interessen entbehre, bedürfe es ausnahmsweise gar keiner Grenznorm.[1377] Dies sei beispielsweise bei der Einführung einer einheitlichen Zeit oder der Begründung einer Währung der Fall, da Währung und Zeitbestimmung selbst keinen unmittelbaren Geltungsbereich hätten.[1378] Erst vermittelt durch Rechtssätze, die den Gebrauch dieser Einrichtungen vorschreiben, könnte eine Auswirkung für den Einzelnen entstehen, für die wiederum die Grenzen der Anwendbarkeit bestimmbar sein müssten.[1379]

vii) Exkurs: Die Staatsangehörigkeit als Anknüpfung

Schon in einer 1924 erschienenen Abhandlung, die einen von Karl Neumeyer auf einer Tagung der Deutschen Gesellschaft für Völkerrecht im Jahr 1923 gehaltenen Vortrag wiedergibt, setzte sich Karl Neumeyer ausführlich mit der Frage auseinander, in welchen Fällen die Staatsangehörigkeit im Bereich des IVR als

1372 Ebd., S. 484.
1373 Ebd., S. 136.
1374 Ebd., S. 136.
1375 Ebd., S. 140.
1376 Ebd., S. 151 f.
1377 Ebd., S. 106.
1378 Ebd., S. 106.
1379 Ebd., S. 106.

Anknüpfungsmerkmal diene.[1380] Er hat hier seine schon 1911 in dem oben unter B. VI. 3. dargestellten Beitrag vertretene Auffassung, dass die Staatsangehörigkeit im Bereich der „inneren Verwaltung“ nur sehr selten die Anknüpfung im IVR bestimme, im übrigen und bezüglich der wesentlichen Fragen aber eine territoriale Anknüpfung geboten sei, bekräftigt.[1381] Als Beispiele für die seltene Anknüpfung an die Staatsangehörigkeit nannte er die Beurteilung der Pflicht zur Führung eines bestimmten Personennamens, die Beurteilung der Zuständigkeit für die Ausstellung eines Reisepasses sowie kleine Ausschnitte aus dem Recht der Auszeichnungen.[1382] Außerdem könne die Staatsangehörigkeit in Fällen entscheidend sein, in denen sich „an den Besitz der Heimat im technischen Sinn des Wortes administrative Wirkungen anschließen“, worunter er solche gesetzlichen Anordnungen verstand, die ausdrücklich auch für den im Ausland lebenden Staatsangehörigen gelten.[1383]

Im Bereich der Heeresverwaltung bejahte Karl Neumeyer die Anknüpfung an die Staatsangehörigkeit für Fragen der Wehrpflicht.[1384] Weiter bejahte er die Anknüpfung nach der Staatsangehörigkeit bei Fragen der Verwaltung auswärtiger Angelegenheiten in Friedenszeiten, worunter er Staatstätigkeiten gegenüber Individuen verstand, die im Dienst der Beziehungen von Staat zu Staat geübt werden.[1385]

viii) Grenzrecht auch bezüglich behördlichem Handeln

Nach Karl Neumeyers Verständnis vom IVR ist die Grenzziehung aber nicht nur im Bereich von Gesetzen nötig, die direkten Einfluss auf den Einzelnen haben, sondern auch in Fällen, in denen verwaltungsrechtliche Normen behördliches Handeln regeln.[1386] In diesem Fall müsse sich die Abgrenzung, welches Recht anzuwenden sei, nach dem Gegenstand der Amtstätigkeit richten.[1387]

In Fällen, in denen Vorschriften über eine Amtshandlung mit der Regelung materiellen Verwaltungsrechts verbunden sind, müssten die auch hier voneinan-

1380 *Neumeyer, Karl:* Die Staatsangehörigkeit als Anknüpfung im internationalen Verwaltungsrecht, in: Niemeyers Zeitschrift für internationales Recht, Band 32, 1924, S. 1 ff.

1381 Ebd., S. 1.

1382 Ebd., S. 5.

1383 Ebd., S. 5 f.

1384 Ebd., S. 7.

1385 Ebd., S. 7.

1386 *Neumeyer, Karl*: IVR, Band 4, S. 111.

1387 Ebd., S. 111.

der zu trennenden Grenznormen und die materiellen Normen allerdings der selben Rechtsordnung unterfallen.[1388] Karl Neumeyer schrieb hierzu:

„Es ist nicht möglich, dass der eine Staat eine Amtshandlung für die Zwecke seines öffentlichen Rechts vornähme und ein andrer Staat über deren Wirkungen entscheiden sollte.“[1389]

Allerdings könnte es auch hier zur gesonderten Anknüpfung von Vorfragen kommen.[1390]

ix) Fremdenrecht

Aus seiner Konzeption des IVR ausgeschlossen hat Karl Neumeyer das sogenannte Fremdenrecht.[1391] Er verstand unter fremdenrechtlichem Verwaltungsrecht diejenigen inländischen verwaltungsrechtlichen Vorschriften, die für ausländische Staatsangehörige Sonderbestimmungen aufstellen oder die allgemein Tatbestandsmerkmale mit Auslandsbeziehung wie den Wohnsitz, den Aufenthalt einer Person im Ausland oder die Lage einer Sache im Inland oder Ausland enthalten.[1392] Solche Vorschriften seien unter sich unverbunden und müssten näher nach den Bedürfnissen des einzelnen Rechtsstoffes bestimmt werden.[1393] Sie seien keine Grenznormen, da Grenznormen erst die anwendbare Rechtsordnung bestimmten und erst dann gefragt werden könnte, ob das danach zur Anwendung kommende Recht sachliche Unterscheidungen etwa nach einer Auslandsbeziehung des Tatbestands treffe.[1394] Karl Neumeyer hielt also Grenznormen für solche, die das anwendbare Recht bestimmen, während fremdenrechtliche Vorschriften Teil des materiellen Rechts seien.[1395] Allerdings wies er selbst schon darauf hin, dass die Unterscheidung zwischen Fremdenrecht und IVR teilweise schwierig sei[1396] und griff damit der Kritik vor, die diesem Aspekt seiner Lehre ablehnend gegenübersteht[1397].

1388 Ebd., S. 156.
1389 Ebd., S. 114.
1390 Ebd., S. 156.
1391 Ebd., S. 83 ff.
1392 Ebd., S. 83 ff.
1393 Ebd., S. 83.
1394 Ebd., S. 86.
1395 Ebd., S. 86.
1396 Ebd., S. 87 f.
1397 *Vogel, Klaus*: Der räumliche Anwendungsbereich der Verwaltungsrechtsnorm, S. 182.

x) Überwirkungen ausländischen Rechts

Für das Verwaltungsrecht blieb er bei seinem grundsätzlichen Verständnis der Einseitigkeit der Grenznormen. Erst im Rahmen seines vierten Bandes des IVR behandelte Karl Neumeyer auch die Frage ausführlich, in welchen Fällen es ausnahmsweise doch zur Anwendung fremden Rechts in Bereichen des Verwaltungsrechts kommen könnte. Das Motiv für die Einbeziehung dieser sogenannten „Lehre von den Überwirkungen“ in das System des IVR sah Vogel in dem Ziel, das IVR der Lehre vom IPR soweit als möglich anzugleichen.[1398]

Zu Überwirkungen kommt es nach der Theorie Karl Neumeyers hauptsächlich durch sogenannte „Verweisungen“, worunter er alle Fälle verstand, in denen materielle Normen des Verwaltungsrechts ausdrücklich auf ausländisches Recht Bezug nehmen oder in ihrem Tatbestand Rechtsbegriffe enthalten, die nach ausdrücklicher gesetzlicher Bestimmung oder nach dem immanenten Gesetzessinn durch ausländisches Verwaltungsrecht auszufüllen sind.[1399] So könne es zum einen durch Vorfragen zur Anwendung ausländischen Verwaltungsrechts kommen, wenn die Rechtsfolge eines Tatbestands von einer nach ausländischem Recht zu beurteilenden Vorfrage abhänge.[1400] Zum anderen enthielten einige Vorschriften auch Verweisungen auf ausländisches Recht, die sich auf die Rechtsfolge bezögen und mit denen erst der Rechtsfolge der endgültige Inhalt gegeben werden könne.[1401]

Karl Neumeyer unterschied dabei nach Fällen, in denen immer fremdes Verwaltungsrecht anzuwenden und solchen, in denen dies nur bei konkretem Auslandsbezug der Fall sei.[1402]

Im Bereich der Vorfragen ergibt sich die Entscheidung, welches von mehreren möglichen ausländischen Rechten anwendbar ist, nach Karl Neumeyers Ansicht häufig aus dem Tatbestand der betreffenden materiellen Norm selbst.[1403] Sei dies nicht der Fall, so müssten im Bereich von privatrechtlichen Vorfragen die Vorschriften des IPR, im Bereich von öffentlichrechtlichen Vorfragen die Grenznormen des inländischen Verwaltungsrechts entsprechend angewandt werden.[1404]

1398 Ebd., S. 183 Fn. 47.
1399 *Neumeyer, Karl*: IVR, Band 4, S. 178 ff.
1400 Ebd., S. 186.
1401 Ebd., S. 189.
1402 Ebd., S. 190 ff.
1403 Ebd., S. 200.
1404 Ebd., S. 201 f.

xi) Anerkennung ausländischer Amtshandlungen und Grenzen der Überwirkung

Im Anschluss an die Erörterung dieser allgemeinen Lehren des IVR behandelte Karl Neumeyer die Anerkennung ausländischer Amtshandlungen.[1405] Er ging dabei im Einzelnen auf rechtsbegründende Staatsakte des Auslands, auf feststellende Staatsakte des Auslands, auf die Anerkennung von Entscheidungen eines Rechtsstreits sowie auf fremde Amtshandlungen als Grundlage sonstiger Wirkungen wie der Leistung von Rechtshilfe oder der Gewährung von Strafschutz ein.[1406] Auch die Zusammenarbeit mit ausländischer Verwaltung, worunter er insbesondere Fragen der Rechtshilfe fasste, sind nach Karl Neumeyers Konzeption Teil des IVR.[1407]

Als Abschluss werden unter der Überschrift „Grenzen der Überwirkung" einzelne Aspekte des IVR in Bezug auf sonstige Fälle behandelt, in denen das inländische Recht Rücksicht auf ausländische Verwaltungen nimmt, insbesondere auf den strafrechtlichen und zivilrechtlichen Schutz ausländischer Staaten im Inland sowie Fragen der Auslieferung.[1408]

xii) Weitere allgemeine Lehren zum IVR

Karl Neumeyer behandelte entsprechend seinem Vorhaben, das IVR spiegelbildlich zum IPR zu konzipieren, weitere Fragestellungen, die aus dem IPR bekannt sind. So widmete er dem sogenannten „Statutenwechsel", also dem Wechsel der für die Anknüpfung erheblichen Tatsache, ein ganzes Kapitel.[1409] Auch weitere allgemeine Lehren des IPRs übertrug Karl Neumeyer auf das IVR. Allein der sogenannten „Vorbehaltsklausel", also dem *ordre public*, und verwandten Tatbeständen widmete er über 30 Seiten.[1410] Auch Fragen der Auslegung der Anknüpfungsbegriffe (sogenannte Qualifikationen)[1411] und der Rückverweisung[1412] behandelte er entsprechend den Lehren über das IPR auch für das IVR. Bezüglich der Rückverweisung, dem sogenannten „*Renvoi*", kam Karl Neumeyer dabei allerdings zu einem teilweise anderen Ergebnis als er es für die Rückverweisung

1405 Ebd., S. 295 ff.
1406 Ebd., S. 301 ff.
1407 Ebd., S. 351 ff.
1408 Ebd., S. 407 ff.
1409 Ebd., S. 206 ff.
1410 Ebd., S. 228 ff.
1411 Ebd., S. 272 ff.
1412 Ebd., S. 261 ff.

im IPR vertrat. Im IPR lehnte er Rückverweisungen strikt ab.[1413] Für das IVR wollte er sie zwar nicht kollisionsrechtlich, wohl aber materiellrechtlich in den Fällen zulassen, in denen auf das materielle Verwaltungsrecht eines bestimmten ausländischen Staates verwiesen wird und dieser wiederum auf das Verwaltungsrecht des ersten Staates Bezug nimmt.[1414]

xiii) Zusammenfassung des Inhalts des IVR

Klaus Vogel hat die Gesamtheit dessen, was Karl Neumeyer unter dem IVR verstand, zutreffend wie folgt zusammengefasst:

1. die „Grenznormen" des inländischen Verwaltungsrechts

2. die Verweisungen auf das Verwaltungsrecht anderer Staaten, die nach Karl Neumeyers Auffassung meist in verwaltungsrechtlichen Sachnormen enthalten sind

3. die Regeln über die „Anerkennung" ausländischer Amtshandlungen

4. die Rechtssätze und Dienstvorschriften über Zusammenarbeit zwischen den Staaten (Rechtshilfe)

5. alle sonstigen Vorschriften, die in anderer Weise eine Pflicht zur „Rücksichtnahme auf fremde Staaten" enthalten[1415]

xiv) Rechtliche Eigenart des IVR

Im sechsten Kapitel ging Karl Neumeyer noch einmal näher auf die rechtliche Eigenart des IVR ein.[1416] Zum einen führte er aus, dass das IVR nicht nur zwischen Staaten, sondern zwischen allen „Verbänden" jeweils gleicher Art vorkomme, die eigene Rechtsordnungen besitzen.[1417] Dies entspricht seiner Vorstellung, dass schlicht jedem positiven Rechtssatz ein Grenzrecht zugeordnet werden können muss. Er ging auch für solche Verbände mit Selbstbestimmungsrecht auf

1413 *Neumeyer, Karl*: Internationales Privatrecht, S. 11; siehe dazu oben unter B. III. 2. a).

1414 *Neumeyer, Karl*: IVR, Band 4, S. 266 f.; *Vogel, Klaus*: Der räumliche Anwendungsbereich der Verwaltungsrechtsnorm, S. 184 Fn. 51.

1415 Ebd., S. 184.

1416 *Neumeyer, Karl*: IVR, Band 4, S. 431 ff.

1417 Ebd., S. 438 ff.

die sogenannte Überwirkung, also die Anwendung fremden Rechts und die Erheblichkeit fremder Amtshandlungen, ein.[1418]

Zum anderen beschäftigte er sich eingehend mit der Stellung des IVR im Rechtssystem. Er betrachtete Rechtssätze, die die jeweils anwendbare Ordnung bestimmen, als dem Staatsrecht zugehörend, da es sich bei diesen Rechtssätzen um solche handele, die eine Bestimmung über die Handhabung rechtlicher Regelungen enthielten.[1419]

xv) Besondere Rechtslagen

Den Abschluss des Allgemeinen Teils des IVR bildet das siebte Kapitel, in welchem besondere Rechtslagen behandelt werden.[1420] Karl Neumeyer ging hier unter anderem auf Fragen der Exterritorialität, der Mitherrschaft in fremdem Staatsgebiet, Fragen der Konsuln und Konsulargerichtsbarkeit, der Herrschaft in Feindesland, des staatenlosen Gebiets, des Meeres und der Luft ein.[1421]

b) Abschließende Arbeiten zum Internationalen Verwaltungsrecht

1938 und 1939 veröffentlichte Karl Neumeyer in zwei aufeinanderfolgenden Ausgaben der Zeitschrift „*Revue de droit international et de législation comparée*“ noch einen Aufsatz mit dem Titel „*Le nom des personnes en droit administratif, Etude de droit comparé et de droit administratif international*“, übersetzt: „der Name von Personen im Verwaltungsrecht, eine rechtsvergleichende und internationalverwaltungsrechtliche Studie“.[1422]

7. Bedeutung der Arbeit Karl Neumeyers zum IVR

Die oben dargestellten Arbeiten Karl Neumeyers belegen, wie sehr er sich um das IVR verdient gemacht hat. Kein anderer Wissenschaftler vor oder nach ihm hat sich mit solcher Konsequenz der Erforschung der Anfänge des internationalen Rechts gewidmet. Mit seiner Forschung zur Rechtsgeschichte hat er einen

1418 Ebd., S. 450 ff.
1419 Ebd., S. 483.
1420 Ebd., S. 506 ff.
1421 Ebd., S. 506 ff.
1422 *Neumeyer, Karl*: Le nom des personnes en droit administratif, Étude de droit comparé et de droit administratif international, Revue de droit international et de législation comparée, Band 65, 1938, S. 827 ff., Band 66, 1939, S. 41 ff.

wichtigen Beitrag zum Verständnis der Entwicklung des internationalen Rechts geleistet. Dieses „Wissen um die Wurzeln“ ist die Grundlage aller weiteren Forschung. Sein Hauptaugenmerk lag aber auf der Arbeit zum IVR. Daher soll sein großes Werk zu dieser Thematik im Folgenden eingehender gewürdigt werden.

Karl Neumeyer war nicht der erste, der den Begriff „Internationales Verwaltungsrecht“ verwendete.[1423] So taucht der Begriff unter anderem schon bei Lorenz von Stein in seinem Beitrag „Einige Gedanken über das internationale Verwaltungsrecht“[1424] auf. Die Autoren, die den Begriff vor Karl Neumeyer verwendeten, verstanden aber unter dem IVR Vorschriften, welche die Tätigkeit von Verwaltungsbehörden in Fällen regelten, in denen es um internationalen Personen- oder Wirtschaftsverkehr ging.[1425] Karl Neumeyer dagegen wollte ein dem IPR vergleichbares „System des verwaltungsrechtlichen Kollisionsrechts“ erarbeiten.[1426]

Für zahlreiche grenzüberschreitende Sachverhalte, die dem Verwaltungsrecht zuzuordnen sind, hat er wichtige Anregungen gegeben. Seine Forschung hat gerade in der letzten Zeit noch an Bedeutung gewonnen, da wegen der rapiden Zunahme von grenzüberschreitenden Sachverhalten auch auf dem Gebiet des Verwaltungsrechts das Bedürfnis nach einem IVR im Sinn eines verwaltungsrechtlichen Kollisionsrechts stärker wird. Karl Neumeyer war damit seiner Zeit weit voraus.

a) Rezeption bei anderen Autoren

i) Otto Mayer in AöR 28, 1912

Otto Mayer setzte sich als erster Autor mit dem Werk Karl Neumeyers, genauer gesagt mit dem ersten Band des Besonderen Teils auseinander. Er schrieb, dass er mit Karl Neumeyers Vorhaben, das IVR vergleichbar dem IPR zu konzipieren, völlig einverstanden sei.[1427] Es sei in der Tat die Aufgabe, die Grenzen der öffentlichen Gewalt in Verwaltungssachen gegenüber der öffentlichen Gewalt anderer Gemeinschaften zu ziehen, nicht anders, als im Internationalen Zivil-

1423 *Vogel, Klaus*: Der räumliche Anwendungsbereich der Verwaltungsrechtsnorm, S. 154 ff.

1424 *Von Stein, Lorenz*: Einige Bemerkungen über das internationale Verwaltungsrecht, Schmollers Jahrbücher NF, Band 6, 1882, S. 359 ff.

1425 *Vogel, Klaus*: Karl Neumeyer, in: Deutsche Juristen jüdischer Herkunft, S. 536.

1426 Ebd., S. 536.

1427 *Mayer, Otto*: Archiv des öffentlichen Rechts, Band 28, 1912, S. 350 ff., S. 350 f.

recht.[1428] Er stimmte auch darin mit Karl Neumeyer überein, dass es sich bei den Rechtssätzen des IPRs jeweils um innerstaatliches Recht handele, dem das Völkerrecht nur „maßgebende Beweggründe“ liefern könne.[1429] Das IVR sei „ganz in gleicher Weise“ zu verstehen.[1430] Otto Mayer scheint auch wie Karl Neumeyer von der generellen Einseitigkeit des verwaltungsrechtlichen Grenzrechts ausgegangen zu sein, denn er schrieb, dass es nicht die Regel sei, dem Tätigwerden eines anderen Staates „Folge zu geben“ bzw. auf dessen Tätigkeit „weiter zu bauen“ und es zur Durchführung zu bringen.[1431] Auch er war der Ansicht, dass ein „Ineinanderwirken“ mit fremden Recht im Bereich des Verwaltungsrechts nur ausnahmsweise vorkomme, wenn es sich um ein Grenzgebiet zum Zivilrecht handele oder „die Zweckmäßigkeit es anrät“.[1432] Insgesamt beurteilte er Karl Neumeyers Ausführungen zum IVR als „wohlbedacht, gründlich und selbständig durchgeführt“.[1433] Manches sei „geradezu vortrefflich“.[1434]

ii) Fritz Reu

Als persönlicher Schüler Karl Neumeyers wird Frist Reu bezeichnet.[1435] Auch er hat das IVR wie Karl Neumeyer als „Rechtsanwendungsrecht der Verwaltung“ verstanden.[1436] Er vertrat ferner auch die generelle Unanwendbarkeit fremden Verwaltungsrechts.[1437] Er folgte Karl Neumeyer auch in dessen Auffassung, dass das IVR ein eigenständiges Rechtsgebiet sei, das vom Fremdenrecht wie auch vom Verwaltungsvölkerrecht klar zu trennen sei.[1438] Das IVR seinem Inhalt nach festzulegen müsse durch „Durchforschung der einzelnen Ordnungen der Ge-

---

1428 Ebd., S. 351.

1429 Ebd., S. 351.

1430 Ebd., S. 351.

1431 Ebd., S. 351 f.

1432 Ebd., S. 352.

1433 Ebd., S. 353.

1434 Ebd., S. 353.

1435 *Vogel, Klaus*: Der räumliche Anwendungsbereich der Verwaltungsrechtsnorm, S. 188.

1436 *Vogel, Klaus*: Der räumliche Anwendungsbereich der Verwaltungsrechtsnorm, S. 187 mit Verweis auf *Reu, Fritz*: Die Schulpflicht der Ausländer, in: Reichsverwaltungsblatt 57 (1936), S. 521 ff., hier S. 521.

1437 *Vogel, Klaus*: Der räumliche Anwendungsbereich der Verwaltungsrechtsnorm, S. 187 mit Verweis auf *Reu, Fritz*: Die staatliche Zuständigkeit im Internationalen Privatrecht, Marburg 1938, S. 41.

1438 *Vogel, Klaus*: Der räumliche Anwendungsbereich der Verwaltungsrechtsnorm, S. 187 mit Verweis auf *Reu, Fritz*: Die Schulpflicht der Ausländer, in: Reichsverwaltungsblatt 57 (1936), S. 521 ff., hier S. 521 und derselbe: Die staatliche Zuständigkeit im Internationalen Privatrecht, Marburg 1938, S. 41 Fn. 247.

meinschaft“ erfolgen.[1439] Interessant ist, dass Vogel bei Fritz Reu eine nicht seltene Bezugnahme auf nationalsozialistisches Denken und nationalsozialistische Terminologie nachgewiesen hat,[1440] dass der Autor aber unter ausdrücklichem Verweis auf das Werk Karl Neumeyers dessen Konzeption des IVR weitestgehend übernommen hat.[1441]

iii) Prof. Hans-Jürgen Schlochauer

Im Wesentlich stimmte auch Schlochauer in seiner kurzen Abhandlung über das IVR mit Karl Neumeyers Konzeption überein.[1442] Er war wie Karl Neumeyer der Ansicht, dass „jedem Teilgebiet der nationalen Rechtsordnungen ein Kreis international-rechtlicher Normen zugeordnet“ sei.[1443] Er bezeichnete die grenzbestimmenden internationalen Verwaltungsrechtsnormen wie Karl Neumeyer als Grenznormen und hielt sie für mit den internationalprivatrechtlichen Kollisionsnormen vergleichbar, da sie ebenfalls der Abgrenzung der in- und ausländischen Rechtsordnungen dienten.[1444] Schlochauer ging auch entsprechend Karl Neumeyer davon aus, dass die Grenznomen im Normalfall einseitige Kollisionsnormen seien, welche die Anwendung der inländischen Rechtsordnung anordnen.[1445] Nur im Ausnahmefall handele es sich um „allseitige Kollisionsnormen“, die dann regelten, welcher ausländischen Rechtsordnung die Sachnormen zu entnehmen seien.[1446]

Im Unterschied zu Karl Neumeyer schloss Schlochauer aber diejenigen Vorschriften aus dem IVR aus, welche die Grenzen der Verwaltung eines autonomen Verbandes gegenüber anderen Verbänden der gleichen Art sowie den Einfluss, den die Verwaltung anderer Verbände auf diejenige des eigenen Verbandes hat, regeln.[1447] Diese Vorschriften seien nur in föderativen Bundesstaaten oder in Ländern erforderlich, in denen mit Autonomie ausgestattete öffentlich-rechtliche

1439 *Vogel, Klaus*: Der räumliche Anwendungsbereich der Verwaltungsrechtsnorm, S. 187 mit Verweis auf *Reu, Fritz*: Die staatliche Zuständigkeit im Internationalen Privatrecht, Marburg 1938, S. 43.

1440 *Vogel, Klaus*: Der räumliche Anwendungsbereich der Verwaltungsrechtsnorm, S. 187 f., Fn. 73.

1441 Ebd., S. 187 f.

1442 *Schlochauer, Hans-Jürgen*: Internationales Verwaltungsrecht, Braunschweig ohne Jahresangabe.

1443 Ebd., S. 1.

1444 Ebd., S. 2.

1445 Ebd., S. 2.

1446 Ebd., S. 2 f. und 7 f.

1447 Ebd., S. 2.

Verbände bestünden.[1448] Solche Grenznormen wollte Schlochauer anders als Karl Neumeyer als „interlokales Verwaltungsrecht" vom IVR abgrenzen.[1449]

iv) Zaccaria Giacometti

Auch Zaccaria Giacometti hat die Lehren Karl Neumeyers teilweise übernommen. Nach seiner Lehre erfolgt zwar die Beschränkung der staatlichen Gesetzgebungshoheit nach positivem Völkerrecht. Der Staat sei gemäß dem Völkerrecht zur Regelung derjenigen Tatbestände zuständig, die eine Beziehung zu seinem Staatsgebiet hätten.[1450] Dieses Verständnis vom Einfluss des Völkerrechts auf das IVR geht weiter als bei Karl Neumeyer, der davon ausging, dass das Völkerrecht das IVR lediglich bedinge und ihm Grenzen ziehe. Innerhalb des IVR ging aber auch Giacometti davon aus, dass der persönliche Anwendungsbereich der Rechtsvorschriften jeweils durch Grenznormen im Sinne Karl Neumeyers zu bestimmen sei.[1451] Diese Grenznormen seien in der Regel in den verwaltungsrechtlichen Sachnormen mit enthalten, rechtstechnisch aber von diesen zu unterscheiden.[1452] Auch betreffend der Überzeugung von der Einseitigkeit dieser Grenznomen stimmte er mit Karl Neumeyer überein. Er begründete dies damit, dass das Verwaltungsrecht im Gegensatz zum Zivilrecht eine begrenzte Rechtsordnung sei.[1453] Und schließlich hat er sich auch bezüglich der von Karl Neumeyer sogenannten Überwirkungen ausländischen Rechts ganz ähnlich geäußert. Ausländisches Verwaltungsrecht könne nur ausnahmsweise bei ausdrücklicher Verweisung und der Anerkennung ausländischer feststellender oder konstitutiver Verwaltungsakte zur Anwendung kommen.[1454]

1448 Ebd., S. 2.

1449 Ebd., S. 2.

1450 *Vogel, Klaus*: Der räumliche Anwendungsbereich der Verwaltungsrechtsnorm, S. 188 f. mit Verweis auf *Giacometti, Zaccaria*: Allgemeine Lehren des rechtsstaatlichen Verwaltungsrechts, I, Zürich 1960, S. 194.

1451 *Vogel, Klaus*: Der räumliche Anwendungsbereich der Verwaltungsrechtsnorm, S. 188 f. mit Verweis auf *Giacometti, Zaccaria*: Allgemeine Lehren des rechtsstaatlichen Verwaltungsrechts, I, Zürich 1960, S. 196.

1452 *Vogel, Klaus*: Der räumliche Anwendungsbereich der Verwaltungsrechtsnorm, S. 188 mit Verweis auf *Giacometti, Zaccaria*: Allgemeine Lehren des rechtsstaatlichen Verwaltungsrechts, I, Zürich 1960, S. 199.

1453 *Vogel, Klaus*: Der räumliche Anwendungsbereich der Verwaltungsrechtsnorm, S. 188 mit Verweis auf *Giacometti, Zaccaria*: Allgemeine Lehren des rechtsstaatlichen Verwaltungsrechts, I, Zürich 1960, S. 197.

1454 *Vogel, Klaus*: Der räumliche Anwendungsbereich der Verwaltungsrechtsnorm, S. 188 mit Verweis auf *Giacometti, Zaccaria*: Allgemeine Lehren des rechtsstaatlichen Verwaltungsrechts, I, Zürich 1960, S. 202.

v) Ernst Steindorff

Schließlich hat auch Ernst Steindorff viel von der Konzeption des IVR bei Karl Neumeyer übernommen.[1455] Im Anschluss an Karl Neumeyer verstand Ernst Steindorff unter dem IVR denjenigen Teil der Rechtsordnung, der die verwaltungsrechtliche Ordnung für Sachverhalte mit Auslandsberührung sowie die Zuständigkeit nationaler Behörden zur Regelung dieser Sachverhalte begründet.[1456] Im Mittelpunkt des IVR stünden daher Normen, die dem IPR vergleichbar seinen.[1457] Diese Normen ordnete auch Ernst Steindorff dem nationalen Recht zu. Sie fungierten bei der Grenzziehung über die Zuständigkeit nationaler Verwaltungsbehörden und dem Geltungsbereich des nationalen Verwaltungsrechts wie einseitige Kollisionsnormen des IPRs.[1458] Die Grenznormen seien häufig als versteckte Rechtsanwendungsnormen in Sachnormen enthalten.[1459] Die Einseitigkeit ergebe sich aus dem Grundsatz, dass nationale Behörden nicht dazu berufen seien, das Verwaltungsrecht anderer Staaten durchzusetzen.[1460] Ausnahmen seien aber dann zu machen, wenn „Vor- und Teilfragen" im Rahmen nationalen Verwaltungsrechts nur nach ausländischem Recht beurteilt werden könnten.[1461] Auch im Bereich der Amts- oder Rechtshilfe könne es ausnahmsweise zur Anwendung ausländischen Verwaltungsrechts kommen.[1462] Auch bezüglich des Verhältnisses zwischen dem IVR und dem Völkerrecht äußerte sich Ernst Steindorff ganz im Einklang mit Karl Neumeyer.[1463] Eine Abweichung von Karl Neumeyers Thesen ergibt sich bei Ernst Steindorff nur insoweit, als er auch die Sachnormen des nationalen Verwaltungsrechts in das IVR einrechnete, durch die internationale Sachverhalte unmittelbar sachlich geregelt wurden.[1464]

b) Kritik

Es gibt auch Kritik an Karl Neumeyers Werk, wie das im Bereich der Grundlagenforschung anders nicht zu erwarten ist.

1455 *Steindorff, Ernst*: Wörterbuch des Völkerrechts und der Diplomatie, 2. Auflage, Berlin 1962, S. 581 ff.
1456 Ebd., S. 581.
1457 Ebd., S. 581.
1458 Ebd., S. 581.
1459 Ebd., S. 581.
1460 Ebd., S. 582.
1461 Ebd., S. 582.
1462 Ebd., S. 582.
1463 Ebd., S. 583.
1464 Ebd., S. 582.

i) Otto Mayer

Schon Otto Mayer hat in seiner Besprechung des ersten Bandes des IVR auch kritische Töne über Karl Neumeyers IVR hören lassen. Er stieß sich insbesondere an der Reihenfolge der Bearbeitung, dass also der Besondere Teil vor dem Allgemeinen erschien.[1465] Er hätte sich gewünscht, die allgemeinen Grundlagen als Leser selbst zu kennen, bevor man sich in das „Gewirre ihrer Verwertungsmöglichkeiten hineinführen" ließe.[1466]

ii) Prof. Klaus Vogel

Vogel schrieb, dass Karl Neumeyers Werk zum IVR zwar viel Anerkennung und Respekt gefunden habe.[1467] Es wurde aber seit seinem Erscheinen bis zur jüngsten Zeit in der verwaltungsrechtlichen Literatur nicht häufig zitiert. Hierfür gab es nach Auffassung Vogels drei Gründe:

„Zum ersten waren die Themen Neumeyers für die verwaltungsrechtliche Praxis und die an dieser orientierten Verwaltungsrechtswissenschaft seiner Zeit noch nicht sehr bedeutsam. Zwar ging es Neumeyer gerade darum, solche praktischen Probleme aufzuweisen, und das ist ihm auch in eindrucksvollem Ausmaß gelungen. Aber aufs Ganze gesehen lagen diese Probleme doch eher am Rande;"[1468]

Die Verwaltungsrechtswissenschaft sei damals eher damit beschäftigt gewesen, auszuloten, wie und wo die Grenzen der Staatsgewalt für den Bereich des Verwaltungsrechts zu ziehen seinen. Die Bedeutung der Forschung Karl Neumeyers sei dagegen erst in neuerer Zeit gewachsen, und sie sei gemessen an den einschlägigen Entscheidungen der Verwaltungsgerichte noch immer nicht sehr groß.[1469]

Den zweiten Grund dafür, dass sich Karl Neumeyers Lehrsätze und Begriffe nicht in größerem Umfang durchgesetzt hätten, sah Vogel darin, dass Karl Neumeyer vom IPR ausging und sich selbst kaum mit der verwaltungsrechtlichen Literatur seiner Zeit auseinandergesetzt habe. Die Autoren des IPRs hätten aber vom IVR ein anderes Verständnis als Karl Neumeyer. Sie verstanden darunter nur diejenigen verwaltungsrechtlichen Regeln, die sich in bestimmten Fällen

---

1465 *Mayer, Otto*: Archiv des öffentlichen Rechts, Band 28, 1912, S. 350 ff., S. 350.
1466 Ebd., S. 350.
1467 *Vogel, Klaus*: Karl Neumeyer, in: Deutsche Juristen jüdischer Herkunft, S. 538.
1468 Ebd., S. 538.
1469 Ebd., S. 538.

auf grenzüberschreitende privatrechtliche Rechtsbeziehungen auswirkten. Die meisten Verwaltungsrechtler dagegen hätten das Gebiet eines kollisionsrechtlich zu verstehenden IVRs bislang vollständig ausgeblendet.[1470]

Den wichtigsten Punkt für die „so zurückhaltende Rezeption des Neumeyerschen Werks“[1471] sah Vogel aber darin, dass sich aus den von Karl Neumeyer herausgearbeiteten „Grenznormen“ und „Überwirkungen“ kein allgemeines System und keine generellen Regeln ergaben. So habe Karl Neumeyer auch in seinem Allgemeinen Teil keine allgemeinen Regeln über das „Wann“ und „Wie“ der Anknüpfung und Verweisung im IVR geben können.[1472] Klaus Vogel schrieb hierzu:

„Zwar heißt es vor allem in seinen älteren Schriften verschiedentlich, daß die Anknüpfung überwiegend nach territorialen Kriterien und nur in Ausnahmefällen nach Maßgabe der Staatsangehörigkeit zu erfolgen habe; Neumeyer ist sich dabei aber durchaus dessen bewußt, daß eine solche „Territorialität“ der verwaltungsrechtlichen Normen weder allgemein zu „vermuten“ sein könne noch auch die Frage zu klären vermag, nach welchen der zahlreichen jeweils möglichen Anknüpfungsmaßstäbe die territoriale Begrenzung im konkreten Einzelfall zu erfolgen habe. Insoweit verweist er ganz auf die einzelne Norm.“[1473]

Auch der Besondere Teil ergebe kein allgemeines System für die Anknüpfung und Verweisung. Karl Neumeyer habe hier nicht einmal den Versuch unternommen, „die verschiedenen Anknüpfungs- und Verweisungsfälle nach einem übergeordneten Gesichtspunkt systematisch zusammenzufassen“.[1474] Das Versprechen einer abschließenden Systematisierung habe Karl Neumeyer somit nicht zu halten vermocht, da der Allgemeine Teil nur eine Reihe formaler Kriterien ergebe. Der Versuch, das IVR auch insoweit „an die logisch klar durchgliederten Normensysteme des internationalen Privatrechts anzugleichen“, sei somit offenbar fehlgeschlagen.[1475]

Nach Vogels Überzeugung ist es allerdings auch gar nicht möglich, aus innerstaatlichem materiellen Verwaltungsrecht ein eigenständiges und in sich geschlossenes IVR zu entwickeln. Er schrieb:

1470 Ebd., S. 538 f.

1471 Ebd., S. 539.

1472 *Vogel, Klaus*: Der räumliche Anwendungsbereich der Verwaltungsrechtsnorm, S. 185.

1473 Ebd., S. 185 f.

1474 Ebd., S. 186.

1475 Ebd., S. 186.

„Hierfür bedürfte es logisch oder normhierarchisch vom materiellen Verwaltungsrecht gesonderter Regeln.“[1476]

Vogel zog insgesamt in Frage, ob im Bereich des Verwaltungsrechts tatsächlich dasselbe Interesse bestehe wie im Privatrecht, ein internationales Recht quasi vorzuschalten, welches über das jeweils anwendbare Recht bestimmt. Ein solches quasi eigenständiges System solcher Regeln könne aber ggf. aufgrund der neueren zeitlichen Entwicklung für den Bereich der Europäischen Gemeinschaft in Übereinstimmung mit der rechtsschöpfenden Judikatur ihres Gerichtshofs aus den Strukturprinzipien eines gemeinsamen Marktes abgeleitet werden.[1477] Das internationale Doppelbesteuerungsabkommen beinhalte beispielsweise bereits ein System von Grenznormen, wie Karl Neumeyer sie verstand.[1478] Vogel zog daneben auch Karl Neumeyers Überzeugung von der Einseitigkeit der Grenznormen in Zweifel. Die Überzeugung Karl Neumeyers, eine Anwendung fremden Rechts wie im IPR sei auf dem Gebiet des öffentlichen Rechts denknotwendig ausgeschlossen, teilte er nicht. Er schrieb hierzu:

„Die Lehre von der „Einseitigkeit“ des öffentlichen Rechtes ist nicht so zu verstehen, daß die Anwendung ausländischen öffentlichen Rechts durch inländische Behörden „unmöglich“ oder „verboten“ sei; denn daß die Staaten grundsätzlich frei sind, ausländisches öffentliches Recht nicht nur auf „Vorfragen“, sondern auch unmittelbar auf die von ihren Behörden und Gerichten zu entscheidenden „Hauptfragen“ anzuwenden, läßt sich in keiner Weise, weder mit völkerrechtlichen noch mit staatsrechtlichen Argumenten bestreiten.“[1479]

Er sah in dem von Karl Neumeyer vertretenen Einseitigkeitsgrundsatz vielmehr einen rechtstheoretisch zu Grunde gelegten Ausgangssatz, der nicht abgeleitet ist und damit eine angreifbare These darstellt.[1480]

1476 *Vogel, Klaus*: Karl Neumeyer, in: Deutsche Juristen jüdischer Herkunft, S. 539.

1477 Ebd., S. 539.

1478 Ebd., S. 539.

1479 *Vogel, Klaus*: Der räumliche Anwendungsbereich der Verwaltungsrechtsnorm, S. 204.

1480 Ebd., S. 204 f.

c) Würdigung

i) Prof. Klaus Vogel

Am ausführlichsten hat sich Vogel in seiner als Habilitationsschrift vorgelegten Untersuchung mit dem Titel „Der räumliche Anwendungsbereich der Verwaltungsrechtsnorm“ und in späteren Veröffentlichungen mit Karl Neumeyers Konzeption vom IVR auseinandergesetzt. Er schrieb:

„Eindrucksvoll ist nicht nur der äußere Umfang dieser für Deutschland bisher einzigartigen Darstellung; eindrucksvoll ist auch deren Eindringlichkeit und inhaltliche Reichhaltigkeit.“[1481]

An anderer Stelle führte er aus:

„Sicher ist, daß Neumeyers Werk dem Verwaltungsrechtler, der es zu lesen versteht, auch heute noch einen unerschöpflichen Quell von Anregungen gibt. Daß seine Arbeiten immer noch zu wenig bekannt sind, ist gewiß nicht Karl Neumeyers Schuld. Sein Werk ist kein weltabgewandtes Gelehrtenwerk, auch wenn der Verfasser dieses Werks als Gelehrter, bescheiden und zurückgezogen, gelebt hat. Und es sei betont, daß sein Werk auch heute noch nicht veraltet ist. Weit eher könnte man meinen, es sei einstweilen (noch?) zu modern.“[1482]

Das Werk Karl Neumeyers sei nicht nur eine „Fundgrube für zahlreiche Einzelfragen der verwaltungsrechtlichen Anknüpfung und Verweisung“.[1483] Allein schon durch die Tatsache, dass er als erster das Problem des räumlichen Anwendungsbereichs von Verwaltungsrechtsnormen wissenschaftlich erforscht habe, habe er sich größte Verdienste erworben.[1484]

Prof. Peter Sand schrieb an Vogel, dass er Neumeyers Darstellung grenzüberschreitender Umwelt-Regime, ein Kapitel des zweiten Bandes, der 1922 erschienen ist, für weit besser und moderner als vieles hielt, was heute zu diesem

1481 *Vogel, Klaus*: Karl Neumeyer zum Gedächtnis, in: Archiv des öffentlichen Rechts, Band 95, 1970, S. 139.

1482 Ebd., S. 140.

1483 *Vogel, Klaus*: Der räumliche Anwendungsbereich der Verwaltungsrechtsnorm, S. 187.

1484 Ebd., S. 187.

Thema geschrieben wird. Ähnliches ließe sich nach Meinung Vogels von vielen anderen Teilen des Werkes sagen.[1485]

Insgesamt urteilte Vogel:

„Zu seiner Zeit war das internationale Recht hierfür indes noch nicht weit genug. Neumeyers Fragestellung ging in diesem Sinn, wie es bei großen Wissenschaftlern manchmal so gewesen ist, ihrer Zeit voraus.“[1486]

ii) Alfred Neumeyer

Auch Karl Neumeyers Bruder Alfred, als einer der obersten bayerischen Richter die Sache von der praktischen Seite beleuchtend, hatte sich ein eigenes Urteil über das Werk des Bruders zum IVR gebildet:

„Das Werk, das einen Umfang von fünf Bänden erreichte, war dabei keineswegs weitschweifig abgefasst, es erscheint dem Leser fast zu knapp gehalten und ist auch für den guten Juristen, der diese Materie nicht eingehend studiert hat und in einem praktischen Fall sich mit ihr auseinandersetzen muss, keine einfache Sache. Für die gelehrte Forschung wie für die obersten Gerichtshöfe und Verwaltungsbehörden des In- und Auslandes ist dieses Werk klassisch geworden, es füllt eine längst empfundene Lücke aus. Für die Rechtsprechung der unteren und mittleren Gerichte und Verwaltungsbehörden und die Anwaltspraxis bedarf es vielleicht noch einer populäreren Darstellung ohne Verflachung des Inhalts.“[1487]

iii) Hans Wehberg

Hans Wehberg hielt Karl Neumeyers Forschung zum IVR für eine „unendlich bedeutsame Aufgabe der Rechtswissenschaft“.[1488] Diese Aufgabe habe Karl Neumeyer in vorbildlicher Weise gelöst.[1489] Viel zu wenige Spezialisten wüssten bislang um die Bedeutsamkeit der grundsätzlichen Erwägungen Karl Neumeyers. Diese allgemeinen Erwägungen seien auch für den Bereich des IPRs sowie teils

---

1485 *Vogel, Klaus:* Karl Neumeyer: In den Tod getrieben, in: Große jüdische Gelehrte an der Münchener juristischen Fakultät, S. 100.

1486 *Vogel, Klaus*: Karl Neumeyer, in: Deutsche Juristen jüdischer Herkunft, S. 539.

1487 *Neumeyer, Alfred* (der Ältere): Wir wollen den Fluch in Segen verwandeln, S. 107.

1488 *Wehberg, Hans*: Karl Neumeyer zum Gedächtnis, in: Die Friedenswarte, S. 257.

1489 Ebd., S. 257.

in völkerrechtlichen Fragen relevant.[1490] Er habe sich dabei immer klar ausgedrückt und sei in seiner Arbeit „allem Vagen abhold“ gewesen.[1491]

iv) Dionisio Anzilotti

Schließlich äußerte sich auch der Völkerrechtler Dionisio Anzilotti, der Präsident des Ständigen Internationalen Gerichtshofes gewesen ist, höchst lobend über Karl Neumeyers Werk. Nach dem Erscheinen des ersten Bandes schrieb er 1912 in der Zeitschrift „*Rivista di diritto internazionale*“ von der „umfassenden und in großen Teilen neuartigen Leistung“ des Verfassers.[1492] Er führte aus:

„Den, der die Ernsthaftigkeit der wissenschaftlichen Arbeit Neumeyers kennt, braucht man nicht von den wirklich bemerkenswerten Vorzügen dieses Buches zu überzeugen. Es wurde mit einer außerordentlichen Kenntnis der Lehre, der Gesetzgebung und Rechtsprechung geschrieben und in allen seinen Teilen wohldurchdacht. Es handelt sich um eine wertvolle, bei jeder weiteren Forschung auf diesem Gebiet unentbehrliche Arbeit.“[1493]

8. Heutiger Forschungsstand

Im Folgenden wird der heutige Stand der Lehre vom IVR dargestellt. Dabei liegt das Hauptaugenmerk auf dem deutschen IVR, zu welchem Karl Neumeyer forschte. Auf den Stand der europäischen Rechtsentwicklung im Bereich des IVR wird ebenfalls kurz eingegangen.

1490 Ebd., S. 257.

1491 Ebd., S. 257.

1492 *Anzilotti, Dionisio*: Rivista di diritto internazionale, Band 6, 2. Folge, erster Teil 1912, hier S. 177, im italienischen Original: „complessa e in gran parte nuova [...]“.

1493 Ebd., S. 177, im italienischen Original: „Chi consoce la serietà di tutti la produzione scientifica del Neumeyer non ha bisogno di essere assicuarto die meriti veramente notevoli di questo libre, condotto con larghissima conoscenza della dottrina, della legislazione e della giurisprudenza, meditato in ogni sua parte, prezioso, anzi indispensabile aiuto in ogni ulteriore ricerca sui termi trattati.“; ähnlich äußerte sich auch der belgische Gelehrte und Richter am Ständigen Internationalen Gerichtshof Charles de Vischer, der das Werk als monumental bezeichnete. Es könne für das Studium der Theorie von Gesetzeskonflikten ein Interesse allerersten Ranges beanspruchen. Siehe hierzu *de Vischer, Charles*: Revue de Droit international et de Législation comparée, 1937, S. 206.

a) Grundzüge des deutschen öffentlichen Kollisionsrechts

Mit dem öffentlichen Kollisionsrecht meint man dasjenige Recht, welches das Verhältnis des deutschen Verwaltungsrechts zu demjenigen anderer Staaten regelt, also das IVR in Karl Neumeyers Sinn. Davon zu unterscheiden ist zum einen das „interlokale" Recht, also dasjenige, welches die Anerkennung des Rechts der einzelnen Bundesländer untereinander regelt, sowie das europäische IVR, welches über das Anerkennungsverhältnis zwischen den einzelnen EU-Mitgliedsstaaten bestimmt.

i) Fehlende Kodifikation des öffentlichen Kollisionsrechts

Bis heute ist das IVR anders als das IPR in Deutschland nicht kodifiziert.[1494] Es hat sich bislang auch in der Lehre keine detaillierte Systematik allgemeiner kollisionsrechtlicher Regeln entwickelt.[1495] Nach Karl Neumeyer hat erstaunlicher Weise niemand mehr den Versuch unternommen, möglichst das gesamte IVR darzustellen. Dies mag daran liegen, dass in der Wissenschaft Zweifel an der Umsetzbarkeit eines solchen Vorhabens vorherrschen. Christine E. Linke schreibt in ihrer Arbeit über das Europäische IVR:

„Es fragt sich allerdings, ob es angesichts der Vielgestaltigkeit der einzelnen Gebiete des besonderen Verwaltungsrechts überhaupt möglich ist, eine kollisionsrechtliche Systematik zu konstruieren, in der alle internationalverwaltungsrechtlichen Aspekte nicht nur irgendwie untergebracht, sondern in einer Weise eingearbeitet sind, dass jede einzelne Antwort auf eine besondere Frage aus dem allgemeinen System ableitbar ist."[1496]

Ein öffentlich-rechtliches Kollisionsrecht „aus einem Guss mit sauberen Prinzipien" wird teilweise sogar für „unmöglich oder unbrauchbar" gehalten.[1497] Dies wird mit der Verschiedenartigkeit der einzelnen Materien des besonderen Verwaltungsrechts begründet, die ein „weit gehendes Eigendasein" führten.[1498] Da es an einer vollständigen Systematisierung des Verwaltungsrechts als Gesamt-

---

1494 *Linke, Christine E.*: Europäisches Internationales Verwaltungsrecht, Frankfurt a.M. u. a. 2001, S. 199.

1495 Ebd., S. 199.

1496 Ebd., S. 119.

1497 Ebd., S. 119.

1498 Ebd., S. 119 mit Verweis auf *von Maydell, Bernd*: Sach- und Kollisionsnormen im internationalen Sozialversicherungsrecht, Berlin 1967, S. 20.

system fehle, ließe sich auch kein einheitliches Kollisionsrecht schaffen.[1499] Für die einzelnen Zweige des IVR müssen daher jeweils eigene Rechtsanwendungsregeln geschaffen werden. Auch hier ist bislang keine Kodifizierung erfolgt. Und auch soweit sich einige Problemstellungen für das gesamte IVR ergeben, sind bislang keine allgemeingültigen Regeln kodifiziert.

ii) Meinungsstand in der Lehre zum öffentlichen Kollisionsrecht

Immerhin hat die Lehre zum öffentlichen Kollisionsrecht seit Karl Neumeyer Fortschritte gemacht.

Im Einzelnen stellt sich der Meinungsstand zu den praktischen Problemen des öffentlichen Kollisionsrechts wie folgt dar:

Die Anwendbarkeit inländischen öffentlichen Rechts auf Sachverhalte mit Auslandsberührung ist nach der heutigen Lehre umstritten. Nach der früheren, auch von Karl Neumeyer vertretenen Auffassung ist das Verwaltungsrecht eines Staates nur auf solche Sachverhalte anzuwenden, die sich auf dem eigenen Staatsgebiet zutragen, nicht aber auf Sachverhalte, die sich auf fremdem Staatsgebiet ereignet haben.[1500] Nach heute wohl überwiegender Auffassung ist aber die Existenz des hinter der alten Auffassung stehenden sogenannten „Territorialitätsprinzips“ in dem Sinn, dass die Anwendung inländischen öffentlichen Rechts auf ausländische Sachverhalte verboten sei, weder aus dem Völkerrecht noch aus nationalem Recht abzuleiten.[1501] Die Anwendbarkeit einer Norm auf ausländische Sachverhalte ist zwar zumeist nicht ausdrücklich geregelt, sie kann aber nach dieser wohl überwiegenden Meinung jeweils durch Auslegung ermittelt werden.[1502]

Auch bei der umgekehrten Frage, ob also ausländisches öffentliches Recht auf Inlandssachverhalte Anwendung finden kann, stellt sich die Frage, ob Karl Neumeyers These von der Einseitigkeit der Kollisionsnormen noch heute Gültigkeit hat.

1499 Ebd., S. 119 mit Verweis auf *von Maydell, Bernd*: Sach- und Kollisionsnormen im internationalen Sozialversicherungsrecht, Berlin 1967, S. 20.

1500 Ebd., S. 120.

1501 Ebd., S. 120; *Vogel, Klaus*: Der räumliche Anwendungsbereich der Verwaltungsrechtsnorm, S. 11 ff.

1502 *Linke, Christine E.*: Europäisches Internationales Verwaltungsrecht, S. 120 f.; *Vogel, Klaus*: Der räumliche Anwendungsbereich der Verwaltungsrechtsnorm, S. 357 f.

Diese zentrale Annahme Karl Neumeyers ist wohl auch heute noch als herrschende Meinung anzusehen.[1503]

Sie wird teilweise darauf gestützt, dass die Unanwendbarkeit fremden öffentlichen Rechts ein Grundsatz sei.[1504] Auch der BGH vertritt in ständiger Rechtsprechung den Grundsatz der Nichtanwendbarkeit fremden öffentlichen Rechts.[1505] Das öffentliche Kollisionsrecht werde vom Gedanken der „Territorialität des Rechts" beherrscht, wobei der BGH darunter den Grundsatz versteht, dass die Bestimmungen des öffentlichen Rechts grundsätzlich nicht über die Landesgrenzen des rechtsetzenden Staates hinaus wirkten.[1506] Der hier angesprochene Territorialitätsgedanke wird allerdings in Literatur und Rechtsprechung unterschiedlich verwendet.[1507] Und auch nach dem Verständnis des BGH, dass der räumliche Geltungsbereich öffentlich-rechtlicher Normen grundsätzlich nicht über die Grenzen des eigenen Landes hinausreiche, ist nicht gesagt, dass die Anwendung fremden Rechts schlicht ausgeschlossen ist.[1508] Es gibt auch sonst keinen rechtlichen Grundsatz, der die Anwendung fremden öffentlichen Rechts ausschließt.[1509] Diese These Karl Neumeyers von der Unanwendbarkeit fremden öffentlichen Rechts ist daher in dieser Form abzulehnen. Fremdes öffentliches Recht ist unter keinem rechtlichen Gesichtspunkt schlicht unanwendbar. Faktisch allerdings bleibt es meist dabei, dass fremdes öffentliches Recht keine Anwendung findet. Dies liegt darin begründet, dass hierfür eine ausdrückliche Verweisung auf fremdes Recht vorausgesetzt wird, die im Verwaltungsrecht kaum vorkommt.[1510] Der Grundsatz der Nichtanwendbarkeit ist damit entgegen Karl Neumeyer nicht als dogmatisches Verbot, sondern als eine Art empirische Regel zu verstehen.[1511]

Der Grund für die Tatsache, dass es sehr selten zur Verweisung und damit zur Anwendung fremden öffentlichen Rechts kommt, ist darin zu sehen, dass die Staaten meist kein eigenes Interesse an der Anwendung fremden öffentlichen Rechts haben.[1512] Der Staat als unmittelbar am jeweiligen Rechtsverhältnis beteiligte Partei versucht, eigene staatliche Interessen zu wahren und hat meist kein

---

1503 *Linke, Christine E.*: Europäisches Internationales Verwaltungsrecht, S. 121, mit weiteren Nachweisen in Fußnote 18.

1504 Ebd., S. 121, mit weiteren Nachweisen in Fn. 19.

1505 Ebd., S. 121 mit Verweis auf BGHZ 31, S. 367ff, S. 370 f. in NJW 1960, S. 1101; BGH NJW 1975, S. 1220 ff.

1506 BGHZ 31, S. 367 ff., S. 371 in NJW 1960, S. 1101.

1507 *Linke, Christine E.*: Europäisches Internationales Verwaltungsrecht, S. 123.

1508 Ebd., S. 123.

1509 Ebd., S. 124.

1510 Ebd., S. 124.

1511 *Vogel, Klaus*: Der räumliche Anwendungsbereich der Verwaltungsrechtsnorm, S. 313.

1512 *Linke, Christine E.*: Europäisches Internationales Verwaltungsrecht, S. 125.

Interesse, das Wohl anderer Staaten zu fördern.[1513] Nur in Fällen, in denen ein inländisches Interesse an der Förderung fremder Staatsinteressen besteht, etwa aufgrund internationaler Kooperation oder der Erwartung der Gegenseitigkeit, kommt die Anwendung fremden öffentlichen Rechts daher ausnahmsweise in Betracht.[1514] Mit fortschreitender Internationalisierung und Kooperation zwischen den Staaten ist aber davon auszugehen, dass auch das eigene Interesse der Staaten an der Förderung fremden Staatswohls wächst und deswegen fremdes öffentliches Recht öfter zur Anwendung gelangen kann.[1515] Hierzu bedarf es allerdings der Kodifizierung von ausdrücklichen Verweisungen.[1516] Nach der wohl herrschenden Auffassung bedarf es für den Erlass solcher Regelungen, welche die Anwendbarkeit fremden öffentlichen Rechts bestimmen, wegen des Vorbehalts des Gesetzes einer gesetzlichen Ermächtigung.[1517] Dies überzeugt für den Bereich der Eingriffsverwaltung, da für die Anwendung fremden öffentlichen Rechts nichts anderes gelten kann als für die Schaffung eigenen öffentlichen Rechts, soweit die jeweiligen Vorschriften zu Belastungen der Bürger führen.[1518] Im Bereich der Leistungsverwaltung und für die Beurteilung von Vorfragen bedarf es dagegen keiner ausdrücklichen Verweisung.[1519]

Das System der einseitigen Kollisionsnormen wie Karl Neumeyer es erdacht hat und das von der überwiegenden Lehre nach wie vor für systemgerecht gehalten wird, birgt – wie schon Karl Neumeyer erkannt hatte – das Problem, dass es zu Rechtsanwendungslücken kommen kann, wenn kein Staat einen Sachverhalt nach seinem Kollisionsrecht unter sein gesetzliches Regime zieht.[1520] Ebenso kann es auch zu Anwendungskonflikten kommen, wenn derselbe Sachverhalt unter das Regime verschiedener Staaten gezogen würde.[1521] Bislang sind Vorschläge, aus diesem Grund auch im Bereich des IVR wie im IPR ein System zweiseitiger Kollisionsnormen zu schaffen, dennoch auf Ablehnung gestoßen.[1522] Das ist damit zu begründen, dass die Schaffung eines zweiseitigen Kollisionsnormensystems in Deutschland auf gravierende verfassungsrechtliche Einwände stößt.[1523] Nach dem Demokratieprinzip bedarf die Ausübung staatlicher

1513 Ebd., S. 125 mit weiteren Nachweisen in Fn. 49 – 51.
1514 Ebd., S. 125 mit weiteren Nachweisen in Fn. 52.
1515 Ebd., S. 125 f.
1516 Ebd., S. 126.
1517 Ebd., S. 127 mit weiteren Nachweisen in Fn. 73.
1518 Ebd., S. 127.
1519 Ebd., S. 128.
1520 Ebd., S. 128 f.
1521 Ebd., S. 128 f.
1522 Ebd., S. 128 mit weiteren Nachweisen in Fn. 82.
1523 Ebd., S. 129.

Gewalt jeweils der staatlichen Legitimation durch das deutsche Staatsvolk.[1524] Daneben ist nach dem Grundsatz vom Vorbehalt des Gesetzes ein Eingriff in Freiheit und Eigentum der Bürger immer nur aufgrund von durch das deutsche Parlament verabschiedeten Gesetzen erlaubt. Bei zweiseitigen Kollisionsnomen würde aber nicht das deutsche Parlament, sondern würden ausländische Parlamente über den Inhalt der jeweils zur Anwendung kommenden Normen entscheiden.[1525]

Dem wird entgegengehalten, dass das Demokratieprinzip „im Lichte des Bekenntnisses des Grundgesetzes zur internationalen Zusammenarbeit zu sehen" sei und dem Grundsatz des Vorbehalts des Gesetzes damit Genüge getan würde, dass die Anwendung fremden Rechts dann unterbliebe, wenn die Anwendung Grundrechte verletzen würde.[1526]

b) Habilitationsschrift Christoph Ohlers zum öffentlichen Kollisionsrecht

In neuester Zeit hat sich Christoph Ohler um das IVR im Sinn eines öffentlichen Kollisionsrechts verdient gemacht. Er tritt mit seiner Habilitationsschrift „Die Kollisionsordnung des Allgemeinen Verwaltungsrechts"[1527] den Leugnern und Skeptikern eines internationalen öffentlichen Kollisionsrechts entgegen. Dem Einwand, der Erkenntnisgegenstand sei nicht systematisierungsfähig, begegnet er mit der Feststellung, dass dies nur richtig sei, wenn man allein das Besondere Verwaltungsrecht mit seinen höchst heterogenen Regelungsbereichen betrachte.[1528] Hinsichtlich eines Allgemeinen Teils hält er aber eine systematische Zusammenfassung in einem Regelungswerk durchaus für möglich und sogar für eine ordnungsstiftende Notwendigkeit.[1529] Es gelte der Satz: „Öffentliches Kollisionsrecht tut Not."[1530]

Er selbst hat nicht wie Karl Neumeyer den Versuch unternommen, ein allgemeingültiges öffentliches Kollisionsrecht zu entwickeln. Vielmehr handelt es sich bei seiner Arbeit um den Entwurf einer verfassungsrechtlichen Begründung für die Anwendung fremden öffentlichen Rechts in Deutschland. Daneben ent-

1524 Ebd., S. 129 mit weiterem Nachweis in Fn. 87.

1525 Ebd., S. 129 mit weiterem Nachweis in Fn. 89.

1526 Ebd., S. 129.

1527 *Ohler, Christoph*: Die Kollisionsordnung des Allgemeinen Verwaltungsrechts, Strukturen des deutschen Internationalen Verwaltungsrechts, Jus Publicum, Beiträge zum öffentlichen Recht, Band 131, Tübingen 2006.

1528 Ebd., S. 4.

1529 Ebd., S. 4.

1530 Ebd., S. 4.

wickelt er konkrete Zurechnungsnormen, die Aussagen zulassen, wann eine Behörde als deutsche Behörde oder als eine solche eines anderen Staates fungiert.

Auch er kommt zu dem Schluss, dass fremdes öffentliches Recht nur in Ausnahmefällen zur Anwendung kommt,[1531] auch wenn er Karl Neumeyers These, die Anwendung fremden öffentlichen Rechts sei schier undenkbar, nicht stützt[1532]. Er begründet die seltene Anwendung fremden öffentlichen Rechts damit, dass das öffentliche Kollisionsrecht nicht die Prämisse verwirkliche, die dem IPR zugrunde liegt, dass nämlich die Sachrechtsordnungen der Staaten weltweit gleichwertig seien.[1533] Zwar seien fremde Rechtsordnungen anzuerkennen und als eigenständig zu akzeptieren.[1534] Es komme aber im Bereich des öffentlichen Rechts recht selten zu „echten Kollisionslagen", da es hier, anders als im IPR, keinen Grund zu der Annahme gebe, dass die öffentlich-rechtlichen Rechtsordnungen verschiedener Staaten gleichzeitig einen internationalen Regelungsanspruch erheben.[1535] Zum anderen folge aus dem Völkerrecht, dass die Staaten internationale Sachverhalte in konkurrierender Gesetzgebung jeweils selbst regeln können, ohne die gesetzlichen Regelungen kollisionsrechtlich aneinander anpassen zu müssen.[1536] Fremdes Recht muss auch nach seiner Auffassung ausdrücklich zur Anwendung berufen sein. Ohler hat in seinem Werk zahlreiche Anleihen bei den Forschungen Karl Neumeyers genommen, was einmal mehr die Bedeutung von dessen Arbeit beweist.

c) Die Anerkennung ausländischer Verwaltungsakte

Im Bereich der Anerkennung ausländischer Verwaltungsakte hat sich die Rechtsfortbildung seit der Abfassung des Werks Karl Neumeyers ein gutes Stück weiterentwickelt. So ist inzwischen in zahlreichen Vorschriften ausdrücklich normiert, in welchen Fällen eine Pflicht besteht, ausländische Verwaltungsakte anzuerkennen.[1537] Dies betrifft beispielsweise die Pflicht zur Anerkennung ausländischer Prüfungen und im Bereich des Kraftfahrzeugverkehrs die Zulassungen sowie die Fahrerlaubnisse.[1538] Auch hinsichtlich belastender Verwaltungs-

---

1531 Ebd., S. 369.
1532 Ebd., S. 38 ff.
1533 Ebd., S. 369.
1534 Ebd., S. 38.
1535 Ebd., S. 38 f.
1536 Ebd., S. 369.
1537 *Linke, Christine E.*: Europäisches Internationales Verwaltungsrecht, S. 131 f.
1538 Ebd., S. 131 f.

akte existieren teilweise ausdrückliche Anerkennungspflichten.[1539] Hier greifen grundsätzlich die selben Bedenken hinsichtlich einer Verletzung des Demokratieprinzips und des Vorbehalts des Gesetzes durch die Anerkennung wie im Zusammenhang mit sonstigen belastenden Rechtsvorschriften. Im Bereich der Anerkennung belastender ausländischer Verwaltungsakte ist aber die weite Auslegung dieser Prinzipien „im Lichte des Bekenntnisses des Grundgesetzes zur internationalen Zusammenarbeit“ in Deutschland anerkannt, da die Bundesrepublik sich ansonsten beispielsweise nicht an internationaler Rechtshilfe beteiligen könnte.[1540]

Soweit Anerkennungspflichten nicht ausdrücklich normiert sind, können sie sich bezüglich begünstigender Verwaltungsakte aus einem entsprechenden subjektiven Recht (etwa Art. 2 Abs. 1 GG oder Art. 12 Abs. 1 GG) ergeben.[1541] Für die Anerkennung belastender Verwaltungsakte wird dagegen wegen des Grundsatzes des Vorbehalts des Gesetzes immer eine entsprechende gesetzliche Grundlage gefordert.[1542]

d) Ergebnis zum deutschen IVR (öffentliches Kollisionsrecht)

Nach wie vor ist ein öffentliches Kollisionsrecht nicht kodifiziert. Es mag zwar in deutlich weniger Fällen zu einer echten Kollisionslage kommen als im Bereich des IPR. Dennoch ergibt sich gerade angesichts der teils erheblichen Unterschiede der weltweiten Rechtsordnungen bei immer mehr Berührungspunkten zwischen ihnen als Folge der Globalisierung Regelungsbedarf. Der parlamentarische Gesetzgeber ist hier aufgerufen, die Frage zu beantworten, in welchem Verhältnis die innerstaatliche Rechtsordnung zu fremden Rechtsordnungen stehen soll. Leitend muss bei der Konzeption eines solchen Kollisionsrechts die Vorstellung von einem respektvollen Umgang der Staaten miteinander und die gegenseitige Rücksichtnahme sein. Nur so kann gerade angesichts der großen Unterschiede der Rechtsordnungen ein Recht ausgestaltet sein, „das sich als ein Instrument des Interessenausgleichs, der gegenseitigen Mäßigung und der Friedenssicherung versteht“.[1543]

1539 Ebd., S. 132.

1540 Ebd., S. 132 mit weiteren Nachweisen in Fn. 105 – 107.

1541 Ebd., S. 133.

1542 Ebd., S. 133.

1543 *Ohler, Christoph*: Die Kollisionsordnung des Allgemeinen Verwaltungsrechts, S. 6.

e) Europäisches Internationales Verwaltungsrecht

Im Gebiet der Europäischen Union ist das IVR etwas weiter entwickelt als im Verhältnis zwischen Deutschland und fremden Staaten. Es gibt zwar auch im Gebiet der EU bislang kein vereinheitlichtes europäisches Kollisionsrecht für Fälle der verwaltungsgesetzlichen Kollision zwischen den Rechten von EU-Mitgliedsstaaten. Im Bereich behördlicher Entscheidungen von Mitgliedsstaaten ergibt sich aber insoweit eine Abweichung zum übrigen IVR, als solche Entscheidungen, die im Vollzug von EG-Verordnungen erlassen werden, unmittelbare gemeinschaftsweite Geltung haben, ohne dass es einer gesonderten Anerkennung bedarf.[1544] Hinsichtlich anderer Verwaltungsakte, die entweder aufgrund von Richtlinien oder aufgrund nationalen Rechts erlassen werden, ergeben sich aus den europäischen Grundfreiheiten teilweise Anerkennungspflichten.[1545] Daneben folgt aus primärem Gemeinschaftsrecht teilweise eine Pflicht zur Anerkennung begünstigender Verwaltungsakte, die Anerkennung belastender Verwaltungsakte ist dagegen zu verneinen.[1546] Daneben können im Rahmen der gesetzgeberischen Kompetenzen Verordnungen erlassen werden, die das Verwaltungsrecht innerhalb der EU für die Regelungstatbestände vereinheitlichen. Diese gelten dann gemäß Art. 288 Abs. 2 des Vertrages über die Arbeitsweise der Europäischen Union ohne weitere Umsetzungsakte für alle Mitgliedsstaaten und können dadurch ein Kollisionsrecht zwischen den Mitgliedsstaaten bezogen auf den jeweiligen Regelungstatbestand obsolet machen.

Auf verschiedenen Rechtsgebieten hat sich daneben teilweise ein echtes gemeinsames Europäisches Verwaltungsrecht im Sinn von gemeinschaftsrechtlichen Vorschriften bzw. Vorschriften über die Zusammenarbeit herausgebildet. Zu nennen ist hier das Recht der Verwaltung der Strukturfonds der Europäischen Gemeinschaft, das Recht betreffend die Informationskooperation insbesondere auf dem Gebiet des Umweltrechts, das Europäische Lebensmittelrecht, das Europäische Flugsicherungsrecht, die grenzüberschreitende Zusammenarbeit der Polizei- und Zollverwaltungen sowie Teile des Produktsicherheitsrechts.[1547]

1544 *Linke, Christine E.*: Europäisches Internationales Verwaltungsrecht, S. 174.

1545 Ebd., S. 174 ff.

1546 Ebd., S. 227.

1547 Siehe zu den einzelnen Rechtsgebieten: Der Europäische Verwaltungsverbund, Formen und Verfahren der Verwaltungszusammenarbeit in der EU, Bernhard Schmidt-Assmann – Bettina Schöndorf-Haubold, (Hrsg.), Tübingen 2005, S. 25 ff.

f) Global administrative law

Neben der Diskussion über das IVR im Sinn Karl Neumeyers, also im Sinn eines internationalverwaltungsrechtlichen Kollisionsrechts, ist in jüngster Zeit eine rege wissenschaftliche Diskussion über ein „globales Verwaltungsrecht" (die Diskussion wird zumeist unter dem Stichwort „Global Administrative Law" geführt) entstanden.[1548] Der Ansatz geht über die „eher horizontalen Blickrichtungen von Kollisionslagen oder transnationalen Effekten" hinaus.[1549] Die Forschung geht davon aus, „dass ein globaler Verwaltungsraum im Entstehen sei, in dem die strenge Teilung zwischen innerstaatlichem Bereich und internationalem Bereich zunehmend verschwinde".[1550] Das so verstandene globale Verwaltungsrecht soll den Bereich der „internationalen Verwaltung durch Internationale Organisationen oder private Einrichtungen", die „Netzwerkverwaltung durch transnationale Netzwerke nationaler Verwaltungen" sowie „hybride intergouvernemental-private Arrangements" umfassen.[1551] Wechselbeziehungen, Entscheidungszusammenhänge und Rechtserzeugungsmechanismen im Zusammenspiel der konkurrierenden Rechtsquellensysteme sollen nach diesem Ansatz rechtstheoretisch erforscht werden, um im Anschluss ein global funktionierendes Verwaltungsrecht entwerfen zu können.[1552] Auch wenn ein einheitliches Verständnis eines solchen globalen Verwaltungsrechts noch in weiter Ferne zu liegen scheint, ergibt sich doch schon heute zumindest für Teilaspekte des Verwaltungsrechts Abstimmungsbedarf über die Grenzen einzelner Staaten hinaus, welcher die vorherige Aufarbeitung durch eine Forschungsdisziplin „globales Verwaltungsrecht" voraussetzt. Dabei ist nur an die jüngste Finanzmarktkrise zu denken, die die ganze Welt nahe an den Zusammenbruch des Banken- und Finanzsystems geführt hat. Immer wieder wurde in diesem Zusammenhang die Forderung nach einem weltweit abgestimmten und gemeinsamen Handeln zur Stabilisierung der Finanzmärkte laut. Die Hinwendung zu dieser neuen wissenschaftlichen Disziplin eines „globalen Verwaltungsrechts" ist damit auch „einem grundlegenden Prozess der Entterritorialisierung der Verwaltung geschuldet, die eine zentrale

---

1548 *Mayer, Franz C.*: Internationalisierung des Verwaltungsrechts? In: Internationales Verwaltungsrecht, Eine Analyse anhand von Referenzgebieten, Christoph Möllers – Andreas Vosskuhle – Christian Walter (Hrsg.), Tübingen 2007, S. 57.

1549 Ebd., S. 57.

1550 Ebd., S. 57.

1551 Ebd., S. 57; Mayer beschreibt hier insbesondere ein Forschungsprojekt an der New York University zum Thema Global Administrative Law.

1552 *Ruffert, Matthias*: Perspektiven des Internationalen Verwaltungsrechts, in: Internationales Verwaltungsrecht, Eine Analyse anhand von Referenzgebieten, S. 403 f.

Annahme des klassischen Verwaltungsrechts, das Territorium als Substrat und Voraussetzung staatlichen Entscheidens, in Frage stellt."[1553]

Interessant ist, dass ein aktuelles Werk „Internationales Verwaltungsrecht" der Herausgeber Möllers, Vosskule und Walther[1554] den Fragen der Internationalisierung des Verwaltungsrechts (verstanden als gesamtes Spektrum der sich im Zusammenhang mit Internationalität des Verwaltungsrechts ergebenden Fragen kollisionsrechtlicher oder transnationaler Art ebenso wie echten Verwaltungsrechts auf internationaler Ebene im Sinn von Gemeinschaftsrecht) über die Analyse von einzelnen Gebieten des besonderen Verwaltungsrechts, sogenannten „Referenzgebieten" begegnet, was an Karl Neumeyers Herangehensweise bei der Bearbeitung des IVR erinnert.[1555] So heißt es hier: „Die naheliegendste Strategie für eine systematische und anschauliche Annäherung an Strukturen und Muster der Internationalisierung des Rechts dürfte die rechtsempirische Bestandsaufnahme sein."[1556]

Weiter ist die Rede von „Referenzgebieten des besonderen Verwaltungsrechts für das allgemeine Verwaltungsrecht".[1557] Dies entspricht Karl Neumeyers Ansatz, zunächst das Besondere Verwaltungsrecht zu untersuchen, um daraus grundsätzliche Anwendungsregeln des IVR entwickeln zu können. Dass Karl Neumeyer anders als die Bearbeiter von heute allein den kollisionsrechtlichen Aspekt der Internationalisierung untersuchte, ist schon allein daraus erklärlich, dass zu seinen Lebzeiten darüber hinausgehende Aspekte wie echtes Gemeinschaftsrecht noch kaum denkbar waren und auch wegen des deutlich geringeren Umfangs von grenzüberschreitenden Sachverhalten z. B. wirtschaftlicher oder personenverkehrsrechtlicher Art keine große Relevanz hatten. Denkt man dagegen daran, dass durch die neuen Reisemöglichkeiten, die moderne Kommunikation mittels Mobiltelefonen und Internet sowie überhaupt durch die zunehmende Digitalisierung reale Räume und Distanzen mehr und mehr relativiert werden,[1558] und Erscheinungen wie die Finanzkrise im Jahr 2008 die ganze Welt betreffen, erscheint es in der Tat notwendig, über die kollisionsrechtliche Arbeit Karl Neumeyers hinaus die Forschung auf ein globales internationales Verwaltungs-

---

1553 *Ladeur, Karl-Heinz*: Die Internationalisierung des Verwaltungsrechts: Versuch einer Synthese, in: Internationales Verwaltungsrecht, Eine Analyse anhand von Referenzgebieten, S. 376.

1554 Internationales Verwaltungsrecht, Eine Analyse anhand von Referenzgebieten.

1555 Internationales Verwaltungsrecht, Eine Analyse anhand von Referenzgebieten, siehe insbesondere S. 59.

1556 *Mayer, Franz C.*: Internationalisierung des Verwaltungsrechts? In: Internationales Verwaltungsrecht, Eine Analyse anhand von Referenzgebieten, S. 60.

1557 Ebd., S. 60.

1558 Ebd., S. 53.

recht auszudehnen. Die verwaltungsrechtliche Wissenschaft muss das gewandelte Bild von Staatlichkeit infolge der unter dem Begriff der Globalisierung zusammengefassten Prozesse und ihrer Wahrnehmung stärker aufgreifen, wie andere Fachdisziplinen wie die Politikwissenschaft, die Völkerrechtslehre oder die Staatstheorie dies seit langem tun.[1559] Regelungsgegenstände wie Regelungsfragen halten sich immer weniger an die Grenzen eines Staates.[1560] Transnationale Umweltprobleme oder grenzüberschreitende Wirtschaftsmacht zeigen, wie „Problem- und Souveränitätsreichweiten zunehmend auseinanderfallen".[1561]

Die Entwicklung steht hier allerdings noch am Anfang, bedenkt man, dass noch nicht einmal hinsichtlich der Terminologie im Bereich des IVR Einigkeit auf internationaler oder auch nur nationaler Ebene besteht. Die Exklusivität, mit der Karl Neumeyer für sein verwaltungsrechtliches Kollisionsrecht den Begriff IVR verwendete, ist wegen der Vielschichtigkeit der Internationalisierung des Verwaltungsrechts vermutlich nicht zu rechtfertigen. Dagegen ist anerkannt, dass das verwaltungsrechtliche Kollisionsrecht auch heute als Teil des IVRs zu betrachten ist, auch wenn Fragen des internationalisierten Verwaltungshandelns sich neben solchen des öffentlichen Kollisionsrechts weitaus bedeutender ausnehmen mögen.[1562]

1559 *Ruffert, Matthias*: Perspektiven des Internationalen Verwaltungsrechts, in: Internationales Verwaltungsrecht, Eine Analyse anhand von Referenzgebieten, S. 395.

1560 *Mayer, Franz C.*: Internationalisierung des Verwaltungsrechts? In: Internationales Verwaltungsrecht, Eine Analyse anhand von Referenzgebieten, S. 53.

1561 Ebd., S. 53.

1562 *Ruffert, Matthias*: Perspektiven des Internationalen Verwaltungsrechts, in: Internationales Verwaltungsrecht, Eine Analyse anhand von Referenzgebieten, S. 400 f.

C. Zusammenfassung

Karl Neumeyer kam 1869 in München zur Welt, zu einer Zeit also, als dort noch der bayerische König regierte und das deutsche Reich noch nicht gegründet war. Nach dem Besuch des für ihn prägenden humanistischen Gymnasiums begann er 1871 mit dem Studium der Rechtswissenschaften. Die Studienjahre verbrachte er in München, Berlin und Genf. Schon während des Studiums nahm er an einer von der Münchener Juristischen Fakultät gestellten Preisaufgabe teil und gewann für seine Arbeit zum Thema „Historische und dogmatische Darstellung des strafrechtlichen Bankerotts" den ersten Preis. Die Arbeit wurde zugleich als schriftliche Doktorarbeit angenommen. Sie sollte den Beginn einer großen wissenschaftlichen Karriere markieren.

Nach Ableistung des Rechtsreferendariats und der zweiten juristischen Staatsprüfung im Jahr 1894 arbeitete Karl Neumeyer an seiner Habilitation. Auch diese hatte ein rechtshistorisches Thema, nämlich die frühe Entwicklung des internationalen Privatrechts. Am 4. Mai 1901 wurde er nach seiner Disputation für die Fächer „Internationales Privat-, Straf-, Prozeß- und Verwaltungsrecht" habilitiert. Er lehrte zunächst als Privatdozent an der juristischen Fakultät der Universität München.

Der Schwerpunkt von Karl Neumeyers wissenschaftlicher Arbeit lag in den folgenden Jahren und Jahrzehnten auf der Erforschung der Anfänge des IPRs sowie auf dem IVR. 1910 veröffentlichte er den ersten von insgesamt vier Bänden zum IVR, 1936 den letzen. Die drei ersten Bände enthielten den Besonderen Teil. Karl Neumeyer war damit der erste Rechtswissenschaftler, der auf dem Gebiet des IVR den Versuch unternahm, das System eines umfassenden verwaltungsrechtlichen Kollisionsrechts zu skizzieren.

1913 erhielt Karl Neumeyer einen Ruf auf ein Ordinariat für Internationales Recht und Völkerrecht an der Universität Zürich. Da aber mit der Professur die Pflicht zur Mitarbeit an verschiedenen internationalen Instituten verbunden gewesen wäre, woran ihm nicht sehr gelegen war, und weil er seinen alten Vater nicht verlassen wollte, lehnte er den Ruf nach Zürich ab. Er wollte sich lieber ganz seinem Lehrberuf und dem IVR widmen. Dies sowie die Tatsache, dass er mit dem IVR ein Rechtsgebiet bearbeitete und mit dem IPR ein Rechtsgebiet lehrte, die beide zu seiner Zeit weitgehend als „Orchideenfächer" galten und bei Kollegen und Studenten nicht besonders populär waren, hatte zur Folge, dass er in München weiterhin Extraordinarius blieb und erst 1929 ein eigenes Ordinariat erhielt.

Im Ausland fand er dagegen mit seinen Arbeiten zum internationalen Recht schon früher Anerkennung. Er hielt als einer der ersten an der Haager *Académie de Droit International* Vorlesungen, und wurde zum Mitglied des *Institut de Droit International* gewählt. Ab 1928 war er Vorstandsmitglied der Deutschen Gesellschaft für Völkerrecht und leitete dort die Kommission für Internationales Privatrecht. Außerdem verlieh ihm die bayerische Regierung den Titel „geheimer Justizrat". Seine akademische Karriere fand ihren Höhepunkt im Jahr 1931 mit der Wahl zum Dekan der juristischen Fakultät an der Universität München. Aber nicht nur der Gelehrte, sondern auch der Privatmann Karl Neumeyer stand in höchstem Ansehen. Freunde und Familie, aber auch seine Studenten schätzten ihn gleichermaßen als warmen, hilfsbereiten und bescheidenen Charakter.

Karl Neumeyer, dessen Familie bis auf den Vater unreligiös war, wurde im jüdischen Glauben erzogen und blieb Zeit seines Lebens Angehöriger der jüdischen Glaubensgemeinde. Für ihn selbst hatte die jüdische Religion aber nur wenig Bedeutung. Seine ganze Liebe und Leidenschaft gehörte der Wissenschaft. Und doch wurde ihm seine jüdische Glaubenszugehörigkeit zum Verhängnis. Nur zwei Jahre nach seiner Ernennung zum Dekan wurde Hitler zum Reichskanzler ernannt und die Vertreibung und Vernichtung der Juden nahm ihren Lauf. Als eines der ersten Gesetze wurde das Gesetz zur Wiederherstellung des Berufsbeamtentums erlassen, welches es den nationalsozialistischen Machthabern ermöglichen sollte, den öffentlichen Dienst von den Juden zu „säubern". Karl Neumeyer wurde, obwohl er der gesetzlichen Regelung eigentlich nicht unterlag, unter klarer Missachtung derselben 1933 in den vorläufigen, 1934 dann in den endgültigen Ruhestand versetzt. Dem waren der Boykott seiner Vorlesungen von antisemitisch motivierter studentischer Seite vorausgegangen. Die Fakultät, die sich zunächst noch für ihn einsetzte, hatte in der Angelegenheit schließlich gegenüber dem Kultusministerium nachgegeben. Ab diesem Zeitpunkt war ihm auch keine Vortragstätigkeit im Ausland mehr gestattet. Einladungen und vereinbarte Vorträge zum Beispiel an der Haager *Académie* mussten abgesagt werden. Daneben hatte er unter all den Schikanen zu leiden, die die Nationalsozialisten ersonnen hatten. Er arbeitete dennoch unbeirrt weiter an seinem großen Forschungsvorhaben. So konnte er noch den letzten Band seines Hauptwerks fertigstellen und 1936 – in einem Schweizer Verlag – veröffentlichen. Auch danach arbeitete er weiter.

Die Emigration hatte er gemeinsam mit seiner Frau zwar erwogen, wegen seines Alters und des Umstands, dass er im Ausland auf fremde Hilfe angewiesen gewesen wäre, aber abgelehnt. Auch eine gewisse Schicksalsergebenheit hat das

Ehepaar zum Bleiben bewegt. Solange es möglich war, richteten sie sich in ihrem neuen Leben am Rand der Gesellschaft ein. Karl Neumeyer arbeitete bis wenige Monate vor seinem Tod. Erst als nicht nur die Beschlagnahmung seiner privaten Bibliothek drohte, sondern dem Ehepaar Neumeyer auch befohlen worden war, das Haus innerhalb kürzester Zeit zu verlassen, war das Leid stärker als der Lebens- und Schaffenswille. Karl und Anna Neumeyer nahmen sich am 16./17. Juli 1941 gemeinsam in ihrem Haus das Leben.

Karl Neumeyer hinterließ nicht nur ein großartiges Werk, dessen Bedeutung für das internationale Recht bis heute unterschätzt wird. Er war daneben ein leuchtendes Beispiel für jeden Wissenschaftler und Lehrer. Nie ist er von seiner Maxime abgewichen, dass die vordringlichste Pflicht eines jeden Wissenschaftlers der Wille zur Wahrheit sei.[1563] Durch nichts ließ er sich von seiner Berufung, seinen Teil zur Rechtsfortbildung beizutragen, abbringen. Dieser Lebenshaltung in beruflichen Dingen entsprach ganz und gar auch sein feiner, besonnener und bescheidener Charakter. Mit seiner Menschenfreundlichkeit und Offenheit für alles Wahre und Gute verkörperte er so das humanistische Menschenbild in vollkommener Weise.

Die Gesellschaft um ihn her kapitulierte vor der Last der Eigenverantwortung, die das humanistische Weltbild mit sich bringt und erlag den Versuchungen des Nationalsozialismus. Anna Neumeyer drückte es so aus:

„Die Forderungen an den Menschen, der einerseits sich selbst verantwortlich, die Freiheit nicht fürchtet, sich zutraut, keinen Mißbrauch mit ihr zu treiben, der andererseits Gestaltung der eigenen Persönlichkeit wagt in voller Sicherheit, daß daraus kein unsoziales Verhalten zu erwachsen brauche, diese vielfältige Aufgabe, bei der kein Rausch, keine transzendente Hoffnung zur Stütze bereit ist, sie war den meisten zu schwer. Die Möglichkeiten sind vielfach negativ genützt worden, vor allem aber bestand doch, was ich völlig übersehen habe, ein allgemeines Bedürfnis nach Erleichterung, Sich-Anlehnen, Geleitet-Werden, dahin ist die Sehnsucht gegangen, wir ahnten nicht, wie lange schon."[1564]

70 Jahre nach dem Tod des Ehepaares hat sich das Bild Deutschlands und der Welt gewandelt. Innerhalb Europas wächst eine echte Rechtsgemeinschaft der Staaten. Die grenzüberschreitende wirtschaftliche und soziale Vernetzung macht eine Internationalisierung des Rechts notwendig, bringt aber auch für die Menschen großen Anpassungsbedarf im Sinn einer neuen Weltoffenheit und Toleranz gegenüber anderen Kulturen bei gleichzeitiger Verantwortung gegenüber un-

1563 *Neumeyer, Karl*: IVR, Band 2, Vorwort.
1564 *Weber, Marianne*: Lebenserinnerungen, S. 437.

serem kulturellen Erbe mit sich. Karl Neumeyer hat uns dabei als Mensch wie auch als Wissenschaftler schon im letzten Jahrhundert den richtigen Weg gewiesen.

So schließt diese Arbeit mit Worten des Sohnes Fritz Neumeyer über seine Eltern:

„Ihre Masstäbe im Moralischen und Menschlichen waren unverrückbar und sie sind gestorben ohne einen Kompromiss zu machen. Es ist ein großes Erbe, das wir antreten."[1565]

1565 Brief Friedrich Neumeyers an Gutzwiller, geschrieben in Stockholm am 31. Oktober 1941, Kopie des Briefes im Privatbesitz der Verfasserin.

D. Anhang

I. Quellen- und Literaturverzeichnis

1. Ungedruckte Quellen

a) Archiv Jüdisches Museum München (AJMM)

Akte Karl Neumeyer (Akte KN)

b) Bayerisches Hauptstaatsarchiv München (BayHStA)

Bestand Kultusministerium (MK):
PA Karl Neumeyer(PA KN, BayKuMi, BayHStA), MK 17878

c) Leopold-Wenger-Inistitut für Rechtsgeschichte, Ludwig-Maximilians-Universität München

Redemanuskript Peter F. Neumeyer; Rede sollte anlässlich der Benennung des Karl-Neumeyer-Hauses am 17. September 2008 stattfinden, wurde letztlich aber nicht gehalten; Manuskript der Verfasserin überlassen von Prof. Hermann Nehlsen

Nehlsen, Hermann: Vortrag Karl Neumeyer zur Namensgebung von Haus Veterinärstraße 5, München, am 17. September 2008, Vortragsmanuskript der Verfasserin überlassen von Prof. Hermann Nehlsen

d) Privatbesitz Marie-Theres Nieuwesteeg-Gutzwiller

Nachlass Prof. Max Gutzwiller, Korrespondenz mit Karl und Anna Neumeyer

e) Privatbesitz der Verfasserin

Korrespondenz Karl und Anna Neumeyer mit Prof. Max Gutzwiller

f) Universitätsarchiv München (UAM)

Bestand juristische Fakultät (L):
Personalakte Neumeyer (PA KN, UAM) L IX 52

Personalstammakten (E):
Karl Neumeyer (PA KN, UAM) E II 2576

g) Internetseiten

Dokument „Geschichte der Frauen in Bayern. Von der Völkerwanderung bis heute“ (Bayerische Landesausstellung 1998) unter URL (Stand 11.07.2012) http://www.hdbg.de/frauen/fbdiheft.pdf

Firmengeschichte Mumm unter URL (Stand 11.07.2012) http://www.mumm-sekt.de

Vorlesungsverzeichnis der Universität München für das Wintersemester 1924/1925 unter URL (Stand 11.07.2012) http://epub.ub.uni-muenchen.de/9694/1/pvz_lmu_1924_25_wise.pdf

Vorlesungsverzeichnis der Universität München für das Wintersemester 1932/1933 unter URL (Stand 11.07.2012) http://epub.ub.uni-muenchen.de/9710/1/pvz_lmu_1932_33_wise.pdf

Vorlesungsverzeichnis der Universität München für das Sommersemester 1933 unter URL (Stand: 11.07.2012) http://epub.ub.uni-muenchen.de/816/1/vvz_lmu_1933_sose.pdf

Vorlesungsverzeichnis der Universität München für das Wintersemester 1933/1934 unter URL (Stand 11.07.2012) http://epub.ub.uni-muenchen.de/817/1/vvz_lmu_1933-34_wise.pdf

Vorlesungsverzeichnis der Universität München für das Sommersemester 1934 unter URL (Stand 11.07.2012) http://epub.ub.uni-muenchen.de/818/1/vvz_lmu_1934_sose.pdf

Waldhoff, Christian: „Neumeyer, Karl“, in: Neue Deutsche Biographie 19 (1998), S. 172. f. unter URL (Stand 11.07.2012): http://www.deutsche-biographie.de/pnd116984074.html

2. Gedruckte Quellen und Literatur

a) Chronologisches Bücher- und Schriftenverzeichnis Karl Neumeyer

1891

Historische und dogmatische Darstellung des strafbaren Bankerotts unter besonders eingehender Untersuchung der Schuldfrage, München 1891

1901

Die gemeinrechtliche Entwicklung des internationalen Privat- und Strafrechts bis Bartolus. Erstes Stück: Die Geltung der Stammesrechte in Italien, München 1901

1903

Die verbotene Handlung im internationalen Strafrecht, in: Zeitschrift für die gesamte Strafrechtswissenschaft, Band 23, 1903, S. 436 – 458

1906

Prävarikation (§ 356 RStGB) in: Vergleichende Darstellung des deutschen und ausländischen Strafrechts, Besonderer Teil, IX, Berlin 1906, S. 503 – 516

Verleitung und Konnivenz (§ 357 RStGB) in: Vergleichende Darstellung des deutschen und ausländischen Strafrechts, Besonderer Teil, IX, Berlin 1906, S. 517 ff.

1907

Die zuständigen Strafmittel im internationalen Strafrecht, in: Zeitschrift für die gesamte Strafrechtswissenschaft, Band 27, 1907, S. 1 – 51

Studien aus dem internationalen Verwaltungsrecht, I: Die religiöse Kindererziehung, in: Niemeyers Zeitschrift für internationales Privat- und öffentliches Recht, Band 17, 1907, S. 50 – 129; II: Die Bekenntnisänderung der Erwachsenen, in: Niemeyers Zeitschrift für internationales Privat- und öffentliches Recht, Band 17, 1907, S. 130 140; III: Die Feiertagsordnung, in: Niemeyers Zeitschrift für internationales Privat- und öffentliches Recht, Band 17, 1907, S. 275 – 297

1908

Studien aus dem internationalen Verwaltungsrecht, IV: Die Schulpflicht, in: Zeitschrift für internationales Privat- und öffentliches Recht, Band 18, 1908, S. 61 – 83

1910

Internationales Verwaltungsrecht, Innere Verwaltung, Band 1, München und Berlin 1910

1911

Revue générale de droit international public, XVIII, 1911, S. 492 – 499

Grundlinien des internationalen Verwaltungsrechts, in: Blätter für vergleichende Rechtswissenschaft und Volkswirtschaftslehre 7 (1911), Sp. 10 – 24

1913

Vom Recht der auswärtigen Verwaltung und verwandten Rechtsbegriffen, in: Archiv des öffentlichen Rechts, Band 31, Tübingen 1913, S. 99 – 130

Internationales Privatrecht, in: Wörterbuch des deutschen Staats- und Verwaltungsrechts, Karl Freiherr von Stengel (Begr.), Max Fleischmann (Hrsg.), 2. Auflage, II, Tübingen 1913, S. 438 – 440

1914

Internationales Finanzrecht, in: Niemeyers Zeitschrift für internationales Recht, Band 24, 1914 II, S. 186 – 220

1915

Die Wassernutzung im internationalen Verwaltungsrecht, in: Annalen des Deutschen Reichs für Gesetzgebung, Verwaltung und Volkswirtschaft 1915, S. 768 – 805

1916

Die gemeinrechtliche Entwicklung des internationalen Privat- und Strafrechts bis Bartolus. Zweites Stück: Die gemeinrechtliche Entwicklung bis zur Mitte des 13. Jahrhunderts, München, u. a. 1916

1918

Miszellen: Statutenkollision und persönliche Rechte, in: Zeitschrift der Savigny-Stiftung für Rechtsgeschichte, Band 39, Weimar 1918, S. 309 – 314

1922

Der Fall Mumm vor dem deutsch-französischen Schiedsgericht, in: Rheinische Zeitschrift für Zivil- und Prozessrecht, Mannheim u. a. 1922, S. 5 – 47

Internationales Verwaltungsrecht, Innere Verwaltung, Band 2, München und Berlin 1922

1924

Die Staatsangehörigkeit als Anknüpfung im internationalen Verwaltungsrecht, in: Niemeyers Zeitschrift für internationales Recht, Band 32, 1924, S. 1 – 16

Internationales Privatrecht, völkerrechtliche Grundlagen, in: Wörterbuch des Völkerrechts und der Diplomatie, Julius Hartschek (Begr.), Karl Strupp (Hrsg.), 1. Auflage, I, Berlin und Leipzig 1924, S. 567 – 572

Les unions internationales, Conférence faite à l'Académie de Droit International de La Haye, Revue de Droit International de sciences diplomatiques, politiques et sociales, 1924: S. 18 – 41, 139 – 144, 343 – 362

1925

Les unions internationales, Conférence faite à l'Académie de Droit International de La Haye, Revue de Droit International de sciences diplomatiques, politiques et sociales, 1925: S. 20 – 25, 102 – 108

1926

Internationales Verwaltungsrecht, Innere Verwaltung ,Band 3, Erste Abteilung, München u. a. 1926

1930

Internationales Verwaltungsrecht, Innere Verwaltung, Band 3, Zweite Abteilung, München u. a. 1930

Internationales Privatrecht, Ein Grundriß, München u. a., 2. Auflage 1930

1936

Internationales Verwaltungsrecht, Band 4, Zürich und Leipzig 1936

1938

Le nom des personnes en droit administratif, Étude de droit comparé et de droit administratif international, Revue de droit international et de législation comparée, Band 65, 1938, S. 827 – 885

1939

Le nom des personnes en droit administratif, Étude de droit comparé et de droit administratif international, Revue de droit international et de législation comparée, Band 66, 1939, S. 41 – 100

1965

Das Kanonische Recht und die Lehren der Kanonisten in ihrem Einfluss auf die Entwicklung des internationalen Privatrechts (1250 – 1357) in: Tijdschrift vor Rechtsgeschiedenis Band XXXIII, Groningen, Bruxelles, La Haye, 1965, S. 177 – 197

Die geographische Ausbreitung der gemeinrechtlichen Lehren vom internationalen Privatrecht (1250 – 1357), in: Tijdschrift vor Rechtsgeschiedenis Band XXXIII, Groningen, Bruxelles, La Haye, 1965, S. 198 – 229

1979

Der Beweis im internationalen Privatrecht, in: Rabels Zeitschrift für ausländisches und internationales Privatrecht, Band 43, 1979, S. 225 – 244

b) Sonstige gedruckte Quellen und Literatur

Anzilotti, Dionisio: Rivista di diritto internazionale, Band 6, 2. Folge, erster Teil 1912, S.175 – 177

Badura, Peter: Das Verwaltungsrecht des liberalen Rechtsstaates, Göttingen 1967

Becker, Christian: Internationales Privatrecht, in: Handwörterbuch zur deutschen Rechtsgeschichte, Band 2, 14. Lieferung, Sp. 1271 – 1276

Behrendt, Michael: Hans Nawiasky und die Münchner Studentenkrawalle von 1931, in: Elisabeh Kraus (Hrsg.): Die Universität München im Dritten Reich. Aufsätze. Teil 1, München 2006, S. 15 – 42

Benz, Wolfgang: Von der Entrechtung zur Verfolgung und Vernichtung. Jüdische Juristen unter dem nationalsozialistischen Regime, in: Helmut Heinrichs – Harald Franzki – Klaus Schmalz – Michael Stolleis (Hrsg.), Deutsche Juristen jüdischer Herkunft, München 1993, S. 813 – 852

BGHZ 31, S. 367 ff., in NJW 1960, S. 1101 – 1103

BGH NJW 1975, S. 1220 – 1223

Catellani, Enrico: storia del diritto internazionale privato e di suoi progressi, Band I, 2. Auflage, Torino 1895

Das Sonderrecht für die Juden im NS-Staat, J. Walk (Hrsg.), 2. Auflage, München u. a. 1996

Deutsche Juristen-Zeitung, Band 38, 1933, S. 1179

Der Europäische Verwaltungsverbund, Formen und Verfahren der Verwaltungszusammenarbeit in der EU, Bernhard Schmidt-Assmann – Bettina Schöndorf-Haubold, (Hrsg.), Tübingen 2005, S. 25 – 180

Ebel, Friedrich, Thielmann, Georg: Rechtsgeschichte, von der Römischen Antike bis zur Neuzeit, 3. Auflage, Heidelberg 2003

Enzyklopädie des Holocaust, Die Verfolgung und Ermordung der europäischen Juden, Band III, Eberhard Jäckel – Peter Longerich – Julius H. Schoeps, (Hrsg.), Berlin 1993

Feist, Hans-Joachim: Die Entstehung des Verwaltungsrechts, München 1968

Giacometti, Zaccaria: Allgemeine Lehren des rechtsstaatlichen Verwaltungsrechts, I, Zürich 1960

Göppinger, Horst: Juristen jüdischer Abstammung im „Dritten Reich“, 2. Auflage, München 1990

Grimm, Hans: Volk ohne Raum, München 1926

Gutzwiller, Max: Annuaire de l'Institut de Droit International, Bruxelles et Paris 1947, S. 317 – 322

–: Karl Neumeyers Persönlichkeit und Werk, in: Rabels Zeitschrift für ausländisches und internationales Privatrecht, Band 27, 1962/63, S. 402 – 410

–: Siebzig Jahre Jurisprudenz, Erinnerungen eines Neunzigjährigen, Basel 1989

Herrmann, Florian: Hans Nawiasky, in: Hermann Nehlsen – Georg Brun (Hrsg.), Münchener rechtshistorische Studien zum Nationalsozialismus, Frankfurt a M. u. a. 1996, S. 411 – 443

von Hoffmann, Bernd, Thorn, Karsten: Internationales Privatrecht, 9. Auflage, München 2007

Kahn, Franz: Neumeyer, Karl, Die gemeinrechtliche Entwicklung des Privat- und Strafrechts bis Bartolus I, in: Kritische Vierteljahresschrift für Gesetzgebung und Rechtswissenschaft, 3. Fassung Band 9, 1904, S. 624 – 630

Kellerhoff, Sven Felix: Der Reichstagsbrand, Die Karriere eines Kriminalfalles, Berlin 2008

Klee, Ernst: Das Personenlexikon zum Dritten Reich. Wer war was vor und nach 1945, Frankfurt am Main 2005

Kolb, Eberhard: Die Weimarer Republik, Oldenbourg Grundriss der Geschichte, Band 16, 7. Auflage, München 2009

Kropholler, Jan: Internationales Privatrecht, 5. Auflage, Tübingen 2004

Küper, Wilfried: „Siebzig Jahre Jurisprudenz“ – Max Gutzwillers Autobiographie, in: In Memoriam Max Gutzwiller 1889 – 1989, Heidelberg 1990

Lange, Hermann: Römisches Recht im Mittelalter, Band I, Die Glossatoren, München 1997

Lange, Hermann, Kriechbaum, Maximiliane: Römisches Recht im Mittelalter, Band II, Die Kommentatoren, München 2007

Lerche, Peter: Karl Loewenstein zum 80. Geburtstag, in: Archiv des öffentlichen Rechts 96, 1971, S. 574 f.

Linke, Christine E.: Europäisches Internationales Verwaltungsrecht, Frankfurt a.M. u. a. 2001

Ludyga, Hannes: Die Rechtsstellung der Juden in Bayern von 1819 bis 1918. Studie im Spiegel der Verhandlungen der Kammer der Abgeordneten des bayerischen Landtags, Berlin 2007 *von Maydell, Bernd*: Sach- und Kollisionsnormen im internationalen Sozialversicherungsrecht, Berlin 1967

Mayer, Ernst: Karl Neumeyer, Die gemeinrechtliche Entwicklung des internationalen Privat- und Strafrechts des Bartolus II, in: Zeitschrift der Savigny-Stiftung für Rechtsgeschichte, Band 38, Weimar 1917, S. 373 – 382

Mayer, Franz C.: Internationalisierung des Verwaltungsrechts? In: Internationales Verwaltungsrecht, Eine Analyse anhand von Referenzgebieten, Christoph Möllers – Andreas Vosskuhle – Christian Walter (Hrsg.), Tübingen 2007

von Mayer, Friedrich Franz: Grundzüge des Verwaltungsrechts und Rechtsverfahrens, Tübingen 1857; 2. Auflage: Grundzüge des Verwaltungsrechts mit besonderer Rücksicht auf gemeinsames deutsches Recht, sowie auf neuere Gesetzgebung und bemerkenswerte Entscheidungen der obersten Behörden zunächst der Königreiche Preußen, Baiern und Württemberg, Tübingen 1862

Mayer, Otto: Deutsches Verwaltungsrecht, 2 Bände, München und Leipzig 1895/96

–: Rezension, in: Archiv des öffentlichen Rechts, Band 28, 1912, S. 350 – 353

Meder Stephan: Rechtsgeschichte, 2. Auflage, Köln u. a. 2005

Mendelssohn-Bartholdy, A.: Neuemeyer, Karl, Die gemeinrechtliche Entwicklung des internationalen Privat- und Strafrechts bis Bartolus I, in: Zeitschrift der Savigny-Stiftung für Rechtsgeschichte, Romanistische Abteilung, Band 23, Weimar 1902, S. 500 – 508

Meyer-Hesemann, Wolfgang: Methodenwandel in der Verwaltungsrechtswissenschaft, Heidelberg und Karlsruhe 1981

Moeller van den Bruck, Arthur: Das Dritte Reich, 3. Auflage, Hans Schwarz (Hrsg.), Berlin 1938

Morgenthau, Hans J.: Professor Karl Neumeyer, Current Notes, in: The American Journal Of International Law, Volume 35, 1941, S. 672

Nerdinger, Winfried (Hrsg.): Bauen im Nationalsozialismus, Bayern 1933 – 1945, München 1993

Neumeyer, Alexander Karl: Von einer Generation zur anderen: Lebenserinnerungen, erzählt für meine Enkel, in: Wir wollen den Fluch in Segen verwanden. Drei Generationen der jüdischen Familie Neumeyer: eine autobiographische Trilogie. Berlin 2007, S. 259 – 408

Neumeyer, Alfred (der Ältere): Erinnerungen, in: Wir wollen den Fluch in Segen verwanden. Drei Generationen der jüdischen Familie Neumeyer: eine autobiographische Trilogie. Berlin 2007, S. 17 – 258

Neumeyer, Alfred (der Jüngere): Lichter und Schatten, Eine Jugend in Deutschland, München 1967

Nunn, Christian: Rudolf Müller-Erzbach 1874 – 1959, Von der realen Methode über die Interessenjurisprudenz zum kausalen Rechtsdenken, (Rechtshistorische Reihe 182), Frankfurt a. Main u. a. 1998

Ohler, Christoph: Die Kollisionsordnung des Allgemeinen Verwaltungsrechts, Strukturen des deutschen Internationalen Verwaltungsrechts, Jus Publicum, Beiträge zum öffentlichen Recht, Band 131, Tübingen 2006

Poliakov, Léon, Wulf, Josef: Das Dritte Reich und seine Denker, Berlin 1959

Reinhard: Karl Neumeyer, historische und dogmatische Darstellung des strafbaren Bankerutts unter besonders eingehender Untersuchung der Schuldfrage. Gekrönte Preisschrift. München, J. Schweizer. 1891, in: Kritische Vierteljahresschrift für Gesetzgebung und Rechtswissenschaft, Band 34, 1892, S. 457 – 460

Reu, Fritz: Die Schulpflicht der Ausländer, in: Reichsverwaltungsblatt 57 (1936), S. 521 – 525

–: Die staatliche Zuständigkeit im Internationalen Privatrecht, Marburg 1938

Ruffert, Matthias: Perspektiven des Internationalen Verwaltungsrechts, in: Internationales Verwaltungsrecht, Eine Analyse anhand von Referenzgebieten, Christoph Möllers – Andreas Vosskuhle – Christian Walter (Hrsg.), Tübingen 2007

Rürup, Reinhard: Die Emanzipation der Juden und die verzögerte Öffnung der juristischen Berufe. in: Helmut Heinrichs – Harald Franzki – Klaus Schmalz –

Michael Stolleis (Hrsg.), Deutsche Juristen jüdischer Herkunft, München 1993, S. 1 – 25

–: Emanzipation und Antisemitismus. Studien zur „Judenfrage“ der bürgerlichen Gesellschaft, (Kritische Studien zur Geschichtswissenschaft; Band 15), Göttingen 1975

Scheel, Günther: Ursachen und Folgen, Vom deutschen Zusammenbruch 1918 und 1945 bis zur staatlichen Neuordnung Deutschlands in der Gegenwart, Band 4: Die Weimarer Republik, Vertragserfüllung und innere Bedrohung 1919/1922, Herbert Michaelis – Ernst Schraepler (Hrsg.), Berlin 1960

Scheffler, Wolfgang: Judenverfolgung im Dritten Reich, 1933 bis 1945, Frankfurt a. Main u. a. 1965

Schlochauer, Hans-Jürgen: Internationales Verwaltungsrecht, Braunschweig ohne Jahresangabe

Schneider, Peter: Karl Löwenstein, in: Neue Deutsche Biographie, Herausgegeben von der Historischen Kommission der Bayerischen Akademie der Wissenschaften, Band 15, Berlin 1986

von Stein, Lorenz: Die Verwaltungslehre, 1. Theil, Die vollziehende Gewalt, 1865

–: Einige Bemerkungen über das internationale Verwaltungsrecht, Schmollers Jahrbuch für Gesetzgebung, Verwaltung und Volkswirtschaft, Band 6, 1882, S. 359 ff.

Steindorff, Ernst: Wörterbuch des Völkerrechts und der Diplomatie, 2. Auflage, Berlin 1962, S. 581 ff.

Stern, Carola: Lexikon zur Geschichte und Politik im 20. Jahrhundert, Köln 1971

Stolleis, Michael: Geschichte des öffentlichen Rechts in Deutschland, Band 2: Staatslehre und Verwaltungswissenschaft 1800 – 1914, München 1992

Stutz, Ulrich: Neumeyer Karl, Die gemeinrechtliche Entwicklung des internationalen Privat- und Strafrechts bis Bartolus I, in: Zeitschrift der Savigny-

Stiftung für Rechtsgeschichte, Germanistische Abteilung, Band 23, 1902, S. 354 – 357

The War in Europe, Editorial Comment, in: The American Journal Of International Law, Volume 8, 1914, S. 853 – 857

Germany and the neutrality of Belgium, Editorial Comment, in: The American Journal Of International Law, Volume 8, 1914, S. 877 – 881

The neutrality of Belgium, Editorial Comment, in: The American Journal Of International Law, Volume 9, 1915, S. 707 – 710

Palandt/*Thorn*, 69. Auflage, München 2010, Art. 4 EGBGB

Palandt/*Thorn*, 69. Auflage, München 2010, Einl. vor Art. 3 EGBGB

Toury, Jakob: Soziale und politische Geschichte der Juden in Deutschland 1847 – 1871. Zwischen Revolution, Reaktion und Emanzipation (Schriftenreihe des Instituts für deutsche Geschichte Universität Tel Aviv, Band 2) Düsseldorf 1977

de Vischer, Charles: Revue de Droit international et de Législation comparée, 1937, S. 206

Voegelin, Eric: Rasse und Staat, Tübingen 1933

Vogel, Klaus: Karl Neumeyer (1869 – 1941). Ein Lebenswerk: das „Internationale Verwaltungsrecht". in: Helmut Heinrichs – Harald Franzki – Klaus Schmalz – Michael Stolleis (Hrsg.), Deutsche Juristen jüdischer Herkunft, München 1993, S. 531 – 541

–: „Karl Neumeyer: In den Tod getrieben," in: Große jüdische Gelehrte an der Münchener juristischen Fakultät, Peter Landau – Hermann Nehlsen (Hrsg.), Abhandlungen zur rechtswissenschaftlichen Grundlagenforschung, Bd. 84, Ebelsbach a. Main 2001, S. 97 – 111

–: Karl Neumeyer zum Gedächtnis, in: Archiv des öffentlichen Rechts, Band 95, 1970, S. 138 – 140

–: Der räumliche Anwendungsbereich der Verwaltungsrechtsnorm, Abhandlungen der Forschungsstelle für Völkerrecht und ausländisches öffentliches Recht der Universität Hamburg, Band 12, Frankfurt a. M. und Berlin 1965

Weber, Marianne: Lebenserinnerungen, Bremen 1948

Wehberg, Hans: Karl Neumeyer zum Gedächtnis, in: Die Friedenswarte, Blätter für internationale Verständigung und zwischenstaatliche Organisation, XLI. Jahrgang, Zürich 1941, S. 256 – 260

Weiß, Hermann (Hrsg.): Biographisches Lexikon zum Dritten Reich, 2. Auflage, Frankfurt am Main 1998, S. 245 ff.

II. Abkürzungsverzeichnis

Académie	Haager Académie de droit international
AJMM	Archiv des Jüdischen Museums München
Art.	Artikel
BayKuMi	Bayerisches Staatsministerium für Unterricht und Kultus, im Text auch: Bayerisches Kultusministerium
BayHStA	Bayerisches Hauptstaatsarchiv München
Begr.	Begründer
ber.	berichtigt
BGHZ	Entscheidung des Bundesgerichtshofs in Zivilsachen
BGB	Bürgerliches Gesetzbuch
ders.	derselbe
Dr.	Doktor
Ebd.	Ebenda
EG	Europäische Gemeinschaft
EGBGB	Einführungsgesetz zum Bürgerlichen Gesetzbuch
EU	Europäische Union
f., ff.	folgende (Seite (n))
Fn.	Fußnote
geb.	geborene
Gestapo	geheime Staatspolizei
GG	Grundgesetz
Institut	Institut de droit international
IPR	Internationales Privatrecht
IVR	Internationales Verwaltungsrecht
KN	Karl Neumeyer
PA	Personalakte
Prof.	Professor
RabelsZ	Rabels Zeitschrift für ausländisches und internationales Privatrecht
RGBl.	Reichsgesetzblatt
Rn.	Randnummer
Rom I	Verordnung (EG) Nr. 593/2008 des Europäischen Parlaments und des Rates vom 17. Juni 2008 über das auf vertragliche Schuldverhältnisse anzuwendende Recht, Nr. L 177 vom 4. Juli 2008

Rom II	Verordnung (EG) 864/2007 des Europäischen Parlaments und des Rates vom 11. Juli 2007 über das auf außervertragliche Schuldverhältnisse anzuwendende Recht, Amtsblatt Nr. L 199 vom 31. Juli 2007
RStGB	Reichsstrafgesetzbuch
S.	Seite (n)
SA	Sturmabteilung
Sp.	Spalte
SS	Schutzstaffel
StGB	Strafgesetzbuch
u. a.	und andere
UAM	Universitätsarchiv München
URL	Uniform Resource Locator (Internetadresse)
vgl.	vergleiche
z. B.	zum Beispiel

RECHTSHISTORISCHE REIHE

Die nachfolgende Liste führt die Titel der "Rechtshistorischen Reihe" ab Band 300 auf.
Eine vollständige Übersicht aller bisher in der Reihe erschienenen Bücher
finden Sie auf www.peterlang.de.

Band 300 Jan Kohlmann: Der Marsch zu den Gräbern von Karl und Rosa. Geschichte eines Gedenktages. 2004.

Band 301 Christian Rainer Schlicht: Die kumulative Schuldübernahme in der Rechtsprechung des Reichsgerichts und in der zeitgenössischen Literatur. 2004.

Band 302 Hans Peter Glöckner: Positive Vertragsverletzung. Die Geburt eines Rechtsinstituts. 2006.

Band 303 João Manuel Azevedo Alexandrino Fernandes: Die Theorie der Interpretation des Gesetzes bei Francisco Suárez. 2005.

Band 304 René Funk: Die Wahlprüfung der volksgewählten Abgeordneten der Volksvertretungen im Frühkonstitutionalismus. Eine Untersuchung der Wahlprüfung in den Kammern der Abgeordneten des Großherzogtums Baden, des Königreichs Württemberg und des Großherzogtums Hessen. 2005.

Band 305 Carolin O'Sullivan. Die Ahndung von Rechtsbrüchen der Seeleute im mittelalterlichen hamburgischen und hansischen Seerecht (1301-1482). 2005.

Band 306 Martin Jürgens: Staat und Reich bei Ernst Rudolf Huber. Sein Leben und Werk bis 1945 aus rechtsgeschichtlicher Sicht. 2005.

Band 307 Florian G. Dürselen: Franz Beyerle (1885-1977). Leben, Ära und Werk eines Rechtshistorikers. 2005.

Band 308 Kai Bandilla: Urheberrecht im Kaiserreich. Der Weg zum Gesetz betreffend das Urheberrecht an Werken der Literatur und Tonkunst vom 19. Juni 1901. 2005.

Band 309 Stefan Mieth: Die Entwicklung des Denkmalrechts in Preußen 1701-1947. 2005.

Band 310 Catharina Lodemann: Die Geschichte des französischen *acte de gouvernement*. 2005.

Band 311 Christina Wicke: Kodifikationsbestrebungen und Wissenschaft in Hessen-Darmstadt im vorkonstitutionellen Zeitalter. Zu der Beteiligung der Gießener Rechtsprofessoren an den Gesetzgebungsarbeiten in Hessen-Darmstadt in der Zeit zwischen 1769 und 1820. 2005.

Band 312 Christiane Chlosta: Nur dem Gesetz unterworfen? Eine rechtsgeschichtliche Untersuchung zu Idee und Wirklichkeit richterlicher Gesetzestreue unter besonderer Berücksichtigung der Aufwertungsrechtsprechung und des richterlichen Prüfungsrechts. 2005.

Band 313 Kathrin Dirr: Hoheitsrechtliche Streitigkeiten zwischen den Kölner Erzbischöfen und der Stadt Köln auf Grundlage reichskammergerichtlicher Verfahren des 16. und 17. Jahrhunderts. 2005.

Band 314 Michael Racky: Die Diskussion über Gewaltenteilung und Gewaltentrennung im Vormärz. 2005.

Band 315 Petra Thiemrodt: Die Entstehung des Staatshaftungsgesetzes der DDR. Eine Untersuchung auf der Grundlage von Materialien der DDR-Gesetzgebungsorgane mit zeitgeschichtlichen Bezügen. 2005.

Band 316 Julius F. Reiter: Entstehung und staatsrechtliche Theorie der italienischen *Carta del Lavoro*. 2005.

Band 317 André Book: Die Justizreform in der Frühzeit der Bundesrepublik. Die Beratungen der Kommission zur Vorbereitung einer Reform der Zivilgerichtsbarkeit in den Jahren 1955 bis 1961. 2005.

Band 318 Frank Zentz: Das amerikanische Strafverfahren als Element der Besatzungspolitik in Deutschland. Erziehung zur Demokratie durch den *Court of Appeals* 1948-1955. 2005.

Band 319 Friederike Quaisser: Mietrecht im 19. Jahrhundert. Ein Vergleich der mietrechtlichen Konzeptionen im Allgemeinen Landrecht für die Preußischen Staaten von 1794 und dem gemeinen Recht. 2005.

Band 320 Stefan Burghard: Professor Dr. Wilhelm Kahl – Leben zwischen Wissenschaft und Politik. 2005.

Band 321 Günter Baranowski: Die *Russkaja Pravda* – ein mittelalterliches Rechtsdenkmal. 2005.

Band 322 Christina Schneider: Die SS und das „Recht". Eine Untersuchung anhand ausgewählter Beispiele. 2005.

Band 323 Werner Schubert (Hrsg.): Zivilprozessreform in der Weimarer Zeit. Quellen zur Emminger-Zivilprozessverordnung vom 13.2.1924 und zu den Arbeiten der Zivilprozesskommission des Reichsjustizministeriums (1922-1930). Eingeleitet und herausgegeben von Werner Schubert. 2005.

Band 324 Felix Gaul: Der Jurist Rudolf Isay (1886-1956). Ein verantwortungsbewusster Vermittler im Spannungsfeld zwischen dynamischer Rechtsschöpfung, ökonomischem Wandel und technischem Fortschritt. 2005.

Band 325 Konstanze Braun: Dr. Otto Georg Thierack (1889-1946). 2005.

Band 326 Eckart Klein / Stefan Chr. Saar / Carola Schulze (Hrsg.): Zwischen Rechtsstaat und Diktatur. Deutsche Juristen im 20. Jahrhundert. 2006.

Band 327 Stefan Botor: Das *Berliner Sühneverfahren* – Die letzte Phase der Entnazifizierung. 2006.

Band 328 Andreas Köhler: Die Sorgerechtsregelungen bei Ehescheidung seit 1945. Scheidungsstrafe und verordnete Gemeinsamkeit. 2006

Band 329 Lars Düwel: Die Nichtigkeit und Anfechtbarkeit der Ehe in der Rechtsprechung des Reichsgerichts zwischen 1900 und 1945. 2006.

Band 330 Katalin Polgar: Das Oberappellationsgericht der vier freien Städte Deutschlands (1820-1879) und seine Richterpersönlichkeiten. 2007.

Band 331 Julia Schweitzer: Schiffer und Schiffsmann in den Rôles d'Oléron und im Llibre del Consolat de Mar. Ein Vergleich zweier mittelalterlicher Seerechtsquellen. 2007.

Band 332 Diana-Catharina Kurtz: Das Institut der Adoption im preußischen Allgemeinen Landrecht und im französischen Code civil zwischen Rezeption römisch-rechtlicher Prinzipien und verändertem Familienverständnis. 2006.

Band 333 Dino Joakim Duderstadt: Spiel, Wette und Differenzgeschäft (§§ 762-764 BGB) in der Rechtsprechung des Reichsgerichts und in der zeitgenössischen Literatur. 2007.

Band 334 Ronald Hoffmann: Die Domänenfrage in Thüringen. Über die vermögensrechtlichen Auseinandersetzungen mit den ehemaligen Landesherren in Thüringen nach dem Ersten Weltkrieg. 2006.

Band 335 Joachim Windmüller: *Ohne Zwang kann der Humanismus nicht existieren...* – „Asoziale“ in der DDR. 2006.

Band 336 Sven Christian Gläser: Die Mediatisierung der Grafschaft Wertheim. Der juristische Kampf eines kleinen Reichsstandes gegen den Verlust der Landesherrschaft und seine Folgen. 2006.

Band 337 Benjamin Schleyer: Friedrich Wilhelm Bornemann (1798-1864). Eine Juristenkarriere im Preußen des 19. Jahrhunderts. 2006.

Band 338 Die Reform des Ehescheidungsrechts von 1976. Quellen zum Ersten Gesetz vom 14.6.1976 zur Reform des Ehe- und Familienrechts (Parlamentarische Ausschussprotokolle – Anglikanische Denkschrift von 1966 zur Scheidungsrechtsreform – Schlussabstimmung 1969 in der Eherechtskommission des Bundesministeriums der Justiz). Eingeleitet und herausgegeben von Werner Schubert. 2006.

Band 339 Andreas Feld: Das Bayerische Gesetz zum Schutz des Eigentums an Erzeugnissen der Literatur und Kunst gegen Nachdruck vom 15.04.1840. Vorgeschichte und Zustandekommen. 2007.

Band 340 Bernd Wörner: Adelbert Düringers Einfluß als Richter am Reichsgericht in Leipzig auf dem Gebiet des Personengesellschaftsrechts. 2007.

Band 341 Jan Jelle Kähler: Französisches Zivilrecht und französische Justizverfassung in den Hansestädten Hamburg, Lübeck und Bremen (1806-1815). 2007.

Band 342 Jörn Eckert / Pia Letto-Vanamo / Kjell Modéer (Hrsg.): Juristen im Ostseeraum. Dritter Rechtshistorikertag im Ostseeraum 20.-22. Mai 2004. 2007.

Band 343 Ferdinand von Weyhe: A.E. Wassermann. Eine rechtshistorische Fallstudie zur „Arisierung“ zweier Privatbanken. 2007.

Band 344 Martin Klaus Römermann: Kündigungen und Kündigungsschutz im Franquismus. 2007.

Band 345 Thomas Hoffmann: Der Landrechtsentwurf David Hilchens von 1599. Ein livländisches Rechtszeugnis polnischer Herrschaft. 2007.

Band 346 Ingo Ullmann: Die rechtliche Behandlung holsteinischer Leibeigener um die Mitte des 18. Jahrhunderts. Dargestellt unter besonderer Berücksichtigung der Schmoeler Leibeigenschaftsprozesse von 1738 bis 1743 sowie von 1767 bis 1777. 2007.

Band 347 Petra Fischer-Langosch: Die Entstehungsgeschichte des Familiengesetzbuches der DDR von 1965. 2007.

Band 348 Lasse O. Johannsen: Die rechtliche Behandlung ausreisewilliger Staatsbürger in der DDR. 2007.

Band 349 Ralf Schlottau: Deutsche Kolonialrechtspflege. Strafrecht und Strafmacht in den deutschen Schutzgebieten 1884 bis 1914. 2007.

Band 350 Hartwig Brandt / Ewald Grothe (Hrsg.): Rheinbündischer Konstitutionalismus. 2007.

Band 351 Nora Lutze: Der Verwandtenunterhalt nach den §§ 1601 bis 1603 und §§ 1610 bis 1612 BGB in der Rechtsprechung des Reichsgerichts. Unter Berücksichtigung der Entstehung des BGB. 2007.

Band 352 Frank Thiäner: Das Verhältnis von Aufsichtsrat und Abschlussprüfern in der rechtshistorischen Entwicklung bis 1937. 2007.

Band 353 Britta Heymann: Ernst Melsheimer (1897-1960). Eine juristische Karriere in verschiedenen staatlichen Systemen. Mitarbeiter im Preußischen Justizministerium in der Weimarer Republik, im Justizministerium Preußens und des Reiches sowie Richter am Kammergericht in der NS-Zeit und Erster Generalstaatsanwalt der Deutschen Demokratischen Republik. 2007.

Band 354 Susanne Adlberger: Wilhelm Kisch – Leben und Wirken (1874-1952). Von der Kaiser-Wilhelms-Universität Straßburg bis zur nationalsozialistischen Akademie für Deutsches Recht. 2007.

Band 355 Moritz Waibel: Josef Berchtold (1833-1894). Ein Leben gegen den Ultramontanismus. 2007.

Band 356 Aline Levin: Erinnerung? Verantwortung? Zukunft? Die Beweggründe für die gemeinsame Entschädigung durch den deutschen Staat und die deutsche Industrie für historisches Unrecht. 2007.

Band 357 Ferdinand Krause: Die hergebrachten Grundsätze des Berufsbeamtentums. Eine rechtshistorische Analyse. 2008.

Band 358 André Tiebel: Die Entstehung der Schutztruppengesetze für die deutschen Schutzgebiete Deutsch-Ostafrika, Deutsch-Südwestafrika und Kamerun (1884-1898). 2008.

Band 359 Holger Ruff: Sittenwidrige Rechtsgeschäfte in der späten Kaiserzeit. Die Entwicklung der reichsgerichtlichen Rechtsprechung zu § 138 BGB von 1900 bis 1914. 2007.

Band 360 Frank Rohrer: Strafjustiz im Dritten Reich und in der SBZ/DDR. Die personelle und organisatorische Neuordnung des Justizapparates in den totalitären Diktaturen (1933-1955) mit ihren Auswirkungen auf die Rechtsprechung zum politischen Strafrecht. 2007.

Band 361 Hans-Georg Knothe / Marc Liebmann (Hrsg.): Gerichtskultur im Ostseeraum. Vierter Rechtshistorikertag im Ostseeraum. 18.-20. Mai 2006 in Greifswald. 2007.

Band 362 Christina Meß: Das Vertragsrecht bei Adam Smith. 2008.

Band 363 Quellen zur dänischen Rechts- und Verfassungsgeschichte (12.-20. Jahrhundert). Herausgegeben von Ditlev Tamm, Werner Schubert und Jens Ulf Jørgensen. 2008.

Band 364 Günter Baranowski: Die Gerichtsurkunde von Pskov. 2008.

Band 365 Mark Spengler: Die Entstehung des Scheckgesetzes vom 11. März 1908. 2008.

Band 366 Ivan Biliarsky / Radu G. Păun (eds./éds.): The Biblical Models of Power and Law. Les modèles bibliques du pouvoir et du droit. Papers of the International Conference, Bucharest, New Europe College 2005. Actes du colloque international, Bucarest, New Europe College 2005. 2008.

Band 367 Thomas A. Roth: Ausgestaltungen der Rechtsfähigkeit im 19. und 20. Jahrhundert. Zur Rechtspersönlichkeit natürlicher Personen in den bedeutenden deutschen Zivilrechtsordnungen. 2008.

Band 368 Björn Alexander Rautenberg: Der Fiskal am Reichskammergericht. Überblick und exemplarische Untersuchungen vorwiegend zum 16. Jahrhundert. 2008.

Band 369 Thorsten Miederhoff: *Man erspare es mir, mein Juristenherz auszuschütten*. Dr. iur. Kurt Tucholsky (1890-1935). Sein juristischer Werdegang und seine Auseinandersetzung mit der Weimarer Strafrechtsreformdebatte am Beispiel der Rechtsprechung durch Laienrichter. 2008.

Band 370 Philipp Nordloh: Kölner Zunftprozesse vor dem Reichskammergericht. 2008.

Band 371 Judith Freund: Die Wechselverpflichtung im 19. Jahrhundert. 2008.

Band 372 Hans-Michael Empell: Gutenberg vor Gericht. Der Mainzer Prozess um die erste gedruckte Bibel. 2008.

Band 373 Rainer Schröder: Die DDR-Ziviljustiz im Gespräch – 26 Zeitzeugeninterviews. 2008.

Band 374 Christian Neschwara: Ein österreichischer Jurist im Vormärz. „Selbstbiographische Skizzen" des Freiherrn Karl Josef Pratobevera (1769-1853). 2009.

Band 375 Stefan Ullrich: Untersuchungen zum Einfluss des lübischen Rechts auf die Rechte von Bergen, Stockholm und Visby. 2008.

Band 376 Johanna Gertrude Schmitzberger: Das nationalsozialistische Nebenstrafrecht 1933 bis 1945. 2008.

Band 377 Christian Brom: Urteilsbegründungen im „Hoge Raad van Holland, Zeeland en West-Friesland" am Beispiel des Kaufrechts im Zeitraum 1704-1787. 2008.

Band 378 Christian Böse: Die Entstehung und Fortbildung des Reichserbhofgesetzes. 2008.

Band 379 Tobias Röhnelt: Timm Kröger. Leben und Werk. 2009.

Band 380 Andrea Elisabeth Sebald: Der Kriminalbiologe Franz Exner (1881-1947). Gratwanderung eines Wissenschaftlers durch die Zeit des Nationalsozialismus. 2008.

Band 381 Angela Kriebisch: Die Spruchkörper Juristenfakultät und Schöppenstuhl zu Jena. Strukturen, Tätigkeit, Bedeutung und eine Analyse ausgewählter Spruchakten. 2008.

Band 382 Nana Ozawa: Louis Adolphe Bridel – Ein Schweizer Professor an der juristischen Fakultät der Tokyo Imperial University. Die geschichtliche Bedeutung der Yatoi zur späten Meijizeit. 2010.

Band 383 Christian Weißhuhn: Alfred Hueck 1889-1975. Sein Leben, sein Wirken, seine Zeit. 2009.

Band 384 Andreas Hunkel: Eduard Dietz (1866-1940) – Richter, Rechtsanwalt und Verfassungsschöpfer. 2009.

Band 385 Meike Guskow: Entstehung und Geschichte der Europäischen Charta der Regional- oder Minderheitensprachen. 2009.

Band 386 Markus J. Jahnel: Das Bodenrecht in „Neudeutschland über See". Erwerb, Vergabe und Nutzung von Land in der Kolonie Deutsch-Südwestafrika 1884-1915. 2009.

Band 387 Matthias Günter Steiner: Die Klöster und ihr Wirken – eine der Wurzeln des Stiftungswesens? 2009.

Band 388 Cornelia Staats: Die Entstehung des Bundes-Immissionsschutzgesetzes vom 15. März 1974. 2009.

Band 389 Cai Niklaas E. Harders: Das Bundesjagdgesetz von 1952 sowie die Novellen von 1961 und 1976. Vorgeschichte, Entstehung des Gesetzes sowie Problemfelder. 2009.

Band 390 Matthias Pohlkamp: Die Entstehung des modernen Wucherrechts und die Wucherrechtsprechung des Reichsgerichts zwischen 1880 und 1933. 2009.

Band 391 Sebastian Baur: *Vor vier Höllenrichtern...* Die Lizentiats- und Doktorpromotionen an der Juristischen Fakultät der Universität Heidelberg. 2009.

Band 392 Christoph Salmen-Everinghoff: Zur *cautio damni infecti*: Die Rückkehr eines römischrechtlichen Rechtsinstituts in das moderne Zivilrecht. 2009.

Band 393 Till Meno Sellschopp: Der Weg zum Revokationsrecht der Ehegatten nach § 1368 BGB. Zugleich ein Beitrag zur Geschichte des ehelichen Güterrechts. 2009.

Band 394 Marc Biermann: Das Staatseigentum an öffentlichen Sachen im Gemeingebrauch in der ersten Hälfte des 19. Jahrhunderts. Die Theorie des reinen Hoheitsrechts an den öffentlichen Sachen von Rudolph von Jhering und Friedrich Ludwig Keller im Zusammenhang mit dem Baseler Schanzenstreit von 1859/62. 2009.

Band 395 Markus Tüxen: Kollegialprinzip oder Einzelrichter. Die Entwicklung des zivilrechtlichen Spruchkörpers bei den Landgerichten sowie den Oberlandesgerichten seit 1879 unter besonderer Berücksichtigung der Reformen von 1974 und 1976. 2009.

Band 396 Adam Polkowski: Die polnische Zivilprozessordnung von 1930/33. Unter Berücksichtigung des deutschen, österreichischen, russischen und französischen Rechts. 2009.

Band 397 Barbara Riedi: Die Porten der Unteren Strasse, ihr Ladungsrecht und der Strassenunterhalt. Rechtshistorische Betrachtungen zur Verkehrs- und Wirtschaftsgeschichte Graubündens. 2009.

Band 398 Stefanie Jessica Loroch: Zeitungsrubrik: Gerichtssaal. Strafprozessberichterstattung in Münster im 19. Jahrhundert (1848-1890). 2009.

Band 399 Dirk Henning Hofer: Karl Konrad Werner Wedemeyer (1870-1934). Ein Juristen- und Gelehrtenleben in drei Reichen. Eine Biographie. 2010.

Band 400 Thomas Simon (Hrsg.): Hundert Jahre allgemeines und gleiches Wahlrecht in Österreich. Modernes Wahlrecht unter den Bedingungen eines Vielvölkerstaates. 2010.

Band 401 Dörte Mentz: Die Beweislastumkehr in der Rechtsprechung des Reichsgerichts. 2010.

Band 402 Werner Schubert (Hrsg.): Oberster Gerichtshof für die Britische Zone (1948-1950). Nachschlagewerk Strafsachen – Nachschlagewerk Zivilsachen. Präjudizienbuch der Zivilsenate. Eingeleitet und herausgegeben von Werner Schubert. 2010.

Band 403 Yong Lei: Auf der Suche nach dem modernen Staat. Die Einflüsse der allgemeinen Staatslehre Johann Caspar Bluntschlis auf das Staatsdenken Liang Qichaos. 2010.

Band 404 Andreas Schwenk: Die Formbestimmung des § 313 BGB a. F. (§ 311 b Abs. 1 BGB n. F.) bei Verträgen über Grundstücke in der Rechtsprechung des Reichsgerichts. 2010

Band 405 René Schorsch: Eberhard Georg Otto Freiherr von Künßberg (1881-1941). Vom Wirken eines Rechtshistorikers. 2010.

Band 406 Ulrike Köbler: Werden, Wandel und Wesen des deutschen Privatrechtswortschatzes. 2010.

Band 407 Björn Florian Faulenbach: Rolle und Bedeutung der Lehre in der Rechtsprechung der Internationalen Gerichtshöfe im zwanzigsten Jahrhundert. 2010.

Band 408 Guangyu Fu: Das Causaproblem im deutschen Bereicherungsrecht. Eine rechtshistorische Untersuchung. 2010.

Band 409 Andreas Kimmelmann: Die Folter im Beweisverfahren der Leges Visigothorum. Chindasvinths Gesetzgebung im Spiegel der westgotischen Rechtsentwicklung. 2010.

Band 410 Jacqueline Schmaltz: Die Entwicklung der Industrie- und Handelskammern. Zwischen Pflicht und Kür. 2010.

Band 411 Hermann Nehlsen: Bayerische Rechtsgeschichte vom frühen Mittelalter bis zum 20. Jahrhundert. 2011.

Band 412 Kathrin Spoerr: Recht und Revolution. Deutsche Ökonomen und ihr Einfluss auf das Recht der Weimarer Republik – eine Zeitschriftenschau 1917-1920. 2011.

Band 413 Moritz von Köckritz: Die deutschen Oberlandesgerichtspräsidenten im Nationalsozialismus (1933-1945). 2011.

Band 414 Annika Lillemor Lara Rabaa: Die Ehe als Rechtsinstitut im Badischen Landrecht von 1810. Unter besonderer Berücksichtigung der gesellschaftlichen Entwicklungen im 19. Jahrhundert. 2011.

Band 415 Christian Hattenhauer / Klaus-Peter Schroeder (Hrsg.): 200 Jahre Badisches Landrecht von 1809/1810. Jubiläumssymposium des Instituts für geschichtliche Rechtswissenschaft der Ruprechts-Karls-Universität Heidelberg und der Heidelberger Rechtshistorischen Gesellschaft vom 23. bis 26. September 2009. 2011.

Band 416 Tobias Alexander Krammerbauer: Die Ministerverantwortlichkeit und die Vorformen sonstiger Verfassungsgerichtsbarkeit in Württemberg zwischen 1815 und 1918. 2011.

Band 417 Werner Schubert (Hrsg.): Quellen zur GmbH-Reform von 1958 bis zum GmbH-Änderungsgesetz von 1980. Eingeleitet und herausgegeben von Werner Schubert. 2011.

Band 418 Gisela Emling: Johannes Heckel. Leben und Wirken (1889-1963). 2011.

Band 419 Jochen Kirschbaum: Die Etablierung der Historischen Rechtsschule an der Ludoviciana (1814-1824). 2011.

Band 420 Sören Koch: Unaufgeforderte Hilfeleistung in Notsituationen. Eine rechtshistorische und rechtsvergleichende Studie zu den zivilrechtlichen Aspekten der Nothilfe mit besonderer Berücksichtigung des Rechts der Geschäftsführung ohne Auftrag. 2011.

Band 421 Friedrich Carl von Savigny: Die Prinzipienfragen in Beziehung auf eine neue Strafprozeß-Ordnung. Ausgearbeitet im Justizministerium für die Gesetzrevision. Eingeleitet und herausgeben von Werner Schubert. 2011.

Band 422 Stephan Faulwetter: Von der Zunft zur Handelskammer. Zur Entwicklung des Gewerberechts in thüringischen Staaten. 2011.

Band 423 Moritz Eisenhardt: Sanierung statt Liquidation. Die Geschichte des Vergleichs zur Abwendung des Konkurses unter besonderer Berücksichtigung der Vergleichsordnung von 1927 und 1935. 2011.

Band 424 Gerd Kleinheyer: Beiträge zur Strafrechtsgeschichte. Herausgeben von Franz Dorn, Mathias Schmoeckel und Jan Schröder. 2011.

Band 425 Ralf Maertens: Das Landgericht Altona (1879-1937) und die Anfänge des Landgerichts Itzehoe (1937-1945). Unter besonderer Berücksichtigung ihrer Tätigkeitsberichte und rechtspolitischen Stellungnahmen. 2011.

Band 426 Mark Friedrich: Ferdinand von Martitz (1839-1921). Rechtshistoriker, Staatsrechtler und Völkerrechtler zwischen dem Ende des Deutschen Bundes und dem Beginn der Weimarer Republik. 2012.

Band 427 Sebastian Krusche: Die Bundesrechtsanwaltsordnung vom 1. August 1959. Vorgeschichte und Entstehung. 2012.

Band 428 Marju Luts-Sootak / Sanita Osipova / Frank L. Schäfer (Hrsg./eds.): Einheit und Vielfalt in der Rechtsgeschichte im Ostseeraum. Unity and Plurality in the Legal History of the Baltic Sea Area. Sechster Rechtshistorikertag im Ostseeraum, 3.-5. Juni 2010 in Tartu (Estland) / Riga (Lettland). 6th Conference in Legal History in the Baltic Sea Area, 3rd-5rd June 2010 Tartu (Estonia) / Riga (Latvia). 2012.

Band 429 Margret R. I. Bootz: Die Hamburger Rechtsprechung zum Arbeitsrecht im Nationalsozialismus bis zum Beginn des 2. Weltkriegs. 2012.

Band 430 Heiko Zech: Die soziale Frage im Konkursrecht 1879-1900. 2012.

Band 431 Jan C. Lorenzen: Das Bundesnaturschutzgesetz vom 20. Dezember 1976. Die Entwicklung des Naturschutzrechtes in Deutschland von den Anfängen bis zur Neukodifikation des Bundesnaturschutzgesetzes von 1976. 2012.

Band 432 Ulrike Ingrid Bernhardt: Geschichte des Weinrechts im Deutschen Kaiserreich (1871-1918). Mit einem Überblick zur Vorgeschichte und Weiterentwicklung bis zur Gegenwart. 2012.

Band 433 Elisabeth Otto: Das Verwaltungsrecht in der SBZ / DDR bis zur Verwaltungsneugliederung im Jahr 1952. 2012.

Band 434 Werner Schubert: Zur Geschichte der Justizverfassung in Schleswig-Holstein im 19. und 20. Jahrhundert. Quellen und Studien. 2012.

Band 435 Stefan Ellenberg: Herrschaft und Reform. Zur Diskussion um die Aktienrechtsreform und den Konzern in der Weimarer Zeit. 2012.

Band 436 Jasmin Sonntag: Gesetzgebung und Verwaltung im Dalbergstaat 1802-1810. 2012.

Band 437 Martin Komusiewicz: Die Diskussion um das Verhältnis von Rechtsanwaltschaft und Notariat seit dem Ende des 18. Jahrhunderts bis zum Erlass der Bundesnotarordnung. 2012.

Band 438 Henriette von Breitenbuch: Karl Neumeyer – Leben und Werk (1869-1941). 2013.

www.ingramcontent.com/pod-product-compliance
Ingram Content Group UK Ltd.
Pitfield, Milton Keynes, MK11 3LW, UK
UKHW021842290926
8980IPUK00005B/593

9 783631 634943